LE CHATEAU

DE LA

ROCHE-TALBOT

ET SES SEIGNEURS

LE CHATEAU

DE LA

ROCHE-TALBOT

ET SES SEIGNEURS

PAR

LE COMTE DE BEAUCHESNE

MAMERS

G. FLEURY ET A. DANGIN, IMPRIMEURS-ÉDITEURS

1891

Commune de St Bri…

Commune de Sablé

Commune de Bouère

…mune de St Denis d'Anj

Tande
Molancé
62
La Chevalerie
La Hte Porte
La Rivière
Le Bois
Les Fouillés
Percevillières
Roche Talbot
La Corbinière
La Noë
La Davière
La Blinière
La Monnerie
L'Houssaye
Tande
54
La Courb
Le Boulay
87
Le Tremblay
La Corbinière (Pte)
Moiré
Les Gelinières
Le Fourneau
La Galicherie
La Chevalerie
Le Doué
La Perrière
Gde Baudé
99
Les Forges
Le Plessis Lizé
Le Ter
La Ligeraie
Les Minées
96
Les Trébussonnières
Gde Châtelots
La Tremblaye
Les Besnaudières
Les Chonannières
La Crucherie
92
Les Grignons
86
Molteleré
Vallées

LE CHATEAU
DE LA
ROCHE-TALBOT
ET SES SEIGNEURS

CHAPITRE PREMIER

COUP D'ŒIL DESCRIPTIF SUR LA PAROISSE DE SOUVIGNÉ. — SES ORIGINES RELIGIEUSES ET FÉODALES. — ORIGINES DU CHATEAU ET DE LA TERRE DE LA ROCHE-TALBOT.

Le château et la terre seigneuriale de la Roche-Talbot étaient situés en la paroisse de Souvigné, dans la châtellenie de Sablé, au Maine.

Avant d'aborder l'histoire du château, il convient sans doute de dire quelques mots de la paroisse. Nous essayerons donc, en commençant cette étude, de refaire, autant qu'il dépend de nous, et d'une façon plus complète, la description un peu trop superficielle qu'en a donné Pesche dans son *Dictionnaire topographique, historique et statistique de la Sarthe*; nous étudierons ensuite ses origines au double point de vue religieux et féodal, et au milieu de celles-ci nous nous efforcerons de démêler celles de la terre qui nous intéresse particulièrement.

Voici tout d'abord la description de la paroisse en question.

La paroisse ou, si l'on préfère, la commune de Souvigné forme aujourd'hui l'extrémité occidentale du canton de Sablé, et elle se trouve ainsi limitrophe de cette partie de la Mayenne qui, avant la création des départements, appartenait à l'Anjou. Elle a pour bornes au nord et à l'est la paroisse de Sablé, à l'ouest celles de Saint-Brice et de Bouère, au sud celle de Saint-Denis-d'Anjou et la rivière de Sarthe. Baignée ainsi au midi par cette rivière, la paroisse de Souvigné est encore arrosée par un très fort ruisseau, la Taude, qui la traverse du nord-ouest au sud-est et va se jeter dans la Sarthe en face de la Roche-Talbot. Le sol de la paroisse est relativement accidenté. Selon Pesche, il formerait un plateau assez uni, s'affaissant seulement au nord et à l'est, le long du cours de la Taude et de la Sarthe que dominent des monticules ou collines de 30 à 37 mètres d'élévation. Ajoutons que ces monticules composent sur la rive gauche du ruisseau et sur la rive droite de la rivière deux pittoresques lignes de véritables coteaux aux flancs escarpés et des sommets desquels (par exemple à la *Roche-Talbot*, au *Tertre*, à la *Houssaye*, à la *Herverie*) on jouit, ici sur la vallée de la Sarthe, là sur l'ensemble du territoire de Souvigné, des points de vue les plus agréables. Ajoutons aussi que dans la partie occidentale de la paroisse le sol atteint, entre les routes de Saint-Denis-d'Anjou et de Saint-Brice, près des villages des *Minées* et des *Forges*, une altitude de près de 100 mètres ; de ces hauteurs, d'où l'œil embrasse un immense horizon, on découvre à l'est tout le canton de Sablé étendu pour ainsi dire à ses pieds, et, au nord-est, on peut distinguer les collines de Sainte-Suzanne et de la Charnie, distantes de sept ou huit lieues. Et, puisque nous sommes sur le chapitre des sites les plus remarquables qu'offre la paroisse de Souvigné, n'en oublions pas un qui, pour ne pas avoir le même genre de beauté que les précédents, n'en mérite pas moins d'être signalé ici : nous voulons parler de la gorge au fond de laquelle, aux environs de la

Haute-Porte, la Taude fait son entrée dans la commune ; coin de paysage absolument unique dans la contrée, où l'on se croirait non plus à deux pas de l'Anjou à l'aspect riant, et par cela même un peu banal ; mais dans une des régions les plus sauvages du Bas-Maine septentrional ; tant le site est agreste, tant la vallée étroite et profondément encaissée entre deux hautes falaises, aux pentes ou boisées ou couvertes de bruyères, a je ne sais quel charme imprévu et vraiment étrange !

Tel est le système hydrographique et orographique de la paroisse de Souvigné, telles sont ses vallées avec leurs cours d'eau, telles ses principales hauteurs et ses côteaux d'altitude moyenne. Dans ses parties moins accidentées, voici quel est l'aspect du sol de cette même paroisse : généralement riche et bien cultivé, parsemé çà et là de métairies importantes et rebâties à la moderne, il se développe en larges pans de terres labourées qu'entrecoupent cependant un certain nombre de massifs de bois plus ou moins considérables ; parmi ces massifs on peut citer la « forêt de Souvigné » au centre de la commune, les bois taillis des « Gigoulières et de la Closerie du Bois » au Nord-Est, et le bois des « Vallées » au Sud. On voit aussi d'assez nombreux quartiers de vigne sur les pentes des côteaux qui dominent la rive gauche de la Taude.

Enfin un peu à l'est de la paroisse, entre la Sarthe et le ruisseau que nous venons de nommer, mais plus près de ce dernier, non loin de la forêt, et sur le bord de la grande route de Sablé à Château-Gontier, apparaît, assis à mi-côte, le joli bourg de Souvigné. Avec ses maisons blanches et propres, avec son église coquettement restaurée mais ayant conservé son vieux clocher d'où monte vers le ciel une flèche élancée, il se présente très agréablement au voyageur qui vient de Sablé, et contemplé des hautes terrasses de la Roche-Talbot, il contribue singulièrement, non moins que la vallée de la

Sarthe et la gracieuse courbe de cette rivière, à la beauté de l'horizon !

Nous avons terminé notre description de la paroisse de Souvigné, description dont le souvenir ne sera pas inutile au lecteur dans la suite de ce récit, ne fût-ce que pour mieux lui faire voir en imagination le théâtre le plus ordinaire des faits particuliers ou des événements historiques que nous aurons à évoquer sous ses yeux. Toutefois il est bon d'observer que ce théâtre, resté toujours le même à travers les âges dans ses décors principaux, a quelque peu varié dans ses décors accessoires. Ainsi sans remonter jusqu'aux premiers siècles du Moyen-Age, où tout le territoire occupé depuis par la paroisse dont il s'agit semble n'avoir été qu'une immense forêt, nous ferons remarquer qu'au XVIe siècle encore la forêt de Souvigné était bien plus vaste qu'elle ne l'est aujourd'hui ; elle avait aussi des bois de haute futaie qui ne devaient disparaître que vers le milieu du XVIIIe siècle. Et les étangs ? En existe-t-il à présent un seul digne de ce nom dans la paroisse de Souvigné ? Elle en avait pourtant au moins sept ou huit qui nous sont connus par d'anciens titres, c'étaient les étangs de la *Forêt*, de la *Trébussonnière*, de *Grignon*, de la *Galicherie*, du *Boullay*, de la *Monnerie*, et de la *Roche-Talbot*. Comme on le voit, ces bois de haute-futaie et ces étangs constituaient déjà, par eux seuls, dans le paysage, un élément de pittoresque que l'on y regrette vainement de nos jours. Et ce n'est pas là tout. Les vignobles ne subsistent plus qu'à l'état d'exception sur certains côteaux ; au XVIe siècle ils couvraient une grande partie des terres actuellement en labour (1). Quant aux

(1) En effet, dans l'aveu rendu par le seigneur de la Courbe à celui de Sablé, en 1552 (aux Archives de la Sarthe, fonds Juigné), il est continuellement question de vignobles dont beaucoup sont signalés dans des endroits où il n'en existe plus aujourd'hui la moindre trace. Nous savons d'ailleurs que, pour ce qui concerne le domaine de la Roche-Talbot, une vaste pièce de terre, située au N.-O., entre la route de Sablé à Souvigné et la métairie des Gigoulières était, au XVIIe siècle,

landes, il n'en manquait pas. En 1615 le propriétaire du *Châtelet* ayant à faire devant les commissaires du roi pour les francs-fiefs sa déclaration pour ses héritages sis en Souvigné, les déclarait situés « en païs maigre entre des landes et bois » (1). Or, à cette description, reconnaitrait-on aujourd'hui les riches métairies du *Grand* et du *Petit-Châtelet?* Et probablement ainsi du reste. Bref, pour se faire une juste idée de ce qu'était à la fin du Moyen-Age et peut-être jusqu'au commencement du XVIIIe siècle la paroisse de Souvigné, il faut que le lecteur se la représente non-seulement avec ses cours d'eau et ses accidents de terrain qui, eux, n'ont pas changé, mais avec sa forêt plus vaste et élevant vers le ciel les masses imposantes de ses hautes-futaies, avec des étangs aux eaux limpides et poissonneuses, avec de nombreux quartiers de vignes alternant avec des landes sauvages, le tout laissant peu de place à la culture. Voilà le tableau que, du haut des tours ou des fenêtres à meneaux et à croisillons de leur manoir, les seigneurs de la Roche-Talbot avaient sous les yeux au XVe et au XVIe siècles !

Maintenant que nous avons suffisamment fait connaître l'aspect présenté par le territoire de la paroisse de Souvigné dans le passé aussi bien que dans le présent, recherchons les origines religieuses et féodales de cette même paroisse. Commençons par les origines religieuses.

A quelle époque la fondation de la paroisse qui nous intéresse remonte-elle ? Est-il vrai que saint Maurille, évêque d'Angers au commencement du Ve siècle, se soit arrêté dans la forêt de Souvigné en se rendant en Angleterre ? Cette tradition que nous rapporte Ménage (2), avait, paraît-il, cours de son temps, et l'on montrait encore, au milieu de la forêt en question, sur le chemin de Saint-Denis-d'Anjou, une

encore couverte de vignes ; aujourd'hui elle est désignée sur le cadastre sous le nom de *grande vigne*.

(1) Arch. nat. P. 773/98.

(2) *Histoire de Sablé,* 2e partie, chapitre I.

pierre sur laquelle on disait que le saint s'était reposé. Pure fable, ajoute l'historien de Sablé, et pourtant dans cette fable, comme dans toute légende, nous ne serions pas surpris qu'il y eût quelque fondement de vérité. Pourquoi saint Maurille ne serait-il pas venu dans cette forêt qui confinait à son diocèse, et pourquoi, comme saint Fraimbault devait le faire presqu'à la même époque, dans une autre forêt du Maine (1), n'y aurait-il pas, lui aussi, établi un monastère qui, avec le temps, serait devenu le noyau de la future paroisse de Souvigné? Ce qui est certain, c'est que cette paroisse, constituée sans doute à une époque de très peu postérieure à celle où vivait le saint évêque d'Angers, devait l'avoir précisément pour patron (2); et ce qui est non moins certain, c'est que, dans les premiers siècles de son existence, elle a possédé un monastère auquel sa cure était annexée. Ce dernier fait résulte en effet très clairement d'une charte du commencement du XIIe siècle contenue au cartulaire de l'abbaye du Ronçeray d'Angers (3). Cette charte nous montre Hugues de Juvardeil abandonnant à la célèbre abbaye une partie de ses biens, entr'autres *le monastère de Souvigné* (monasterium Solviniaci) et la *cure dépendante du monastère* (et monasterii presbyterium). Document d'ailleurs des plus importants pour l'histoire religieuse de notre paroisse! De cette donation faite par Hugues de Juvardeil datent les relations de dépendance qui uniront désormais celle-ci au Ronceray (4). Jusqu'au XVIIe siècle une

(1) Voir *Histoire de Saint-Fraimbaut*, par M. l'abbé Gillard.

(2) L'église de Souvigné est, aujourd'hui encore, placée sous l'invocation de saint Maurille, évêque d'Angers.

(3) Voir cette charte reproduite in-extenso au n° 1 de nos pièces justificatives. Le cartulaire du Ronceray est conservé à la bibliothèque d'Angers; il forme 5 rouleaux de parchemin.

(4) Voir aux arch. de Maine-et-Loire, fonds du Ronceray, registres de présentation et collation, passim; et aux arch. de la Sarthe (dossier Souvigné), plusieurs présentations faites par l'abbesse du Ronceray à la cure de Souvigné à différentes époques depuis le XVe siècle jusqu'à la veille de la Révolution.

CLOCHER ROMAN DE SOUVIGNÉ-SUR-SARTHE, XIIe SIÈCLE

religieuse de cette abbaye sera titulaire de l'ancien monastère de Souvigné, transformé en prieuré, dont elle aura la propriété utile et la jouissance pour 120 livres par an (1), et, pendant toute la durée de l'époque féodale, nous verrons l'abbesse de Notre-Dame-du-Ronceray conserver le droit de présentation à la cure toujours annexée à ce bénéfice.

C'est d'ailleurs à cette même époque que paraît remonter l'église de Souvigné telle que nous la voyons aujourd'hui, du moins dans ses parties les plus anciennes. C'est bien dans la première moitié du XIIe siècle qu'a dû être construit son vieux clocher roman percé de doubles fenêtres sur chaque face, orné de sculptures, à entablements et modillons, tel en un mot qu'il est représenté dans le dessin que nous en offrons ici au lecteur (2).

Des origines religieuses de la paroisse de Souvigné, passons à présent à ses origines féodales. Si nous savons peu de chose sur les premières, les dernières nous sont, il faut l'avouer, encore moins faciles à démêler. Toutefois l'histoire générale nous apprend que le régime féodal était entièrement constitué dans nos pays dès le commencement du XIe siècle, et, d'après Ménage, il est certain que, au moins à partir de la fin du siècle précédent, Sablé avait ses seigneurs (3). Aussi est-il permis de conjecturer que la terre seigneuriale de Souvigné existait, elle aussi, à cette époque, tenue en hommage de la châtellenie de Sablé. Cette terre du reste devait alors se composer de presque tout le territoire de la paroisse

(1) Voir Recherches sur le canton de Sablé, par M. Pillerault, ancien juge de paix de Sablé, manuscrit inédit, resté aux mains des héritiers de l'auteur, où un chapitre est consacré à la paroisse de Souvigné et à ses principales terres.

(2) Nous devons ce dessin ainsi que celui du château actuel de la Roche-Talbot à l'extrême obligeance et à l'habile crayon de notre ami et collègue M. l'abbé A. Ledru ; nous lui adressons ici l'expression de nos remerciements aussi affectueux que sincères.

(3) Voir *Histoire de Sablé*, 1re partie, chapitre II.

actuelle (moins la métairie de la Riveraie qui faisait partie du fief de Molancé, mais aussi avec une légère extension à l'est dans la paroisse de Notre-Dame de Sablé) (1), et elle avait apparemment pour seigneurs des membres d'une famille noble qui lui avaient, suivant l'usage du temps, emprunté leur nom (2). Et de même que ces seigneurs originaires avaient reçu en fief la terre de Souvigné des mains des seigneurs de Sablé; de même ils ne tardèrent pas à en aliéner certaines parties au profit de vassaux à eux qui leur en rendirent foi et hommage. Ainsi se créèrent, croyons-nous, sous ces « de Souvigné », les arrière-fiefs les plus anciens de la paroisse, ceux du *Châtelet*, des *Grignons*, et de la *Mathouraie*. Pour ce qui est des deux premiers, nous savons d'une façon indubitable que leur création était antérieure au XIIe siècle. Dans la même charte par laquelle Hugues de Juvardeil avait donné vers 1119 à l'abbaye du Ronceray le monastère et la cure de Souvigné, on voit un *Lisiard du Châtelet* (Lisiardus de Castello) et un *Ildée de Grignon* (Ildeas de Grinione), intervenir à leur tour comme bienfaiteurs de cette abbaye. Quant à l'arrière-fief de

(1) Le fief de Souvigné comprenait notamment en dehors de la paroisse de ce nom, dans la direction de Sablé, les lieux des Hautes-Percevillières et des Gros-Collières, et, de l'autre côté de la Sarthe, ceux de Moiré et de la Ligeraie. Nous voyons en effet, d'après différents titres des XVe, XVIe et XVIIe siècles, les trois premiers relever de la seigneurie de la Roche-Talbot, et le dernier de la seigneurie de la Courbe, par le fief d'Ingrande. Voir du reste notre carte de la paroisse et du fief de Souvigné.

(2) Il a existé, on le sait, une vieille famille seigneuriale du nom de Souvigné, dont la Chesnaye des Bois a parlé dans sa généalogie des d'Aubigné, et dont une des branches, celle des Souvigné de la Roche-Bousseau, près Saumur, après avoir eu une certaine illustration aux XVIe et XVIIe siècles, s'est fondue au XVIIIe dans les de Fiesque. Toutefois nous ne croyons pas que cette famille ait jamais eu rien de commun comme origine avec l'une ou l'autre des deux paroisses de Souvigné dans le Maine. Elle semble plutôt originaire de Touraine, et a dû avoir pour berceau Souvigné, près de Château-la-Vallière. On trouve aussi en Anjou plusieurs fiefs du nom de Souvigné ; peut-être celui qui est près de Craon doit-il son nom à quelque branche puînée des seigneurs primitifs de notre Souvigné.

la Mathouraie, nous verrons plus loin son existence constatée au commencement du XIVe siècle.

Aux de Souvigné, seigneurs primitifs de la paroisse qui nous intéresse, n'avaient pas tardé à succéder les de Juvardeil.

C'est bien en effet en cette qualité, et non autrement, que dans la charte de 1119 Hugues de Juvardeil avait pu disposer du monastère et de la cure, objets principaux de sa donation. Plus tard, au XVIe siècle, le seigneur de la Courbe, co-seigneur avec celui de la Roche-Talbot de la paroisse de Souvigné, dira, dans son aveu à Sablé, en faisant allusion aux choses données jadis par le vieux seigneur angevin du XIe siècle : « Item le droict que je puis avoir de seigneurie ès choses de la dame de la chambre de Notre Dame du Ronceray d'Angers sises au bourg et paroisse de Souvigné, lesquelles choses elle advoue à tenir en garde et en ressort en la communauté du sieur de la Roche-Talbot et de moy ». Ceci ne prouve-t-il pas clairement que les seigneurs de la Courbe et de la Roche-Talbot étaient alors les représentants directs du bienfaiteur de l'abbaye du Ronceray, et comme ceux-ci étaient incontestablement les seigneurs de Souvigné, il en résulte de toute nécessité que Hugues de Juvardeil avait joui de cette seigneurie avant eux en son temps.

Voilà donc les de Juvardeil, ces puissants vassaux des comtes d'Anjou qui, au XIe siècle, possédaient l'important château-fort de Juvardeil, près Châteauneuf (1), avec une tour

(1) Juvardeil, canton de Châteauneuf, arrondissement de Segré.... Un château-fort existait à Juvardeil au XIe siècle, avec tour dominant le passage et la traversée de la Sarthe et enclavant l'église (C. Port. *Dict de Maine-et-Loire*). Balduin énumère le château de Juvardeil parmi les principales places-fortes qui existaient au Moyen-Age entre Sarthe et Mayenne. On trouve dans les vieilles chartes angevines, notamment dans celle du cartulaire de Saint-Serge, (Arch. de M.-et-L.) les noms de Herbert de Juvardeil (1040), de Guillaume de Juvardeil (1080), de Hugues de Juvardeil (1099 à 1119), de Guillaume de Juvardeil (vers 1134), de Orvricus de Juvardeil (1136), de Guillaume de Juvardeil (vers 1170-1209), enfin de Brumon de Juvardeil (comt du XIIIe siècle). Dans les premières années du XIIIe siècle, la terre et seigneurie de Juvardeil était passée aux de Clers.

dominant le passage et la traversée de la Sarthe, les voilà devenus vers la fin du même siècle, ou, dans tous les cas, au commencement du siècle suivant, seigneurs également de la terre et de la paroisse de Souvigné. Et, remarquons-le, la translation à l'abbaye du Ronceray du monastère et de la cure n'est pas le seul souvenir qu'ait gardé d'eux la paroisse qui nous occupe. Il y avait encore au XVIe siècle auprès des Grignons un bois appelé « le *boys de Juvardeil* » (1). Que dis-je ? dans la même partie de la paroisse, nous voyons un fief, celui du *Plessis-Liziard* (alias Plessis-Chataigner), relever de Juvardeil (2), et cela depuis le XIVe siècle jusqu'à la Révolution. Assurément on ne saurait voir dans ce fief à la mouvance si anormale, autre chose qu'un ancien arrière-fief de la terre de Souvigné, créé par les seigneurs de Juvardeil alors qu'ils possédaient celle-ci, puis rattaché par eux à la principale de leurs seigneuries, à celle qu'ils avaient en Anjou, et où ils résidaient.

Combien de temps ces seigneurs conservèrent-ils la possession de notre paroisse ? Dans la seconde moitié du XIIe siècle, et au commencement du XIIIe, nous rencontrons un Guillaume de Juvardeil d'abord cité avec Robert d'Auvers parmi les témoins à l'acte de la fondation faite vers 1170 à Solesme par Robert III de Sablé pour l'âme de son frère Geoffroy, puis présent en 1209 à l'acte de fondation de l'abbaye du Perray-Neuf (3) ; ce personnage, comme son intervention dans ces deux circonstances semble le faire supposer, était-il donc, lui aussi, ainsi que son frère ou son aïeul Hugues de Juvardeil, seigneur de Souvigné? Nous ne saurions nous prononcer. Mais ce qui nous semble probable, c'est que, soit vers la fin de ce même XIIe siècle, soit au commen-

(1) Voir aux arch. de la Sarthe, fonds Juigné, l'aveu de la terre de la Courbe à la baronnie de Sablé en 1552.

(2) Voir dans la suite de cette étude l'acte d'achat du Plessis-Liziard par Macé d'Anjou en 1350 et les différents aveux ou actes de foi et hommage rendus pour cette terre à Juvardeil par les seigneurs de la Roche-Talbot

(3) Ménage, *Histoire de Sablé*, 1re partie, p. 168 et 365.

cement du XIIIe, les seigneurs du Plessis-Macé ont dû à leur tour n'être pas étrangers à l'histoire de la paroisse qui nous intéresse. Sans cela comment expliquer la mouvance du *fief d'Ingrande*, en Souvigné, qui relevait de cette seigneurie? Sans aucun doute, les bizarres liens féodaux qui reliaient deux fiefs compris dans l'enclave de la châtellenie de Sablé à deux seigneuries situées au centre de l'Anjou provenaient de la même cause: de même que les seigneurs de Juvardeil étaient seigneurs de Souvigné lorsqu'ils avaient créé l'arrière-fief du Plessis-Liziard, de même les seigneurs du Plessis-Macé ont dû l'être après eux, pour avoir pu se donner la mouvance du fief d'Ingrande (1).

Ainsi, pendant ces siècles du Moyen-Age qui virent la naissance et l'épanouissement du régime féodal dans nos pays, la hiérarchie seigneuriale s'organisait peu à peu dans notre paroisse. Tandis que la terre principale avait pour seigneurs successifs les de Souvigné, les de Juvardeil, et peut-être les du Plessis-Macé, des démembrements de cette même terre étaient nés les arrière-fiefs du Châtelet, des Grignons, de la Mathouraie, du Plessis-Liziard et d'Ingrande. Mais, sauf en ce qui concerne ces deux derniers arrière-fiefs, détachés entièrement, comme nous l'avons dit, de sa seigneurie, le fief primitif de Souvigné n'en subsistait pas moins dans toute son intégralité; il était rendu tout entier au seigneur de Sablé par un seul seigneur, qui en faisait l'hommage tant pour lui que pour ses vassaux. Or il devait arriver une époque où ce fief, resté presque intact, du moins

(1) Ce n'était pas seulement en Souvigné que nous voyons les deux fiefs du Plessis-Liziard et d'Ingrande relever, par une singulière anomalie féodale, de seigneuries situées au cœur même de l'Anjou; en Saint-Denis-d'Anjou, il y avait la seigneurie du Haut Tronchay ou de la Heurtaudière qui relevait de Mathéfélon près de Durtal, et non loin de là, la seigneurie de Varennes-sur-Sarthe reportait sa mouvance à la baronnie de Briollay. Ceci s'explique d'ailleurs quand on sait que à une certaine époque Sablé et Briollay ont été réunis sous les mêmes seigneurs, il en a dû être de même de Mathéfélon par rapport à Sablé.

dans sa partie principale, perdrait son unité par suite de ce qu'on appelait, sous le régime de la féodalité, le dépied de fief, et cette époque fut, croyons-nous, le milieu du XIIIe siècle (1). Voici ce qui se passa alors, selon toute vraisemblance. A la mort d'un seigneur de Souvigné qui avait laissé deux héritiers, probablement deux filles, sa succession territoriale fut partagée. Pour cela on divisa le fief en trois parts : la première fut composée de tout ce qui devait former à l'avenir la terre de la Courbe, la seconde de tout ce qui devait être compris dans la terre de la Roche-Talbot, proprement dite, enfin la troisième de tout le bourg de Souvigné, de toute la forêt et de leurs environs. Les deux premières parts furent attribuées à chacun des deux héritiers ; mais la troisième, désignée depuis sous le nom de « fief commung », resta indivise entr'eux, ainsi que la seigneurie de paroisse qui y était évidemment annexée (2). Quant aux arrière-fiefs qui relevaient de l'ancien fief de Souvigné, la mouvance en fut répartie entre les deux nouveaux seigneurs; le Châtelet et la Mathouraie furent rattachés à la seigneurie de la Courbe et les Grignons à celle de la Roche-Talbot.

(1) Il parait en effet certain que les deux terres seigneuriales de la Courbe et de la Roche-Talbot, qui, à elles deux, occupaient presque tout le territoire de la paroisse de Souvigné, doivent leur origine respective à un partage. Cela résulte assez clairement de plusieurs passages de l'aveu de la Courbe à Sablé (en 1552) passages où l'on voit que différents droits de seigneurie, par exemple sur les « choses de la dame de la chambre de N.-D. du Ronceray d'Angiers, sises au bourg et paroisse de Souvigné » puis sur les amendes à gager et à taxer, étaient communs entre les seigneurs de la Roche-Talbot et de la Courbe. D'un autre côté, nous savons par l'histoire même des deux terres qui nous est connue à partir de la première moitié du XIVe siècle que leurs seigneurs appartenaient dès lors à deux familles absolument distinctes. Le partage en portion remonte donc nécessairement au XIIIe siècle.

(2) L'existence de ce « fief commung » ainsi que la question de savoir à qui, des seigneurs de la Courbe ou ceux de la Roche-Talbot, devait appartenir la seigneurie de paroisse, devaient occasionner entr'eux au commencement du XVIIe siècle un grand procès dont l'issue laissa les choses dans un état assez douteux. Nous parlerons amplement de ce procès quand le lieu en sera venu.

Enfin, par suite du « dépied de fief » qui venait de se produire, chacun des trois nouveaux fiefs devait à l'avenir relever séparément de Sablé. Tel est le partage qu'a dû subir avant la fin du Moyen-Age, très probablement, nous le répétons, vers le milieu du XIIIe siècle, le fief primitif de Souvigné, partage dont les conséquences, absolument conformes à tous les détails que nous venons de donner, se montreront en mainte occasion dans la suite de ce récit.

Comme on le voit, la question des origines féodales de la paroisse de Souvigné nous a amenés à celle des origines de la terre de la Roche-Talbot. Et, à vrai dire, il semble qu'après ce qui précède, cette dernière question soit, elle aussi, dès maintenant entièrement tranchée ; et pourtant elle ne l'est qu'à moitié. Si toute la terre de la Roche-Talbot, telle qu'elle est sortie du partage du fief de Souvigné au XIIIe siècle, s'était trouvée dans la mouvance de Sablé, rien de plus simple ; il n'y aurait pas à lui chercher d'autre origine que ce partage. Mais il n'en était pas ainsi. Au milieu de la terre dont il s'agit, tenue de Sablé, il y avait une enclave laquelle relevait directement à foi et hommage, sans rachat, du comté du Maine, et cette enclave comprenait précisément l'emplacement du château actuel, avec ses cours, jardins et une partie du domaine ! (1). C'était là le vrai fief de la Roche-Talbot, manifestement antérieur à l'autre, auquel il avait dû servir de noyau, et, par extension seulement, donner son nom. Il nous reste donc à expliquer, autant que possible, l'existence de ce dernier fief et à en rechercher l'origine,

(1) Nous donnerons à la fin de notre travail, aux pièces justificatives, deux aveux rendus en 1766 et 1779 au comté du Maine pour ce fief de la Roche-Talbot par ses possesseurs. Nous donnerons également quelques extraits de mémoires relatifs à un débat de mouvance survenu à cette dernière date entre le comte du Maine et le seigneur de Sablé qui prétendaient tous deux à la suzeraineté directe sur la terre de la Roche-Talbot. Ces mémoires éclaircissent entièrement la question de la double mouvance de la terre dont il s'agit, selon qu'on considère le château et ses dépendances immédiates, ou bien le reste de la terre.

origine qu'il faut nécessairement placer avant la date, quelle quelle soit, du partage du XIIIe siècle.

Or, l'origine du fief primitif de la Roche-Talbot remonte selon nous, à la seconde moitié du XIe siècle.

Et d'abord, il parait certain que le fief dont il s'agit a commencé par être un château-fort. Tout du moins semble confirmer notre hypothèse : la légende, l'aspect des lieux, et l'anomalie de la mouvance. La légende ! comme la plupart des vieux châteaux, le manoir de la Roche-Talbot avait la sienne : on dit encore dans le pays qu'il avait été bâti par les Anglais ! Puis l'aspect des lieux : avec ses pentes raides et abruptes surtout au sud-ouest, avec sa plate-forme élevée qui, du côté de l'Anjou, commande au loin l'horizon, le promontoire que couronne à son extrémité le château moderne a bien l'air d'un lieu ayant autrefois servi d'assiette à quelqu'ancienne forteresse disparue (1). Enfin, si l'on se place au point de vue du système féodal, que dire de la condition exceptionnelle où se trouvait le fief en question ? Comme importance, il était l'égal des plus grands fiefs de la province, puisqu'il relevait directement du comté du Maine ; comme étendue, il était inférieur même au plus petit des arrière-fiefs de la paroisse de Souvigné ; il était dans l'enclave non pas seulement de la châtellenie de Sablé, mais encore, avant le partage du XIIIe siècle, du fief

(1) Lorsqu'à la fin de janvier 1871, les Prussiens occupèrent Sablé et les environs, un jour, en revenant d'un combat d'avant-garde livré en avant de Souvigné contre les troupes françaises retranchées à Château-Gontier et à Saint-Denis-d'Anjou, ils pénétrèrent dans le château de la Roche-Talbot alors abandonné et qu'ils mirent au pillage. Ils en examinèrent en même temps avec soin le site et déclarèrent en s'en allant au vieux gardien tout tremblant, qu'ils reviendraient le lendemain avec de l'artillerie et placeraient quelques canons sur la *petite terrasse* afin de prendre en enfilade la route de Souvigné à Saint-Denis-d'Anjou. S'ils ne réalisèrent pas leur menace, c'est que le lendemain l'armistice était proclamé. Si en plein XIXe siècle, avec le perfectionnement des armes à longue portée, le site de la Roche-Talbot a pu paraître aux Allemands un site propice à la défense, quelle ne devait pas sembler sa force aux hommes du Moyen-Age ?

La Roche-Talbot vue de la Coubre

de Souvigné. Comment expliquer une semblable anomalie sinon par l'hypothèse d'un château-fort à l'origine? Incontestablement il faut supposer qu'à une époque quelconque, mais à la fois postérieure à l'établissement du système féodal dans le pays, et antérieure à la dislocation du fief de Souvigné, un comte du Maine aura pris sur le territoire de ce fief un espace de terrain suffisant et approprié pour y faire construire un château-fort; puis, que ce château-fort une fois construit, il en aura donné la garde avec la propriété à quelque capitaine, sous la condition de l'hommage dû, on le sait, par les possesseurs de fiefs militaires.

Voilà donc déjà un premier point acquis; la Roche-Talbot doit sa première origine à un château-fort. Mais à quelle époque ce château fort a-t-il été construit? Question plus difficile à résoudre en apparence qu'en réalité. En premier lieu ce nom de Talbot n'indique-t-il pas assez péremptoirement que le premier commandant de notre château-fort a été un des membres de la vieille et illustre famille de ce nom, passée de Normandie en Angleterre à la suite de Guillaume le Conquérant? (1). Et d'un autre côté, à quelle

(1) Dans un armorial de la noblesse d'Angleterre du temps de Guillaume le Conquérant (Bibl. nat. ms. Clairembault vol. 916) on trouve mentionné un Guillebert Talbot qui, « normand, passa en Angleterre avec le Conquérant et fut comte de Shrewsbury, au droit de sa femme, fille de Robert de Montgommery » il portait « *de gueule, au lion rampant bordé engreslé d'or* ». D'après une notice qui se trouve dans les généalogies des familles françaises avant 1400 par D. Caffiaux, (Bibl. nat. Cab. des titres vol. 1215-1216) nous trouvons ensuite Hugues Talbot, probablement fils du précédent, en tous cas mari de Mahaut de Gournay et père de Godefroy. Ce Godefroy ou Geoffroy est cité par Orderic Vital au nombre des seigneurs qui en 1138 soutinrent en Angleterre le parti du comte de Glocester, fils du roi Henry, contre le roi Étienne; ce fut lui qui s'empara de la ville d'Herford. Godefroy Talbot avait, selon la notice D. Caffiaux, épousé Agnès de Meulant, et il en avait eu plusieurs fils, Gérard, Richard, Godefroy et une fille, Jeanne, qui fut mariée à Robert d'Estouteville. Gérard Talbot est très connu dans l'histoire de son temps. En 1173, il était avec Jehan Talvas, Robert de Sablé, Hugues de Sillé, Mathieu de la Jaille, Geoffroy de Brûlon, etc. parmi les seigneurs qui soutenaient la révolte de

autre époque un Talbot a-t-il pu se voir investi d'un fief militaire dans le Maine si ce n'est pendant la période de notre histoire où les princes anglo-normands prétendaient à la possession de ce comté, c'est-à-dire du milieu du XIe siècle à la fin du XIIe ? Et nous dirons plus encore : s'il est une époque où la construction d'un château-fort sur le territoire de Souvigné puisse être placée avec quelque vraisemblance, c'est certainement celle où vivaient le célèbre duc de Normandie ou ses successeurs immédiats, soit la dernière moitié du XIe siècle. Car, ce n'est pas au siècle suivant, après que les Plantagenets, devenus rois d'Angleterre, avaient réuni dans leurs mains l'Anjou et le Maine, que ce fait nous semble avoir eu la moindre raison d'être: le château dont nous nous occupons n'était-il pas surtout, par sa position, destiné à repousser une attaque venue de l'Anjou? Ce n'est pas non plus dans la première moitié du même siècle, remplie par les

Henri II fils du roi d'Angleterre contre son père, (Voir le *Recueil des historiens de la France*, t. XIII p. 152). Plus tard, il suivit, dit D. Caffiaux, Richard Cœur de Lion, roi d'Angleterre, à la Terre-Sainte, et, ce prince ayant fait la conquête de l'île de Chypre, il eut le gouvernement de cette île qu'il conserva contre les entreprises du roi Philippe-Auguste. En 1190 il fut, nous apprend Hoveden, présent au traité entre le roi Richard et Tancrède, roi de Sicile. Gérard Talbot avait épousé avant l'année 1176 Euphémie de Fécamp qui lui avait apporté en dot la seigneurie de la Vallée-d'Andelle avec Beaubec; tous deux confirmèrent vers 1184 les donations faites à l'abbaye de Beaubec par Guillaume de Fécamp. Ils ne laissèrent de leur mariage qu'une fille unique, Élisabeth Talbot qui, héritière par conséquent d'Andelle, Beaubec, etc, porta ces terres à son mari Robert, sire de Poissy. Godefroy Talbot, 3e fils de Godefroy et d'Agnès de Meulant, plus heureux que son aîné, eut une descendance masculine, et continua ainsi la lignée des comtes de Shrewsbury, rendus si illustres au XVe siècle par le fameux capitaine anglais Jean Talbot. Nous ignorons le nom de sa femme, mais il avait sans doute pour fils ce Guillaume Talbot, qu'on voit en 1209 envoyé par le roi Jean Sans-Terre pour saisir l'archidiacre de Warwick Geoffroy, et qui en 1227 fut présent pour Richard d'Angleterre au traité conclu entre ce prince et le roi de France. Une branche de ces Talbot s'était sans doute fixée au Maine où elle resta même après l'expulsion des Anglais de cette province. En 1238 le cartulaire de Lespau fait mention d'un Guillaume Talbot lequel donna à l'abbaye d'Évron ce qu'il possédait dans la paroisse de Vaiges.

luttes acharnées des seigneurs de Sablé contre le duc d'Anjou, Geoffroy Plantagenet, que sa construction semble plus probable. Sans doute le pays où se trouve la Roche-Talbot fut alors plus d'une fois le théâtre des hostilités de ces deux seigneurs, et de même qu'en 1122 Lisiard de Sablé, en guerre avec Guy de Laval, avait obtenu la permission de construire contre ce dernier un château-fort à Saint-Loup, de même eût-il pu, un peu plus tard, recourir à une précaution du même genre en face de son adversaire angevin. Mais en ce cas quelle apparence que le seigneur de Sablé se fût servi d'un Talbot pour lui confier une de ses forteresses ? Si au contraire on place la construction du château-fort dont il s'agit au siècle précédent, par exemple au moment de la seconde conquête du Maine par Guillaume le Bâtard, vers 1066, toute difficulté disparait. Ne sait-on pas que le conquérant normand pour mieux s'assurer l'obéissance de ses nouveaux sujets avait couvert le pays d'un grand nombre de châteaux-forts occupés par ses hommes d'armes ? (1) Et s'il était une des frontières du Maine où il eût surtout besoin d'en établir, n'était-ce pas celle de l'Anjou, de cet Anjou dont le duc Geoffroy le Barbu ne cessait de pousser les Manceaux à la révolte contre leur dominateur étranger ? Enfin ne trouvons nous pas dès ce temps là un Talbot (Guillebert-Talbot) parmi les compagnons dévoués qui devaient deux ans après suivre Guillaume à la conquête de l'Angleterre ? (2)

Ainsi, un château fort élevé vers l'année 1066 par les ordres de Guillaume le Conquérant et confié par lui à un Talbot, peut-être à Guilbert Talbot, voilà, croyons-nous, la première origine du fief de la Roche-Talbot proprement dit, et cette origine nous en explique la singulière mouvance.

(1) Voir dans l'*Histoire de l'Église du Mans* par Dom Piolin, le chapitre relatif à la conquête du Maine par le duc de Normandie.

(2) Voir plus haut notre note sur les Talbot.

Quant à la destinée de ce fief, jusqu'au moment où, au XIIIe siècle, il se trouvera compris dans l'une des trois fractions du fief de Souvigné, il est facile de l'imaginer. Le château-fort dont nous avons supposé l'existence fut sans doute détruit lorsque, dans les dernières années du règne de Guillaume le Bâtard, les Manceaux, profitant des embarras où se trouvait ce prince en Angleterre, se soulevèrent contre la domination étrangère et chassèrent des châteaux-forts du Maine les garnisons normandes qui les occupaient (1). Il n'y a donc pas à s'étonner du silence que garde à son égard la chronique de Saint-Aubin d'Angers à propos de la prise par Maurice de Craon en 1173 des châteaux de Sablé, de Saint-Loup et de Saint-Brice. C'est que de l'ancienne forteresse normande il ne restait plus alors que les ruines et l'emplacement sur lesquels les descendants de Guilbert Talbot essayaient, avec plus ou moins de succès, de faire prévaloir leurs droits selon que la cause de leurs princes était plus ou moins triomphante dans le Maine (2). Puis, quand, au commencement du XIIIe siècle, Philippe-Auguste arracha définitivement notre province aux anglais, le fief créé jadis sur le sol de Souvigné par la loi de la conquête dut naturellement faire retour au seigneur de la terre dans l'enclave de laquelle il se trouvait, et être réuni au reste de son fief tout en en restant séparé comme mouvance. Et c'est ainsi qu'après le partage de la terre de Souvigné dans le courant du XIIIe siècle, la portion de cette terre où sera compris le fief en question, aura deux mouvances distinctes, selon

(1) Voir Dom Piolin, *Histoire de l'Église du Mans.*

(2) Le descendant de Guilbert Talbot était alors Gérard Talbot, celui dont Ménage, dans la première partie de son *Histoire de Sablé*, p. 138, en marge, a dit : « Ce Gérard de Talbot pourrait bien avoir donné le nom à la terre de la Roche-Talbot qui est dans le voisinage de Sablé. » Mais, nous le répétons, si, comme nous croyons l'avoir démontré, la terre dont il s'agit a eu pour première origine un château fort, ce n'est pas à l'époque où vivait Gérard Talbot qu'il faut chercher cette origine, mais dans la seconde moitié du siècle précédent.

qu'on considérera ce même fief relevant toujours du comté du Maine ou le reste de la terre y annexé, fraction, nous l'avons dit, du fief de Souvigné, tenue comme lui de la châtellenie de Sablé.

Est-il besoin d'ajouter que l'emplacement de l'ancien château-fort des Talbot devait être dès lors, tant à cause de son site que des souvenirs qu'il rappelait, connu sous le nom de Roche-Talbot et aura ainsi donné son nom d'abord au nouveau manoir élevé sans doute à cette époque en ces mêmes lieux par le nouveau seigneur, puis à la terre rattachée désormais, soit en domaine, soit en fief, à ce manoir?

Telle est, selon nous, la seule explication qu'on puisse donner de la singulière anomalie que présentait, sous l'ancien régime, la terre de la Roche-Talbot considérée dans sa composition féodale. Sa double mouvance, suivant qu'il s'agissait du château et de ses environs immédiats, ou du reste de la terre, supposait nécessairement deux origines distinctes. De ces deux origines, l'une, celle du fief primitif, remontait à la seconde moitié du XIe siècle ; l'autre, celle de la terre féodale du même nom, doit être placée dans le cours du XIIIe siècle. Tout cela n'est à la vérité qu'une simple hypothèse, mais c'est une hypothèse qui, à défaut des documents précis qui nous manquent, offre une telle vraisemblance qu'il faut bien, jusqu'à preuve du contraire, l'admettre comme un fait presque prouvé.

CHAPITRE II

PREMIERS SEIGNEURS CONNUS DE LA ROCHE-TALBOT LES D'ANJOU.

Quoiqu'il en soit de ses origines, la terre de la Roche-Talbot, cela est certain, existait au commencement du XIVe siècle. Un titre authentique conservé aux archives nationales nous apprend en effet qu'en 1310 un acte d'obéissance féodale avait été fait par un seigneur de la Roche-Talbot à la seigneurie de la Mathouraie en Souvigné (1). Quel était ce seigneur? Le titre en question est, il est vrai, muet à cet égard; mais tout nous autorise à supposer que les d'Anjou étaient dès lors les possesseurs de la terre qui nous intéresse.

Les d'Anjou sont, comme nous le verrons, les plus anciens seigneurs connus de la Roche-Talbot; et pourtant ils avaient dû être précédés par une autre famille seigneuriale dont le nom se confondait avec celui de la terre qu'ils possédaient Qu'était-ce en effet que cette famille « de la Roche-Talbot » mentionnée également par les deux armoriaux d'Anjou de Gohorry (1608), et de René-François du Bellay (1698) (2), et qui portait pour armes « *d'argent à une fasce de sable, accompagné de 5 merlettes de même, 2 en chef, 2 en flancs, et 1 en pointe* » qu'était-elle, sinon celle des seigneurs origiginaires de la Roche-Talbot?

Quant aux d'Anjou, ils nous apparaissent décidément comme seigneurs de la Roche-Talbot à partir de l'année 1345. Qu'étaient-ils aux fameux comtes d'Anjou? Si nous en croyons Ménage (3), ils portaient *d'azur à la bande d'or* (4), et il y aurait assez d'apparence à croire qu'ils descendaient de quelque bâtard d'un de ces comtes. Toujours est-il que cette famille était une famille noble et anciennement connue dans le Maine aussi bien que dans l'Anjou. Dès la seconde moitié du XIIe siècle, on voit un Geoffroy d'Anjou figurer avec honneur dans différentes

(1) Arch. nat. R/100; réponse du procureur du roi et de Monsieur en 1781 au mémoire du marquis de Sablé à propos de la mouvance de la terre de la Roche-Talbot.

(2) Ces deux armoriaux se trouvent le premier au Cab. des titres de la Bibl. nat. vol. 972, et le second à la Bibl. d'Orléans sous la cote E. 3160.

(3) *Hist. de Sablé*, 1re partie, p. 363.

(4) Ou d'après l'armorial de Guy Louis de Longueil, (Bibl. nat. Cab. des titres, vol. 180) « *d'azur à une fasce d'or* ».

chartes tant angevines que mancelles (1). Au commencement du siècle suivant Michel, Robin et Regnaud d'Anjou sont au nombre des bienfaiteurs des abbayes de Clermont et de Fontaine-Daniel (2). En 1270 le cartulaire de Lespau mentionne l'acquêt fait par Herbert d'Anjou, clerc, et sa femme de certaines vignes en la paroisse de Sainte-Croix (près Angers) que leur avaient vendues Jehan de Sablé, clerc, fils de défunt Geoffroy de Sablé et de Nicolasse sa femme (3). Quelques années après, Henri, Pierre, Jehannot et Benedict d'Anjou accompagnent Charles d'Anjou, le frère de saint Louis, à la conquête du royaume de Naples (4). Vers 1310 un Jehan ou Geoffroy d'Anjou est cité parmi les seigneurs angevins ou manceaux appelants contre Charles de Valois, comte du Maine (5). Un peu plus tard un Mathieu d'Anjou est chanoine de l'église d'Angers, et dans l'obituaire de cette église écrit au milieu du XIVe siècle, il est question des anniversaires du même Mathieu et de son frère, « messire Robert d'Anjou, chevalier » (6). Enfin, en 1336, Guillaume d'Anjou et sa femme faisaient avec les religieux de l'abbaye de Saint-Nicolas d'Angers une tran-

(1) Ainsi il est témoin à la promulgation d'une charte de Henri II roi d'Angleterre, par laquelle ce prince, prenant sous sa protection tous les biens des moines de Marmoutiers, et particulièrement leur maison de Bouère, confirme, sur les prières de Richard, abbé de Marmoutier, de Richard, prieur de Bouère, et de Hamelin d'Anthenaise, le jugement rendu en la cour d'Angers, qui attribue aux moines de lad. abbaye seuls, le droit d'avoir un pressoir dans le bourg de Bouère et dans les vignes voisines. (Voir arch. de la Sarthe, II. 371). Ainsi encore le même *Gaufridus de Andegavid* fut témoin à la même époque à une restitution de dixmes faites au prieur de la Cropte par Payen Boguerel, à son lit de mort. (Voir *Hist. de l'Église du Mans*, par D. Piolin. Pièces justificatives.)

(2) Voir Ménage, *Hist. de Sablé*, 1re partie, p. 198 et cartulaire de Fontaine-Daniel, chartes de 1208 et 1218.

(3) Bibl. nat. ms. fonds latin, 17124, extrait des titres de l'abbaye de Lespau.

(4) Voir *Arch. angevines de Naples*, par Paul Durrieu.

(5) Voir aux arch. nat. J/178 B. la liste des seigneurs appelants.

(6) Bibl. nat. ms. coll. Touraine, t. XVI, fos 311 et suiv. : août.

saction dont les termes sont des plus curieux. Il paraît que ces religieux leur demandaient diverses servitudes sur leur hébergement situé à Gennes au Maine et plusieurs redevances tant en leurs noms propres qu'en celui de N. H. mess. Robert de Coesmes, chr, sur les biens qu'ils possédaient dans le fief du prieuré de Gennes. Or, est-il dit dans la transaction, nos deux personnages « répugnaient de s'y soumettre attendu la noblesse de leur origine ». En conséquence, par l'accord qui fut fait, ils prirent en fief foi et hommage de lad. abbaye de Saint-Nicolas leur hébergement aveç tout ce que led. Guillaume avait aud. lieu et lui échoirait après le décès de la dame de la Bodinière, sa mère (1). Tels étaient ces d'Anjou, lesquels, soit à la fin du XIIIe siècle, soit au commencement du XIVe, par alliance très probablement, étaient devenus seigneurs de la terre de la Roche-Talbot.

Le premier d'entr'eux qui se montre à nous en cette qualité est Macé d'Anjou. Ayant peut-être pour ayeul un des compagnons de Charles d'Anjou dont nous avons parlé tout à l'heure, fils évidemment du Robert d'Anjou de l'obituaire de l'Eglise d'Angers, et de cette dame de la Bodinière encore vivante en 1336, Macé d'Anjou vivait vers le milieu du XIVe siècle. C'est lui qui avait fondé la chapelle de la Roche-Talbot, comme on le voit par les lettres d'amortissement que Philippe de Valois lui accorda lors de son pasage à Sablé, en août 1345. Voici la teneur de ces lettres, trop importantes au point de vue de notre étude pour que nous ne les reproduisions pas ici presque en entier (2).

« Philippe... savoir faisons... que comme *Macé d'Anjou, escuier*, nous ait fait supplier que 12 livres de rentes qu'il entend à asseoir pour *une chapelle qu'il a fondée* en l'église Saint-Maurille de Souvigné et annexée à ycelle église du consentement et voulonté de l'évesque du Mans, et *en son*

(1) Bibl. nat. ms. coll. Villevieille au mot Anjou.
(2) L'original de ce document se trouve aux arch. nat. J. J. 68 fo 68 vo.

hébergement de la Roche-Talebot, desq. 12 livres il veult douer lad. chapelle en accroissement du divin service et pour la sustentacion du recteur d'icelle église et de son chapelain ou vicaire qui seront tenuz de chanter en ycelle, selon l'ordenance desd. evesque et Macé faite sus, et en l'institucion et fondacion de lad. chapellenie, nous li veuillions admortir; pour quoi nous considérons le bon propos dud. Macé, voulanz le divin service estre accreu, et pour ce aussi que nous serons parçonniers ès messes qui seront en lad. chapelle célebrées, avons octroié et octroions.... à ycelui Macé que lesd. 12 livres de rente, sans fief toutesfois et justice, il puisse asseoir et asseurer pour la fondacion de lad. chapelle et icelle douer desd. 12 livres de rente, et que les recteurs présens et avenir qui y seront establiz à desservir les puissent tenir paisiblement et sans aulcun empeschement, sans ce qu'ils soient contrainctz par nous ou nos successeurs Roys de France à les mectre hors de leurs mains ne paier aussi maintenant ne autrefoiz aulcune finance quelle qu'elle soit, laq. nous li remettons et quictons... Et, pour que ce soit ferme et estable à toujjours, nous avons faict mettre nostre seel à ces lettres... Donné à Sablé sur Sarte l'an de grâce mil CCCXL et cinq au mois d'aoust... »

Ainsi Macé d'Anjou, qui ouvre pour nous la liste des seigneur de la Roche-Talbot, était contemporain du roi Philippe de Valois. Il vécut aussi sous le règne du successeur de ce prince, du roi Jean le Bon, et semble même avoir été mêlé d'une façon assez active, aux côtés du fameux Amaury IV de Craon, aux graves événements dont nos provinces étaient alors le théâtre. On sait le rôle prépondérant que joua ce dernier dans l'histoire de son époque si profondément troublée par la première période de la longue et terrible guerre de Cent Ans. Seigneur non-seulement de Craon, mais encore de Sablé, de Sainte-Maure, de Chantocé, d'Ingrandes, de la Roche-Corbon et autres lieux, Amaury IV de Craon, était, grâce au nombre et à l'importance de ses possessions territoriales, un des grands seigneurs les plus puissants de France ; il fut aussi l'un des plus illustres. Sa valeur et sa fidélité, dans ces temps malheureux, aux rois Philippe VI, Jean le Bon et Charles V, lui firent confier successivement par ces trois princes les charges militaires les plus considérables. Déjà en 1348 garde de la Bretagne et lieutenant et sénéchal d'Anjou et du Maine sous le duc de Normandie, on le voit ensuite tour à tour lieutenant du Roi en Poitou, Limousin, Saintonge, Angoûmois et Périgord (1351) lieutenant du Roi ès pais d'Anjou du Maine et de Touraine (1363) (1). Et comme on peut le penser, un personnage d'une aussi grande importance à la fois féodale et militaire était chez lui, dans son château et dans sa ville de Craon, une sorte de petit souverain, ayant sa cour et ses ministres. Or, au nombre de ces derniers était le seigneur de la Roche-Talbot, ainsi que nous le montrent les trois documents, qui suivent (2), tous relatifs d'ailleurs aux événements de la guerre.

Le premier de ces documents est une lettre adressée à la date du 4 janvier 1356, quelques mois après la bataille de Poitiers, par Guillaume d'Usages, le sénéchal d'Amaury de Craon, à notre Macé d'Anjou ainsi qu'à ses collègues, les autres conseillers ou ministres de ce seigneur, au sujet des travaux de fortification récemment exécutés aux fauxbourgs de la ville de Craon :

« Très chiers et grans amis, l'abbé de la Roue, Jehan Pointeau, moussour Guillaume Tardif et *Macé d'Anjou*, Guillaume d'Usages, chevalier, salut. Vuillez savoir que Moussour de Craon fist faire un paliz ès fosbourgs de Craon

(1) Voir au sujet de ce personnage le P. Anselme, et le trésor généalogique de D. Villevieille.

(2) De ces trois documents le premier et le troisième sont extraits du chartrier de Thouars fonds Craon; le second est rapporté par Villevieille au mot Craon et par D. Housseau, coll. Touraine, t. VIII, n° 3625.

d'entre les ponz comme l'en vet à la Guicrche, lequel cousta VIII libvres VIII sols, lesquieulx Moussour me commanda que je feisse paier à Dorel, et il les paia aux bonnes gens, comme je suy suffisamment informé; si les li vuillez alouer et qu'il parque quittance aux comptes de mond. seigneur, tesmoing ceste lettre scellée de mon seel le IIIIe jour de jenvier l'an LVI ».

Le second document nous montre le seigneur de la Roche-Talbot figurant, toujours en compagnie des mêmes personnages, parmi les fidèles serviteurs que Amaury, pendant sa captivité en Angleterre, avait chargé de le représenter en France dans ses affaires. « Très noble et puissant homme mess. Amaury seigneur de Craon donna procuration pour toutes ses affaires par lettres données à Saumur le Mardi d'après la Consécration 1357, esquelles il dit que, ayant été fait prisonnier par les ennemis du Roy et du Royaume, et étant sur le point de se rendre en Angleterre sans savoir quand sa délivrance arrivera, il choisit pour ses procureurs-généraux et spéciaux dans toutes ses affaires sa très chère et amée sœur Isabeau de Craon, dame de Laval, sa très chère et amée compagne Perronnelle de Touars, dame de Craon, et ses bien amés l'abbé de la Roue, monssour Jehan de Sainctré, monseigneur Maurice de Mauvinel, monssour Fouques sire de Soucelles, monseigneur Jehan Poincteau, monseigneur Juhes de Logé, chrs, le Camus de Tucé, *Macé d'Anjou* et monsieur Guillaume Tardif ».

Le troisième document nous est fourni par un « itinéraire et dépenses » d'Amaury de Craon pendant l'année 1361; nous y relevons ce passage :

« Et le Mercredy ensuivant (28e jour d'Avril), nous partismes après boire alanz à Sablé. Et par celli temps avons esté aud. lieu pour traictier o les Anglois d'Uillé et de la Flèche, lesquelx y ont esté par plusieurs journées par celli temps; et ont esté à celles journées l'abbé de la Roue, monssour Guillaume Le Roy, cappitaine d'Angiers, Guillaume de Baus,

Macé d'Anjou et plusieurs autres gens de conseil et autres d'Angiers et d'ailleurs... »

Comme on le voit par ces divers documents, Macé d'Anjou était très en faveur auprès d'Amaury de Craon qui l'avait attaché à son service en qualité de conseiller ou de ministre ; comme on le voit aussi, pendant les années qui suivirent la bataille de Poitiers, il devait résider plus souvent à Craon qu'à son manoir de la Roche-Talbot.

Il est vrai qu'à l'époque dont il s'agit cette dernière résidence n'eût été pour lui guère agréable ; lorsqu'en effet, à la fin d'avril 1361, il était, ainsi que nous l'avons dit tout à l'heure, arrivé à Sablé avec ses collègues pour traiter avec les Anglais, il y avait cinq ans que ceux-ci, devenus maîtres des forts de Sablé et de Saint-Brice, avaient commencé à tenir sous la terreur de leurs armes la châtellenie où est située la terre qui fait l'objet de cette étude, et c'était depuis quelques semaines seulement que, chassés par le sire de Craon, le sire de Laval, et Bertrand du Guesclin, ils avaient évacué cette même châtellenie (1). Or dans cet intervalle de temps, que de maux les garnisons de Sablé et de Saint-Brice n'avaient-elles pas dû faire éprouver au pays environnant ? Pour s'en faire une idée exacte, on n'a qu'à lire les considérants de la lettre royale par laquelle en 1364 Charles V dispense les moines de Bellebranche de payer au trésor-royal les droits dus par eux pour les acquisitions faites depuis 1344 (2). Si, d'après ces considérants, on voit que ces religieux avaient eu tant à se plaindre de « ceulx qui pristrent le fort de Saint-Brice... qui, par plusieurs foys les ont mys à très grans et excessives rançons et ont ardé et détruict leurs maisons, manoirs et mestayeries et granges... »

(1) Voir *Chronique normande* ; édition de la Société de l'hist. de France, p. 158 et 160.

(2) Cette lettre existe en original aux archives de la Mayenne, série H. liasse 95 ; elle a d'ailleurs été publiée par M. Duchemin dans la *Revue hist. et archéol. du Maine*, t. II, p. 112 et suivantes.

peut-on douter que ces dangereux voisins n'aient également fait de la paroisse de Souvigné un des théâtres les plus ordinaires de leurs incursions et de leurs brigandages?

Et pourtant c'est dans ces mêmes années, rendues si funestes pour la châtellenie de Sablé par l'occupation anglaise, que le conseiller d'Amaury de Craon avait trouvé le moyen de faire à sa terre de la Roche-Talbot soit par transaction, soit par achat, des augmentations très avantageuses. C'est ainsi qu'en 1356, l'année de la bataille de Poitiers, profitant d'un différend qu'il avait avec la dame de la Courbe, il s'était fait céder par celle-ci, en transigeant avec elle, plusieurs des droits de fief qu'elle avait en la paroisse de Souvigné (1). C'est ainsi encore que par contrat du 14 décem-

(1) Voir aux pièces justificatives, sous le n° 2, un mémoire du XVIIIe siècle « servant au procès d'entre m[re] J.-L. Cte d'Estaing et dame Louise d'Achon son épouse seigneur et dame de la Roche-Talbot et de Souvigné intimés d'une part, et m[re] Gallois d'Aché et dame Renée du Bellay son espouse seig[r] et dame de la Courbe, appelans de plusieurs sentences données par Messieurs des requestes du Palais d'autre ». Ce mémoire, très important pour l'histoire des d'Anjou seigneurs de la Roche-Talbot aux XIVe et XVe siècle, se trouvait dans les riches archives de Bossé appartenant à M. le c[te] de Baglion et que M. d'Achon, notre savant collègue, a eues à sa disposition et entièrement fouillées. Nous adressons à tous deux l'expression de nos plus sincères remerciements, au premier pour nous avoir très gracieusement permis de consulter ses archives, et au second pour nous avoir avec la plus grande obligeance donné communication du document en question ainsi que d'un autre non moins intéressant pour nous qui se trouvait également dans ce même fonds d'archives.

Ajoutons que l'un des droits de fief acquis en 1356, en la paroisse de Souvigné, de la dame de la Courbe par Macé d'Anjou était, autant que nos conjectures nous permettent de le supposer, le droit de seigneurie qui avait dû jusque là appartenir par indivis sur le bourg de Souvigné aux seigneurs de la Courbe aussi bien qu'à ceux de la Roche-Talbot. A partir de cette époque en effet, ceux-ci semblent avoir joui seuls de ce droit. En 1387 ou 1388, comme nous le verrons plus loin, tandis que Robert d'Anjou s'avouera homme lige de la dame de Sablé « à cause de ses coustumes de Souvigné » il ne sera point fait mention à cet égard du seigneur de la Courbe. De même au XVIIe siècle, au cours du procès engagé entre les seigneurs de la Roche-Talbot et leurs voisins au sujet de la seigneurie du bourg de Souvigné, les premiers prétendaient être « à

bre 1360, par conséquent en pleine occupation anglaise, il avait acquis de « noble homme Robert de Sillé, ch[r], sire de Sillé » le « hebergement domaine et appartenances du Plessis-Lisiard... tant en domaine, terres, vignes, prez, pastures, garannes, debvoirs, cens, tailles, services, hommes, hommages, justice, tenue d'assises, obéissances, corvées, gelines, comme en toute autre chose, séant led. domaine en la paroisse de Souvigné près Sablé, tenu du seigneur de Juvardeil à foy et hommage » etc. (1)

cause de leur terre de la Roche-Talbot seigneurs de tout le bourg de Souvigné », et que il « n'y avoit rien qui tienne du fief commung (entr'eulx) que le presbytère » mais que « toutes les autres maisons autour de l'église et cymetière estoient en la mouvance et droits » d'eux seigneurs de la Roche-Talbot.

(1) Voir le contrat de vente en question aux pièces justificatives (n° 3); y voir aussi (n° 5), pour l'importance territoriale et féodale de la terre du Plessis-Liziard, l'aveu rendu en 1418 à Juvardeil à cause de cette terre par Pierre d'Anjou, petit-fils de Macé. On remarquera dans ce document que le domaine du Plessis-Liziard consistait : 1° en l'« hebergement dud. lieu, avec les jardins, vergers, courtilz et circuit d'environ »; 2° en une « touche de boys antien » et une « touche de boys exploictable,... avecques les plesses, faux murgiès et garennes à connilz d'environ lesd. boys » 3° en 8 pièces de terre et en 3 pièces de pré. A ce domaine ainsi composé était attaché le droit de seigneurie sur les détenteurs des maisons et terres de plusieurs villages voisins tels que la Fouinière, la Galicherie, la Turellerie, la Hubellerie et la Chevallerie ; ces divers détenteurs étaient tenus envers le seigneur du Plessis-Liziard à certaines redevances féodales tant en argent qu'en nature, par exemple en poules ; en outre ils devaient plesser une fois par an les plesses et buissons à connils de son domaine, et ils recevaient pour cette corvée chacun un pain de 2 deniers. L'aveu de 1418 énumère ensuite les droits que le seigneur de la terre dont il s'agit était fondé à y exercer : droit de « chasser, tendre et prendre toutles manières de bestes sauvaiges qui adviennent, seul et pour le tout, quand bon » lui « semble, et temps en est » droit de « faire venir et contraindre » tous ses hommes des fiefs du Plessis-Liziard à ses moulins de Bourreau (sur la Taude); droit de « moyenne voirie et justice » droit de « donner et faire donner trêves » droit « d'avoir les espaves » enfin droit « d'avoir la juridiction foncière et domanière » et « la coustume et levage » des denrées » levées et parties de sa terre. Tels étaient les droits seigneuriaux attachés à la terre du Plessis-Liziard, en raison desquels le seigneur de celle-ci devait à son suzerain, le seigneur de Juvardeil, outre la foi et

Macé d'Anjou avait pour femme Lorette Morin, de l'illustre maison de Loudon au Maine. Cette Lorette Morin était évidemment la fille de Geoffroy Morin seig[r] du Tronchet et d'Alix de Loudon dont on voyait autrefois les tombeaux dans l'église du Tronchet (1), et elle était par conséquent la sœur de Guillaume Morin IIe du nom, tué en 1464 à la bataille de Cocherel.

Du mariage de Macé d'Anjou et de Lorette Morin étaient issus deux fils, Pierre et Robert. Pierre avait été marié par ses parents dès l'année 1336 avec Peronnelle de Princé, dame dud. lieu en Champigné et de la Courbe en Souvigné (2). Le seigneur et la dame de la Roche-Talbot avaient sans doute espéré, au moyen de cette union, assurer dans un avenir peu éloigné la réunion entre les mains de leurs descendants des deux principales terres de Souvigné, séparées au siècle précédent, comme nous l'avons expliqué plus haut, par un partage. Mais, hélas ! l'homme propose et Dieu dispose : Pierre d'Anjou était mort au bout de peu d'années

hommage simple, « 16 sols 3 deniers de taille, à muance de seigneur et d'homme » etc.

Le contrat de vente du Plessis-Liziard et l'aveu que nous venons d'analyser se trouvent aux arch. de Maine-et-Loire, série E, liasse 331. Cette liasse a d'ailleurs été pour nous une source très féconde de documents pour l'histoire de la terre de la Roche-Talbot. C'est là — disons le tout de suite, pour n'avoir plus à y revenir — que nous avons puisé tous les documents relatifs tant à la terre du Plessis-Liziard, qu'à celles de la Mathouraie et du Boulay-Rabinard, également situées en Souvigné, dont nous aurons l'occasion de nous servir dans le cours de cette étude.

(1) Voir pièce justificative n° 2 ; voir aussi à la bibl. nat. (cab. des titres, dossiers bleus, généalogie d'Aché) la filiation de Charles d'Aché comme descendant de Macé d'Anjou ; voir enfin dans la *Revue hist. et arch. du Maine*, t. VIII, l'article de M. P. Moulard sur les pierres tombales de l'église du Tronchet.

(2) Le contrat avait eu lieu « le samedy après la Sainte-Croix de Mai 1336 » ; voir à la bibl. d'Angers la colection Thorode, dossier Anjou. Champigné, canton de Châteauneuf, Maine-et-Loire. La terre de Princé relevait de la seigneurie de Gastines. Nous parlerons du reste avec plus de détail de Princé et de la famille seigneuriale de ce nom au chapitre de la Courbe.

de mariage, ne laissant qu'une fille Jeanne d'Anjou. Péronelle de Princé ne tarda pas à se remarier avec Josselin de Champchevrier dit le Borgne, et ce fut d'elle, en sa qualité de dame de la Courbe, qu'en 1356 Macé d'Anjou avait, nous l'avons vu, acquis quelques-uns de ses droits de fief en la paroisse de Souvigné. Cependant, voyant leur succession sur le point de passer avec leur petite-fille à une famille étrangère, les parents de Robert d'Anjou, devenu aîné par la mort sans héritiers mâles de son frère, songèrent à faire de leur cadet leur principal héritier. Aussi, quand en août 1358 ils intervinrent au contrat de mariage de Jeanne d'Anjou avec Jehan d'Ingrande seigneur dud. lieu en Azé et des Vallées en Souvigné, lui donnèrent-ils pour partage 260l en héritages situés hors la paroisse de Souvigné à condition que « lesd. d'Ingrande et sa femme » renonceraient « à tous droits de succession qui leur pourront venir et escheoir et descendre desd. Macé et de Lorette sa femme, si par deffault d'hoir masle dud. Macé advenoit » (1). Et ce fut de la sorte que le frère puiné de Robert d'Anjou se trouva appelé à devenir « héritier principal et universel dud. Macé son frère », et à lui succéder « seul en tous ses biens et entr'autres, ès terre, justice et seigneurie de la Roche-Talbot et de Souvigné et droits honorifiques en dépendants » (2).

Macé d'Anjou était mort avant l'année 1368. Cette année-là en effet nous voyons « la veuve de messire Macé d'Anjou, Roche-Talbot, Lorette la Morine », acquérir « de Jehan de Champchevrier, écuyer, seig^r de Soudé (3), tous les droits tels

(1) Voir pièces justificatives, n° 2.

(2) *Ibidem.*

(3) Soudé, ancienne terre seigneuriale située dans la paroisse de Vion, près Sablé. Elle avait, à l'endroit où s'élève aujourd'hui la métairie de ce nom, un manoir assez important, dont l'on voit encore quelques vestiges intéressants mêlés aux bâtiments de la ferme. La terre de Soudé avait d'abord été possédée par des seigneurs de ce nom, puis, avant le milieu du XIVe siècle, était passée aux Champchevrier, maison originaire de Touraine et aussi illustre qu'ancienne (voir Ménage, *Hist. de Sablé,* 1re

que féages, hommages, tailles, services sans réserve, seigneuries et voieries, qu'il avoit et pouvoit avoir dans les paroisses de Varennes (sur Sarthe) et de Saint-Denys-d'Anjou (1) ».

Ainsi, la mère de Robert d'Anjou, qui avait sans nul doute la terre de la Roche-Talbot en douaire, était loin de laisser dépérir cette terre entre ses mains. Par le contrat d'acquêt de 1368 elle venait de l'augmenter d'une façon considérable en lui donnant pour dépendances en Varennes-sur-Sarthe la seigneurie de cette paroisse et en Saint-Denys-d'Anjou les fiefs de Saultré et des Petits-Chevaliers (2). Et par suite de cette importante annexion les seigneurs de la Roche-Talbot auront désormais sous leur suzeraineté des vassaux tels que les seigneurs de Varennes-Bourreau ou les seigneurs de Martigné ! (3).

Lorette Morin vécut peut-être jusqu'en 1380. Ce qui est certain, c'est qu'à cette époque, « par contrat du 21 juin, led. Mre Robert d'Anjou, chr, qui prend qualité de fils et hoir principal de feu Macé d'Anjou et Lorette sa femme, pour

partie, p. 307) aux mains de laquelle elle demeura jusqu'au XVIIe siècle. Jehan de Champchevrier fut capitaine de Sablé et se trouva au nombre des complices de Pierre de Craon dans l'affaire de l'assassinat d'Olivier de Clisson par celui-ci en 1392. Il avait épousé Isabeau d'Auvers dame du Plessis et de Saint-Brice. Comme l'on voit par le contrat de vente de 1368, il avait également des possessions en Saint-Denis-d'Anjou et en Varennes-sur-Sarthe. Ce fut probablement lui aussi qui vendit à Robert d'Anjou les fiefs de Vion, évidemment détachés à l'origine de la terre de Soudé et qui devaient en relever. Quant aux fiefs de Sautré et des Petits chevaliers que ces mêmes seigneurs possédaient en Saint-Denis-d'Anjou, ils ont été évidemment réunis à la terre de la Roche-Talbot dans la même circonstance.

(1) Papiers de la cure de Saint-Denis-d'Anjou.

(2) D'après le document qui se trouve parmi les papiers de la cure de Saint-Denis-d'Anjou et que nous venons de citer, les ventes du contrat d'acquêt de 1368 furent payées à Amaury de Craon seigr de la baronie de Briollay par quittance du 12 nov. 1372 ; or, comme la seigneurie de Varennes-sur-Sarthe relevait précisément de Briollay, on voit que c'est bien alors que les seigneurs de la Roche-Talbot acquirent cette seigneurie.

(3) La terre et fief de Varennes-Bourreau relevait de la seigneurie de Varennes-sur-Sarthe, et la terre seigneuriale de Martigné en Saint-Denis-d'Anjou était sous la suzeraineté des seigneurs de Sautré.

demeurer quicte et deschargé vers Jehan d'Ingrandes et Jehanne d'Anjou sa femme des 250l portées par leurd. contrat de mariage, leur baille en héritage et propriété les domaines et appartenances de la Bodinière, la Billotière, la Landellière et Chevagne, 16 quartiers et demi de vignes, ensemble la propriété des 45l qu'il avoit droict d'avoir sur les terres de Princé et de la Courbe, lesquelles choses sont acceptées par lesd. d'Ingrandes et sa femme en la forme et manière qui est portée par leurd. contrat de mariage » (1).

Devenu ainsi vers 1380 au plus tard l'héritier principal de sa mère aussi bien que de son père, Robert d'Anjou nous apparait dans les années suivantes, d'une façon indirecte il est vrai, en qualité de seigneur de la Roche-Talbot. Il figure d'abord en 1387-1388 parmi les vassaux de Marie de Blois, duchesse d'Anjou, au regard de sa baronnie de Sablé ; il est dit en cette occasion « homme-lige, sans autre devoir, à cause de ses coustumes de Souvigné » (2). Puis de 1396 à 1411, nous le voyons recevoir diverses obéissances féodales soit comme seigneur des fiefs de Vion soit comme seigneur de Sautré (3). Ce fut également lui qui, à une date que nous ne saurions préciser, mais qui est certainement postérieure à l'année 1372 et antérieure à l'année 1417, acquit la terre seigneuriale de la Mathouraye en Souvigné. Cet ancien arrière-fief de la paroisse qui nous intéresse existait déjà, nous l'avons dit, en 1319, et les

(1) Pièce justif. n° 2, et dossier Anjou de la collect. Thorode à la bibl. d'Angers.

(2) Arch. nat. P. 1334/4 hommages rendus à Marie de Blois au regard de sa baronnie de Sablé.

(3) En 1396, aveu rendu à mre Robert d'Anjou, chr, (comme seigr de Sautré) par Marguerite Bourelle, veuve de mre Jehan le Chapelais, pour le fief Martin (dept de la métie de la Ridellerie). En 1409 hommage au même par la même, remariée alors à mre Jehan de Merray, pour led. fief Martin, (Papiers de la cure de Saint-Denis-d'Anjou). En 1411 aveu rendu à « noble et puissant seigr monss. mre Robert d'Anjou, chr. à cause de ses fiefs de Vion par Guillaume le Chevrier. (Arch. du chât. de Juigné, dossier Roche-Talbot).

seigneurs de la Roche-Talbot en relevaient en partie. La Mathouraye appartenait alors aux de Vaige ; en 1356 Huet de Vaiges, avait reçu, en sa qualité de seigneur de la Mathouraye, un aveu de Jehan Rabinard pour le Boullay (1). Deux ans auparavant Macé d'Anjou lui avait rendu au même titre un acte d'obéissance féodale qui devait être renouvelé soit à lui soit à Jehan de Vaiges par Lorette Morin ou par Robert d'Anjou en 1372 (2). Le fief de la Mathouraye comprenait à peu près toute la partie nord-ouest de la paroisse de Souvigné entre la Taude et le fief du Plessis-Liziard (3). Sa possession convenait donc à merveille au seigneur de la Roche-Talbot dont la terre, tant en fief qu'en domaine, allait s'étendre désormais d'une façon continue sur les deux tiers de la paroisse, tant au nord qu'à l'est et à l'ouest du bourg.

Et puisque nous venons de parler du dernier agrandissement fait par Robert d'Anjou à sa terre de la Roche-Talbot, agrandissement qui l'a rendue à peu près ce qu'elle devait rester pendant toute la durée du régime féodal, c'est sans doute ici le lieu de montrer quelle en était au juste l'importance à cette époque. Nous venons de montrer son étendue dans la paroisse de Souvigné. Au dehors de cette paroisse ses dépendances étaient assez nombreuses. D'abord, à l'est, elle comprenait, sur le territoire de la paroisse de Notre-Dame de Sablé, les villages des Gros-Collières et des Percevillères (en partie) ; de même, au sud, dans la même paroisse, mais de l'autre côté de la Sarthe, la métairie de Moiré était au dedans de ses limites (4). Enfin à l'ouest, comme nous l'avons vu, elle avait pour annexe depuis 1368 toute la paroisse de Varennes-sur-Sarthe et une notable partie de celle de Saint-Denis-d'Anjou. Et non-seule-

(1) Arch. de Maine-et-Loire, dossier du Plessis-Liziard.
(2) Arch. nat. R/5 100. Document déjà cité plus haut.
(3) Voir la carte de la paroisse de Souvigné.
(4) Voir la carte.

ment les seigneurs de la Roche-Talbot avaient tout ce territoire sous leur féodalité, mais ils y possédaient plusieurs belles métairies, telles que celles de Sautré, des Bois-d'Anjou, de Beauchesne et de la Justonnière. Voilà pour les dépendances de la Roche-Talbot immédiatement autour de Souvigné ; mais il y en avait encore d'autres, séparées, il est vrai, du principal corps de la terre, et plus ou moins éloignées de celui-ci. C'était au-delà de Sablé, les fiefs de Vion (1); c'était ensuite du côté de Châteaugontier, le domaine de la Villière en Beaumont-Pied-de-Bœuf (2), la terre de Meignanne avec les fiefs de Grèz-en-Bouère (3), la terre et seigneurie de la Balhayère-en-Bierné, etc. (4).

(1) Ces fiefs dont nous ne connaissons pas au juste l'étendue étaient assez importants; ils comprenaient surtout les landes de Vion où les habitants de la paroisse de ce nom avaient un droit d'usage qu'ils « tenaient censivement du fief et seig[ie] de la Roche-Talbot à cause de la seig[ie] dud. Vion ». (Voir arch. nat. P. 773/98; décl[ons] de francs fiefs : dossier Vion). Plus tard, comme nous le verrons, Lorette d'Anjou augmentera l'importance de ces fiefs par l'acquisition du fief du Couldray. Enfin Robert d'Anjou ou un de ses successeurs fonda en l'église de Vion une chapelle dite de la Roche-Talbot qui y existait encore au XVIIIe siècle.

(2) Voir bibl. nat. fonds français 20215; extraits d'anciens titres de la maison d'Alençon f° 116. D'après ces extraits, le domaine de la Villière avait appartenu en 1319 à Thibaut de Mathéfélon, seig[r] dud. lieu et à Geoffroy son frère, et en 1385 Robert d'Anjou en avait « baillé adveu » au c[te] d'Alençon.

(3) En 1405, aveu rendu à Robert d'Anjou, seig[r] de la Roche-Talbot, au regard de ses fiefs de Grez-en-Bouère par Robin de la Mothe, homme de foy lige pour raison de son hébergement, domaine et app[ces] du Flux et app[ces] de Jarriais... lesd. choses sises en la par[e] de Beaumont-Pied-de-Bœuf, (arch. du chât. de Thévalles, copie du XVIIe siècle). Ajoutons que d'après un document de l'année 1407, rapporté par D. Villevieille, dans son trésor généalogique, au mot Anjou, Robert d'Anjou semble avoir eu pendant quelque temps la seigneurie même de Bouère dont relevaient la terre de Meignannes et les fiefs de Grez-en-Bouère.

(4) En août 1414, dans l'aveu de la baronnie de Châtaeu-Gontier au duché d'Anjou on trouve : « Mre Robert d'Anjou, ch[r], homme de foy lige et me doit 12 deniers de service ch. an à cause et pour raison de ses choses, domaines, rentes, voairies, justice et seigneurie qu'il tient de moy au nom que dessus en sa baronie de Château-Gontier », (Arch. nat. P. 338). Ce passage de l'aveu de Château-Gontier à Angers fait évidemment

Telle était comme étendue, à la fin du XIVe siècle, l'importance de la terre de la Roche-Talbot. Au point de vue de la hiérarchie féodale, son importance n'était pas moindre. N'étant pas châtellenie, ses seigneurs ne pouvaient pas, naturellement, prétendre au droit de haute justice ; mais ils avaient du moins celui de moyenne justice et vairie à sang, c'est-à-dire d'avoir « gibet à deux pilliers » et de « cognoistre » en cas criminels comme des cas de « larcin et autres touchans lad. vairie à sang » (1). Et ce droit n'était pas un vain mot. Nous savons qu'en 1405, précisément à l'époque où vivait Robert d'Anjou, « un voleur, arrêté près de Saint-Denis-d'Anjou, fut condamné par la justice de la Roche-Talbot à avoir les oreilles coupées » (2). Quant au manoir chef-lieu de la terre qui nous occupe, il devait, croyons-nous, tenir le milieu entre le château proprement dit et la simple gentilhommière ; ce devait être un manoir fortifié, à la fois disposé pour l'habitation et pour la défense. Ceci en effet semble résulter assez clairement de l'aveu rendu en 1405 à « noble et puissant seigneur messire Robert d'Anjou, chevalier, seigneur de la Roche-Talbot », au regard de ses fiefs de Grez-en-Bouère, par Robin de la Mothe. Voici ce qu'on lit à la fin de cet aveu : « ... et par raison desd. choses (l' « hébergement domaine et appartenances de Flux », et la « métairie et app[ces] de la Jarriais ») vous en doibs et suis tenu faire 15 jours et 15 nuits de garde o muance de seigneur moy suffisamment monté et armé, selon mon estat et advenant

allusion tant au domaine de la Villière qu'à la terre et seigneurie de la Balhayére en Bierné, pour laquelle, quelques mois aprés, Pierre d'Anjou, successeur de Robert, faisait hommage á Château-Gontier. (Voir arch. de la Mayenne, terrier de Château-Gontier, article Balhayére).

(1) Voir dans la coutume du Maine, le chapitre concernant les droits des moyens justiciers. Voir aussi dans l'aveu du Plessis-Liziard de 1418, que nous reproduisons aux piéces justificatives, les détails qui s'y trouvent, á la fin, sur ce droit de moyenne justice.

(2) Papiers de la cure d'Argenton cités par M. A. Joubert dans sa savante et intéressante *Histoire de Saint-Denis-d'Anjou*.

semonce, en vostre hébergement de la Roche-Talbot à vos propres cousts et despens » (1).

Est-il besoin d'ajouter que le manoir de la Roche-Talbot devait-être alors, quand ils n'habitaient pas leur maison à Angers (2), la principale résidence de ses seigneurs? Assurément Robert d'Anjou, outre sa terre du Maine, dont nous venons de parler, en avait plusieurs autres, plus ou moins considérables, dans diverses parties de l'Anjou : la terre de la Fessardière en Cherré (3), celle de Noirieux en Briollay (4), celle de la Bourrelière en Longué (5), près de Beaufort, celle de Froidefond en Avrillé (6), enfin celle d'Echarbot en Saint-Sylvain, près Angers (7). Mais la plus

(1) Arch. du chât. de Thévalles, document déjà cité plus haut.

(2) Dans un partage du 20 oct. 1424 par devant Lohéac notaire du palais d'Angers, il est question de « la maison qui fut à feu m^re^ Robert d'Anjou ».

(3) Cette terre qui s'étendait non-seulement dans la paroisse de Cherré, mais dans celles de Marigné et de Chemillé, était située partie dans la mouvance de Châteauneuf, partie dans celle du Plessis-Macé. Aussi Robert d'Anjou se trouve-t-il cité comme vassal par rapport à sa terre de la Fessardière dans les aveux de chacune de ces deux châtellenies à Angers. Voir aux arch. nat. P. 337/1, l'aveu du Plessis-Macé (1408) et celui de Châteauneuf (1411).

(4) En 1360-1370 aveu à la baronie de Briollay par Robert d'Anjou, ch^r^, pour raison de sa terre de Noirieux (bibl. d'Angers, coll. Thorode, dossier Anjou).

(5) 1411 (10 août), aveu au comté de Beaufort par Robert d'Anjou pour la Bourrelière. Bibl. nat. ms. coll. Duchesne, vol. 70, p. 237.

(6) Ce fief appartenait déjà à Macé d'Anjou en 1344. Cette année-là, d'après Villevieille, le père de Robert d'Anjou avait donné quittance aux dames de l'abbaye du Ronceray « pour l'indemnité des choses qu'elles avaient acquis de Macé de Sézennes en son fief de Froidefontaine ». Dans ces dernières années du XIVe siècle, Robert d'Anjou, en mariant sa fille Lorette avec Tristan de la Jaille, avait fait de la terre de Froidefond la dot de la future épouse, comme il le dit lui-même dans son aveu d'Echarbot à Angers en 1401.

(7) La terre d'Écharbot-Gastevin qu'il ne faut pas confondre avec celle d'Écharbot-Nyart située également dans la commune de Saint-Silvain, avait été d'abord possédée par des seigneurs qui en portaient le nom et qu'on rencontre fréquemment dans le cartulaire de la Haye aux Bonshommes près Angers. Elle passa ensuite dans les dernières du XIVe siècle aux Gastevin qui en étaient encore seigneurs en 1371. Comment

importante de toutes ces terres situées en Anjou était sans contredit la dernière ; or, dans l'aveu qu'en 1401 notre personnage en rendait au duché d'Anjou, il parle de « la place où soulloit estre l'ostel dud. lieu d'Escharbot ». Ce n'était donc pas là qu'il habitait, mais à la Roche-Talbot dont il aimait d'ailleurs, même dans ses actes étrangers au Maine, à se qualifier seigneur (1). Qui sait même si ce n'est pas lui qui, dans ces longues années de paix relative du règne de Charles VI, entre le commencement et la fin de la guerre de Cent Ans, n'aura pas transformé l'ancien hébergement de de Macé d'Anjou en une demeure seigneuriale à la fois plus forte et plus somptueuse, digne de donner plus tard l'hospitalité à René d'Alençon d'abord, puis au Roi Charles VIII?

De même que son père, Robert d'Anjou semble avoir joué un certain rôle dans l'histoire de son temps. On le trouve dans plusieurs montres de l'époque, en 1370 dans celle de Brumor de Laval reçue le 7 déc. à Saumur, en 1380 (le 5 sept.) dans celle de Hugues de Beaumont à Cléry, et en 1388 dans celle de monss. Amaury de Clisson à « Corenzick en Allemaigne » (2). En ces deux dernières occasions il est dit « chevalier bachelier » et son nom vient immédiatement après celui du capitaine. On voit que les hasards de la vie chevaleresque et militaire l'avaient conduit, en 1388 surtout, bien loin de la Roche-Talbot. Dans les années suivantes, devenu trop vieux pour continuer à endosser le hardais, il

arriva-t-elle dans les années suivantes à Robert d'Anjou? Nous l'ignorons. Mais ce qui est certain c'est que dans un acte de 1393, rapporté par D. Housseau et par Thorode, Robert d'Anjou se qualifie propriétaire des terres d'Écharbot, Préaux et Mauny. En mars 1401, il rendit aveu au duché d'Anjou pour ces trois terres ; cet aveu se trouve aux arch. nat. P. 340/2.

(1) Ainsi en 1406, à propos du serment de féauté-lige qu'il jura au duc d'Anjou « à cause et par raison de ses prez de Loyau et de Fénart et du Benaige d'Angers » il est qualifié « seigr de la Roche-Tallebot » voir arch. nat. D 1331/1, fo 83.

(2) Histoire de Bertrand du Guesclin, par Paul Hay du Chastelet ; preuves. — Bibl. nat. cab. des titres ; Clérambaut, titres scellés, dossier Beaumont. — Ibidem, pièces originales ; dossier Clisson.

parait s'être moins éloigné de la terre qui nous intéresse. En 1389 nous le retrouvons en Anjou où il assiste d'abord au mariage de son petit-neveu Jehan d'Ingrandes, avec Marguerite de Montjean, puis à l'engagement fait par la dame de Montjean des terres de Bécon et de Louroux (1). C'était d'ailleurs à cette époque un personnage très important, comme nous le montre le rôle qu'il joua dans les deux circonstances que nous allons rapporter. La première de ces circonstances fut le rachat que la veuve de Louis de France opéra en 1394 de la terre de Sablé vendue par elle en 1390 avec clause de reméré à Pierre de Craon, et revendue depuis par celui-ci au duc de Bretagne, Jean V. Comme Marie de Blois n'avait pu parfaire par elle-même la somme de 50,800 francs d'or à quoi se montait le prix de rachat dû au dernier acheteur, elle eut recours pour le payement du reste de cette somme au dévouement de plusieurs de ses ministres, familiers, ou principaux sujets, tant gens d'église que nobles ou bourgeois, qui consentirent à se porter cautions pour elle. De là un acte passé le 16 septembre 1394 dev. Me Lucas Lefebvre, notaire de lad. dame et tabellion juré de la court des causes et contrats de la ville d'Angers, acte aux termes duquel « R. P. et D. Hardouyn... évesque d'Angers et honorable homme Thibaut abbé du Moustier Saint-Aubin d'Angiers et nobles hommes Guy de Laval, seigr de Loué, mre Jehan seigr de Bueil, mess. Brisegaut, seigr de Coysmes, mess. Pierre de Bueil, seigr du Boys, *mess. Robert Danjou, seigr de la Roche-Tallebot* », et autres nobles et bourgeois d'Angers et du Mans, s'engagèrent « rendre et paier dedenz le jour de Noël prochain venant... à très noble et puissant prince le duc de Bretaigne, ou à ses hoirs ou ayant cause de lui, en la ville de Nantes ou en la ville d'Angers.... la somme de 4,800 francs d'or.... pour le demourant parfait de la somme

(3) Bibl. d'Angers ; Histoire généalogique manuscrite de la maison de Quatrebarbes ; alliance d'Ingrandes.

50,800 francs d'or qui li estoient deubz pour le rachat retrait et délivrance du chastel ville isle et chastelenie de Sablé » etc. (1).

Dans cette circonstance, très honorable pour lui à tous égards, notre Robert d'Anjou nous apparait surtout comme un des familiers de la duchesse d'Anjou, comme un de ses sujets sur le dévouement duquel elle pouvait compter. Dans une autre circonstance il se montre à nous sous un aspect différent, mais toujours des plus honorables ; on va voir que son dévouement à sa souveraine n'avait rien de servil et qu'il savait au besoin prendre en main, même contre les ministres de cette dernière, la cause du « menu peuple » opprimé par le fisc. Voici en effet ce que nous lisons, à la date du 13 décembre 1398, dans le registre journal de la chambre des comptes de la Reine de Jérusalem et de Sicile. « Le 11e jour de Décembre, en la chambre où estoient mess. le Doyen d'Angers, against Jehan le Bègue, against Denis du Breil et against Estienne Buynart, vindrent plusieurs barons chevaliers et escuiers d'Anjou et du Maine, c'est assavoir le seigneur de la Suze, le seigneur de la Haye, le sire de Clerambaut, le sire des Roches, le sire de Champaigne le sire de Bellay, le sire de la Salle près Monstreuil Bellay, *monss. Robert d'Anjou*, et plusieurs autres chevaliers et escuiers, avecques leurs gens, et, par la bouche de me Guille Roillon advocat, firent dire et exposer qu'ils s'estoient assemblés pour avoir advis et délibération avecques mesdits seigneurs du conseil par quelle voie et en quelle manière l'on pourroit obvier aux grants maulx et inconvénients qui de jour en jour aviennent sur le menu peuple par les fermiers sergents ou commissaires ordenés sur le fait des aydes du Roy nostre sire ; et à ce que... Guy Allain... veuct compeller

(1) Voir aux pièces justificatives no 4, l'acte en question dans toute sa teneur suivi de deux quittances du duc de Bretagne où notre personnage est également nommé. Ces trois documents précieux se trouvent aux arch. nat. titres de la maison d'Anjou, P 1344 fo 600 et suivants.

lesd. nobles à prendre sel en la gabelle du Roy nostre sire; et que, ainxi comme ils estoient tenus de nourrir et soustenir leurs hommes et subjects, semblablement les devoit Madame la Royne soustenir et garder en leur liberté et franchises... » (1).

Robert d'Anjou avait été marié deux fois. Sa première femme avait été Jehanne de Mascon fille du seigneur de la Perrière en Avrillé, et d'une Ouvroin (2). Fille elle-même d'une Mathéfélon, celle-ci avait transmis à sa fille, qui devait les porter à son mari, une partie des grands biens de cette illustre famille, entr'autres les terres et seigneuries de la Balhayère en Bierné, les fiefs d'Azé dans la paroisse de ce nom, près Château-Gontier, le domaine de la Villière en Beaumont-Pied-de-Bœuf et le fief de Briacé près Entrammes (3). Quant à

(1) Arch. nat. P. 1331/1.

(2) Les de Mascon étaient seigneurs de la Perrière, en Avrillé, près Angers, dès les premières années du XIVe siècle. En 1312, dans le rôle des francs-fiefs pour le Maine et l'Anjou, on voit figurer, à l'article de la paroisse d'Avrillé « Giles de Mascon pour le hébergement de la Perrière o les app[ces] ». (bibl. nat. m[s]. f. fr. 8736). Il eut sans doute pour petit-fils Giles de Mascon seig[r] de la Perrière, mort avant l'année 1398 et dont la veuve, Roberde de la Patrière, était alors remariée avec Geoffroy de Montjehan, et lui avait apporté ainsi « l'ostel et app[ces] de la Perrière » (Arch. nat. P. 1331/1 f° 22 v°). Ce Giles de Mascon était, croyons-nous, le frère de Jeanne de Mascon, première femme de Robert d'Anjou, et il avait laissé de son mariage avec Roberde de la Patrière Jehan de Mascon qui en 1402, comme l'un des parents ayant le bail, garde, gouvernement et administration de Jehan et Jehanne Ouvroin, enfans mineurs de feu m[re] Jehan Ouvroin jadis ch[r] et de dame Jehanne de Courceriers, plaidait devant le parlement de Paris à l'encontre de Jehan Ouvroin fils et hér[r] de feu Pierre Ouvroin. (Arch. nat. X[1a] 8300 B.) Les de Mascon avaient donc alors une alliance assez rapprochée avec les Ouvroin et c'est par suite de cette alliance qu'on verra en 1423 Pérotte de Mascon, veuve de Jehan de Marcillé, tant en son nom comme ayant le bail des enfants mineurs de feu Jehan de Mascon, et... les sœurs de lad. Pérotte, figurer comme héritiers principaux de la célèbre Jehanne Ouvroin dame des Roches et de Poligné. Et cette alliance des de Mascon avec les Ouvroin était évidemment antérieure à leur alliance avec les d'Anjou, puisque en 1423, Pierre d'Anjou figurait lui aussi, ainsi que ses frères et sœurs parmi les prétendants à cette succession. C'est ce qui nous fait supposer que ce dernier descendait par sa mère Jehanne de Mascon, des Ouvroin.

(3) En effet tous ces biens venaient aux d'Anjou des Mathéfélon par le

Jehanne de Mascon elle avait donné à Robert d'Anjou un fils, Pierre II, que nous retrouverons tout à l'heure comme seigneur de la Roche-Talbot après son père, et deux filles, Lorette et Jehanne, qui devaient épouser, la première, Tristan IV de la Jaille, seig[r] de Beuxe, et la seconde Jehan Coisnon, seigneur de la Roche-Coisnon. Devenu veuf de cette première femme, Robert d'Anjou avait épousé en deuxièmes noces, vers 1386, Aliénor de Maillé fille de Péan II de Maillé seig[r] de Brezé, et de N. du Puy, et veuve de Tristan III de la Jaille. Celle-ci lui avait apporté en dot différents héritages situés en la châtellenie de Vihiers par raison desquels il figure comme homme de foi-lige, à cause de sa femme, dans l'aveu rendu en 1404 par le seigneur chastelain de Vihiers au roi de Sicile duc d'Anjou. Il en eut une fille, Jeannette d'Anjou, qui devait épouser plus tard Jehan Auvé II seigneur de Soulgé-le-Bruand (1).

Robert d'Anjou mourut dans le courant de l'année 1414 (2). Frère de ce Pierre d'Anjou qui avait épousé en 1338

moyen des Ouvroin. Nous avons déjà dit plus haut que le domaine de la Villière avait appartenu en 1319 à Thibaud et à Geoffroy de Mathéfélon; de même les fiefs d'Azé et de Briacé, dont Pierre d'Anjou sera propriétaire (aveu d'Entramme à Laval en 1417; aveu d'Azé à Angers en 1423) n'étaient que des démembrements des deux seigneuries d'Entrammes et d'Azé, qui au comm[t] du XIVe siècle étaient entre les mains des Mathéfélon. D'un autre côté c'est bien par les Ouvroin que tout cela était venu aux de Mascon et par suite à Pierre d'Anjou ; en 1356 Guillaume Ouvroin, n'était-il pas seigneur de Briacé ? (Voir la notice sur Entrammes de la Bauluère). Et à la même époque, ce même Guillaume Ouvroin n'était-il pas vassal de Laval pour la Brouillerie et la Touche de Montigné, qui en 1407 devaient être l'une à Pierre d'Anjou, l'autre à Jehan de Mascon ? comparer à cet égard l'aveu de Guillaume Ouvroin à Laval en 1356 (manuscrit de la bibl. de Laval) à l'aveu de Laval au comté du Maine en 1407. Autant de preuves de la vérité de notre assertion.

(1) Arch. de Maine-et-Loire, titres de famille, dossier Anjou.

(2) En effet, c'est encore lui qui est cité en août 1414 dans l'aveu de la baronnie de Château-Gontier au duché d'Anjou, et en novembre de la même année, c'est Pierre d'Anjou son fils qui fera foi et hommage pour ce Balhayère à Château-Gontier.

Péronnelle de Princé, il devait être alors fort âgé. Il eut pour successeur son fils Pierre d'Anjou.

Pierre d'Anjou nous apparait en effet dès la fin de cette même année 1414 comme seigneur de la Roche-Talbot. A la date du 8 novembre, il avait fait en cette qualité foi et hommage à la baronnie de Château-Gontier pour son lieu de la Balhayère en Bierné et fief en dépendant (1). De même dans les années suivantes, en 1416 et en 1418, nous le voyons rendre deux aveux, l'un à la seigneurie de la Courbe pour la Mathouraye, l'autre à celle de Juvardeil pour le Plessis-Lisiard (2). De même encore, à l'époque, dont il s'agit, il avait reçu diverses déclarations féodales, soit à cause de ses fiefs de Vion (3), soit au regard de sa seigneurie de la Mathouraie (4).

Cependant, tandis que le fils de Robert d'Anjou agissait ainsi en qualité de seigneur de la Roche-Talbot, la guerre avec l'Angleterre avait recommencé plus vive et plus terrible que jamais. En 1415 avait eu lieu, à la suite du débarquement en France de Henri V avec son armée, la désastreuse bataille d'Azincourt, où l'élite de la noblesse française, accourue en vain pour défendre le territoire national envahi, n'avait pu que se faire décimer par les archers anglais. Le seigneur de la Roche-Talbot qui, trois ans auparavant, avait fait partie, comme homme d'armes, de la montre d'Amaury de Craon, passée au Mans le 1er octobre 1412 (5),

(1) Arch. de la Mayenne, terrier de Château-Gontier.

(2) Arch. de Maine-et-Loire, titres féodaux, fonds Châteauneuf, liasse du Plessis-Liziard ; l'aveu de la Malhouraie y est simplement mentionné, mais celui du Plessis-Liziard s'y trouve in-extenso d'après une copie du XVIIe siècle ; on le trouvera aux pièces justificatives.

(3) 1416 (8 déc.), aveu rendu à mre Pierre d'Anjou, chr, par Guillaume le Chevrier à cause du fief de Vion. (Arch. de Juigné, dossier Roche-Talbot).

(4) 1419 (7 fév.), aveu rendu à Pierre d'Anjou, seignr de la Roche-Talbot et de la Mathouraye, par Bertrand Rabinard, à cause dud. lieu de la Mathouraye pour raison du lieu et appce du Boulay. (Arch. de M.-et-L. liasse du Plessis-Liziard).

(5) Voir la montre en question.

prit-il part à cette sanglante journée? Il y a tout lieu de le croire; mais ce qui est certain c'est que son jeune neveu, Robert de la Jaille, le fils ainé de sa sœur Lorette d'Anjou mariée, comme nous l'avons dit, à Tristan IV de la Jaille, s'y trouvait; ainsi que tant d'autres gentilshommes français, il y perdit la vie (1). Si ce jeune guerrier, au lieu d'être ainsi moissonné dans sa fleur, avait survécu, c'était lui qui était destiné à devenir un jour seigneur de la terre qui nous intéresse, car Pierre d'Anjou n'avait point d'enfants de sa femme Gillette de Beaufort, et c'était le fils ainé de sa sœur Lorette qui était dès lors son héritier présomptif.

Heureusement pour Tristan de la Jaille et pour sa femme, ils leur restait un autre fils, Bertrand, que nous retrouverons dans la suite de cette histoire, où, comme seigneur de la Roche-Talbot, il jouera un rôle important. Ils s'empressèrent de le marier par contrat du 9 janvier 1418, devant les notaires de Loudun, avec Guillemette Odart fille de Guillaume Odart seig[r] de Cursay et de Isabeau de Craon. Pierre d'Anjou fut naturellement l'un des témoins (2).

Quelques années après la célébration de ce mariage faite au Loudunois, mourait à Laval, en 1423, « noble dame Jehanne Ouvroïn dame de Poligné et des Roches ». Comme elle n'avait point eu d'enfants de ses deux mariages, de nombreux héritiers se trouvaient appelés à partager sa riche succession, et ils s'assemblèrent peu de temps après son décès pour procéder à l'exécution des fondations ordonnées par son testament en date du 22 juillet de l'année précédente. Or au nombre de ces héritiers figurait « messire Pierre d'Anjou, ch[r] » tant « pour lui » que « se faisant fort pour ses frères et sœurs héritiers pour un tiers des deux parts de

(1) Voir aux pièces justificatives, la généalogie authentique et détaillée de la famille de la Jaille, branche des seigneurs de la Roche-Talbot.

(2) Voir ce contrat de mariage (orig. en parch.) aux archives de Maine-et-Loire, titres de famille, dossier la Jaille.

lad. feu dame » (1). Il ne faut point s'étonner de voir figurer en cette circonstance les enfants de Robert d'Anjou ; ils avaient, ainsi qu'il a été dit plus haut, pour aïeule maternelle une Ouvroin. Avant eux venaient du reste, comme héritiers principaux, Pérotte de Mascon et les enfants mineurs de Jean de Mascon issus comme eux, mais par leur côté paternel, de cette même aïeule. C'est de la succession de la dame des Roches que devait échoir au seigneur de la Roche-Talbot, entr'autres biens sis à Laval et dans le pays environnant, le fameux manoir Ouvroin.

Si Pierre d'Anjou était allié du chef de sa mère aux Ouvroïn, il l'était également par son père aux d'Ingrande, et c'est à ce dernier titre qu'en août 1427 il était présent à l'acte de foi et hommage fait par Aliénor d'Ingrande, dame de la Courbe, au seigneur de Gastines, Macé de Tessé, pour sa terre de Princé (2).

Au point de vue qui nous intéresse plus spécialement, le seigneur de la Roche-Talbot continuait, à l'exemple de ses prédécesseurs, à arrondir ses possessions territoriales en Souvigné ; en 1428, il avait acheté de Alain de la Chapelle, écuyer, seigneur de Saint-Christophe, les bois de Grignon « comme ils appartenaient à Simon Auvé et ses prédécesseurs, avec droit de chasse » (3).

Cette année-là, d'ailleurs, la guerre avec l'Angleterre continuait de plus en plus vive ; il y avait déjà beau temps que, de la Normandie, le théâtre des opérations militaires s'était transporté dans le Maine, et, tout récemment, un grave évènement l'avait encore rapproché du pays qui entoure immédiatement Sablé. En mars 1427 la ville d'abord, puis le château de Laval étaient tombés successivement aux mains de Talbot, le célèbre capitaine anglais. André de Laval, seigneur de Lohéac, qui, retiré dans le château, en avait en

(1) Trésor généalogique de D. Villevieille au mot Anjou et ailleurs.
(2) Arch. de M.-et-L. titres de famille, dossier Tessé.
(3) Papiers de la cure de Saint-Denis-d'Anjou.

vain dirigé la résistance, avait même était fait prisonnier. En cette circonstance critique, Jehanne et Anne comtesse de Laval et le jeune comte Guy XIV firent du moins tout leur possible pour hâter, moyennant le paiement de la rançon convenue, la délivrance du sire de Lohéac. Et comme les dames de Laval ne pouvaient trouver par elles-mêmes assez d'argent pour solder entièrement la rançon de leur fils et petit-fils, qui se montait à 25,000 écus, elles s'adressèrent au dévouement et à la générosité de leurs « très chiers et très amés cousins et grants amis, le sire de la Suze et Champtocé (Jehan de Craon) le sire de Rays et de Pousauges (Gilles de Laval) le sire de Beaumanoir, le sire de Bueil, le sire de la Tour, le sire de Tucé, *messire Pierre d'Anjou, ch*r, Bertrand de Beauvau, et Jehan Fournier, juge d'Anjou et du Maine ». Ceux-ci répondant à un aussi pressant appel, s'empressèrent de bailler leurs « scellés et obligations » pour différentes sommes, chacun selon son moyen, variant de deux mille à cinq cents écus. Pierre d'Anjou s'inscrivit pour mille écus. Comme on le voit, le seigneur de la Roche-Talbot, digne successeur de son père et de son aïeul, était regardé alors par les dames de Laval, sinon comme un de leurs « très chiers et très amés cousins » du moins comme un de leurs « grants amis (1) ».

La prise de Laval et ses conséquences relativement à André de Laval, ne sont pas d'ailleurs le seul événement de cette époque calamiteuse auquel notre Pierre d'Anjou ait été mêlé. Quelques semaines après avoir pris en compagnie de Jehan du Bueil et du sire de Tucé le noble engagement que nous venons de rapporter, il se retrouvait avec eux, dans les derniers jours de mai 1428, à la surprise du Mans. « En

(1) Voir aux pièces justificatives la quittance des dames de Laval dont notre obligeant collègue de la commission hist. de la Mayenne, M. l'abbé Couasnier de Launay, qui en possède l'original en parchemin, a bien voulu nous envoyer une copie. Nous le prions de recevoir ici l'expression de notre plus vive gratitude.

cette saison, dit en effet Bourdigné, Mre Jehan de Bueil, accompagné des seigneurs de Lucé, de Vignolles, des Croix, de Mallidor, de Montfaucon, du Boullay, de Mondan, de l'Espinay, de Beauvois, de Créant, de Tucé, de Saint-Aignan, de Lavardin, *de la Roche-Talbot*, de la Freslonnière, de Thouars et autres vaillants (chevaliers) angevins et manceaux, prindrent la ville du Mans d'assault sur les Angloys, lesquels furent contrainctz d'eulx sauver en la tour d'icelle ville et mander hastivement au cappitaine Talbot qu'il les vint secourir.... » (1).

De cette expédition où plus d'un chevalier français perdit la vie, Pierre d'Anjou rapporta-t-il quelque grave blessure qui devait, au bout de peu de mois, le conduire au tombeau? Nous serions tentés de le croire à en juger par la date de sa mort qui est du mois d'octobre ou de novembre de la même année. Voici en effet la mention qui concerne cet évènement dans l'obituaire des cordeliers d'Angers : « En octobre ou novembre 1428, le 8 des Calendes, décéda noble homme Pierre d'Anjou ancien ami et bienfaiteur de ce couvent, et il fut enseveli devant l'image du crucifix dans la nef » (2).

Pierre d'Anjou, nous l'avons dit, n'avait pas d'enfants de sa femme Gillette de Beaufort. Aussi, après sa mort, ses biens passèrent-ils à ses deux sœurs Lorette et Jeanne d'Anjou. Les partages de sa succession eurent lieu le 18 novembre 1428. Par ces partages demeura « entr'autres choses à lad. Lorette la terre et seigneurie de la Roche-Tallebot et ses dépendances avec les féages justice et seigneurie dud. lieu de la Roche-Tallebot, de Grèz-en-Bouère, de Saultré, d'Azé, du Coudray et Souvigné, tant les fiefs commungs avec le sieur de la Courbe que les fiefs quictés aud. feu sieur de la Roche-Tallebot » (3). Quant à Jeanne d'Anjou, elle eut une partie des terres situées en Anjou, telles

(1) Voir *Chronique d'Anjou et du Maine*, 3e partie, chap. XII.
(2) Bibl. nat. ms. fonds fr. 22450 f° 259.
(3) Voir pièce justificative n° 2.

que celles de Marigné, de la Fessardière, et de Noirieux (1); mais Lorette, qui avait déjà reçu en dot en se mariant la terre de Froidefond, garda dans sa part celles d'Écharbot et de la Bourrelière.

Comme nous avons déjà eu plus d'une fois l'occasion de le dire, la sœur de Pierre d'Anjou était mariée à Tristan IV de la Jaille seigneur de Beuxe. Mais, au moment où il devenait ainsi à cause de sa femme, seigneur de la Roche-Talbot, ce dernier, dont il sera d'ailleurs parlé plus amplement au chapitre suivant, à propos des la Jaille, venait de partir avec le roi de Jérusalem et de Sicile, Louis III, pour le royaume de Naples, où il devait trouver la mort quelques mois après. Aussi est-ce seulement avec la qualification de veuve de Tristan de la Jaille que nous verrons Lorette d'Anjou nous apparaître en tant que dame de la Roche-Talbot. C'est de la sorte qu'elle est qualifiée dans l'aveu qu'en 1432 elle rendit au duc d'Alençon, vicomte de Beaumont, pour son domaine de la Villière en Beaumont-Pied-de-Bœuf (2). L'année suivante elle reçut comme « dame de Varennes (sur Sarthe) et de la Roche-Talbot », la foi et hommage de Pierre Baraton pour (sa terre de) Varennes-Bourreau (3). Elle devait en la même qualité envoyer en 1436 aux pleds de la châtellenie de Mathéfélon Olivier Géré, son procureur suffisamment fondé, présenter sa déclaration de ses fiefs et domaines situés en Saint-Denis-d'Anjou par raison desquels elle s'avouait vassale en arrière-fief de cette châtellenie (4). Enfin, dans ces mêmes années, elle avait acheté, toujours, comme dame de la Roche-Talbot, de Guillaume Cognet et de Marguerite de la Barre, sa femme, le fief du Couldray en Vion (5).

(1) Voir arch. nat. P. 337/1, aveu de Châteauneuf à Angers.

(2) Bibl. nat. ms. fonds fr. 20215.

(3) Voir au cab. des titres de la bibl. nat. dossiers bleus, la généalogie des Baraton.

(4) Arch. de M.-et-L. E, 518.

(5) Arch. de Juigné, dossier Roche-Talbot.

Cette époque est l'une des plus sombres que la partie du Maine où est située la Roche-Talbot ait eu à traverser pendant les différentes phases de la guerre de Cent Ans. Si Laval avait été repris sur les Anglais dès 1429, Sainte-Suzanne tenait toujours pour eux, et ils étaient maîtres de la région située entre cette dernière place et Sablé. Ce fut encore pis à partir de 1433. Cette année-là le comte d'Arondel, après s'être emparé de Saint-Cenery, de Sillé-le-Guillaume et de Beaumont, avait poussé sa marche victorieuse jusqu'en Anjou et, en revenant de cette expédition, il avait emporté d'assaut et détruit le château de Meslay (1). Dès lors, la chatellenie de Sablé allait se trouver découverte non plus seulement à l'est, mais encore à l'ouest, et les habitants des paroisses de Souvigné et autres environnantes étaient destinés à se voir à leur tour exposés à tous les maux de la guerre. C'est ce dont on peut juger par plusieurs documents relatifs à ces temps malheureux. Ainsi une enquête faite en 1462 au cours d'un procès entre les religieux de Bellebranche et le curé de Beaumont-Pied-de-Bœuf (2) nous apprend qu'à l'époque en question « la guerre » avait « cours au pais du Maine et mesme ès-parties de Sablé et Beaumont et de Bellebranche et autres parties voisines » lesquelles « estoient en païs de frontière » ; que « le curé de Beaumont n'osait demourer sur led. lieu et s'en alla demourer à Angiers » ; et que le chappelain, resté dans cette localité, « pour doubte de sa personne s'en allait aucunes foys

(1) Voir *Mémoires* de Bourjolly, livre III, chapitre VII. D'après cet auteur, le château de Meslay ne se releva pas de ses ruines. Au contraire, d'après un fragment de compte du receveur-châtelain de la châtellenie de de Meslay, que possède notre savant confrère M. l'abbé Angot, on voit qu'avant l'année 1435 ou l'année 1436, la dame de Laval avait fait procéder à la démolition définitive du château en question. Les matériaux provenant de la démolition avaient été vendus, et parmi les acquéreurs, le compte auquel nous faisons allusion cite plusieurs fois le « seigneur de la Roche-Talbot, pour avoir achatté des boulevers de Meslay ».

(2) Arch. de la Mayenne, H. 97.

couschier à l'abbaye de Bellebranche, pour plus grant seureté et ailleurs ». D'un autre côté nous savons par plusieurs autres documents que dans ces années de guerre les religieux de cette abbaye s'étaient refugiés à Sablé dans une maison sise près l'église Saint-Martin et « tenue du sieur de la Roche-Talbot » (1). La nécessité de leurs affaires les appelait-elle à Bellebranche ? ils étaient obligés de se faire délivrer par les autorités anglaises des sauf-conduits renouvelables tous les quatre mois seulement, pour eux, « leurs gens, familiers et serviteurs » afin de pouvoir « demeurer à lad. abbaye et ses maisons... labourer » etc. (2). Enfin, plus en arrière de la zône servant de frontière aux belligérants, nous voyons les paroisses de Bouessay, de Sablé, de Souvigné, de Saint-Denis-d'Anjou, et de Varennes-sur-Sarthe, loin d'être à l'abri du pillage des garnisons ennemies, réduites, pour s'en préserver, à payer, sous le nom d'appatis, une rançon ou composition de 12 saluts par an, payable en quatre termes, sans parler des « bullettes de ligeance » délivrées au nom du duc de Bedfort, que chaque paroissien devait se procurer pour prouver qu'il avait prêté serment aux anglais (3) !

Tel était, quelques années à peine après la prise de possession de la Roche-Talbot par Lorette d'Anjou, l'état du pays environnant. Aussi nul doute que celle-ci, justement effrayée du dangereux voisinage des envahisseurs et des misères de toute nature qui en étaient la conséquence inévitable, n'ait renoncé à résider, quelqu'envie qu'elle en eût eu d'ailleurs, dans le manoir dont elle venait d'hériter. A l'exemple du curé de Beaumont-Pied-de-Bœuf, elle avait assurément cherché un refuge dans la capitale de l'Anjou, ou du moins dans une de ses terres situées à proximité et

(1) Arch. de la Sarthe, fonds Bellebranche, déclaration rendue en 1539 au roi par les religieux de Bellebranche.

(2) Arch. nat. K. K. 324, f° 20, 47, 80 v° etc.

(3) Ibidem f° 111, 128, 130. Voir aussi Siméon Luce, *La France pendant la guerre de Cent Ans ; Le Maine sous la domination Anglaise.*

sous la protection de cette capitale. C'est dans tous les cas à Angers qu'elle a dû mourir, au mois de juin 1442; et, comme son frère, elle fut inhumée dans l'église des Cordeliers de cette ville dont elle était une des bienfaitrices. Elle est qualifiée dans l'obituaire du couvent: « Lorette d'Anjou dame de la Jaille, et de la Roche-Talbot » (1). Sa mort, en faisant de son fils Bertrand de la Jaille son héritier principal, faisait passer la terre qui fait l'objet de cette étude dans une nouvelle maison, celle des la Jaille.

CHAPITRE III

ORIGINES, BRANCHES DIVERSES ET ILLUSTRATIONS DE LA FAMILLE DE LA JAILLE; BERTRAND DE LA JAILLE, SEIGNEUR DE LA ROCHE-TALBOT.

Parmi les vieilles familles nobles du Maine et de l'Anjou, nulle ne l'emportait, soit comme ancienneté, soit comme illustration, sur la famille de la Jaille. Celle-ci tirait son nom en même temps que son origine du bourg de la Jaille (2) en Anjou, près de Segré. Elle portait pour armes: *d'argent à la bande fuselée de gueules* (3).

Sa filiation remontait presque sans interruption jusqu'à Yvon de la Jaille qui vivait vers le milieu du XIe siècle, et

(1) Bibl. nat. ms. fonds fr. 22450 p. 226.

(2) Voir sur cette localité l'article La Jaille Yvon dans le *Dict. hist. et top. de Maine-et-Loire*, de M. Port, ainsi que la monographie consacrée à la châtellenie de ce nom et à ses seigneurs, par M. A. Joubert.

(3) Voir à la Bibl. nat. ms. f. fr. 16795, f° 62, dans la généalogie Beauvau, par Chevillard, les « XVI quartiers paternels et maternels de Jeanne de la Jaille », femme de Beaudouin de Beauvau (au XIIIe siècle).

qu'on voit assister comme témoin à la promulgation de plusieurs chartes par Geoffroy et Foulques comtes d'Anjou de 1060 à 1062 (1). Du reste les seigneurs de la Jaille occupaient dès cette époque, par leur situation territoriale aussi bien que par leurs alliances, un des premiers rangs dans la noblesse angevine. Nous savons, d'après un titre authentique, que Geoffroy de la Jaille, fils d'Yvon, était seigneur de Segré vers 1086 (2) ; d'un autre côté, si l'on en croit la généalogiste Chevillard, dans son histoire manuscrite de la maison de Beauvau, ce même Geoffroy aurait eu pour femme Mathilde de Craon, et ses descendants directs auraient pris successivement alliance pendant le XIIe siècle avec les maisons de Châteaugontier, de Vitré et de Beaumont (3).

Cependant, tandis que la descendance directe d'Yvon et de Geoffroy de la Jaille formait la branche principale de la famille en question bientôt subdivisée en deux rameaux, celui des seigneurs de la Jaille et de Saint-Mars (4) et celui des seigneurs du Vivier devenus plus tard seigneurs de Durtal et de Mathéfélon (5), de cette branche principale s'était détachée dès le milieu du XIIe siècle une branche cadette établie d'abord au Haut-Maine, dans les environs de Château-du-Loir, puis en Poitou, près de Loudun ; c'est à

(1) Voir Bibl. nat. ms. Touraine, t. 112, f°s 71 et 101.

(2) Bibl. nat. f. fr. 22450, p. 171, dans les *Extraits du cartulaire de Saint-Nicolas d'Angers.*

(3) Voir « Les XVI quartiers, etc. de Jeanne de la Jaille » par Chevillard.

(4) Cette lignée directe des seigneurs de la Jaille s'éteignit au commencement du XVe siècle dans les seigneurs de la Porte, Marguerite de la Jaille, héritière de sa maison, ayant épousé Hardy de la Porte, seigneur de Vezins.

(5) Le dernier seigneur de cette branche du nom de la Jaille fut François de la Jaille qui mourut sans enfants en 1521, et dont la sœur Marguerite avait été mariée en premières noces à René du Mas, seigneur de la Vaisouzière, et en secondes à René de Scépeaux, père du fameux maréchal de Vieilleville.

cette seconde branche qu'appartiennent les seigneurs de la Roche-Talbot.

En 1146 ou 1147, nous apprend un titre du cartulaire noir du chapitre de Saint-Maurice d'Angers (1), Yvon de la Jaille fit un don à l'église de Saint-Martin-du-Bois ; il allait partir pour la Terre-Sainte, emmenant avec lui ses deux frères Emery et Pierre. Est-ce ce dernier qui, ayant épousé après la Croisade une fille de la maison de Marson en Touraine (2) et ayant eu du chef de celle-ci la terre de Chahaignes, aura donné son nom à cette terre en même temps qu'il y aura fixé sa résidence, et est-ce lui qui aura ainsi été l'auteur de la branche qui nous intéresse plus particulièrement ? Ce qui est certain, c'est qu'Emery de la Jaille, appelé le Grand par les généalogistes, et que tout porte à croire le fils de ce Pierre et d'une de Marson, était seigneur de la Jaille en Chahaignes à la fin du XIIe siècle et au commencement du XIIIe ; il servit le roi Philippe-Auguste comme chevalier banneret et était marié avec Marie de Rochefort qui lui avait apporté la terre de Beuxe en Loudunois (3). De cette union vinrent, selon nous, deux fils : Geoffroy et Emery, dit le Jeune. Geoffroy eut pour partage la terre de la Jaille (4) et Emery celle de Beuxe. Le fils aîné de Emery

(1) Voir *Trésor généalogique de Villevieille*, dossier la Jaille.

(2) La terre de la Jaille en Chahaignes, près la Chartre sur le Loir, relevait de la seigneurie de Marson en Touraine ; d'un autre côté, il existait au XIIe siècle dans ce pays-là une famille seigneuriale du nom de Marson. Voir *Trésor généalogique de Villevieille*, dossier Marson.

(3) Tout ce que nous venons de dire de cet Emery de la Jaille et dirons de sa descendance, au point de vue généalogique, est tiré d'une généalogie inédite, dressée en 1511 sur les titres mêmes de la maison, et qui, par conséquent, peut être regardée, dans son ensemble du moins, comme vraie. Une copie authentique de cette généalogie se trouvait dans les archives de M. le comte de Baglion à Bossé : M. d'Achon a bien voulu nous en donner communication, et c'est cette copie que nous reproduirons aux pièces justificatives.

(4) En effet, ce Geoffroy de la Jaille, présent en 1222 aux obsèques de Guillaume des Roches (voir Ménage, *Histoire de Sablé*, 1re partie, p. 367), donna à cette occasion à l'abbaye de Bonlieu un demi-arpent de

de la Jaille et de Marie de Rochefort ne semble pas avoir eu de postérité mâle; c'est sans doute ainsi que sa terre dut passer aux Maillé avant la fin du XIIIe siècle (1), pour revenir, il est vrai, comme nous le verrons, aux la Jaille dans la première moitié du XVe. Quant à Emery, le frère puîné de Geoffroy, il se fixa, cela va sans dire, en Loudunois, à cause de sa terre de Beuxe. Il avait épousé Létice des Roches, la sœur du fameux sénéchal d'Anjou et du Maine, et, de concert avec elle, il avait fondé, paraît-il, une chapelle dans l'église de Sainte-Croix de Loudun (2). Emery II eut pour fils Tristan I mari d'Eustache de Doué; c'est peut-être par celle-ci que la terre d'Avrillé en Saint-Jean-des-Mauverets, près Angers, vint aux la Jaille. Puis, de Tristan et d'Eustache de Doué, naquit Tristan II qui s'unit à Mabille de Maulevrier. Cette dernière testa en 1329, constituant ses exécuteurs testamentaires Mre Jehan de Maillé, Emery de la Jaille, chevalier, etc. (3). Ici nous trouvons une lacune dans toutes les généalogies de cette branche de la maison de la Jaille, où l'on donne pour fils et successeur à Tristan II Jehan, né vers 1320. Celui-ci ne serait-il pas plutôt le petit-fils de Tristan II et le fils de cet Emery qui figure comme exécuteur dans le testament de Mabille de Maulevrier?

Fils ou petit-fils de Tristan II, Jehan de la Jaille fut un guerrier célèbre dans l'histoire de son temps. Contemporain de la première période de la guerre de Cent ans, on le trouve plus d'une fois mêlé aux événements militaires de cette époque troublée. En l'année 1356, il servait avec « trois escuiers » de sa « compagnie » sous Jehan de Clermont,

pré près de Marson, ce qui semble indiquer qu'il était bien seigneur de la Jaille en Chahaigne.

(1) D'après le P. Anselme, t. VII, f° 500, Catherine de Maillé était dans la première moitié du XIVe siècle dame de Chahaignes, et par conséquent de la Jaille. Voir aussi Bibl. nat. ms. coll. Touraine, t. VIII, n° 3601.

(2) Généalogie de la maison de la Jaille déjà citée.

(3) Bibl. nat. ms. f. lat. 17129, *extraits des titres de la Maison de Maillé.*

sire de Chantilli, maréchal de France, « lieutenant du Roy ès païs d'entre les rivières de Loyre et de Dordongne », et il dut se trouver à la bataille de Poitiers livrée le 19 septembre (1). Dans les années suivantes, il s'était vu confier par Louis de France, duc d'Anjou et comte du Maine, la garde comme capitaine « du chastel, ville et chastellenie et ressort de Loudun » et il avait, nonobstant le commandement exprès qu'il avait reçu de son maître, refusé de rendre cette place au comte de Tancarville, conseiller et chambellan de Charles, régent de France, et envoyé par lui pour en prendre possession (2). Cependant il déployait dans la guerre avec l'Angleterre une vaillance peu commune : « il combatit ès barres du chasteau de Chinon un Anglois à outrance dont il eut du meilleur et luy persa sa lance au travers du corps » ; puis « led. Mre Jehan de la Haille et Mre Jehan de la Roye desconfirent les Anglois à la Motte de Bourbon et firent plusieurs autres beaux faits sur les Anglois ». On disait aussi de lui, tant ses exploits semblaient surhumains, qu'il avait combattu « plusieurs fois le Diable : une fois aux landes de Bas, l'autre, près du Bois-Fourmont où un de ses gens, nommé Marendin, mourut de peur (3). » Les exploits extraordinaires de Jehan de la Haille avaient créé autour de son nom une véritable légende. Il est en tous cas certain, c'est nous est attesté par une rémission obtenue par lui en 1409, qu'il « avoit bien et loyaument servy le Roy (Charles VI) et ses prédécesseurs en leurs guerres et mesme avoit esté fait prisonnier et mis en grans et excessives rançons par les ennemis, pour quoi il avoit dû engager et vendre plusieurs terres » entre autres

(1) Voir aux titres scellés de Clairambault, vol. 61, dossier la Haille, sa quittance pour ses gages d'homme d'armes donnée à Poitiers le 18 mars 1356 n. st...

(2) Arch. nat. J J 89, n° 74.

(3) Généalogie de la maison de la Haille déjà citée.

celle de Beaugé (1). Il avait pour femme Jehanne Gourmond qui lui avait apporté en mariage Lemon et Bois-Gourmont en Loudunois; les deux époux avaient dès l'année 1373 choisi le lieu de leur sépulture dans l'église Sainte-Croix de Loudun, et ils y avaient fondé une messe qui devait être célébrée tous les jours pour le repos et le salut de leurs âmes et de celles de leurs prédécesseurs (2). De leur union étaient issus trois fils, Tristan III qui continuera la ligne directe de sa branche et dont nous allons parler tout à l'heure; Pierre, allié en premières noces avec Clémence du Breuil de Sainte-Maure, et en secondes noces avec Jeanne de Tilly, et auteur d'une nouvelle branche, celle des seigneurs de Mareuil, la seule d'ailleurs qui subsiste aujourd'hui (3); enfin Guichard, plus d'une fois cité dans les montres du temps, et compagnon en 1396 du maréchal de Boucicaut dans la campagne de Hongrie, où il se distingua fort (4). Le fils aîné de Jehan de la Taille mourut jeune encore; mais si sa carrière fut courte, elle fut bien remplie. Comme son père et comme son frère Guichard, il fut lui aussi un vaillant guerrier: d'abord on le voit en l'année 1380 à la tête d'une compagnie d'hommes d'armes dont les montres furent reçues cette année-là au Mans, à Angers, à Château-Gontier etc. (5); puis, peu de temps après, on le retrouve en Bretagne où il se signale par ses glorieux exploits. Froissart a raconté comment en 1380 « Mre Tristan de la Taille » se fit prendre « par sa folle ardeur » au com-

(1) Arch. nat. X 1A [illegible], f° [illegible].

(2) Arch. nat. X 1A [illegible], f° [illegible].

(3) Elle a pour représentant le marquis de la Taille, fils du général de cavalerie, mort il y a quelques années, le général de division comte de la Taille, ancien président du comité d'artillerie, le vice-amiral vicomte de la Taille, etc., etc. Nous nous proposons, dans une de nos pièces justificatives, d'établir aussi exactement que possible la filiation de ces derniers depuis Pierre de la Taille, mari en secondes noces de Jeanne de Tilly.

(4) Voir les mémoires de Boucicaut.

(5) Voir aux titres scellés de Clairambault, le dossier La Taille déjà cité.

battant les Bretons devant Nantes, et, selon le même chroniqueur, « Mre Tristan de la Galle » fut encore l'année suivante l'un des héros du célèbre combat livré sous les murs de Vannes par trois chevaliers français à trois chevaliers anglais.

Il mourut peu de temps après. De sa femme, Aliénor de Maillé qu'il avait épousée par contrat du 15 novembre 1371, et qui, une fois veuve de lui, devait convoler avant 1386 avec Robert d'Anjou (1), il laissait deux fils mineurs Tristan IV et Jehan. Ceux-ci, après le second mariage de leur mère, furent vraisemblablement emmenés par celle-ci à la Roche-Talbot, où ils se trouvèrent placés sous la garde noble de leur beau-père. Ainsi s'explique tout naturellement l'union du fils aîné de Tristan III de la Jaille et d'Aliénor de Maillé avec Lorette d'Anjou, l'aînée des deux filles que Robert d'Anjou avait eues de Jeanne de Mascon. Cette union eut lieu, croyons-nous, vers l'année 1396, et deux fils, Robert et Bertrand, ne tardèrent pas à en être le fruit; le premier avait eu très probablement pour parrain son ayeul maternel, le seigneur de la Roche-Talbot. Au point de vue du rôle joué par lui dans l'histoire de son temps, le mari de Lorette d'Anjou se montra le digne descendant de ses illustres ancêtres. Il fut, dit l'Hermite de Souliers, fameux par sa valeur et les services importants rendus au roi de Naples de la maison d'Anjou; et, en effet, son dévouement au roi Louis II, il l'avait prouvé en accompagnant ce prince lors de ses diverses expéditions en Italie; il fut notamment de celle de 1410, comme nous l'apprend l'abbé Papon, qui, dans son *Histoire générale de Provence*, le cite parmi les personnes de marque qui, au printemps de 1411, se trouvaient aux côtés de Louis II, à son départ de Rome, et partageaient avec lui le commandement de son armée. Aussi fut-il grandement récompensé de ses services. Si l'on en croit Barthélemy Roger, il aurait été dès

(1) Voir le P. Anselme, *Généalogie Maillé*.

l'année 1412 nommé gouverneur d'Angers en remplacement de Guillaume des Roches. Toujours est-il qu'en 1419, la veuve de Louis II, la reine Yolande, l'avait choisi comme l'un de ses ambassadeurs auprès du roi d'Angleterre (1). Sous Louis III d'Anjou, sa faveur n'avait fait que s'accroitre : pourvu en 1423 de la charge de grand sénéchal et gouverneur de Provence (2), il nous apparait l'année suivante avec la qualification de grand maître d'hôtel du roi de Jérusalem et de Sicile, et, à ce titre, chargé de traiter du mariage de ce prince avec Isabelle de Bretagne (3), puis en 1425, il reçoit les provisions de l'office de garde et capitaine du château de Loudun (4). Toutes ces charges et tous ces honneurs ne l'empêchaient pas de suivre Louis III à ses différents « voyages » d'Italie. Mais, hélas, il ne devait pas revenir de celui de 1428-1429. Il venait, au printemps de 1429, d'être fait gouverneur de Reggio par le vainqueur d'Aquila, et il se trouvait à Naples, quant il fut surpris par la mort (5).

Tels étaient les ancêtres, tel était le père dont était issu ce Bertrand de la Jaille qui, en 1442, comme héritier de Lorette d'Anjou sa mére, venait de prendre possession de la terre de la Roche-Talbot. Lui-même n'était pas, tant s'en faut, un personnage sans importance dans l'histoire de son temps. Devenu comme nous avons déjà eu l'occasion de le dire, de simple cadet qu'il était d'abord, ainé par la mort prématurée de son

(1) Voir *Extraits des rôles normands dans les Mémoires des antiquaires de Normandie*, t. XXIII, n° 1212, et Rymer, t. IV, pars. III, p. 81.

(2) Voir aux arch. de la Loire-Inférieure (E 220), la procuration envoyée le 23 juillet 1423 de Rome, par Louis III d'Anjou à la Reine Yolande, sa mère, pour gouverner en son absence ses diverses terres situées en France. Tristan de la Jaille, qui figure dans cet acte comme témoin, y est qualifié : « grand sénéchal ».

(3) Voir arch. nat. J. 409, n° 49.

(4) Arch. des Bouches-du-Rhône, B. 1387.

(5) Voir *Histoire de Provence*, par l'abbé Papon, liv. IX, p. 419.

frère Robert, et par suite seigneur des terres de Beuxe, de Boisgourmont et de Renton en Loudunois (1), ainsi que de celle de la Jaille en Chahaignes au Haut-Maine (2), le fils de Tristan IV de la Jaille avait en outre hérité de la faveur que les souverains de la maison d'Anjou n'avaient cessé de témoigner à son père. Non moins que ce dernier, Bertrand de la Jaille s'était vu honoré par le roi Louis III et par son successeur le roi René, de la dignité de conseiller et de chambellan (3), et, quant à la charge de capitaine de Loudun dont son père avait été pourvu dans les dernières années de sa vie, lui aussi n'avait pas tardé à l'obtenir (4). Et ce n'était pas seulement le souvenir des services rendus autrefois par son père qui contribuait ainsi à assurer à la cour des rois de Sicile la haute situation du sire de la Jaille, cette situation était aussi la récompense de ses propres services. Si nous en croyons une des généalogies de sa maison, il avait servi « comme son père dans la guerre du roi de Naples et de Sicile (5) », et nul doute que les champs de bataillle de la péninsule n'aient été plus d'une fois, dans ces années-là, les

(1) Il est cité comme seigneur de Beuxe dans l'aveu rendu en 1450 par Jehan de Rochechouart et Anne de Channay pour la Motte de Bauçay ; et comme seigneur de Renton aux registres P 339/2 et 346 des arch. nat. où se trouve son aveu pour cette dernière terre au roi de Jérusalem et de Sicile au regard de la châtellenie de Loudun.

(2) En 1447 (le 1er nov.) « Mre Bertrand de la Jaille, chr seigr de la Jaille avoua tenir en fief de noble et honoré seigneur Mons. Mre Amaury de Froumentières chr seigr des Etangs-Larchevêque et de Marçon, à cause de dame Louise de Courcillon, femme dud. Amaury, fille de feu Jehan de Courcillon, sa terre et seigrie de la Jaille mouvante de Marçon. (Arch. du duché de la Vallière d'après Villevieille, trésor généalogique, dossier la Jaille).

(3) Ménage, *Histoire de Sablé*, 1re partie, p. 27[illegible]

(4) Il avait d'abord été capitaine de Beaufort, charge dont il était revêtu en 1428 (voir Duchesne, vol. 70, p. 87). Mais à partir de l'année 1439 au plus tard, on voit par un passage d'une plaidoirie au Parlement (X1a 4801 f° 304) qu'il avait dès lors échangé la capitainerie de Beaufort contre celle de Loudun.

(5) Cab. des titres, cahier bleu, dossier la Jaille.

témoins de sa valeur. Peut-être aussi avait-il pris part en 1429, sous la miraculeuse bannière de la Pucelle d'Orléans, à la campagne de France, lorsque le roi Louis III, après avoir quitté l'Italie, s'était acheminé vers les bords de la Loire « avec belle compaignie de gens d'armes, et vint vers le roi de France, lequel il rencontra sur le chemin de Rheims (1) ». Enfin les liens étroits de parenté qui, par suite de son mariage, unissaient notre Bertrand de la Jaille aux Odart, n'étaient pas non plus inutiles au maintien de son crédit auprès du roi René ; le seigneur de Verrières et son fils puiné n'occupaient-ils pas soit à la cour de ce prince soit à celle de son beau-frère, le roi Charles VII, les charges les plus importantes ? (2)

Comme seigneur de la Roche-Talbot, nous voyons le successeur de Lorette d'Anjou, en juillet 1442, un mois par conséquent après la mort de sa mère, donner quittance au fameux Jehan Bouchet (3), qui venait d'acquérir en Souvigné les terres de la Gourmandière et de la Foresterie ainsi que la vigne du Petit-Montechien, des ventes dues par celui-ci à la seigneurie de la Roche-Talbot, à cause de son acquêt (4).

Le pays où se trouve située la terre dont nous racontons l'histoire était alors plus que jamais exposé aux incursions des Anglais. L'année précédente avait eu lieu, tout près de la Roche-Talbot, à Saint-Denis d'Anjou, une affaire des plus chaudes entre Anglais et Français et qui nous a été rapportée

(1) Voir Bourdigné, 3e partie, chapitre XIII.

(2) Guillaume Odart était en 1445 conseiller et chambellan du roi René à qui il avait rendu de grands services au royaume de Sicile, et Jacques Odart son fils puiné était pannetier et écuyer d'écurie de Marie d'Anjou femme de Charles VII et sœur du roi René de Jérusalem et de Sicile.

(3) Voir sur ce personnage, auteur des du Bouchet de Sourches, le premier des deux curieux articles qu'en 1890 M. l'abbé Ledru lui a consacrés dans le *Bulletin de la Commission hist. et arch. de la Mayenne.*

(4) Arch. de la Sarthe, E, 300, livre de comptes de Jean Bouchet.

tout au long par Bourdigné, dans ses chroniques d'Anjou et du Maine (1).

« En ce temps (1441) » dit le chroniqueur en question, « les garnisons angloises qui estoient ès villes de Maine la Juhel et Fresnay, coururent tout le pays prenans prisonniers et emmenans proyes jusques à Saint-Denys d'Anjou, gros et riche village contigu du pays du Maine (il est à deux lieues de Sablé) et estoient cinq cens Anglois que de pied que cheval. Et quand les habitans de Saint-Denys d'Anjou sceurent leur venue, considérans qu'ils n'estoient assez puissans pour leur résister, se jectèrent en l'église dud. bourg, et céans se fortiffièrent, et y portèrent les meilleurs de leurs meubles, pensans que les Anglois ne seroient si malfaiteux de assaillir ou faire violence en l'église, et par ce estre céans en seureté ; mais ce fut pour néant ; car les Anglois advertis ou qui par adventure se doubtoient bien qu'ils y estoient, vindrent l'église induement assaillir et expugner. Mais les Angevins qui dedans estoient contr'eulx vaillamment résistèrent tant que la nuyt vint, et l'assaut cessa. Ceste nuyt se misrent en armes, Messeigneurs Guillaume de Sillé, Guychard de Ballée, Guy du Coing, Jehan de Champchevrier, Loys de Dureil, les seigneurs du Bois Dauffin, de Varannes, de Renault, de Juigné, de Champaigne, de *la Roche-Talbot.....* et autres nobles angevins et manceaulx, jusques au nombre de 60 lances, et quelque peu de gens de pied qui s'estoient rendus à eulx des villages de là entour, lesquelz ensemble délibérèrent d'aller secourir les habitans de Saint-Denys-d'Anjou, et pour ce faire se misrent à chemin, et tant chevauchèrent qu'ils vindrent aud. bourg, et à leur arrivée trouvèrent les Anglois jà recommençans l'assault contre l'église pour avoir ceulx qui dedans estoient : mais il leur fut bien besoing de cesser leur alarme, car les Angevins et Manceaulx chargèrent si rudement sur eulx que

(1) 3e partie, ch. XV.

de première poincte en occirent deux cens au plus ; et les autres desconfirent et misrent en fuyte, lesquels espérans eulx sauver se jectèrent ès vignes qui là près estoient. Mais les gens de pied et paysans les suyvirent, de sorte qu'ils furent presque tous mis a mort. Des Françoys ne furent occis que cinq personnes, dont rendirent grâce à Dieu. »

Comme on le voit par le récit de Bourdigné, le seigneur de la Roche-Talbot, ou du moins celui qui n'allait pas tarder à le devenir, s'était trouvé en 1441 parmi les chevaliers angevins ou manceaux venus au secours des habitants de Saint-Denis-d'Anjou attaqués à l'improviste par les Anglais. Il faut donc croire que Bertrand de la Jaille, malgré ses fonctions de capitaine de Loudun, et bien que sa résidence la plus ordinaire fût certainement à cette époque son château fortifié de Renton (1), s'était transporté, au moins momentanément, dans la terre dont il devait hériter l'année suivante. Sans cela, comment aurait-il pu, dans l'espace d'une nuit, se mettre en armes et accourir avec les autres nobles du pays sur le point menacé? Du reste, s'il était, parmi les seigneurs énumérés par Bourdigné, un seigneur intéressé à repousser les Anglais de Saint-Denis-d'Anjou, c'était à coup sûr le seigneur de la Roche-Talbot. Sans parler de ses terres et de ses sujets de Souvigné et de Varennes-sur-Sarthe qui se trouvaient ainsi mis subitement dans le dangereux voisinage des envahisseurs, sur le territoire même de la paroisse envahie, n'avait-il pas tout à craindre pour ses métairies de

(1) C'est probablement lui qui avait fait fortifier le château de Renton qu'il décrit ainsi dans son aveu de 1442 au roi de Jérusalem et de Sicile : « mon château et forteresse de Renton, avecques les douves, caves, logis et basse-court.... » Ce château subsiste d'ailleurs toujours, et il est un de ceux que Joanne, dans son guide intitulé : *De la Loire à la Garonne*, recommande à l'attention des touristes : « le château fort de Renton, dont la porte d'entrée est flanquée de deux hautes tours à machicoulis, offre une vaste enceinte octogonale, flanquée de tours et bordée de douves larges et profondes. Les parois de ces douves, creusées dans le tuffeau, sont percées de nombreuses grottes servant d'habitation ».

Beauchesne, de la Justonnière et des Bois-d'Anjou, ainsi que pour ses vassaux de Sautré ? Que dis-je ? Il n'y avait pas jusqu'au bourg de Saint-Denis-d'Anjou où il n'eût un intérêt personnel à concourir à la défense commune ; n'y possédait-il pas cette « maison et courtil » dont il devint, quelques années après, faire aveu au chapitre d'Angers, et, à cause de son fief des petits Chevaliers, une partie des habitants du bourg n'étaient-ils pas sous sa dépendance féodale ?

Cependant, au moment où Bertrand de la Jaille prenait possession de sa terre de la Roche-Talbot, la guerre de Cent Ans touchait à sa fin, du moins pour nos provinces. Si en 1443 les habitants de la châtellenie de Sablé eurent encore à passer par des transes assez vives lors de l'invasion de l'Anjou par l'armée de Sommerset, ces transes devaient être pour eux les dernières que leur réservât cette longue et terrible guerre. Dès le mois de mai de l'année 1444, ils purent apprendre qu'après des négociations, cette fois couronnées de succès, entre les représentants de la France et de l'Angleterre, une trêve de deux ans, mais susceptible de prolongation, venait d'être signée entre les deux puissantes belligérantes, et ils durent tout à fait renaître à l'espérance quant le 25 mars 1445 les lettres de prorogation de la trêve furent, dit Ménage, lues et publiées à Sablé « au carrefour d'icelle ville et devant les halles dudit lieu, par Touraine, héraut du roi notre Sire (1) ». Pour eux, qui ne se trouvaient pas dans la partie du Maine occupée par les Anglais, et qui n'avaient plus désormais d'incursions à redouter de la part de ceux-ci, la guerre de Cent Ans était close ; ils n'avaient plus qu'à goûter par anticipation les douceurs de la paix !

Une des conséquences du nouvel ordre de choses fut naturellement, en ce temps féodal par excellence, la remise en vigueur, dans chacune des seigneuries de la contrée, des

(1) Ménage, *Histoire de Sablé*, 2e partie, p. 51.

assises féodales fort négligées ou tout à fait interrompues dans les vingt années qui venaient de s'écouler. Pour ne parler que des seigneuries qui entouraient la Roche-Talbot et d'où cette terre relevait en partie, nous voyons les remembrances de la seigneurie de Saint-Brice remonter à l'année 1446 (1), et celles de la baronnie de Sablé au mois de mai de l'année suivante (2). Aux assises de Saint-Brice « Messire Bertrand de la Jaille, chevalier, seigneur de la Roche-Talbot » était sommé de bailler son aveu pour « les choses qu'il tient au pouvoir de céans à foy et hommage ». Aussi chargea-t-il Guillaume Le Pelletier, son procureur, de comparaître pour lui aux assises en question et d'y faire en son nom les obéissances féodales requises, ce que celui-ci s'empressa de faire l'année suivante (1447). En même temps Bertrand de la Jaille envoyait Jehan du Boisbéranger, muni également de sa procuration, faire à Durtal, devant le sénéchal de la seigneurie de Mathéfélon, la déclaration de ce qu'il tenait de cette seigneurie « par le moien du seigneur des fiefs de Coullon », c'est-à-dire de ses domaines et fiefs de Sautré, de Beauchesne, la Justonnière et les Bois d'Anjou, situés en Saint-Denis-d'Anjou (3). Quant aux assises de la baronnie de Sablé, elles se tinrent pour la première fois, nous l'avons dit, en mai 1447. « Le seigneur de la Roche-Talbot » y est cité (4) pour répondre « de plusieurs chemins empeschés.... tant à la rue creuse d'entre Souvigné et l'Arche de Tallebot que aussi à la Bordardière » et, en outre pour sa négligence à « tenir lad. arche en réparation ».

(1) Le terrier de la seigneurie de Saint-Brice qui forme plusieurs gros registres, est en la possession de M. le marquis de Viennay, qui a bien voulu nous le communiquer et à qui nous sommes heureux d'adresser ici l'expression de nos meilleurs et plus sincères remerciements.

(2) Les remembrances des assises de la baronnie de Sablé se trouvent mêlées à celles du comté du Maine qui sont conservées aux arch. nat. (voir R/5 382 à 403).

(3) Arch. de Maine-et-Loire, E 518.

(4) Voir arch. nat. R 5 396, f° 131.

Bertrand de la Jaille avait en effet, nous l'avons vu, en sa qualité de moyen justicier, dans toute l'étendue de sa terre de la Roche-Talbot, la vairie, en d'autres termes, l'entretien des voies de communication à sa charge, et on voit que cet entretien laissait alors un peu à désirer, chose qui à l'époque dont il s'agit, à la fin de la guerre de Cent Ans, n'est point trop faite pour nous surprendre !

C'était au nom de Charles d'Anjou, comte du Maine et baron de Sablé, qu'étaient tenues en 1447 les assises dont nous venons de parler ; on sait en effet qu'en 1441 ce dernier avait reçu pour son partage de son frère le Roi René le comté du Maine avec les terres de Mayenne-la-Juhel, de La Ferté-Bernard et de Sablé. Pour ce qui est de la terre de Sablé, Charles d'Anjou avait pu en avoir immédiatement la jouissance, puisqu'elle n'avait pas cessé de rester entre les mains des capitaines français chargés de la défendre ; mais il n'en avait pas été de même pour ce prince du reste de son apanage sur lequel il n'avait pu avoir, par suite de la conquête anglaise, qu'un droit nominal. Il est vrai qu'en 1444, lors du mariage de Marguerite d'Anjou avec le roi d'Angleterre Henri VI, il avait été stipulé que celui-ci rendrait à l'oncle de sa nouvelle épouse la ville du Mans et toutes les autres qu'il avait en la province du Maine. Mais le roi d'Angleterre ayant trouvé moyen de différer d'année en année l'exécution de sa promesse, il fallut, pour l'y contraindre, qu'au printemps de l'année 1448 Charles VII fit assiéger Le Mans par une armée aux ordres de Dunois, de Brezé et de Coetivy. Doublement vassal de Charles d'Anjou, et comme comte du Maine, et comme baron de Sablé, à cause de sa terre de la Roche-Talbot, l'ancien combattant des guerres d'Italie et de Saint-Denis-d'Anjou contribua-t-il pour sa part en 1448 à l'expulsion définitive des Anglais de notre province ? Tout nous porte à le croire. En tout cas, il est prouvé qu'il était l'année suivante au recouvrement de la Normandie. Aux assises du comté du Maine tenues en février 1449 (v. st.)

nous voyons « le seigneur de la Roche-Talbot » se faire *exoiner* à cause « du véaige de Rouen (1) ». C'est donc bien de lui qu'a voulu parler Bourdigné quand, au nombre des chevaliers angevins et manceaux qui accompagnaient à cette expédition le duc de Calabre Jean d'Anjou, il cite « le seigneur de la Jaille ».

« .... Le Roy et le duc de Bretaigne.... » dit cet auteur (2) « délibérèrent de tous costez aux Angloys mener guerre. Si fut conseillé aux roys de France et de Sicille d'aller assaillir la ville de Rouen ; par quoy ils mandèrent à tous leurs alliez et cappitaines qu'ilz feissent amatz de gens de guerre, et que se rendissent vers eulx afin de les employer en ceste besogne. Et en brief assemblèrent les Roys grosse et puissante armée, avecques laquelle se misrent à chemin vers Rouen ; et en leur voye rencontrèrent le magnanime et chevaleureux prince monseigneur Jehan d'Anjou, duc de Calabre, aisné filz du Roy René, lequel son père avoit (par les gentilzhommes de son hostel) mandé quérir pour venir au secours du roy de France. Et avait icelluy duc de Calabre en sa compaignie les seigneurs Joachin Rouault, de Bueil, de Beauvau, de la Forest, de Brochesac..., de Malicorne..., de Brezé, de Durestal, de *la Jaille*....., de Montejehan...., de la Bessière..., de la Tour Landry..., de Champagné... et plusieurs autres chevaliers et escuyers angevins et manceaulx, jusques au nombre de deux cens hommes d'armes, tous gens de bien et fort exercez à la guerre. Et quant le roy Charles les veit si bien en point et si à dextre, il les estima grandement en son cueur, et moult remercia son nepveu de Calabre, qui avec si riche secours le venoit secourir... Avecques ceste puissante armée vindrent les roys de France et de Sicille la forte ville de Rouen assieger » etc.

Ainsi, à la suite du duc de Calabre, le seigneur de la

(1) Arch. nat. R5 306, f° 131.
(2) *Chroniques d'Anjou et du Maine*, 3e partie, chap. XVI.

Roche-Talbot avait pris part au siège de Rouen et il ne tarda pas assister à l'entrée de Charles VII dans cette ville que les Anglais venaient d'abandonner. Il vit donc entrer « le noble roy de France en grant triomphe en sa ville de Rouen » il le vit « tout armé, monté sur ung coursier bardé d'ung riche velours azuré, couvert de fleurs de lys d'or de broderie, ayant le Roy René à sa dextre, et le comte du Maine à sa senestre, armez eulx et leurs chevaulx de pareilles armeures et couvertures que le roy de France, excepté que le roy René avait meslé parmi ses fleurs de lys les croix de Jérusalem. Et après eulx venaient les ducs de Calabre et d'Alençon et plusieurs autres princes et seigneurs etc. » Et, puisque quelques mois après la prise de Rouen, à la fin de l'hiver, Bertrand de la Jaille n'avait pu comparaitre aux assises du comté du Maine à cause, nous l'avons dit, « du veaige de Rouen », il est permis de supposer qu'il était toujours à cette époque en Normandie, et qu'il y resta jusqu'à la fin de la campagne, tout au moins jusqu'à la décisive journée de Formigny livrée le 15 avril 1450.

L'année suivante, à la date du 27 juin, nous retrouvons le seigneur de la Roche-Talbot à Angers, où il était présent au contrat de mariage de Lorette Coisnon avec Jacques de Maridort (1). Fille de Guillaume Coisnon, seigneur de la Roche-Coisnon et de Noirieux, et de Guillemette d'Hauteville, la future avait pour ayeule Jeanne d'Anjou, la sœur puinée de Lorette, ce qui explique suffisamment la présence de Bertrand de la Jaille en cette circonstance.

Un an après, en octobre 1452, c'était au contrat de mariage de sa propre fille que le seigneur de la Roche-Talbot assistait. En effet, par contrat du 5 octobre de cette année-là passé devant les notaires de Laval « Mre Bertrand de la

(1) Voir dans la *Revue hist. et arch. du Maine*, t. VIII, p. 255 et suiv., la première partie de la notice sur « Les seigneurs de la Roche-Coisnon », par M. l'abbé Ledru.

Jaille, chevallier, seigneur de la Jaille et de la Roche *(sic)* et dame Guillemette Odart sa femme » mariaient « demoiselle Jacqueline » leur fille avec Jehan Auvé fils aîné de « Mre Symon Auvé seigneur de Sougé et de Brouassin » et de « feue dame Marguerite Clérambault » (1). Jacqueline de la Jaille reçut en dot de ses parents toutes les terres que ceux-ci avaient au comté de Laval et en la baronnie de Mayenne et qui étaient jadis échues à Pierre d'Anjou de la succession de la dame des Roches, entr'autres « les maison, hébergement, vergers, jardins, prés, garennes et appartenances du Manoir Ouvroin », à Laval.

Par cette alliance qu'ils venaient de faire contracter à leur fille les la Jaille étaient assurément loin de déroger. Alliés eux-mêmes aux Feschal, aux Bourreau, aux Vendôme, aux Clérambault, ayant eu un des leurs tués en 1396 à la campagne de Hongrie, seigneurs depuis le commencement du XIVe siècle de la terre de Soulgé-le-Bruant, à laquelle ils n'avaient pas tardé à joindre les terres du Plessis-Bourreau, de Genetai, de Brouassin, etc. les Auvé, qui portaient pour armes « *d'argent à la croix pleine de gueule cantonnée de douze merlettes* », étaient alors une des familles les plus importantes aussi bien que l'une des plus anciennes et des plus illustres du Maine et de l'Anjou (2).

Outre cette fille Jacqueline, le seigneur et la dame de la Roche-Talbot en avaient encore une autre, Isabeau, qui, elle, n'était point destinée à être mariée. Elle se voua à la vie religieuse et entra au couvent de Notre-Dame du Ronceray d'Angers, dont elle devait un jour devenir abbesse (3).

(1) Ce contrat fait partie du fonds la Jaille aux archives de Maine-et-Loire, liasse E 2902. Nous le reproduirons plus en détail aux pièces justificatives.

(2) Voir sur cette famille le chapitre qui la concerne dans l'histoire généalogique de la maison de Quatrebarbes, chapitre reproduit du reste au dossier Auvé du Cab. des Titres, P. O.

(3) Voir la *Gallia Christiana*, t. XIV, p. 702. Seulement c'est par erreur qu'elle y est dite fille de Bertrand II de la Jaille et de Catherine le Roy.

Quant aux fils issus du mariage de Bertrand de la Jaille avec Guillemette Odart, ils étaient au nombre de quatre : Philibert était l'aîné, et il avait pour cadets Pierre, Hardouin et Bertrand II. Nous parlerons avec détails dans la suite de cette étude de chacun de ces derniers qui seront tous les trois successivement seigneurs de la Roche-Talbot. Philibert ne devait pas survivre à son père ; il convient donc de lui consacrer ici quelques lignes. Attaché de bonne heure au service du roi René, il avait commencé par être un de ses « escuiers d'escurie » (1). C'était en même temps un des plus brillants champions des tournois que ce prince se plaisait à donner dans ces années-là : on l'avait vu figurer avec honneur aux « Pas d'armes » de Nancy (1445), de Saumur (1447) et de Tarascon (1449) (2). A partir de 1455, il semble avoir joui plus que jamais de la faveur de son maitre ; il est alors présent à plusieurs chartes émanées de la chancellerie ducale où il est qualifié « maistre d'ostel » du roi de Jérusalem et de Sicile (3). Le dernier des actes de ce genre auxquels il ait été témoin est du 6 octobre 1458 (4). Il mourut sans doute peu de temps après, car, postérieurement à cette date, il disparait complètement, et, bien qu'aîné, ce n'est pas lui qui recueillera la succession de Bertrand I de la Jaille.

Mais revenons au seigneur de la Roche-Talbot. Si, dans les dernières années de sa vie, il était représenté à la cour de Provence par son fils aîné, assez en faveur, comme on a pu en juger, pour lui, il semble avoir alors abandonné le service

(1) Il est plus d'une fois cité en cette qualité dans un livre de comptes du Roi René pour les années 1447-1449, lequel figure aux arch. nat. sous la cote P. 1334/14.

(2) Voir, pour le tournoi de Nancy, l'histoire du roi René par Villeneuve Bargemont et surtout les notes et pièces justificatives ; pour celui de Saumur, « Le vrai théâtre d'honneur et de chevalerie » par Vulson de la Colombière, et pour celui de Tarascon, le manuscrit de Louis de Beauvau, à la fin de l'histoire de Provence par l'abbé Papon.

(3) Arch. nat. P. 1334b, f°s 195 v° et 220.

(4) Arch. nat. P. 1334/7.

du roi René pour celui de Charles VII. C'est ce qui nous paraît résulter tant d'un passage des remembrances de Saint-Brice, en 1453, où il est fait mention d'une « grâce du Roy nostre sire » reçue pour « ledit Bertrand de la Jaille, chevalier, seigneur de la Roche-Talbot », que d'un acte de l'année 1483 (1), postérieur par conséquent à sa mort, où le même Bertrand de la Jaille est dit avoir été « en son vivant, chevalier, conseiller et chambellan du Roy ». Et cela d'ailleurs nous expliquerait comment le fils de Tristan de la Jaille non-seulement ne figure pas parmi les chevaliers de l'ordre du Croissant fondé en 1448, mais encore n'est cité nulle part, ni comme conseiller et chambellan du roi de Sicile, ni comme capitaine de Loudun, dans les registres de la chancellerie ducale, pourtant très complets pour cette époque.

En tous cas, dans ces mêmes années, nous possédons un certain nombre de documents se rapportant à Bertrand de la Jaille en tant que seigneur de la Roche-Talbot. D'abord on continuait aux assises du comté du Maine et de la baronnie de Sablé à lui chercher chicane sous différents prétextes. Nous avons vu que, dès les premières assises de la baronnie, tenues en mai 1447, on alléguait contre lui le manque d'entretien de la Rue Creuse d'entre Souvigné et le moulin de Tallebot ainsi que de l'arche de la Bordardière ; aux assises des années suivantes et jusqu'en 1453 (2) il n'avait pas cessé d'être inquiété de ce chef, ne s'étant, paraît-

(1) Voir présentation faite le 17 janvier 1483 (v. st.) à l'évêque du Mans, par Hardouyn de le Jaille, chr, seigr dud. lieu et de la Roche-Talbot, fils aisné et princ. hér. de feu de bonne mémoire mon seigneur et père messire Bertrand de la Jaille, en son vivant chr, conseiller et chambellan du Roy que Dieu absolve, et seigr desd. lieux » de Me Jacques Roger, pre, comme chapelain de « la chapelle située et assise au dedans du manoir dud. lieu de la Roche-Talbot » etc. ; document dont nous devons la communication à l'extrême obligeance de M. l'abbé Esnault et que nous nous réservons de reproduire in extenso parmi nos pièces justificatives, en son lieu et place.

(2) Arch. nat. R/5 306, fo 131.

il, pas encore mis en règle. Mais ce n'était pas tout. On lui reprochait « d'avoir prins ventes doubles », et aussi d'avoir « tenu ses pleds de la Roche-Talbot en may 1447 que l'assise de céans (de la baronnie de Sablé) tenoit » (1). Enfin, comme, depuis 1441, le comté du Maine, donné par le roi René à son frère Charles d'Anjou, était désormais distinct du duché d'Anjou, on demandait à Bertrand de la Jaille, au point de vue des obéissances féodales qu'il devait comme seigneur de la Roche-Talbot, de « faire la séparation d'entre Anjou et le Maine (2). »

Voilà quels étaient les rapports féodaux de notre personnage avec le comte du Maine au regard de la baronnie de Sablé. Au point de vue de ses rapports avec les autres seigneuries d'où relevait la terre de la Roche-Talbot, nous le voyons à 1454 faire deux obéissances, l'une au chapitre d'Angers, dont il avoue tenir en fief « sa maison et courtil assis à Saint-Denys d'Anjou » (3), et l'autre à la châtellenie de Bouère, à laquelle il rend aveu de sa terre de Magnannes (4). De même en 1456 il fait aveu au seigneur de Juvardeil pour le Plessis-Liziard (5).

Non moins d'ailleurs que ses prédécesseurs les d'Anjou, Bertrand de la Jaille semble avoir eu à cœur, chaque fois que l'occasion s'en présentait, d'augmenter, soit par des

(1) Arch. nat. R/5 396, f° 131.

(2) Arch. nat. R/5 385, f° 74. Cette séparation à établir au point de vue de la mouvance féodale entre la partie de la terre de la Roche-Talbot située au Maine et celle située en Anjou était, paraît-il, assez difficile à établir, car, après Bertrand de la Jaille, son fils et successeur Pierre de la Jaille, continuera à être cité de ce chef aux remembrances du comté du Maine, et cela jusqu'en 1473.

(3) Arch. du chap. d'Angers, d'après le trésor généalogique de Villevieille, au dossier la Jaille.

(4) Titres de la Vaisouzière, aveux et déclarations, t. I, f° 73, d'après extraits de Thorode (dossier la Jaille) aux mss. de la bibliothèque d'Angers.

(5) L'original de cet aveu en parchemin est contenu dans la liasse relative au Plessis-Liziard qui se trouve au fonds Châteauneuf des archives de Maine-et-Loire.

acquisitions opportunes, soit par des transactions avantageuses, l'importance de sa terre de la Roche-Talbot. Ainsi en 1454, il avait acquis par échange de Jehan du Verger, bourgeois d'Angers, « le lieu, fief, domaine et appartenances du Boulay-Rabinard, en la paroisse de Souvigné, tenu de la Roche-Talbot (1) ». Ainsi encore, à la même époque, il termine un différend en matière de féodalité qui s'était élevé entre lui et Jehan Baraton, seigneur de Varennes-Bourreau et de Coullon, par une transaction aux termes de laquelle ce dernier s'engage à tenir à l'avenir, lui, ses héritiers ou ayant cause, « sa terre, fief, domayne et seigneurie de Varennes-Bourreau... dud. chevalier (Bertrand de la Jaille), ses héritiers ou ayant cause, au regard de sa terre et seigneurie de Varennes (sur Sarthe), à foy et hommage simple à trois soulx de service annuel au jour et terme accoustumé » ; et d'après cette même transaction « led. escuier » s'engageait, pour lui et ses successeurs, à tenir « les fiefs domaynes et appartenances de Coullon et de la Becquardière à foy et hommage simple et sans service dudit chevalier, ses hoirs ou ayant cause, au regard de sa terre et seigneurie de Saultré (2). » Transaction comme l'on voit, des plus heureuses pour le seigneur de la Roche-Talbot, dont le droit de seigneurie sur la paroisse de Varennes-sur-Sarthe se trouvait ainsi définitivement reconnu par le seigneur de Varennes-Bourreau !

Il semble qu'une fois devenu seigneur de la Roche-Talbot,

(1) Arch. de Maine-et-Loire, liasse du Plessis-Liziard, mémoire relatif à la Mathouraie et au Boulay.

(2) Une copie authentique de cette importante transaction existe dans le terrier de la seigneurie de la Morinière en Saint-Denis-d'Anjou, terrier actuellement en la possession de madame la baronne de la Roche-Brochard, au château de Ciriéres, près Bressuire (Deux-Sèvres), et que celle-ci a bien voulu nous autoriser à compulser ; nous profitons de cette occasion pour lui adresser l'expression de nos remerciements respectueux et d'autant plus sincères que nous avons pu extraire de ce précieux chartrier une ample collection de documents concernant les diverses possessions des seigneurs de la Roche-Talbot tant en Varennes-sur-Sarthe qu'en Saint-Denis-d'Anjou.

c'est dans cette terre, au moins dans les derniers temps de sa vie, que Bertrand I de la Jaille avait transféré sa résidence. C'est en effet là qu'il mourut, le 13 septembre 1459 (1), puisque, d'après Ménage, il fut enterré dans la chapelle Saint-Roch de l'église de Souvigné (2). Quant à sa veuve, Guillemette Odart, à laquelle son contrat de mariage assurait la terre de Renton pour douaire, elle s'y retira pour y passer ses derniers jours, et fut, toujours d'après Ménage, inhumée dans l'église des Cordeliers de Loudun (3).

CHAPITRE IV

PIERRE DE LA JAILLE ; ARRESTATION DU COMTE DU PERCHE A LA ROCHE-TALBOT

Philibert de la Jaille ayant, comme nous l'avons dit au chapitre précédent, devancé son père dans la tombe, une grande partie de la succession de Bertrand I de la Jaille échut à son second fils Pierre, qui se trouvait alors aîné et principal héritier. Parmi les nombreuses terres qui composèrent la part de ce dernier, nous pouvons citer la terre de Renton en Loudunois, celles d'Echarbot, de Froidefontaine, de la Bourrelière et de Pruillé en Anjou, enfin, au Maine, celles de la Jaille et de la Roche-Talbot.

Comme seigneur de la Roche-Talbot, Pierre de la Jaille s'empressa dès le 9 octobre 1459, quelques semaines par conséquent après la mort de son père, de faire foi et hommage à le baronnie de Château-Gontier pour la Balayère (4). Il fit aussi, peu de temps après, au commencement de l'année 1460, deux obéissances féodales, l'une à la châtellenie

(1) Ménage, *Histoire de Sablé*, 1re partie, p. 274.

(2) *Ibidem*.

(3) *Ibidem*.

(4) Arch. de la Mayenne, terrier de Château-Gontier, art. Balhayère.

de Bouère pour sa terre de Meignannes (1), l'autre à l'abbaye de Bellebranche pour son fief de la Petite Motte-Allain (2). Enfin à l'assise du comté du Maine tenue en mars 1460 (v. s.) nous voyons comparaître en personne « Pierre de la Jaille, seigneur de la Roche-Talbot, qui a reprins le procès de son père... et déclaré qu'il n'a que dire ne empescher que toutes fois et quantes que les procureurs et officiers du comté et duché d'Anjou luy voudront assigner jour à faire lad. séparation (d'entre Anjou et le Maine)... et de ce a esté jugié (3) ».

Le nouveau seigneur de la Roche-Talbot était alors conseiller et chambellan du duc de Bretagne François II. Entré dès 1443 comme écuyer au service d'Arthur de Bretagne, alors que celui-ci, n'étant encore que le comte de Richemond, résidait à Parthenay (4), Pierre de la Jaille avait naturellement suivi en 1457 à Nantes son protecteur devenu à son tour duc de Bretagne (5), et il avait été aussitôt pourvu à la cour ducale de l'office de valet tranchant. Sous François II qui avait succédé dès l'année suivante à Arthur III, le fils de Bertrand de la Jaille n'avait pas été en moindre faveur. Après lui avoir confié au commencement de l'année 1459 plusieurs missions à Angers auprès du roi de Sicile et des gens de son conseil à propos de l'affaire assez compliquée du rachat de Chantocé et d'Ingrande, le duc François, apparemment content de ses services en cette occasion,

(1) Bibl. d'Angers, ms. coll. Thorode, dossier la Jaille.

(2) Arch. de la Sarthe, fonds Bellebranche, H. 682 f° 53 inventaire des aveux ou acte de foi et hommage du fief de la Petite-Motte-Allain, al. Malabry,

(3) Arch. nat. R/5 307 f° 99. Le seigneur de la Roche-Talbot est d'ailleurs cité pour faire la séparation en question à chacune des assises du comté du Maine jusques et y compris celle de novembre 1473.

(4) Bibl. nat. ms. f. fr. 20684 f° 219. Compte de Raoul de Launay, trésorier du comte de Richemond à Parthenay. Rôle d'octobre 1443.

(5) Voir D. Lobineau, *Histoire de Bretagne*, Preuves, compte d'Olivier Le Roux, trésorier du duc de Bretagne, pour l'année 1457.

l'avait promu au rang de conseiller et de chambellan, et, au mois de juillet de la même année, lui témoignant de plus en plus la confiance dont il l'honorait, il l'avait emmené avec lui « à Chinon devers le Roy (1). » Pierre de la Jaille commençait donc dès cette époque à montrer les qualités diplomatiques, qui, ainsi qu'on le verra, seront dans la suite le côté le plus saillant de son caractère. Toutefois il n'aurait pas été le digne héritier d'un vaillant guerrier tel que l'avait été son père, si, encore à la fleur de son âge, il se fût contenté de cette existence pacifique. Il savait à l'occasion revêtir le casque et la cuirasse, car, dans le compte du trésorier des guerres, Olivier le Baud, pour l'année 1461, on le voit figurer parmi les gens d'armes de l'ordonnance du duc de Bretagne dont Jehan Blosset avait la conduite comme capitaine (2).

Nous avons dit qu'en juillet 1459 le futur seigneur de la Roche-Talbot avait accompagné François II à Chinon à la cour de Charles VII. Il s'y était rencontré avec Bertrand de Beauvau, seigneur de Pressigny, qui s'y trouvait également comme représentant du roi de Sicile (3). Est-ce à la suite des relations qui avaient pu s'établir entr'eux à cette époque qu'avait été convenu le mariage du conseiller et chambellan du duc avec la fille de l'ambassadeur du roi René ? Toujours est-il que dans les années suivantes Pierre de la Jaille avait épousé Isabeau de Beauvau, issue du second mariage de Bertrand de Beauvau avec Françoise de Brezé (4).

(1) Voir pour toute cette affaire et le rôle qu'y joua Pierre de la Jaille, arch. nat. P. 1331/7, f°s 28, 40, 56 à 58, 103 et 127. Le futur seigneur de la Roche-Talbot y est d'abord qualifié « escuier et varlet tranchant » du duc de Bretagne (21 février 1458) puis « chambellan » de ce prince (4 avril 1458),

(2) Voir D. Lobineau, *Histoire de Bretagne*. Preuves.

(3) Voir Arch. nat. P. 1331/7 f° 127.

(4) Voir, plus loin, l'analyse que nous donnons du contrat de mariage de Bertrand de Beauvau avec Blanche d'Anjou à la date du 28 novembre 1467.

On sait quel important personnage était alors le beau-père du seigneur de la Roche-Talbot. Seigneur de Précigné, près Sablé, de Sillé-le-Guillaume, du grand Pressigny en Touraine et de plusieurs autres terres non moins considérables, Bertrand de Beauvau avait d'abord sous le roi Louis III d'Anjou été successivement capitaine d'Angers, puis de Sablé, et lieutenant du gouverneur de Provence. Il était ensuite passé au service de Charles VII qui l'avait fait un de ses ambassadeurs à Londres lors des négociations relatives à l'évacuation du Maine par les Anglais. Disgracié par ce prince en 1450, il s'était refugié auprès du roi René et en était presqu'aussitôt devenu l'un des ministres les plus influents et les plus en faveur. Le roi de Jérusalem et de Sicile l'avait fait dès 1452 sénateur de l'ordre du Croissant et grand conservateur de son domaine, puis, dans les années suivantes, après l'avoir nommé son conseiller et chambellan, il l'avait chargé en 1454 de négocier son mariage avec la fille du comte de Laval, la future reine Jeanne, et en 1455 il l'avait envoyé auprès de Charles VII pour disculper son gouvernement accusé d'avoir favorisé l'évasion de Jacques Cœur et empêcher les poursuites faites contre celui-ci. En 1457 le seigneur de Pressigny était capitaine du château d'Angers et en 1458 grand-maître d'hôtel de René. En 1459, nous l'avons dit plus haut, il représentait son maître auprès du roi de France à Chinon. Enfin, à l'avénement de Louis XI, en 1462, tout en conservant ses charges et ses dignités à la cour du roi de Sicile, Bertrand de Beauvau s'était vu faire par le successeur de Charles VII les avances les plus flatteuses ; celui-ci l'avait mandé sans tarder auprès de sa personne, en le nommant son conseiller et chambellan, puis, dès le 5 juin 1462, il lui avait donné la charge de premier président en la chambre de ses comptes, et, avant la fin de la même année, il lui avait confié une ambassade auprès du duc de Milan.

Tel était l'important personnage dont Pierre de la Jaille, vers l'époque sans doute où il était devenu seigneur de la Roche-Talbot (1), avait épousé la fille. Nous avons dit qu'à cette époque le gendre de Bertrand de Beauvau était conseiller et chambellan du duc de Bretagne. Il est vrai que nous ne le retrouvons plus à la cour de ce prince à partir de l'année 1462. Avait-il donc, comme tant d'autres serviteurs de François II, quitté son service pour passer à celui de Louis XI ? Cela nous parait d'autant plus probable que non-seulement il devait avoir le désir de se rapprocher du seigneur de Pressigny et de profiter de son crédit à la cour du roi de France, mais qu'en outre il n'aurait pas été le seul des fils de Bertrand de la Jaille à servir le nouveau roi. Nous verrons en effet, au chapitre suivant, en parlant de Bertrand II de la Jaille, l'un des frères puînés de Pierre, et qui sera, lui aussi, seigneur de la Roche-Talbot, qu'en 1465 il faisait partie de la maison de ce monarque en qualité d'échanson. N'est-il pas, à bien plus forte raison, naturel de supposer que le mari d'Isabeau de Beauvau aura précédé son frère plus jeune au service de Louis XI ? (2)

(1) Aux divers documents que nous avons cités au commencement de ce chapitre, et qui nous montrent Pierre de la Jaille agissant en qualité de seigneur de la Roche-Talbot dès les premières années qui suivirent la mort de son père, il convient sans doute d'ajouter ici la mention d'un autre document du même genre qui porte la date du 24 avril 1461 et qui se trouve contenu au dossier Roche-Talbot des archives du château de Juigné. Ce jour-là, par acte passé en la court de Sablé, devant Jehan Le Pelletier, notaire, « Mre Pierre de la Jaille, seigneur dudit lieu et de la Roche-Talbot », transigea avec « Simon Burelle, dit Trottyer, et Jehanne sa femme » en conséquence « de la vendition du fief du Couldray (en Vion), faite jadis par Guill^{e} Cognet et Marguerite de la Barre, sa femme, à dame Lorette d'Anjou » ; par cette transaction « un cheval de service et 15 sols de taille anciennement dus à la seigneurie de Vion pour raison dud. lieu du Couldray, furent « abournés à 15 deniers de service. »

(2) En 1464, aux assises de l'abbaye de Bellebranche, tenues le 20 avril, et à celles de la seigneurie de la Morinière en Saint-Denis-d'Anjou, tenues le 29 août, nous voyons « noble homme Pierre de la Jaille, escuier », alléguer, pour justifier sa non comparution, une « *grâce du Roy*, n. s.

Toutefois, la faveur dont jouissait auprès de ce prince le beau-père du seigneur de la Roche-Talbot, ne devait pas, hélas, durer toujours. Lui-même a pris soin dans son testament écrit en 1468 (1) de nous raconter sa disgrâce. Malgré les « grands et fidèles services qu'il avait rendus au roi Louis XI, lors de la division qui estoit entre luy et les princes, ce nonobstant, led. roy avait pris imagination contre luy et l'avoit chassé hors Paris ». Il se retira donc à Angers, mais, là aussi, une nouvelle épreuve l'attendait. « Le roy de Sicile ne voulut qu'il logeast au chasteau dud. lieu dont il estoit capitaine », bref, il était « en grande tribulation », quand « on vint luy parler de par le roy de Sicile du mariage de sa fille Blanche naturelle et de luy, et qu'il le releveroit de tous ses travaux et remectroit l'évesque d'Angers en son éveschê (2), par quoy il consentit aud. mariage... ». Ici, nous retrouvons notre Pierre de la Jaille, qui intervient, à cause de sa femme, au contrat de mariage de Bertrand de Beauvau avec Blanche d'Anjou, passé devant les notaires d'Angers le 28 novembre 1467 (3). On vit en effet comparaitre en cette circonstance « Très Hault Très excellent et Puissant prince René par la gr. de D. Roy de Jérusalem, de Sicile, d'Arragon, Valence, Majorque, Sardaigne et Corsaigne, duc d'Anjou, de Bar, et conte de Barcelone, de Provence, de Forcalquier, de

durant jusqu'au 26 (al. 27) février prochain ». (Arch. de la Sarthe, fonds Bellebranche, H 673 f°s 45 et 49, et terrier de la Morinière, aux archives du château de Ciriéres.) Cette « *grâce du Roy* » ne semblerait-elle pas indiquer que notre personnage était alors attaché à un titre quelconque à la personne et au service du roi de France ?

(1) Voir *Histoire de la Maison de Beauvau*, par Scévole et Louis de Sainte-Marthe, Preuves; il s'y trouve une analyse très détaillée et très complète du testament de Bertrand de Beauvau.

(2) Jean de Beauvau, second fils né du mariage de Bertrand de Beauvau seign[r] de Précigné et de Jeanne de la Tour, avait été pourvu de l'évêché d'Angers et en fut dépossédé vers 1465 victime, auprès de la cour de Rome, des intrigues du fameux cardinal la Balue, son successeur dans ce même évêché.

(3) Une copie intégrale de ce contrat de mariage se trouve aux Arch. nat. dans le registre P. 1334/8 f° 196 et suivants.

Piémont etc. et noble damoiselle Blanche d'Anjou fille naturelle dud. prince et seigneur, d'une part ; et nobles personnes messire Bertran de Beauvau, ch^r, seig^r, de Précigné, conseiller et chambellan et président des comptes du roy et grant maistre d'ostel dud. seigneur roy de Sicile, et Jehan de Beauvau, dit de Tigné, aisné fils dud. ch^r et de feue dame Françoise de Brezé.... et Pierre de Beauvau, archidiacre d'Angers... et *Pierre de la Jaille seig^r dud. lieu et de la Roche-Tallebot, et demoiselle Isabeau de Beauvau sa femme, fille dud. m^re Bertran et sœur germaine desd. Jehan et Pierre de Beauvau....* d'autre part ». Puis on procéda aux conventions matrimoniales. Le roi René assura en dot à sa fille les « ville chastel chastellenie terre et seigneurie de Mirebeau ». De leur côté, les enfants de Bertrand de Beauvau « cognoissans led. mariage estre le grant honneur bien et advancement d'eulx et de leur maison, bien acertainez du grant bien et prouffit qui à eulx et à chacun d'eulx puet avenir au moien dud. mariage » ne mirent pas d'obstacle à ce que leur père et beau-père donnât à sa future femme « touz et chascuns ses meubles et les conquets etc., et, avecques ce.... les chastel et place.... de Ternay... » Ce contrat de mariage, passé comme on peut le croire, avec toute la solennité possible, eut pour témoins « R. P. en D. l'évesque de Marseille, le seig^r de Loué, le seigneur de Brezé, le seig^r de Noyers, le seig^r de Parnay, Me Jehan Breslay, juge d'Anjou, Jehan de la Vignolle, doyen de l'Église d'Angers, Louis de la Croix procureur d'Anjou et autres ».

Ainsi, grâce au quatrième mariage de Bertrand de Beauvau, le seigneur de la Roche-Talbot (1) allait désormais

(1) Dans ces années-là, quelques actes féodaux nous font apparaitre Pierre de la Jaille en qualité de seigneur de la Roche-Talbot. Nous avons dit plus haut qu'en 1464 notre personnage avait été cité aux assises de Bellebranche et de la Morinière : de même en 1465, il avait rendu aveu à la baronnie de Château-Gontier pour la métairie, fief et étang de la

avoir pour belle-mère cette Blanche d'Anjou que, malgré l'irrégularité de sa naissance, le roi René affectionnait particulièrement. Quant au seigneur de Précigné, il était à prévoir qu'avec son âge déjà avancé et le caractère volage de sa jeune femme cette union, si brillante en apparence, ne devait pas en réalité lui apporter un bonheur sans nuage. Aussi, moins de deux ans après, faisait-il ce testament du 18 février 1468 dont nous avons déjà parlé, et nous ne sommes pas surpris de voir qu'il s'y « plaint grandement de lad. Blanche de ne l'avoir servy aymé ne honoré comme bonne femme doit faire son mary ». Heureusement du moins, en ce qui concernait le seigneur de la Roche-Talbot, le père d'Isabeau de Beauvau n'avait, semble-t-il, que des sujets de consolation. Ce même testament de 1468 prouve en effet quel cas il faisait de son gendre, puisque, à la fin, il y nomme pour ses exécuteurs testamentaires Antoine de Beauvau, son fils aîné, et « *Pierre de la Jaille* qu'il appelle aussi son fils ».

Cependant, tandis que pour le seigneur de Precigné son union avec la fille naturelle du roi René n'avait été qu'une source d'amères désillusions, pour ses enfants, il faut le reconnaitre, ce même mariage avait été bien réellement « le grant honneur bien et advancement d'eulx et de leur maison » et ils n'avaient pas eu tort de compter sur « le grant bien et prouffit » qui leur en pouvait advenir. Pour ne nous occuper que du seigneur et de la dame de la Roche-Talbot, Isabeau de Beauvau n'avait pas tardé à être choisie

Balhayère (arch. de la Mayenne, terrier de Château-Gontier, art Balhayère). En 1468 il fait offre de foy et hommage au seigneur de la Courbe pour son fief de la Mathouraie (Arch. de Maine-et-Loire, fonds Châteauneuf, liasse du Plessis-Liziard). En 1469, aux assises de Saint-Brice, il s'avoue sujet pour sa pièce de terre appelée la Goupillère, et sept hommées de pré sises au Pont-Corbin. Enfin en 1470, il reçoit, au regard de ses fiefs d'Azé, la foi et hommage de Jehan de Baubigné, « à cause et pour raison de son hébergement et domaine de la Bignonnière et de la Courtillérie de la Belotière. » (Arch. de la Mayenne.)

par la reine Jeanne de Laval pour être l'une de ses dames d'honneur; et, quant à son mari, il n'avait pas été moins favorisé. Le roi René l'avait fait son conseiller et chambellan. C'est sans doute en cette qualité qu'à partir de l'année 1471 le seigneur de la Jaille commence à apposer sa signature à quelques-uns des actes émanés de la chancellerie ducale (1). Bientôt même, dans les dernières années du règne du roi de Sicile, au moment des graves différends survenus entre lui et son redoutable neveu le roi de France, le seigneur de la Roche-Talbot nous apparaitra comme l'un des serviteurs à la fois les plus fidèles et les plus habiles sur le dévouement desquels ce prince aux abois s'habituera à compter. S'agira-t-il en 1476, après la levée de la saisie du duché d'Anjou, de procéder dans ce duché, conjointement avec le représentant de Louis XI, Me Jehan de Feugerais, au rétablissement de l'autorité ducale? le sire de la Jaille sera au nombre des commissaires envoyés en Anjou par le roi René (2). Et quand, deux ans après, ce dernier aura besoin de députer à Tours auprès du roi de France quelques agents dévoués « pour y poursuyr et soliciter le fait des finances dud. seigneur et aussi ses grans affaires » en cette occasion encore nous retrouverons « Pierre de la Jaille, escuier, seigneur dud. lieu » (3). Mais c'est surtout dans l'affaire du duché de Bar, à la fin de l'année 1479, et au commencement de l'année suivante, que la confiance dont René honorait le seigneur de la Roche-Talbot devait se montrer dans tout son jour.

On sait ce dont il s'agissait. Depuis plusieurs années déjà, le rusé et avide Louis XI cherchait les moyens de s'emparer du duché de Bar. Sur ces entrefaites, il apprit que le roi de Sicile venait d'en bailler le revenu pour six ans et moyennant 6000 livres par an à son petit-fils René II de Lorraine. Il crut trouver là une occasion favorable à l'accomplisse-

(1) Arch. nat. P. 1334/9; voir mai 1471 et novembre 1472.
(2) Voir *Histoire du Roi René*, par Lecoy de la Marche, t. I, p. 413.
(3) Arch. nat. P. 133[illegible] f° 172v°.

ment de ses desseins et envoya aussitôt messire Jehan de Blanchefort, son maréchal-des-logis, exprimer à son « bon oncle » son « malcontentement » de cet arrendement et le sommer de lui recéder ce même arrendement au prix et en la forme qu'il l'avait baillé à son petit-fils. René s'était d'abord refusé à sacrifier les intérêts du prince qui lui était cher à l'ambition du roi de France. Mais il se ravisa ensuite, et par lettres de commission données en son palais d'Aix le 7 novembre 1479, il chargea « R. P. en D. Jehan evesque de Marseille » et Honorat de Berre, son grand maître d'hôtel, d'aller à Tours trouver le roi pour y négocier la rescision en faveur de celui-ci de l'arrendement en question. Pierre de la Jaille, bien qu'il ne fut pas dénommé dans les lettres de commission dont nous venons de parler, n'en faisait pas moins partie, lui aussi, de l'ambassade ; le roi de Sicile lui avait en effet « expressément escript assister » avec l'évêque de Marseille et Honorat de Berre « pour besongner aud. arrendement » tant il se fiait à son zèle et à son habileté ! (1)

Le seigneur de la Roche-Talbot se rendit donc à Tours avec ses deux compagnons « devers led. chrestien Roy » et il contribua largement pour sa part à la préparation de l'accommodement du 8 janvier 1479, (v. s.) accommodement en vertu duquel, comme l'on sait, le roi de Sicile transférait à Louis le revenu des ville, château, halle et prévôté de Bar, moyennant 6000 livres par an et pour six années. Cependant le rôle de Pierre de la Jaille, déjà très important dans ce qui venait d'être fait, allait l'être d'avantage encore dans ce qui restait à faire.

Ce fut lui qui, quelques jours après, fut commis et député par ses deux collègues pour se rendre à Bar en qualité de commissaire du roi de Sicile et y faire au nom de celui-ci aux gens de Louis XI la remise du château et de la ville (2).

(1) D. Calmet, *Histoire de Lorraine*, 2e édit. t. VI, preuves, col. 272 et suivantes.

(2) *Idem, ibidem.*

Mission assurément des plus délicates à remplir pour celui qui venait d'en être chargé, car il était facile de prévoir que le rusé monarque à qui il allait avoir affaire emploierait tous les moyens en son pouvoir pour faire omettre, lors de la prise de possession, la clause des six années et pour transformer ainsi le bail en une véritable cession. Et précisément Louis XI croyait pouvoir, jusqu'à un certain point, compter sur la complicité à cet égard du représentant de René. Ce dernier n'avait-il pas pour parents ou alliés assez proches deux des conseillers et chambellans du roi de France, Antoine de Beauvau, seigneur de Précigné (1), et Jacques Odart seigneur de Cursay? (2) Bien plus, l'un de ses frères, Bertrand de la Jaille, n'était-il pas depuis de longues années au service de Louis XI et assez en faveur auprès de ce prince? (3) Aussi, grâce à ces intermédiaires tout trouvés, l'astucieux et peu scrupuleux monarque s'était-il flatté de

(1) Fils aîné de Bertrand de Beauvau et de Jeanne de la Tour, sa première femme, et demi-frère par conséquent de la dame de la Roche-Talbot, Antoine de Beauvau, comte de Policastre, baron de Précigny et de Sillé-le-Guillaume, et seigneur de Pimpéan, avait d'abord servi le duc de Bretagne François II, qui en 1470 l'avait commis pour traiter à Ancenis avec les députés du roi Louis XI. Est-ce en cette occasion qu'il sut se concilier la faveur du terrible monarque qui, quelques années auparavant, avait disgrâcié son père? Toujours est-il qu'en 1472 ce prince l'avait déjà attaché à son service comme conseiller et chambellan, et lui donnait la charge de président laïque de la Chambre des Comptes de Paris retirée à Bertrand de Beauvau. Il mourut au mois de mai 1489.

(2) Jacques Odart, seigneur de Cursay était issu du second mariage de Guillaume Odard, l'ayeul maternel de Pierre de la Jaille, avec Jeanne d'Ausseure. Attaché dès son enfance à Marie d'Anjou, épouse de Charles VII, il l'avait servi en qualité de panetier et d'écuyer d'écurie. Il ne fut pas moins en faveur plus tard enfin auprès de Louis XI dont il était également, vers 1465, écuyer d'écurie. Il reçut en outre en 1475 la charge de capitaine de Montargis, et au mois d'août 1479, par lettres datées de Dijon, le roi de France l'avait nommé son conseiller et chambellan. Plus tard, il devait devenir grand fauconnier de France (1480) et grand panetier (1483).

(3) Nous verrons au chapitre suivant comment, d'abord échanson de ce prince depuis l'année 1465, chargé par lui en 1468 d'une mission de confiance, il s'était vu dès 1471 admis au nombre de cents gentilshommes de l'hôtel.

mettre facilement le seigneur de la Roche-Talbot dans ses intérêts. Dans ce but, et avant que ses gens prissent possession de Bar, il avait dépêché secrètement auprès de Pierre de la Jaille son frère Bertrand qui, en quittant le roi, n'avait pas craint de l'assurer d'avance du succès de sa mission (1).

Mais les choses ne se passèrent pas comme l'avait espéré Louis XI. Ses deux commissaires, Guillaume Bournel, son maistre d'ostel, et Me Robert de Montmirel, clerc de ses comptes, étant enfin arrivés à Bar, ainsi que le représentant du roi de Sicile, Pierre de la Jaille, qui s'y était rendu de son côté, on prit rendez-vous le 12 février « environ l'heure de 8 heures du matin, au logis du sieur de Blanc-Fossé (2) ».

Le seigneur de la Roche-Talbot prit aussitôt la parole en ces termes : « Vous, Monsieur le maistre d'hostel Guillaume Bournel, et vous, monsieur maistre Robert de Montmirel, clerc des comptes à Paris, *je Pierre de la Jaille, conseiller et chambellan du roy de Sicille, commissaire en ceste partie*, vous offre et présente, pour et au nom du roy de Sicille, bailler au roy n. s. par accommodement pour 6 ans, commençans à la St Remy dernièrement passée, la possession et jouissance de la ville halle hostel et prévosté de Bar, ensemble des fruiz et revenues d'iceulx lieulx avecque la faculté et puissance de y pouvoir mectre cappitaine, lieutenant, portiers et autres officiers servans à la garde et deffence desd. ville chastel et halle et tout selon le contenu en l'appoinctement sur ce faict daté du 8e janvier l'an 1479. Aussy vous propose faire faire le serment aux lieutenans de la ville de Bar soubs l'authorité du roy de Sicille et de par luy que durant lesd. 6 ans ils ne mectront personne quelle qu'elle soit ne de par qui que ce soit dedens lad. ville halle et chastel de Bar plus fort qu'eulx sans le sceu et bon plaisir

(1) Voir plus loin la lettre de Louis XI à ses commissaires.

(2) Tout ce qui suit, relativement à l'affaire de Bar, est tiré du volume 6987 du fonds français de la Bibliothèque nat., voir aussi Arch. nat. P. 2570 fos 317 à 355.

du roy n. s. ou de ses commis, et qu'ils seront soubs le roy de Sicille bons et loyaux au roy notred. sire, et vous requiers que ainsi le vueillez accepter et m'en baillez vos lettres ». Tel fut l'offre baillée par Pierre de la Jaille aux commissaires de Louis XI.

On se sépara ensuite pour laisser à ceux-ci, avant de faire leur réponse, le temps de la réflexion, et l'on se réunit de nouveau « led. jour environ l'heure de 3 heures après midy et ès lieux et places dessusd. » c'est-à-dire toujours « au logis du sieur du Blanc-Fossé ». Cette fois Guillaume Bournel et m^e Robert de Montmirel avaient amené avec eux « maistre Jehan de Hermier conseiller et advocat général du roy au bailliage de Vitry, et plusieurs autres gentilshommes de la prévosté de Bar » tandis que « *led. de la Jaille* » était revenu « accompagné des officiers et gens de conseil dud. roy de Sicille aud. Bar ». Après quelques pourparlers de part et d'autre, voici quelle fut la réponse des commissaires du roi de France. Ils dirent « *aud. s^r de la Jaille* qu'ils avoient veu l'offre qu'il leur faisoit pour le roy de Sicile, laquelle (offre) ils recevoient très volontiers et avoient pour agréable pour le roy n. d. s. en leur faisant la délivrance desd. ville, chastel, halle, place-fortes et fossés de la prévosté dud. Bar en ensuivant les traités et appoinctemens sur ce faits entre le Roy n. d. s. et le roy de Sicille et selon la forme et teneur de leur commission ». En faisant il est vrai cette réponse à l'ambassadeur du roi René, les représentants de Louis XI n'avaient pas soufflé mot de la condition de 6 ans par arrendement, etc. dont ce dernier avait parlé dans son offre. C'est ce que leur fit remarquer Pierre de la Jaille, et il se refusa à maintenir son offre tant qu'il ne serait point déclaré expressément que cette condition était acceptée par le roy « car il n'avoit ainsi pouvoir ». Là-dessus les ambassadeurs royaux répliquant « que de ces choses et autres touchant cette matière ils advertiroient le roy pour en ordonner et faire à son bon plaisir » le seigneur de la Roche-Talbot leur dit également qu'il en escriroit au roy et aud. seig[r] roy de Sic. ». et la délivrance de Bar fut ajournée.

Informé aussitôt de cet incident par ses commissaires, Louis XI leur répondit du Plessis-du-Parc, le 20 février par la lettre suivante qui témoigne de la façon la plus piquante de sa surprise non moins que de son embarras :

« Guillaume Bournel, et vous maistre Robert, j'ay veu les lettres que m'avez escriptes et fait tenir Me Louys de Montmirel touchant *les difficultés que vous a faites le seigneur de la Jaille* et la forme de bailler la possession de Bar et par espécial la manière que *led. de la Jaille* vous veult bailler lad. possession et qu'ils veult faire faire les serments par ceulx de la ville ; je voudrais bien que, s'il se peult faire, que, selon ce que me mandez, la possession fust prinse sans parler de l'amende, car il semble qu'il souffist de dire : selon leur traicté et appoinctement ; et, en toutes les façons que vous pourrez essayer à l'avoir, ainsy employez-vous y ; et *ainsy j'ay chargé aux seigneurs de Précigny et de Cursay et à Bertrand de la Jaille, car il semblait à son partement qu'il n'y eust mille difficulté.* Toutesfois, *se il ne le veut bailler autrement qu'ainsi qu'il l'a mis par escript*, prenez lad. possession et que ceulx de la ville fassent le serment, et advisez d'y mectre quelques bons mots qui me puissent servir, mais je n'entends pas laisser la ville et le chastel à la garde de ceulx de la ville seulement, car les mortes payes y demeureront tousjours, mais n'en parlez point et n'en faictes nulle difficulté qui ne le vous fera, ainsi que plus à plein j'ay faict dire aud. Me Loys de Montmirel pour le vous dire et de tout faictes ainsi que j'ay en vous la fiance. Escript au Plessis du Parc, le 20 février ».

Ainsi, dans cette affaire de la prise de possession du duché de Bar, grâce à la ferme attitude de Pierre de la Jaille, Louis XI se trouvait dans un embarras évident. En vain, par l'intermédiaire de Bertrand de la Jaille, il avait cherché à gagner le seigneur de la Roche-Talbot que, déjà, dans sa lettre de commission donnée le 13 janvier à Guill^e Bournel et à Robert de Montmirel, il appelait : « nostre cher et bien amé le sieur de la Jaille ». Celui-ci, comme on vient de le voir, était resté sourd à ses avances. Le roi en était donc réduit à se donner l'air d'accepter les conditions posées par l'ambassadeur de son « bon oncle » à la délivrance du duché de Bar, quitte à chercher selon son habitude à éluder ces mêmes conditions par des moyens détournés. En tous cas, et c'est-là ce qui nous semble assez piquant, dans cette affaire, le roi de France était tenu en échec par le seigneur de la Roche-Talbot, défenseur aussi hardi qu'opiniâtre des droits de son maître.

Du reste Louis XI, malgré toutes ses finesses, allait être obligé d'en passer par les conditions que Pierre de la Jaille avait posées dans la journée du 12 février. Déjà, dans une lettre écrite le 9 mars de Châlons, Perceval de Dreux disait à ce prince. « ... Sire, quand je partis de Bar, Maistre Louis de Montmirel estoit arrivé à Bar et avoit parlé à Monsieur de la Jaille ; aujourd'hui doivent besongner pour prendre possession et serments de ses sujets et gentilshommes de la prévosté de Bar, et *tenoit fort son propos led. seigneur de la Jaille de toujours mettre en lad. possession « par arrendement et pour 6 ans » si le message qu'il avoit envoyé devers le Roy de Sicile ne luy faisoit changer propos....* » Enfin on crut pouvoir fixer au 14 mars, d'une façon cette fois irrévocable, la prise de possession de Bar par les représentants du roi de France ; mais ce n'était pas, on va le voir, le seigneur de la Roche-Talbot qui avait cédé. Ce jour-là, Me Guillaume Bournel et m^e Robert de Montmirel, accompagnés de m^e Louis de Montmirel et de Jehan de Hermiet, de « Mre Simon de Monstreuil, ch^r lieutenant de monseigneur de Baudricourt capitaine dud. Bar pour le roy » et de « plusieurs gentilshommes et gens de guerre », se trouvaient de nouveau dans la ville de Bar « en l'hostel et domicile de honorable homme m^e Robert Bodinois lieutenant du bailly dud. Bar en une chambre par haut dud. hostel ayant vue sur la halle dud. Bar ». Ils y furent rejoints par « N. H. Pierre de la Jaille, conseiller et chambellan du roi de Sicile, commissaire en cette partie, accompagné des officiers et des gens du conseil dud. seig[r] roy de Sicile audit Bar ».

Requis alors pour la seconde fois par les ambassadeurs de Louis XI de leur bailler et délivrer pour le roy la possession et jouissance des ville, chastel, halle et place de la prévosté dud. Bar etc., le seigneur de la Jaille « en adressant ces paroles auxd. ambassadeurs dit et proféra de bouche et néantmoins leur bailla par escript en un feuillet de papier ce qui s'ensuit :

« Vous Monseigneur le maistre d'ostel Guillaume Bournel, et vous monseigneur maistre Robert de Montmirel, clerc des comptes à Paris, conseiller du roy nostre seigneur, commissaires en ceste partie, je Pierre de la Jaille, conseiller et chambellan du roy de Sicile, vous baille pour le roy nostredit seigneur *par arrendement et pour 6 ans commençans à la St Rémy dernièrement passée* la possession et jouissance des ville, chastel, halle, place et prévosté de Bar, leurs app[ces] et dép[ces], et ensemble des fruits et revenus d'iceulx lieux, avec faculté et puissance d'y pouvoir mettre capitaines, lieutenants et portiers et autres officiers, servant à la garde et défense desdictes ville, chastel, halle et autres places d'icelle provosté, et tout selon le contenu ès traicté et appoinctement puis naguères faits et accordés entre le roy notred. seigneur et led. seig[r] roy de Sicile par R. P. en D. Mgr l'evesque de Marseille et Honorat de Berre ambassadeurs dud. roy de Sicile.

Item vous propose estre faict et faire faire les sermens aux manants et habitants desd. lieux d'estre bons et loyaux au roy nostred. seigneur et de ne mettre esd. lieux personne plus fort que les gens de mond. seigneur sans le gré et le consentement du roy nostred. seigneur ou de ses commis ».

Ainsi Pierre de la Jaille maintenait plus que jamais les prétentions que les commissaires royaux n'avaient pas cru pouvoir accepter un mois auparavant, et au sujet desquelles Louis XI avait écrit à ceux-ci sa lettre missive du 20 février; et néanmoins ces mêmes commissaires, pleinement autorisés cette fois par leur maître, n'hésitèrent pas à répondre au représentant du roi René qu'ils prenaient et acceptaient « pour le roy nostred. seigneur, la possession et jouissance des choses dess. dictes par la manière que dict. est. ». Le seigneur de la Roche-Talbot avait donc décidément, dans cette affaire de Bar, fait capitule devant lui Louis XI en personne.

Il ne lui restait plus qu'à faire aux ambassadeurs de ce prince la délivrance effective du duché de Bar. C'est ce qu'il fit aussitôt.

« Et incontinent après les choses dessusdictes ainsy faictes et dictes, *led. seigneur de la Jaille* mena lesd. commissaires ambassadeurs au chastel dud. Bar comme chef et principal lieu de lad. prévosté, et, à l'entrée d'iceluy, en la présence des dess. dicts, iceluy seig^r de la Jaille en continuant et accomplissant auxd. ambassadeurs par la tradition des clefs et entrée d'iceluy chastel la possession réelle desd. chastel, halle, ville et prévosté dud. Bar, leurs app^ces et dép^ces, ensemble les fruits, profits et revenus desd. lieux et pour toutes autres places et lieux d'icelle prévosté par la manière que dict est ; laq. possession lesd. ambassadeurs prindrent et acceptèrent agréablement pour le roy nostred. seig^r par la reception desd. clefs et entrée dud. chastel, lesquelles clefs iceulx ambassadeurs baillèrent incontinent en garde de par le roy notred. seig^r aud. Mre Simon de Monstreuil. Et, ce fait, le sieur de la Jaille conduisit et mena et meist lesd. ambassadeurs par les bras dedans iceluy chastel de Bar » etc.

Nous demandons pardon au lecteur pour cette digression qui lui aura peut-être semblé un peu longue et jusqu'à un certain point étrangère au passé de la terre qui fait le principal objet de notre étude. Et pourtant l'exposé détaillé de l'affaire de Bar avait, croyons-nous, son utilité ici, en ce qu'on y voit quel rôle important le seigneur de la Roche-Talbot jouait alors dans l'histoire de son temps.

Cependant, s'il avait en Pierre de la Jaille un serviteur aussi intelligent que dévoué, le Roi de Sicile ne lui ménageait pas les preuves de sa générosité et les marques de sa reconnaissance. C'est ainsi qu'en décembre 1476, sans doute pour le récompenser de la façon dont il s'était comporté quelques mois auparavant lors de sa mission en Anjou, René s'empressa de faire don à son « très chier et féal conseiller et chambellan » du droit de ventes auquel il avoit droit « à cause du contrat de vendition » récemment faict par le seigneur de la Possonnière « des chastel, chastellenie terre seig[lo] et app[ces] de la Possonnière (1) »; puis, très peu de temps ensuite, il ajoute à ce don l'office de capitaine de Loudun alors vacant par le décès du dernier titulaire Jehan du Plessis, seig[r] de Parnay, dit le Bègue (2). C'est ainsi encore qu'en octobre 1478, par conséquent presqu'au retour du voyage fait à Tours auprès du roi par Pierre de la Jaille en compagnie du chancelier et du trésorier d'Anjou, le roi de Sicile profite de la première occasion qui s'offre à lui pour récompenser son fidèle serviteur de ses nouveaux services. Le seigneur de la Roche-Talbot se trouvant poursuivi à cette époque par le procureur général du duché d'Anjou pour quelques prétendus délits en matière de féodalité, René consent à sa requête, et pour couper court à tous ses ennuis à ce sujet tant à l'avenir que dans le passé, qu'il jouisse 1° du droit de haute et de moyenne justice en ses terres d'Écharbot, de Froidefontaine et de Pruillé. 2° du privilège de ne faire pour toutes ces terres, y compris les prés de

(1) Arch. nat. P. 1334ro f° 63.
(2) *Ibidem*, f° 76.

Loyau et de Femart, qu'une seule foi et hommage-lige (1). N'était-ce pas également le désir de témoigner sa gratitude à Pierre de la Jaille, qui en août 1479 avait poussé le roi René à lui donner ainsi qu'à sa femme la moitié des ventes de l'acquêt naguères fait par Jehan Bourré de la terre et seig^ie de Gillebourg ? (2)

D'ailleurs, dans toutes les lettres de don ou provisions d'office accordées par lui au seigneur de la Roche-Talbot dans les circonstances que nous venons d'énumérer, le roi de Sicile, qui le qualifie toujours son « cher et féal conseiller et chambellan », prend lui-même le soin de nous le dire : c'est « pour les bons et agréables » ou bien « pour les grans et notables et recommandables » où bien encore « pour les grans et louables services » que led. seigneur de la Jaille lui « a faits par le passé et fait continuellement chacun jour en plusieurs et mainctes manières, résidant en » son « service » etc. Parfois aussi ces faveurs si bien méritées sont accordées conjointement « à Pierre de la Jaille et à dem^elle Isabeau de Beauvau sa femme » et, dans ce cas, il est fait allusion aux « services » que, elle aussi, « la dame de la Jaille et de la Roche-Talbot » rend « à nostre très chière et très amée compagne la royne ». En effet, comme nous avons déjà eu occasion de le dire, la fille de Bertrand de Beauvau était en ces années-là « damoyselle » de la reine Jeanne de Laval, et elle pouvait ainsi contribuer pour sa part à fortifier encore, s'il était possible, le crédit dont son mari jouissait à la cour du roi René.

Ce crédit était assurément très grand, ainsi qu'on a pu en juger, et les années ne faisaient que l'augmenter. Le rôle un peu secondaire qu'avait eu d'abord Pierre de la Jaille dans les premières missions où il avait été mêlé, comme celles de 1476 et de 1478, s'était changé peu à peu, surtout lors

(1) Arch. nat. f° 183.
(2) *Ibidem*, P. 1334/15 f° 217.

de l'affaire de Bar, en un rôle beaucoup plus important, puisque c'était lui qui avait été cette fois au premier rang. Toutefois, il faut s'en souvenir, en dehors des négociations dont il avait été chargé, et quelle que fût la confiance que lui témoignât son maître, le seigneur de la Roche-Talbot n'avait encore à la cour d'Aix que le titre de simple « conseiller et chambellan ». Or, après la façon si heureuse dont il s'était tiré de sa délicate mission en Lorraine, il était temps que le roi de Sicile lui prouvât sa reconnaissance autrement que par des dons pécuniaires ou des faveurs purement honorifiques. Celui qui avait su tenir tête à Louis XI méritait mieux que tout cela. Précisément quelques semaines après le retour de Pierre de la Jaille de Lorraine à Aix, Jean Cossa, comte de Troie, qui occupait alors la charge de grand sénéchal de Provence, vint à mourir. Le roi René songea aussitôt, pour remplacer ce dernier, au seigneur de la Roche-Talbot ; aucun de ses conseillers ne lui parut plus digne d'exercer les fonctions devenues vacantes, et par lettres du 18 mai 1480, il l'empressa de les lui confier (1).

Cette charge de grand sénéchal de Provence faisait désormais de Pierre de la Jaille un des personnages les plus considérables du conseil ducal. « Le pouvoir du grand sénéchal, dit l'abbé Papon dans son histoire générale de Provence, était supérieur à celui des tribunaux (du pays). Cet officier de la couronne avait la haute police, une espèce de pouvoir législatif, et le droit de réformer les sentences des tribunaux. Chargé du militaire, lorsqu'il n'y avait point de gouverneur ni de régent en Provence, c'était une espèce de vice-roi qui

(1) Les lettres de nomination de Pierre de la Jaille comme grand sénéchal se trouvent aux Archives des Bouches-du-Rhône, série B, liasse 18, registre Aquila f° 201. Nous nous réservons d'en reproduire la teneur parmi nos pièces justificatives, et nous prions MM. Reynaud, archiviste des Bouches-du-Rhône, et de Marin de Carraurais, archiviste auxiliaire du même département, qui ont bien voulu nous en donner gracieusement communication, de recevoir ici l'expression de notre plus vive gratitude.

réunissait en quelque sorte les pouvoirs d'un grand-chancelier et d'un lieutenant-général et qui avait le droit de convoquer les états... » L'historien à qui nous avons emprunté cette définition de la charge de grand-sénéchal, ajoute qu'une charge de cette importance, ne pouvait manquer d'être remplie par les gens de la plus haute considération, et il donne en remontant au XIIe siècle la liste des grands sénéchaux de Provence jusqu'en 1480; parmi les noms figurant sur cette liste, nous nous contenterons de citer après lui ceux suffisamment illustrés de Foulques et de Raymond d'Agoult, qui vivaient à la fin du XIVe siècle, de Pierre d'Acigné, de Tristan de la Jaille, de Pierre et de Louis de Beauvau, de Ferry de Lorraine et de Jean Cossa, prédécesseurs immédiats de Pierre de la Jaille.

Telle était l'importance des ces fonctions de grand-sénéchal dont venait d'être investi le seigneur de la Roche-Talbot, fonctions qui du reste n'étaient pas nouvelles dans sa famille, puisque son aïeul, Tristan de la Jaille, en avait été, nous l'avons vu, revêtu avant lui.

Pierre de la Jaille était donc grand-sénéchal de Provence à la date du 18 mai 1480. Quelques jours après, Me François de Gênas, conseiller du roi Louis XI, et son général des finances en Languedoc, arrivait à Aix chargé par son maître d'y terminer avec le conseil du roi de Sicile l'affaire de l'hommage de Château-sur-Moselle que le 15 avril précédent ce dernier avait consenti à vendre au roi de France. Dans les diverses séances qui furent consacrées à cette affaire nous voyons figurer au premier rang des conseillers de René « Mre Pierre de la Jaille, seig[r] dud. lieu, grand-sénéchal de Provence » (1).

Cependant le roi René, qui était à cette époque âgé de 74 ans et d'une santé déjà très éprouvée par les

(1) Cette affaire de Château sur Moselle forme tout un dossier qui est conservé aux Archives nat., sous la cote J. 586.

souffrances et la maladie, touchait au terme de son long règne. Il mourut le 10 juillet 1480. Le seigneur de la Roche-Talbot, s'il faut en croire le récit de l'historien Villeneuve-Bargemont, assista à ses derniers moments, et fut ainsi témoin d'une scène aussi touchante que solennelle. « Se sentant affaiblir de plus en plus », dit cet historien en parlant du roi René à son lit de mort, « il fit appeler Charles du Maine, Elzéar Garnier son confesseur, Jean de Matheron, le vénérable Fouquet d'Agoult, *le grand sénéchal Pierre de la Jaille*, et Palamède de Forbin ». Le prince moribond s'adresse alors à Charles d'Anjou, son successeur et lui donne quelques conseils sur les devoirs d'un souverain envers son peuple. « Présentant ensuite, continue Villeneuve-Bargemont, présentant d'une main défaillante Charles du Maine à tous les assistants rangés autour de son lit funèbre, il le recommande à ses ministres et aux principaux seigneurs qui avaient servi sous lui et qui écoutaient ses paternelles exhortations. — Cherchant à étouffer leurs sanglots ou à retenir les larmes qui inondent leurs visages, les vieux serviteurs regardent leur maître sans avoir la force de lui répondre... Alors, les yeux presqu'éteints, les lèvres à demi glacées, René leur adresse ses derniers adieux dans les termes de la plus affectueuse bonté... son visage décoloré conserve le calme d'une conscience pure... ses regards mourants expriment toujours la bienveillance, mais ils se tournent vers le ciel... chacun se retire dans un morne et religieux recueillement ».

Ce grave événement ne devait aucunement ébranler la haute situation à laquelle Pierre de la Jaille venait de parvenir à la cour du roi défunt. Sous Charles d'Anjou, successeur de René, il continua à remplir les fonctions de grand-sénéchal de Provence. Un de ses premiers actes comme grand sénéchal, sous le nouveau règne, fut de sanctionner par sa présence et sa signature la ratification faite par Charles d'Anjou, dès le 19 juillet 1480, des dons et legs contenus dans le testament du roi René en faveur de sa veuve, la reine Jeanne de Laval (1). Quelques mois après, lorsque les trois États de Provence s'assemblèrent en la ville d'Aix, parmi les principaux officiers de milice et de justice qui en cette circonstance siégèrent aux côtés du roi de Sicile, nous retrouvons « Mre Pierre de la Jaille, seig[r] dud. lieu, grand-sénéchal » (2). Et ce qui prouve encore mieux que tout cela combien était grand le crédit du seigneur de la Roche-Talbot auprès de son nouveau maître, ce sont les lettres pressantes que lui adressent au mois de décembre de la même année, en même temps qu'au roi de Sicile et à la reine douairière, messieurs du chapitre d'Angers, à propos des obsèques du roi René. Ce prince, on le sait, avait ordonné, par une des clauses de son testament, qu'on l'ensevelit dans le tombeau élevé par ses soins dans leur cathédrale : ils réclamaient donc l'exécution de cette clause, et pour être plus certains de réussir dans leur demande, après avoir exposé par ambassade d'abord, puis par lettre à Charles d'Anjou et à Jeanne de Laval l'objet de leurs réclamations, ils écrivent par deux fois au grand-sénéchal pour le prier de les appuyer auprès de ses maîtres (3).

L'été suivant, bien que le grand-sénéchal n'eût pas sans doute quitté la Provence où ses importantes fonctions le retenaient auprès du nouveau roi, sa femme se trouvait à la Roche-Talbot. Elle y avait amené, semble-t-il, tout un train de demoiselles et de serviteurs, et elle y tenait une sorte de petite cour. Elle avait évidemment accompagné en Anjou la reine Jeanne de Laval, lorsque celle-ci, peu de temps après la mort du roi René, s'était retirée à Beaufort-en-Vallée qu'elle avait en douaire ; puis la reine ayant cru devoir alors licencier une partie de sa suite, Isabeau de Beauvau s'était enfin trouvée libre d'aller résider, au moins

(1) Voir Archives nat., J. 846.
(2) Voir *Histoire de Provence,* par Honoré Bouchet, t. II, p. 481.
(3) Voir Bibl. nat., ms. fonds français, vol. 22450 f° 145.

momentanément, au manoir dont l'histoire fait l'objet de ce récit. Elle y passa l'été de 1481, et c'est pendant cet été que la Roche-Talbot fut le théâtre d'un évènement des plus dramatiques, et qui, vu son importance historique, doit être raconté ici dans tous ses détails et avec toutes ses circonstances : nous voulons parler de l'arrestation de René d'Alençon, comte du Perche, survenue dans la nuit du 10 au 11 août.

Cet infortuné prince était le fils de ce Jehan II d'Alençon, lequel, après s'être vaillamment comporté contre les Anglais pendant la fin de la guerre de Cent-Ans, avait ensuite, par ses menées coupables, successivement encouru la disgrâce des rois Charles VII et Louis XI, s'était vu deux fois privé de ses biens et deux fois condamné à mort, et était enfin décédé en 1476. Quant au comte du Perche, par un effet de la bizarre et capricieuse politique du tyran de Plessis-les-Tours, il avait d'abord, du vivant de son père, été assez en faveur auprès de ce monarque et n'avait pas eu de peine à en obtenir la restitution d'une partie des biens paternels. C'était, dit Michelet (1) « un de ces enfants que le roi avait élevés chez lui comme le prince de Navarre et autres, et qu'il avait formés et dressés à trahir leurs pères. En 1470 le comte du Perche prit parti contre son père et son parent le duc de Bretagne, en sorte que, détesté des ennemis du roi, il se ferma à jamais le retour, appartint au roi seul. Louis XI, avec qui il avait toujours vécu, le connaissait très bien pour un homme léger, futil, et qui, après « les belles filles », ne connaissait que ses faucons. Il n'en tenait guère compte, lui payait mal sa pension ; de longue date il avait occupé ses places, et, pour ses terres, il en disposait, les donnait comme siennes. Sa patience, déjà fort éprouvée par le roi, le fut bien plus encore par ceux qui, ayant son bien et voulant le garder, voulurent avoir sa

(1) *Histoire de France*, livre XVII, chap. V.

vie. Pour cela, il fallait, à force d'outrages et de provocations, faire de cette inoffensive créature un conspirateur. Chose difficile : il craignait le roi, comme Dieu. Un de ses serviteurs disant un jour, dans sa chambre à coucher, un mot hardi contre le roi, il eut peur et le gronda fort. Pour surmonter sa peur, il en fallait une plus forte ; on imagina de lui faire arriver des lettres anonymes... »

Ici nous interrompons le récit de Michelet pour laisser la parole au comte du Perche, qui va nous raconter lui-même en détail les moyens dont on s'était servi pour lui faire peur et sous le coup desquels il s'était décidé à chercher un asile auprès du duc de Bretagne. Voici d'abord ce qu'il dit dans une lettre adressée par lui au roi, de Chinon, quelques jours après son arrestation : (1)

« ..... moy estant à la Flèche, ung matin, comme j'alloye à la messe à Nostre-Dame, à pié, houssé, mon petit cor au cou, pour aller à la chasse, et estoye seul et n'avoyes rencontré nulz de mes gens en la rue, et deux de mes pages accoururent après moy qui me virent où j'alloye à la chasse, et avoyes ung petit levrier qui se demoura en la rue et entra en queque maison ; je renvoyé ung des pages le quérir et l'autre avancer Ollivier le Beauvoysien (2), pour ce que, avant que laysser courre, je luy vouloyes montrer unne maison que j'ay faitte en Bel Acours de la Flèche, et unne fontainne que je y ay fait venir oprès d'ung moulin. Vint ung homme à moy qui avoyt unne robe tannée et une gibesière noyre, et vint rudement à moy, et me dist : « Tenés ces lettres, et ne les montrés à personne ». Je les prins et les mys en mon

(1) Cette lettre, qui fait partie de la collection Morisson à Londres, a été publiée en 1881 dans le XLVe volume de la Bibliothèque de l'Ecole des Chartes, p. 197 et suivantes.

(2) « N. H. Ollivier le Beauvoysin » était en 1486 bailly d'Alençon. Voir au dossier Saint-Aignan du Cabinet des titres de la Bibl. nat. (Pièces originales) ce qui est dit de l'aveu rendu à cette date au duc d'Alençon, au regard de sa châtellenie de Bonsmoulins, par Jehan Busnet, pour sa terre et seigneurie de Saint-Aignan.

pongnet, et tousjours allé mon chemin à Nostre-Dame et ouyr la messe, et là vindrent mes gens.

« Après la messe, je monté à cheval et allé à l'asemblée, et ainxy que ceulx qui estoyent o moy s'amusèrent à la fontainne, j'allé en unne petite gallerye qui est en la maison lire les lettres, et y avoit : « Monsieur du Perche, on dit ycy que vous avez par deux foyx baillé de l'argent à Péan Gaudin pour porter en Bretaigne et que vous en vouliés aller après vostre argent. Et a donné le roy puissance à Mons. du Ludo, s'y trouve que vous ayés baillé l'argent à Péan Gaudin et qu'il l'ayt porté en Bretaigne, de vous prendre (1). Dieu vous gart de ses mains. Pour ceste heure vous ne saréz point qui nous sommes ».

« ... Monseigneur, quand je vy cela, je fu bien esbahy de pencer que je fusse si fort en vostre male grace que vous m'eussiez abandonné joucques à là... Cela me fit si piteux de penser estre hay de vous que je ne povoys courre après le serf, et laissé courre les aultres. Et, à la fin, ainxi que je me pourmenoyes par la forest, le sieur du Port (2) avecques moy, revint la meute passer par o près de nous et je fiz oter le trayt à mon petit limier, et l'ameuté o les aultres, et le suyvy joucques à minuyt, et le seigneur de Créant (3)

(1) En effet, comme Louis XI le dira lui-même dans la lettre de décharge donnée par lui le 11 août à son ministre (Bibl. nat. f. fr. vol. 6988, f° 55 et suivants), il avait bien réellement donné à celui-ci « expresse charge et de bouche... de prendre et arrester la personne dud. comte du Perche et y procéder si secrètement et à telle sollicitude que led. comte du Perche, n'en feust adverti et n'eust loisir et opportunité de s'enfuir. »

(2) Jehan Bineu, seigneur du Port-Jouslain en Marigné, près Daon. Voir sur le château de Port-Jouslain et ses seigneurs l'excellente monographie de notre savant collègue M. André Joubert. Nous retrouverons d'ailleurs « le seigneur du Port-Jouslain nommé Jehan Bineu » parmi les principaux gentilshommes qui accompagneront le comte du Perche à la Roche-Talbot.

(3) René Fresneau, seigneur de Créant en Clermont, près de la Flèche et de Pringé, ancienne paroisse aujourd'hui annexée à la commune de Luché, était homme de foi lige du duc d'Alençon, vicomte de Beaumont, pour la première de ces deux terres. « Le seigneur de Créant

avecques moy que je rencontré en la forest ; et couchasmes luy et moy en ung village qui s'apelle les *Quartes* (1). Et ne me voulu point desabiller, de peur qu'y vist la lettre que j'avoye en pongnet ».

Comme on le voit, cette mystérieuse missive, remise au comte du Perche dans les circonstances que nous venons de raconter par l'homme à la robe tannée et à la gibecière noire, lui avait fait complètement perdre la tête ; mais ce n'était pas-là le seul avis de ce genre que pendant son séjour à la Flèche, il eût reçu.

« Peu de temps avant sa prinse » dit-il dans un des interrogatoires subis par lui au cours de son procès « Guyon de Lespine, hostellier de la Flesche en la maison duquel l'escuerie dud. comte estoit logée luy dit que le conteroleur de Chasteau-Gontier duquel il ne scait le nom, avoit mandé aud. de Lespine que le sieur du Lude s'enqueroit si led. comte avait envoyé en Flandres et en Bretaigne, et que led. sieur du Lude faisoit de grans entreprinses sur led. comte... » (2) Et il ajoute dans le même interrogatoire que « depuis (le lendemain au soir de la partie de chasse où il avait reçu les fameuses lettres) ung nommé Jehan Chantelou luy rapporta que led. sieur du Lude avoit dit au roy que iceluy comte du Perche avoit envoyé en Bourgoigne ung nommé Loys Michiau porter de l'argent et aussy envoyé de l'argent en Bretaigne par Péan Gaudin afin de soy retraire esdits

homme de foy lige de la terre de Créant et des app[ces] d'icelle et doibt lige estage à la Flesche chiez Rolland Aufray et doibt 40 jours d'aoust au sien et 5 soulz de taille quant elle vient de droit, et doibt habergier mes chiens mon venneur, leur suicte une foiz l'an et les doibt pourveoir ung jour en l'an avenamment ». (Arch. nat. P. 337/2 ; aveu rendu en 1453, par Jean d'Alençon au duché d'Anjou pour sa baronnie de la Flèché.) René Fresneau était d'ailleurs cousin de du Lude, et c'était lui, comme nous le verrons, que ce dernier chargera d'aller s'emparer à la Roche-Talbot du comte du Perche.

(1) Les Cartes, village situé dans la commune de Thorée.

(2) Voir aux Archives nat., J. 919, le procès de René d'Alençon, interrogatoire du 18 juillet.

pais... et que led. sieur du Lude pourchassait sa mort et destruction de sa personne » (1).

Voilà quels étaient les perfides moyens par lesquels les ennemis du malheureux comte du Perche, c'est-à-dire du Lude et ses complices, avaient cherché à l'effrayer, et, en l'effrayant, à en faire, malgré lui, un conspirateur. Ils n'y réussirent que trop. Au bout de quelques jours, absolument affolé par la peur, et redoutant pour lui le sort de son père et des autres victimes de Louis XI, René, commença, selon l'expression de Michelet, « à regarder de tous côtés par où il s'enfuirait ». Or, continue cet historien, « le plus près c'était la Bretagne ». Donc « pour éviter à l'inconvénient et danger de sa personne, il délibéra de habandonner ses biens et de s'en aller en Bretaigne » (2).

Toutefois, avant de mettre le pied sur le sol breton, encore fallait-il s'assurer des dispositions du duc François II qui venait bien de déclarer la guerre à Louis XI, mais qui n'avait pas eu jusque-là trop à se louer de la conduite du comte du Perche à son égard. Aussi, avant son départ de la Flèche, René envoie-t-il un de ses hommes de confiance, Pierre du Pont, « en Bretaigne pour savoir s'il y pourrait estre seurement de sa personne » et il lui donne rendez-vous « à la Roche-Talbot » en lui disant qu' « il » y « allait » et que « illec il le trouverait » (3). En même temps, pour mieux dépister

(1) Voir sur Jehan de Daillon, seigneur du Lude, la notice très complète que lui a consacrée M. Joseph Vaesen au tome IV des *Lettres de Louis XI*, page 91 et suiv. Ajoutons que, comme son cousin le seigneur de Créant, Jehan de Daillon était vassal du comte du Perche au regard de la baronnie de la Flèche, pour sa châtellenie du Lude, (Arch. nat., P. 327/2) et qu'un des principaux motifs de son animosité contre ce malheureux prince, devait être le désir de s'affranchir de la dépendance féodale où il se trouvait tenu vis-à-vis de lui. Il avait aussi reçu de Louis XI par lettres du 10 avril 1477 la vicomté de Domfront confisquée sur Jehan d'Alençon, et la crainte d'être obligé un jour de la restituer au legitime propriétaire devait également contribuer à lui faire ardemment souhaiter la ruine de celui-ci.

(2) Procès de René d'Alençon, interrogatoire du 18 juillet.

(3) Procès de René d'Alençon, interrogatoires des 12 janvier et 18 juillet.

les agents de du Lude, dont il se sait surveillé, il fait semblant de s'en aller « chasser en la forest de Charnye, où il » a « ja envoyé ses chiens (1) ». Puis, ces précautions prises, il se dirige sur la Roche-Talbot. Il s'en va d'abord « disner et couscher à Bonnefontaine (2) qui n'est que à deux petites lieues de la Flèche, et, aud. lieu de Bonnefontaine », il demeure « tout le jour, et le lendemain » s'en va « couscher aud. lieu de la Roche-Talbot où il n'y a que trois lieues de Bonnefontaine » (3). Ce fut, croyons-nous, le soir du 9 août que le prince fugitif arriva avec sa suite au manoir où il devait être arrêté ; en tous cas, il était « le jour St Lorens (10 août) à la Roche-Talebot » (4).

Dans un de ses interrogatoires (5), le comte du Perche nous donne quelques détails sur son arrivée dans le manoir en question : « Quand luy qui parle se deshoussa aud. lieu de la Roche-Talbot, il y avait beaucoup de gentilshommes en sa chambre, et ne se deshoussa point à part, mais se deshoussa devant tout le monde en une grant chambre » ; au nombre des gentilshommes qui « estoient lors en lad. chambre » se trouvaient « le seigneur de Sougé nommé Jehan Auvé (6), le seigneur du Port-Jouslain, nommé Jehan

(1) Procès de René d'Alençon, interrogatoire du 18 juillet.

(2) Bonnefontaine, ancienne terre seigneuriale située dans la paroisse de Villaines-sous-Malicorne et dans la mouvance directe du château de la Flèche. « Le seigneur de Bonnefontaine homme de foi lige de Bonnefontaine et de ses appces, et doibt lige estage à la Flesche au sien chez feu Jehan de Nérin et 40 jours d'aoust au sien et 7 livres 1/2 de taille quand elle vient de droit et est ung des pers et doit faire les enquestes d'entre moy et mes hommes et doibt garder le champ quant la bataille y advient quant au seigneur plaist. » (Arch. nat. P. 337/2.) Aveu de Jehan d'Alençon pour la Flèche au duché d'Anjou en 1453.) La terre de Bonnefontaine appartenait au XVe siècle à la famille de Crez. Elle devait passer au siècle suivant aux Champagne-Neufvillette.

(3) Procès de René d'Alençon, interrogatoire du 10 janvier.

(4) Voir la lettre écrite de Chinon par le comte du Perche à Louis XI.

(5) Procès de René d'Alençon interrogatoire du 25 octobre.

(6) Jehan Auvé, seigneur de Soulgé-le-Bruant, beau-frère de Pierre de la Jaille dont il avait en 1452, comme on l'a vu au chapitre précédent,

Bineu (1), et autres ». Enfin « ce fut devant tous lesd. gens » qu' « il se fist peigner et en lad. chambre ».

Voilà donc René d'Alençon installé avec sa suite à la Roche-Talbot. Ici se présente à nous une question qu'il importe de chercher dès maintenant à élucider. Quel était le motif qui avait poussé le prince fugitif à aller s'établir ainsi au manoir qui nous intéresse ? Ce n'était pas en effet le hasard seul qui l'y avait conduit. Interrogé si « quand il alla à la Roche-Talbot, il y alla pas pour prendre d'ilec son chemin à Saint-Julien-de-Vouvantes (2) et tirer en Bretaigne », il répond que de la Roche-Talbot au contraire « avoit intention de aller chasser en la forest de Charnye » et il ajoute plus loin que « led. lieu de la Roche-Talbot estoit le cheminn pour aller à lad. forest de Charnye » (3). Or qu'on accepte l'une ou l'autre hypothèse, qu'on admette que de la Flèche il se rendit décidément à Saint-Julien-de-Vouvante ou bien à la Charnie, dans les deux cas, la Roche-Talbot (la simple inspection d'une carte suffit pour le démontrer) n'était pas sur son chemin (4). Le comte du Perche avait donc eu des raisons particulières pour s'y rendre, et ce qui prouve que,

épousé la sœur Jacqueline. Très en faveur auprès de Jehan d'Alençon dont il était dès 1465 le « maistre d'ostel », il avait été dans les premiers jours d'août de cette année-là chargé par ce prince d'aller trouver en son nom le comte du Maine pour faire les fois et hommages liges qu'il lui devait. (Voir Arch. nat. R/5 397, f°s 54, 61 et 75vo, et P. 1345.) Nous ne sommes donc pas étonnés de retrouver cet ancien serviteur du duc Jehan d'Alençon auprès de son fils en 1481.

(1) Voir au sujet de ce personnage la note que nous lui avons consacrée quelques pages plus haut.

(2) Saint-Julien-de-Vouvantes, bourg et paroisse situés dans le département de la Loire-Inférieure, à quelques lieues au Sud-Est de Châteaubriant, à peu de distance du département de Maine-et-Loire.

(3) Procès de René d'Alençon ; interrogatoire du 10 janvier.

(4) En effet, le chemin direct de la Flèche à Saint-Julien-de-Vouvantes eût été de passer par Durtal, Châteauneuf et Segré ; d'un autre côté, celui de la Flèche à la forêt de la Charnie eût été de traverser la Sarthe à Parcé ou à Avoise pour gagner de là Brûlon et Saint-Denis-d'Orques. Dans le premier cas il eut fallu laisser la Roche-Talbot à quatre ou cinq lieues au Nord, et dans le second à trois ou quatre lieues à l'Ouest.

comme il l'a d'ailleurs avoué à ses juges, il « y pensait demourer deux ou trois jours (1) » au moins, c'est le rendez-vous qu'avant son départ de la Flèche il y avait donné à Pierre du Pont, son envoyé auprès du duc de Bretagne.

Mais quelles étaient ces raisons particulières qui avaient amené René à la Roche-Talbot ? A l'en croire, c'était « pour faire bonne chère avecques les dames qui y estoient » (2). Et cette raison galante il la met plusieurs fois en avant au cours de son procès. Interrogé « pour quelle cause, quand il partit de la Flèche pour aller à la Roche-Talbot, il dit à Martin le Bouteiller, son varlet de chambre, qu'il n'oubliast pas ses besognes » et « de quelles besognes il entendoit » il répond « qu'il avoit ung petit colier de dyamans et autres bagues qu'il ne voulloit laisser derrière luy, pour ce qu'il alloit aud. lieu de la Roche-Talbot où estoient les dames », et que « il voulloit bien estre gorgias (3) devant elles » (4). De même encore dans un autre interrogatoire, comme on lui demandait « sy lui estant dernièrement à la Roche-Talbot avant son arrest, il dist pas qu'il estoit illec bien aise et qu'il n'avoit guères de gens », il déclare avoir prononcé ces paroles « pour ce qu'il estoit illec avec les dames, c'est assavoir avecques madame de la Roche-Talbot et des belles filles avec lesquelles il estoit bien aise » (5). Ainsi le motif qui aurait déterminé le comte du Perche à se rendre à la Roche-Talbot n'aurait été autre que le plaisir qu'il comptait trouver dans la société d'Isabeau de Beauvau et des « belles-filles » qu'elle y avait sans doute amenées avec elle de la cour de Provence. Assurément le caractère bien connu du prince, de

(1) Procès de René d'Alençon, interrogatoire du 10 janvier.

(2) Procès de René d'Alençon, interrogatoire du 10 janvier.

(3) *Gorgias* : vieux mot qui ne se trouve pas dans le *Dictionnaire* de Littré, mais qui selon le *Dictionnaire* de Trévoux, « signifiait autrefois une personne grasse et de belle taille, qui avait une belle gorge, une belle représentation. »

(4) Procès de René d'Alençon, interrogatoire du 10 janvier.

(5) Procès de René d'Alençon, interrogatoire du 25 octobre.

cet homme léger, futil, et qui, dit Michelet, après les belles filles ne connaissait que les faucons, pourrait jusqu'à un certain point donner à ce motif allégué par lui-même une certaine apparence de vérité. Toutefois, quelle que fût la légèreté de René, dans une circonstance aussi grave, où il y allait de sa liberté et de sa vie, il est permis de croire qu'à côté de la raison que nous venons d'exposer il y en avait d'autres d'un ordre plus sérieux. Si, en partant de la Flèche, il avait donné rendez-vous à Pierre du Pont à la Roche-Talbot, s'il assure lui-même qu'il avait l'intention d'y passer deux ou trois jours, c'est évidemment qu'il croyait pouvoir y attendre plus en sureté que partout ailleurs le moment où il lui serait enfin permis de gagner les frontières de la Bretagne.

Et, en effet, s'il était dans le pays un lieu qui pût sembler au comte du Perche un abri sûr, c'était à coup sûr la Roche-Talbot, et cela pour plusieurs raisons. D'abord ce manoir, qui, quelques années après, était réservé à l'honneur de servir par deux fois de séjour à Charles VIII, n'était évidemment pas le premier manoir venu ; c'était, on peut le croire, un château fortifié (1) et c'est à la puissance de ses murailles que, dans deux passages de ses interrogatoires, le prince fait certainement allusion en laissant entendre que, s'il eût voulu opposer une résistance sérieuse au moment de son arrestation, il en eût eu le moyen (2). Puis le seigneur qui possédait alors la Roche-Talbot, absent, il est vrai, mais représenté par sa femme, ne pouvait qu'inspirer confiance à René. Ce seigneur n'était-il pas ce même Pierre de la Jaille qui, l'année précédente, lors de l'affaire de Bar, dans son opiniâtre dévouement aux intérêts du roi de Sicile, son maître, n'avait pas craint de tenir tête au terrible Louis XI ? Enfin, nous l'avons déjà dit, parmi les gentilshommes faisant partie de la

(1) Se reporter à ce que nous avons dit au chapitre II de l'état du château au temps de Robert d'Anjou.

(2) Voir interrogatoires du 10 janvier et du 18 juillet.

suite du prince et qui l'avaient accompagné à la Roche-Talbot, se trouvait Jehan Auvé, seigneur de Soulgé-le-Bruant, l'un de ses plus anciens conseillers et chambellans. Or, celui-ci, mari de Jacqueline de la Jaille, était, il ne faut pas l'oublier, le beau-frère du seigneur de la Roche-Talbot, et il avait pu indiquer à son maître, en toute connaissance de cause, le manoir où celui-ci était venu demander l'hospitalité.

Cependant, tandis qu'à la Roche-Talbot René d'Alençon, oublieux du danger qui le menace, ne songe qu'à « s'esbattre avec les dames et demoiselles » (1), le seigneur du Lude, Jehan de Daillon, n'avait pas tardé à être informé et de la fuite du prince et du lieu où il s'était retiré. René avait été trahi par un de ses serviteurs, Jehan de Chantelou. Ce dernier était vendu à du Lude. C'était lui, on s'en souvient, qui, quelques jours auparavant, à la Flèche, avait contribué au départ précipité du comte du Perche en lui faisant peur. A peine son maître était-il arrivé à la Roche-Talbot, que, s'échappant secrètement d'auprès de lui, il était allé trouvé à Créant René Fresneau, seig^{r} de Pringé et de Créant, cousin du seigneur du Lude, et tous deux « machinèrent » aussitôt contre le malheureux prince et « advertirent led. s^{r} du Lude » qu'il « s'en voulloit aller en Bretaigne » (2). C'était tout ce que voulait le fameux ministre de Louis XI qui « avoit dès longtemps » dit René dans un de ses interrogatoires, « conceu une grant hayne contre luy » et « pourchassait sa mort et destruction de sa personne » (3). Précisément, en prévision d'un événement auquel, par ses perfides avis, il n'était pas étranger, il venait de se faire donner par le roi la charge expresse mais verbale de procéder, à la première occasion favorable, et aussi secrètement que possible, à l'arrestation du comte du Perche (4). Jehan de Daillon s'empresse donc de

(1) Interrogatoire du 18 juillet.
(2) Procès de René d'Alençon f° 176 du ms. des Arch. nat.
(3) Interrogatoire du 18 juillet passim.
(4) Voir ci-dessus la note qui concerne Jehan de Daillon.

saisir l'occasion qu'il attendait et qui lui est enfin offerte. Il charge « incontinent » son cousin le sieur de Créant d'aller à la Roche-Talbot avec une troupe de gens de guerre s'emparer de la personne du duc d'Alençon. Cette troupe, partie le 10 au soir du Lude, opère sa marche pendant la nuit, et parvient avant le lever du jour devant les murs du manoir où dort encore le comte du Perche, non sans s'être grossie chemin faisant, probablement en passant par Sablé, d'une « grant quantité de peuple ». Alors commence une scène indescriptible. Pendant que la petite armée que conduit René Fresneau se répand autour du manoir de la Roche-Talbot et le cerne, de l'intérieur de ce même manoir on vient savoir la cause de ce rassemblement insolite et menaçant. Mais le sieur de Créant et ses compagnons disent qu'ils viennent au nom du roi chercher le comte du Perche; ils exigent qu'il leur soit livré, et, comme on leur demande quel est son crime, ils ajoutent qu'on sait qu'il veut s'en aller en Bretagne auprès du duc François II, l'ennemi du roi (1). Réveillé en sursaut au milieu de tout ce bruit, s'entendant réclamer à haute voix par tous ces gens qui ne cachent pas leurs mauvais desseins à son égard, que va faire l'hôte d'Isabeau de Beauvau? L'idée de la résistance se présente d'abord à son esprit; la lutte, bien qu'inégale, n'est

(1) Voir à l'appui de toute cette partie de notre récit : 1° le passage suivant de la lettre de décharge de Louis XI à du Lude : « .... en obéissant auquel nostre commandement et ordonnance.... nostred. conseiller et chambellan (Jehan de Daillon) ait fait prendre la personne de nostred. cousin le comte du Perche, et, par ce faire, se soit aidé de nostre cher et bien amé René Fresneau, escuier, seigneur de Pringé et autres qui, par son commandement, ont esté à lad. prinse.... » 2° l'interrogatoire du 10 janvier, où il est question des « gens qui vinrent sur luy (le comte du Perche) à la Roche-Talbot pour le prendre, lesquels avoient amené grande quantité de peuple ». 3° le commencement de la lettre de René d'Alençon à Louis XI : « ...., moy estant le jour saint Lorent à la Roche-Talbot..... vinrent la nuit et le matin Monsieur de Créant et d'autres gens beaucoup tant gens de guerre que peuple, me demandant, et ont dit que je m'en allais en Bretaigne » etc.

pas impossible ; si les assiégeants ont pour eux le nombre, lui il a à ses ordres une poignée d'hommes dévoués, à l'abri derrière les fortes murailles d'un château que sa position surtout rend imprenable pour une troupe dépourvue d'artillerie. Et c'est cette possibilité d'une résistance de sa part qui lui fera dire plus tard à ses juges « que, veu les gens qui vinrent sur luy à la Roche-Talbot pour le prendre, lesquels avoient amené grant quantité de peuple, se luy qui parle eust eu nouvelles de pouvoir estre en seureté en Bretaigne, il eust mis ou faict m[illegible] en pièces ceulx qui estoient venuz pour le prendre, et s'en fust allé en Bretaigne, et, s'il eust eu bonnes nouvelles de seureté en Bretaigne, il eust bien faict ce que dit est, *car il estoit le plus fort* » (1). Mais hélas, Pierre du Pont, de retour de Bretagne, l'avait rejoint, comme il était convenu, à la Roche-Talbot, et les nouvelles qu'il lui avait alors rapportées n'étaient pas assez bonnes pour qu'il pût se fier au duc François II (2). Aussi René renonça-t-il promptement à l'idée d'une résistance, qui, même heureuse, ne pouvait le sauver en définitive. Il préféra s'abandonner entre les mains de Louis XI quitte à essayer ensuite de fléchir ce terrible monarque. Il se rendit donc au sieur de Créant, qui, après l'avoir fait prisonnier, l'emmena à la Flèche. On sait le reste. Mené de la Flèche au château de Chinon, il devait y être mis dans une cage de fer en attendant qu'on commençât son procès au cours duquel il allait être transféré à Vincennes. Heureusement pour lui, la fin du règne de Louis XI était proche. La mort de ce monarque et l'avènement de Charles VIII devaient lui sauver la vie et lui rendre la liberté.

Tel est le tragique évènement qui se passa à la Roche-Talbot, dans l'été de 1481, pendant le séjour qu'y était venue faire Isabeau de Beauvau. Le mari de

(1) Interrogatoire du 10 janvier.
(2) Voir l'interrogatoire du 11 janvier.

la dame de la Roche-Talbot, était, on s'en souvient, à cette même époque en Provence auprès du roi de Sicile Charles II d'Anjou. Ce prince, qui avait succédé l'année précédente au roi René son oncle, n'avait plus lui-même que quelques mois à vivre; il mourut au mois de décembre 1481, et son grand-sénéchal, notre Pierre de la Jaille, assista à ses obsèques, célébrées solennellement dans la ville d'Aix. Si nous en croyons Nostradamus, le seigneur de la Roche-Talbot laissa éclater en cette occasion un chagrin et un désespoir qui prouvent bien jusqu'où avait été son attachement à son dernier maître. Voici en effet ce que le vieil historien provençal dit de lui à propos des obsèques de Charles II. « Jean de Lacépède, personnage noble, de lettres et d'autorité, prononça l'oraison funèbre, d'une façon magnifique, tirant des larmes de toute la ville ensemble. Et le prince fust conduict d'un nombre infini d'hommes qui fondaient en larmes et en pleurs, mais singulièrement *du seigneur de la Jaille, son grand sénéchal*, lequel portait le deuil, tout couvert de velours noir, et trainant de même son cheval, chose très funeste et fascheuse à veoir, marchant à la queue du chariot, souspirant et sanglottant du départ d'ung si bon maistre » (1).

Par son testament, le prince qui venait de disparaître avait, on le sait, institué Louis XI son héritier universel. Aussi, après sa mort, le roi s'empressa-t-il de réunir la Provence à la France et d'y nommer des officiers à lui. C'est ainsi que dès le 1er janvier 1481 (v. s.) nous le voyons confier à Raymond de Glandèves la charge de grand-sénéchal de Provence (2); le racuneux monarque n'avait sans doute pas oublié le rôle joué par Pierre de la Jaille dans l'affaire de Bar, et c'est pourquoi il n'avait pas voulu le maintenir dans sa charge. Tombé ainsi en disgrâce, l'ancien grand-sénéchal

(1) *Histoire de Provence*, par César Nostradamus, p. 652.

(2) Arch. des Bouches-du-Rhône, B., cour des comptes, n° 19 registre Corona f° 80 v°.

se retira probablement alors au Maine dans sa terre de la Roche-Talbot. Il ne survécut guère du reste aux deux souverains qu'il avait servi avec tant de dévouement. Il mourut dans le courant de l'année 1483. N'ayant pas eu d'enfants de son mariage avec Isabeau de Beauvau, il eut pour héritier principal son frère Hardouin qui devint ainsi après lui seigneur de la Roche-Talbot.

Quant à la veuve de Pierre de la Jaille, qui avait en douaire la terre de la Jaille en Loudunois (1), elle ne tarda pas à se remarier avec un seigneur de ce pays, Artus de Velort, seigneur de la Chapelle-Hellouin (2). Elle vécut jusqu'en 1513 et fut inhumée aux Cordeliers de Loudun (3).

CHAPITRE V

HARDOUIN DE LA JAILLE; DOUBLE SÉJOUR DE CHARLES VIII A LA ROCHE-TALBOT; BERTRAND II DE LA JAILLE.

Le successeur de Pierre de la Jaille comme seigneur de la Roche-Talbot, son frère Hardouin était alors en Lorraine auprès du duc René II dont il était l'un des conseillers et chambellans. C'était un des plus anciens serviteurs de ces ducs Lorrains issus de la maison d'Anjou, car il y avait près de quarante ans qu'il avait commencé à leur prodiguer son dévouement. Attaché « dès le temps de sa jeunesse » au service et à la personne du fils aîné du roi René, il avait très probablement suivi en 1445 Jean d'Anjou à Nancy, lorsque ce prince se vit confier par son père, en qualité de lieutenant-général, l'administration des duchés de Bar et de Lorraine. Plus tard, compagnon fidèle et inséparable de son maître, il l'avait accompagné dans ses différentes expéditions tant en Italie qu'en Espagne. Aussi n'avait-il pas tardé à en recevoir les marques de faveur les plus fréquentes comme

(1) Voir Arch. nat. X[1a] 4856 f° 176
(2) *Ibidem.*
(3) *Ibidem.*

les plus signalées. Dès l'année 1464, certaines lettres patentes données à Nancy par le duc de Lorraine sont signées par « Hardouin de la Jaille conseiller chambellan et grand-maître d'hôtel » (1). L'année suivante, par lettres du 22 mai, le duc « considérant les grants services que Hardouin de la Jaille, escuier, son conseiller et chambellan, luy a faits dès le temps de sa jeunesse tant ès parties de par deça comme à la conqueste de Gennes, emprise du recouvrement du royaume de Sicille et ailleurs en plusieurs lieux où il a employé son propre corps et despendu grande quantité de ses biens », lui avait donné et octroyé pour sa vie durant « toute la seigneurie chastel et forte maison de Condé-sur-Moselle et du Val-de-Faux » etc. (2). En juillet 1466 Hardouin de la Jaille était envoyé par « Monsieur de Calabre » à Montargis pour y faire en son nom un appointement avec les ambassadeurs de Louis XI (3). Pendant l'été et l'automne de 1467 nous le retrouvons en Espagne à la suite de Jean d'Anjou (4) qui, pour le récompenser de ses nouveaux services, lui fait don de la terre et seigneurie de Chaligny récemment confisquée sur Thibaut de Neufchâtel (5). L'année suivante, de retour

(1) Voir Rogeville, *Dictionnaire des Ordonnances*, t. I, p. 32, lettres-patentes de Jean d'Anjou, duc de Calabre, données à Nancy le 22 novembre 1464 et signées par Hardouin de la Jaille, conseiller chambellan et grand maître d'hôtel.

(2) Bibl. nat. ms. collection Lorraine, vol. 4881 du fonds français f°s 3265 et 3266.

(3) Bibl. nat. f. fr. 20497, f° 90.

(4) D'après deux documents puisés aux archives de Barcelone et dont nous devons la communication à l'extrême obligeance de M. Lecoy de la Marche, le 4 juillet Hardouin de la Jaille fut envoyé par Jean d'Anjou du château d'Empurias, où il se trouvait alors avec le duc, à Barcelone, pour demander au conseil certaines munitions d'artillerie ; de même le 2 septembre, le même Hardouin de la Jaille, camerlingue de Jean d'Anjou en Catalogne, souscrivit en cette qualité à la confirmation faite par ce prince des privilèges et franchises de Barcelone. Enfin, d'après un document des archives de Meurthe-et-Moselle (B. 790, n° 57) il était encore présent au conseil du duc le 22 septembre à Barcelone.

(5) Bibl. nat. ms. col. Lorraine vol. 4881 f° 2503.

Remarquons que dans les considérants des lettres concernant ce don,

en Lorraine de l'expédition de Catalogne, Hardouin de la Jaille avait été investi de l'importante charge de bailly de Chaumont, et c'est avec cette qualification qu'en février 1468 il apposait sa signature à une promesse faite par le duc de Calabre et de Lorraine relativement à l'affaire du comté de Beaufort (1). Il se trouvait alors en Anjou et c'est sans doute en cette circonstance que le roi René lui conférait la dignité très enviable de chevalier de l'ordre du Croissant (2). Vers cette même époque Jean d'Anjou venait de commencer, à la tête d'une armée qu'il avait emmenée au-delà des Pyrénées, sa seconde expédition de Catalogne, et Hardouin de la Jaille ne tardait pas à aller le rejoindre dans ce pays où, devenu le bras droit de son souverain en ce qui concernait les choses de l'administration, il gagnait de plus en plus sa faveur. Le 29 septembre 1469, par lettres données à Barcelone, celui-ci, ayant égard « aux grants et notables services » que son « très cher et féal conseiller et chambellan Hardouin de la Jaille, chr bailly de Chaumont », lui avait faits « dès le temps de son jeune aige » où il « avait esté continuellement résident en » son « service et compaignie et non sans grants peines et travaulx de sa personne » lui constituait une

considérants qui diffèrent peu de ceux des lettres du 22 mai 1465 relatives à la donation de Chaligny, il est question des « grands services » que Hardouin de la Jaille a faits au duc « dès le temps de son enfance, tant à la conqueste de la seigneurie de Gennes emprise du royaume de Sicille que *à la guerre de Catalogne*, en soubmettant sa personne à divers périls pour la deffence de son estat, employant son temps et sa jeunesse avec des frais du sien propre sans en avoir récompense estant en son service et compagnie à l'exemple de ses parents et prédécesseurs ».

(1) Voir Arch. nat. P. 1334/9 f° 9.

(2) Voir Bibl. nat. Cab. des titres, vol. 1167 p. 26 une p. ..te notice sur « Hardouin de la Jaille, seigneur de la Roche-Talbot, conseiller et chambellan du duc de Calabre et *qui fut chevalier du Croissant* » etc., voir aussi p. 27, le « Véritable ordre que les chevaliers du Croissant doivent tenir » où Hardouin de la Jaille est cité avec le numéro 49 ; enfin p. 29 v° il est encore fait mention d' « Hardouin de la Jaille seigr de la Jaille et de la Roche-Talbot » en tant que chevalier de l'ordre du Croissant.

pension de 365 écus d'or (1). L'année suivante notre personnage était toujours en Espagne auprès du duc de Calabre, comme le prouve une lettre écrite par lui, de Barcelone, à la date du 6 août, au receveur de Pezenas (2). Quelques mois après il voyait mourir entre ses bras en cette ville son infortuné maître enlevé le 16 décembre par une mort presque subite. C'est encore sur le coup de ce fatal événement qu'il envoyait le 18 au même receveur de Pezenas la lettre suivante où le futur seigneur de la Roche-Talbot exprime, en même temps que la douleur la plus touchante, des sentiments d'une rare élévation.

« Monsieur le receveur, je me recommande à vous. Il a pleu à Dieu faire sa volonté de Monseigneur nostre maistre, dont povez penser si ses serviteurs sont demeurez desconfortez et ont bien cause. Or faut-il prendre en pacience veu que c'est ung passaige commun à tous. Peron de Bascher son escuier d'escuierie et Jannequin Fresneau s'en vont devers le Roy nostre maistre et devers Monsr de Calabre qui à présent est, et maynent en leur compaignie les paiges de feu mond. seig[r] et aucuns autres serviteurs jusques au nombre de 18 à 20. Nous n'avons eu icy façon de les vestir de noir, et pour honneur il fault qu'ils le soient. Si vous prie tant comme je puis que vous vueillez trouver façon de leur faire faire à chacun une robe ; c'est assavoir auxd. de Bascher et Fresneau longue, de bon drap, et honneste, et à tous les autres courtes, du prix le drap de 2 escuz et la doubleure de ung escu ; et à tous les paiges, qui sont 11, à chacun une paire de houzeaulx. Et je vous promect par ceste présente signée de ma main, le vous faire allouer en vos comptes et

(1) Voir Bibl. nat. P. O. dossier la Jaille, la teneur des lettres concernant ce don.

(2) Voir cette lettre. Bibl. nat. f. fr. 20137, f° 51 : dans cette lettre où il se qualifie simplement « conseiller et chambellan de mond. seig[r] le duc de Calabre et de Lorraine » Hardouin de la Jaille parle beaucoup de « l'ostel de monseigneur » dont il semble avoir eu alors plus que jamais la direction. Il était donc bien grand maître de l'hôtel de Jean d'Anjou.

rabattre de vostre recepte, et vous en demeure tenu. Si vous prie que ny faillez, car autrement seroit le deshonneur du Roy de Sicile premier et après de mond. seig[r] de Calabre son fils et de toute la maison. Et a dieu, Mons. le receveur, auq. je prie qu'il vous doint ce que désirez. Escript à Barcelone le 18e j. de Déc. 1470.

Signé : H. de la JAILLE vostre bon ami » (1).

Le nouveau duc de Calabre à qui Hardouin de la Jaille faisait ainsi allusion dans la lettre que nous venons de reproduire était Nicolas d'Anjou, fils du duc défunt, et qui, comme son successeur, devait faire son entrée à Nancy le 7 août 1471. Ce dernier, est-il besoin de le dire? avait continué au bailly de Chaumont la faveur que son père lui avait témoignée. Quelques mois après son avénement au trône de Lorraine, « Hardouin de la Jaille, ch[r], bailly de Chaumont en Bassigny et chambellan de Mons. le duc de Calabre et de Lorraine » donnait quittance d'une partie de sa pension qui lui était toujours servie comme par le passé (2), puis, peu de temps après, il était au nombre des principaux seigneurs Lorrains qui recevaient le nouveau duc à son entrée dans la capitale de ses États (3).

Nicolas d'Anjou n'avait fait du reste, on le sait, que passer sur le trône de Lorraine; il mourut dès le 27 juillet 1473, sans enfants, et eut pour successeur René de Vaudémont également petit-fils du roi René, mais par sa mère. Toutefois, malgré la réaction qui sous le nouveau duc s'était aussitôt faite contre les tendances plus angevines que royalistes de son prédécesseur, l'excellente situation à la cour de Nancy d'Hardouin de la Jaille n'avait été aucunement ébranlée. Non-seulement il avait été présent le 4 août 1473 à l'entrée

(1) Bibl. nat. man. f. fr. 20437 f° 66.
(2) Bibl. nat. P. O. dossier la Jaille.
(3) Arch. nat. J. 933, n° 8.

de René II dans sa capitale (1) ; deux actes des années 1477 et 1481 nous montrent qu'il faisait partie en ces années-là du conseil ducal (2). C'est également lui qui, le 22 octobre 1482, faisait l'office de maréchal, lors du fameux combat en champ clos préparé à Nancy où Johannon de Bidots se présenta en vain pour combattre Baptiste de Roquelor (3). C'était là assurément pour le conseiller et chambellan du duc de Lorraine un très grand honneur, et ce fut pour perpétuer le souvenir de cet événement qu'il composa l'année d'après sous le titre de « formulaire des gages de bataille » un petit livret, dédié à René II, où sont contenues la théorie et les règles du combat en champ clos. Dans l'introduction de ce livret, l'auteur commence en effet par rappeler le combat de l'année précédente, et manifeste le désir et l'espoir de « aucunement, non à la centiesme partie, se acquitter » envers le duc « du très grant honneur » qu'il en avait reçu, « considéré les grans contes que aviez pour tel office et charge porter, laquelle est de si pesant fès que nul ne l'avance, conduite de bataille exceptée » ; il parle aussi, quelques lignes plus loin, il est bon de le remarquer, « des manières, constitutions, establissements, cérémonies et anciennes coustumes d'Alemaigne, France, Espaigne, Ytalie, Angleterre, et autres royaumes et provinces, esquelz s'estoit trouvé » etc. (4). Ainsi le hasard de

(1) Arch. nat. J. 933, n° 8.

(2) Voir Bibl. nat. collect. Lorraine f. fr. 4885 f° 10288, la mention d'une obligation en papier du 10 Mai 1477 et scellée de René duc de Lorraine au profit de Claude de Troignon, veuve de feu Suffroy de Bescley maître d'hostel du duc etc ; voir aussi dans le Trésor généalogique de Villevieille, au dossier La Jaille, la charte de don des terre, ville, chastellenie et prévosté de Roziéres aux Salines fait par le duc de Lorraine à Baptiste de Pontèves, le 3 janvier 1481.

(3) Voir dans l'*Histoire de Lorraine* de D. Calmet, t. VI, Preuves, colonne 274 et suiv. les lettres-patentes de René II contenant sous forme de procès-verbal le récit de cette affaire.

(4) Ce Formulaire des gages de bataille se trouve reproduit dans sept manuscrits différents de la bibliothèque nationale dont trois, portant les

sa vie aventureuse ne l'avait pas seulement conduit, comme nous l'avons vu plus haut, en Italie et en Espagne ; il avait visité d'autres parties de l'Europe, l'Allemagne et même l'Angleterre !

C'est vers la fin de cette même année 1483 où il avait composé son « formulaire des gages de bataille » que Hardouin de la Jaille fut appelé, par suite de la mort sans héritiers directs de son frère Pierre, à prendre possession, comme son héritier principal, de la terre de la Roche-Talbot. Aussi le voyons-nous dès le mois d'octobre de cette année-là cité à la place du seigneur défunt aux pleds et assises de l'abbaye de Bellebranche, à cause de son fief de la Petite-Motte Allain, et pour faire foy et hommage (1) ; quelques semaines après, en sa qualité de seigneur « de la Roche-Talbot et Bierné » il présentait à la chapelle saint Gilles fondée par ses prédécesseurs dans l'église de Bierné (2).

Au commencement de l'année suivante, ce fut la chapelle même du manoir de la Roche-Talbot que le conseiller et chambellan du duc de Lorraine eut à pourvoir d'un titulaire : il fixa son choix sur Me Jacques Rogier que par lettre du 17 janvier 1483 (v. s.) il présenta à l'évêque du Mans. Voici ces lettres qui nous ont paru assez importantes, au point de vue de l'histoire du château qui nous intéresse, pour que nous les reproduisions ici dans toute leur teneur (3).

cotes 1981, 14513 et 19302 du fonds français, sont de la fin du XVe siècle. Il a été publié pour la première fois en 1586 dans les « *Traitez et advis de quelques gentilshommes français sur les duels et gages de bataille* ». Réimprimé en 1648 par Vulson de la Colombière dans son « *Vrai théâtre d'honneur et de chevalerie* », il a été publié une troisième fois, de nos jours, en 1878, par M. Bernard Prost, archiviste du Jura, dans son bel ouvrage intitulé *Traité des Tournois*.

(1) Arch. de la Sarthe, fonds Bellebranche H, 682, répertoire des obéissances féodales faites du XVe siècle au XVIIe à la seigneurie de Bellebranche par les propriétaires du fief de la Petite Motte-Allain, *alias* Malabry.

(2) Bibl. nationale ms. collect. Touraine, t. XVII, matériaux pour un pouillé du diocèse d'Angers.

(3) L'original de ce document est en la possession de M. l'abbé Esnault

« A tous ceulx qui ces présentes lettres verront, *nous, Hardouyn de la Jaille, ch^{r}, seig^{r} dud. lieu et de la Roche-Talbot*, fils aisné et principal héritier de feu de bonne mémoire mon seigneur et père messire Bertrand de la Jaille, en son vivant chevalier, conseiller et chambellan du Roy, que Dieu absolve, et seigneur desd. lieux, salut. Comme il soit ainsy que feu mond. seigneur et père en son temps et successivement auparavant ses prédécesseurs et les miens eussent ordonné et estably en leur temps et à jamais perpétuellement une chapellenie estre fondée et servie *en la chapelle située et assise au dedans de mon manoir dud. lieu de la Roche-Talbot, situé et assis près la ville de Sablé*, à la charge de 3 messes par chacune sepmaine pour eulx et leurs successeurs et autres amys, vifs et trépassés, et, pour iceluy service faire et continuer, ils eussent donné et laissé aux chapelains par eulx successivement ordonnez les lieux et courtilleries de Vauvert, de Launay et de la Chevalerie (1), 9 quartiers de vigne au cloux de Beaucissier, 3 quartiers en autres cloux, avec toutes et chacunes leurs app^{ces} et dép^{ces}, ensembles 20 soulx t. de rente assis sur les maisons et jardins feu Jehan Bruant, au bourg de Souvigné, le tout en mon fief et seigneurie et tenu de moy à cause de mond. lieu de la Roche-Talbot ; et aucuns de mesd. prédécesseurs, depuys le premier fundataire de lad. chapellenie eussent voulu et ordonné lesd. choses ainsi par eulx laissées estre indampnées et admorties, aussy estre requis et supplyé à R. P. en D. et mon très honoré seigneur Monsieur du Mans son décret estre apposé sur la fondation d'icelle chapellenie,

qui a bien voulu nous en adresser une copie ; nous ne saurions trop le remercier de son aimable obligeance pour la communication d'un document qui nous a été aussi précieux.

(1) Voir pour la situation topographique de ces trois lieux notre carte de la paroisse de Souvigné ; pour les deux premiers il n'y a pas de doute ; quant au troisième, nous pensons qu'il s'agit du lieu de la Chevalerie situé à l'extrémité N.-O. de la paroisse, et non d'un autre lieu du même nom qui se trouve près du Plessis-Liziard.

comme de tout ce j'ay esté et suys deuement acertainé et adverty; pour ceste cause et en obéissant à leurs bonnes voullentés, lesquelles je désire de tout mon cœur sortir leur plain effet et estre mises à exécution, et auxi pour ce que très bien me plaist, j'ai consenty et par ces présentes consens le décret de R. P. et seig[r] dess. d. estre mis et apposé avec son bon plaisir sur la fondation d'icelle chapellenie, (le droit de présentation et patronage avec mes autres droits seigneuriaux à moy et à mes successeurs réservés en toutes choses); et, pour plus amplement mond. consentement donner, j'ay fait nommé et estably par ces présentes mes chiers et bien amez maistres Samson Quierlavoine, licentié ès loix, Michel Cartier, licentié en décret, tous deux chanoines en l'église du Mans, mes procureurs généraulx et messaigers espéciaulx quant aud. consentement donner et réallement consentir pour en mon nom led. decret estre mis et apposé sur lad. fondation par led. R. P. ou mesd. s[rs] ses vicaires en spiritualité, et, ce fait, *de présenter*, pour et en mond. nom aud. R. P. ou à mesd. s[rs] ses vicaires, *mon chier et bien amé Jacques Rogier, pr[re], comme abille et ydoine à icelle chapellenie obtenir* régir et gouverner en spirituel et temporel, et sur ce luy donner lettres de présentation pour et en mon nom comme procureurs, priant et suppliant par icelles à Sa Révérende Paternité que d'icelle chapellenie il luy plaise... bailler collation aud. Rogier, ensemble de tous et chacuns ses droits prouffis et émolumens, et faire et mander toutes et chacunes les autres choses, requises et nécessaires et acoustumées... promettant par ces présentes etc... En tesmoing de ce, j'ay signées ces présentes de ma main et scellées du sceel de mes armes cy mis le XVIIe jour de janvier l'an mil CCCC IIII[xx] et troys. Signé : de la JAILLE ».

Comme on le voit par le précieux document que nous venons de reproduire, Hardouin de la Jaille, le grand maître d'hôtel du duc de Lorraine, était bien, au commencement de l'année 1484, seigneur de la Roche-Talbot. Est-il besoin, après cela, d'ajouter que, dans le courant de cette même année 1484, il fit deux obéissances féodales, l'une à la seigneurie de la Courbe pour la Mathouraye (1), et l'autre à la baronie de Château-Gonthier pour la Balhayère (2); que l'année suivante il fit encore deux fois et deux hommages simples au seigneur de Varennes-Bourreau pour ses domaines de Beauchesne et de la Justonnière, ainsi que pour son domaine et app^ces de Sautré (3); enfin qu'en 1489 il reçut une déclaration féodale au regard de ses fiefs de Vion? (4).

Du reste, les divers actes féodaux que nous venons de citer ne sont pas, avec la présentation en janvier 1483 de Me Jacques Royer à la chapelle de la Roche-Talbot, les seuls documents qui nous fassent apparaître Hardouin de la Jaille en qualité de seigneur de la terre dont il s'agit après son frère Pierre; nous avons encore à cet égard quelques actes en forme de transaction faits par lui dans ces mêmes années avec plusieurs des seigneurs voisins.

C'est ainsi qu'en 1487 nous voyons une transaction en matière de délit de chasse intervenir « entre Mre Hardouin de la Jaille seigr de la Roche-Talbot et noble René Crespin ». Ce dernier avait, paraît-il, « chassé ès boys de Grignon et de la Rigoulière et la Haye de la Boucquetière » qui faisaient partie du « fief et domaine » du seigneur de la Roche-Talbot. Or Hardouin de la Jaille ayant formé une « complainte » au sujet de ce délit, René Crespin s'empressa de transiger avec lui en lui donnant toute « satisfaction » (5).

Deux ans après, c'était avec les « religieux abbé et couvent de N.-D. de Bellebranche » que le seigneur de la Roche-Talbot se trouvait en différend. Au nord de la paroisse de

(1) Arch. de Maine-et-Loire, E 331.

(2) Arch. de la Mayenne, terrier de Château-Gontier, fief de la Balhayère.

(3) Arch. du château de Cirières, terrier de la Morinière en Saint-Denis-d'Anjou.

(4) Arch. du château de Juigné, dossier Roche-Talbot.

(5) Arch. du chât. de Cirières, terrier de la Morinière.

Souvigné, sur le territoire de la paroisse de N.-D. de Sablé, s'étendait la petite seigneurie de Molencé dans l'enclave de laquelle Hardouin de la Jaille possédait à titre héréditaire de ses prédécesseurs le « lieu et domaine de la Mesnerie dépendant de la seigneurie de la Roche-Talbot. » De plus, à la possession de cette métairie était attaché d'ancienneté un droit « de freu, usage et pasturage ès landes de Molancé et aussi de paissage et herbage ès bois taillis d'icelui lieu joignant aux dictes landes et usages ». Ce droit, Hardouin de la Jaille le croyait indéniable, car « led. chevalier, ses prédécesseurs, leurs gens, mestayers et demeurans aud. lieu de la Mesnerie » en « avoient tousjours joui pleinement et paisiblement et par tel et si long temps qu'il n'estoit mémoire du contraire ». Mais le seigneur de la Roche-Talbot comptait sans les religieux de Bellebranche qui « depuis aulcun tems,... avoient acquis du seigneur de Molencé lesd. bois taillis d'icelui lieu... et aussi avoient de nouvel fait faire et édifier aulcunes maisons et demeures de mestayers et pour usaige de mestairie en aulcun lieu et endroict desd. bois taillis, et illeque mis habiter à demeure et retentissement gens et bêtes de par eulx ». Et les conséquences de cet établissement de métayers à eux fait par les religieux de Bellebranche dans les bois taillis de Molencé n'avaient pas tardé à se faire sentir aux métayers de la Mesnerie de la façon la plus préjudiciable à leurs intérêts. Non-seulement les premiers avaient mené et fait mener leurs bêtes « paistre et pasturer esdits landes et freus » mais ils avaient, de l'aveu des religieux « voulu et s'estoient efforcé d'empescher led. droit de paissage et pasturage en iceulx bois taillis aux gens et mestayers » du seigneur de la Roche-Talbot. De là entre Hardouin de la Jaille, qui prétendait que les religieux et leurs gens n'avaient pas le droit d'agir ainsi, et ces derniers, qui s'y déclaraient autorisés par leur contrat d'acquêt, des contestations qui menaçaient de dégénérer en un véritable procès. Enfin par acte passé en la cour de Sablé le 23 mars 1489 les parties adverses se décidèrent à transiger sur leurs prétentions respectives. Aux termes de cette transaction, il fut convenu que le seigneur de la Roche-Talbot renonçait à tout droit « de paissage et herbage... esd. bois taillis de Molancé » de même qu'il s'engageait à ne plus « contredire ne empescher » auxd. religieux « leur droit d'usage et paissage et pasturage de leurs bestes de leurd. lieu de nouvel édiflé en leursd. bois taillis et leursd. landes et freus dud. lieu de Molancé ». En revanche ceux-ci reconnaissaient le droit qu'Hardouin de la Jaille disait « avoir de paissage et frainage pour ses bestes de sond. lieu de la Mesnerie esd. landes et freus de Molancé » (1).

Il était dit que, pendant ces quelques années où il lui était donné de jouir de la terre de la Roche-Talbot, notre personnage ne cesserait d'avoir à lutter pour la conservation de ses droits de propriétaire de cette terre. Après les poursuites à exercer contre René Crespin, s'était trouvée l'affaire de la Mesnerie ; à peine débarrassé de cette dernière affaire, Hardouin de la Jaille était obligé de plaider en court de Parlement, aux requêtes du Palais, avec le prieur de Saint-Nicolas de Sablé. Les possessions de ce prieuré, Belnoe, l'Asnerie, le Gast, etc., bornaient au nord-est la terre de la Roche-Talbot, dont les bois des Gigoulières se trouvaient, comme ils se trouvent encore aujourd'hui, contigus au bois de Belnoe. Or il paraît que, « en vertu d'un ancien échange » entre leurs prédécesseurs, le seigneur de la Roche-Talbot avait droit (il le croyait du moins) d'avoir « certaine portion de bois dans les bois d'iceluy prieur » droit qui lui était contesté par celui-ci. Tel était entr'eux l'objet du litige qui, comme nous l'avons dit, avait été porté en dernier ressort devant les gens des requêtes du Palais. Heureusement qu'ici encore intervint une solution pacifique : une transaction passée en

(1) Ce précieux document fait partie du terrier de la seigneurie de Molancé dont, grâce à la très aimable obligeance du propriétaire actuel de la terre de ce nom, M. Logerais, nous avons pu avoir communication.

avril ou août 1491 sans les autorités de Marmoutier mit d'accord Hardouin de la Jaille et le prieur de Saint-Nicolas (1).

Dans la plupart des actes qui précédent, Hardouin de la Jaille, hâtons-nous de le dire, tout en étant qualifié seigneur de la Roche-Talbot, ne comparait pas en personne ; il est représenté par son frère puiné, Bertrand II de la Jaille, qui se dit son procureur fondé. C'est que, retenu en Lorraine par ses importantes fonctions auprès du duc René II, il n'avait guère le loisir de venir dans ses terres du Maine, et il en avait confié l'administration au seigneur d'Avrillé qui était déjà de fait, sinon de droit, le véritable seigneur de la Roche-Talbot. Ce n'était pas d'ailleurs un personnage de mince importance que le frère de Pierre et de Hardouin de la Jaille ; non moins que ses aînés, il a, lui aussi, joué un certain rôle dans l'histoire de son temps ; seulement, au lieu de s'attacher ainsi qu'eux aux princes de la maison d'Anjou, c'était à la cour même du roi Louis XI, nous avons déjà eu occasion de le dire, qu'il était allé chercher fortune. Entré dès l'année 1465 au service de ce monarque en qualité d'échanson (2), il avait en 1468 assez gagné sa confiance pour se voir chargé par lui d'une mission importante auprès de Thomas Basin, alors à Perpignan (3). Et il faut croire qu'en cette circonstance le seigneur d'Avrillé s'était comporté de façon à s'attirer de plus en plus la faveur de son royal protecteur, car à partir de 1471, nous voyons son nom figurer parmi ceux des gentilshommes de l'hôtel nouvellement créés par Louis XI (4). En 1475, il faisait également partie comme homme d'armes des « 70 hommes d'armes et sept vingt leurs archers du nombre de 100 lances fournies

(1) Voir Trésor généalogique de Villevieille, dossier la Jaille.
(2) Voir Bibl. nat. f. fr. 20685 f° 379.
(3) Voir *Hist. de Charles VII et de Louis XI* par Thomas Basin, à la date du 14 avril 1468 ; voir aussi la note consacrée par l'éditeur, J. Quicherat, à la famille de la Jaille.
(4) Bibl. nat. ms. f. fr. 21451.

de nouvel mis sus pour le garde du corps du Roy soubz Hector de Goulart leur capitaine » (1). Vers cette même époque, il avait épousé Catherine Le Roy fille de Guillaume Le Roy seig[r] de Chavigny et de Françoise de Fontenay, et, grâce à cette alliance, il avait pour beaux-frères René Le Roy, seigneur de Chavigny, conseiller et chambellan des rois Louis XI et Charles VIII et capitaine de Loudun, et Guyon Le Roy, seigneur du Chillon, qui devait devenir vice-amiral de France (2). Appuyé par leur crédit à la cour, le frère d'Hardouin de la Jaille, même après le changement de règne de 1483, n'en avait pas moins continué à être honoré comme par le passé, de la faveur royale : maintenu en 1484 et dans les années suivantes sur le rôle de cent gentilshommes de l'hôtel (3), il allait bientôt être nommé conseiller et chambellan. Ainsi, tandis qu'Hardouin de la Jaille, retenu en Lorraine, n'était pour ainsi que de nom seigneur propriétaire de la terre de la Roche-Talbot, ce frère auquel il en avait confié l'administration et qui y avait peut-être déjà fixé sa résidence, était en même temps l'un des seigneurs du pays les plus en faveur auprès de Charles VIII, et c'est là ce qui va nous expliquer en partie le double séjour fait dans ces années-là par le roi de France dans le manoir qui fait l'objet de ce récit.

On sait quels furent les événements qui amenèrent pour la première fois en août 1488 le jeune successeur de Louis XI dans les environs de Sablé (4). La Trémoïlle ayant, dans les

(1) Bibl. nat. ms. f. fr. 21448.

(2) Voir dans le P. Anselme la généalogie des Le Roy de Chavigny; voir aussi Bibl. nat. ms. f. fr. 20215 p. 250 une autre généalogie de la même famille avec pièces justificatives.

(3) Bibl. nat. ms. f. fr. 21448.

(4) Voir pour le récit détaillé de ces événements l'*Histoire de Charles VIII* par M. de Cherrier, l'*Histoire de la réunion de la Bretagne à la France* par A. Dupuy ; voir surtout la *Correspondance de Charles VIII* avec Louis de la Trémoïlle publiée en 1875 par M. le duc de la Trémoïlle, ainsi que *Louis de la Trémoïlle et la guerre de Bretagne*, par M. A. de la Borderie.

derniers jours du mois précédent, complétement défait l'armée bretonne à la célèbre journée de Saint-Aubin du Cormier, le duc François II s'était vu contraint de solliciter la paix de Charles VIII et à cette fin il lui avait envoyé des ambassadeurs munis de pleins pouvoirs et chargés de traiter avec lui. Le roy, qui se trouvait alors à Angers, quitta cette ville pour aller recevoir les ambassadeurs du duc au château du Verger, et là, après plusieurs jours de pourparlers, on finit par tomber d'accord sur les principales conditions du traité qui allait mettre fin, provisoirement du moins, à la guerre entre la France et la Bretagne. On était au 19 août. Le lendemain, tandis que les ambassadeurs de François II retournaient auprès de leur souverain, Charles VIII, parti le matin du Verger, se rendait dans la journée à Sablé (1) où il faisait dresser aussitôt l'instrument authentique du traité. Quelques jours après, une fois « les doubles » des « points et articles » composant ce traité « signés et expédiés », il chargeait « l'archevêque de Bordeaux (André d'Espinay) et autres » envoyés par lui à Nantes, d'aller les soumettre à la ratification du duc (2), et c'est, en attendant le retour de ses ambassadeurs, qu'il s'installait avec toute sa cour à la Roche-Talbot.

Peut-être se demandera-t-on quels avaient pu être les mobiles qui avaient, en cette circonstance, déterminé le roi

(1) Voir sur ce point deux lettres écrites le 21 de Sablé par Charles VIII, l'une aux gens du Parlement (X[a] 9319 n° 100) et l'autre à la Trémoïlle (correspondance de Charles VIII f° 213) remarquer dans la première cette phrase : « *hier au matin avant nostre partement du Verger*, lad. paix fut du tout accordée et jurée ».

(2) En effet dans sa lettre du 21 aux gens du Parlement, Charles VIII parle des « points et articles (du traité) desquels nous envoirons de bref les doubles quand ils seront du tout signez et expédiez ». D'un autre côté, dans une lettre qu'il écrira à la Trémoïlle de la Roche-Talbot le 24, le roi dit : « jusques à demain l'archevêque de Bordeaulx et autres, qui vont de par nous devers le duc, ne seront à Nantes ». Les ambassadeurs de Charles VIII étaient donc partis dans l'intervalle pour aller trouver François II avec les doubles en question.

de France à venir s'établir dans les environs de Sablé au lieu de rester au Verger ou de retourner à Angers. Ces mobiles, selon nous, devaient être de deux sortes. D'abord il ne faut pas oublier que le duc d'Orléans, fait prisonnier, ainsi que le prince d'Orange, à la journée de Saint-Aubin, avait été amené à Sablé et là enfermé dans la grosse tour du château (1); or, Anne de Beaujeu, qui gouvernait encore entièrement le jeune roi, et qui avait ses motifs pour surveiller la captivité de l'illustre prisonnier, avait évidemment dans cet ordre d'idées poussé son frère à se rapprocher de Sablé. Puis, Charles VIII paraît avoir eu une prédilection marquée pour le prieuré de Solesmes où, dès qu'il en trouvait l'occasion, il ne manquait pas d'aller faire de fréquentes et pieuses visites (2) et c'était là peut-être encore une des raisons qui l'avaient attiré dans le pays. Quant au choix qu'il avait fait de la Roche-Talbot pour sa principale résidence pendant tout le temps qu'il devait passer dans les environs de Sablé, ce choix s'explique tout naturellement quand on se rappelle que Bertrand de la Jaille, alors le véritable seigneur de la Roche-Talbot, de fait sinon de droit, faisait partie, comme gentilhomme de l'hôtel, de la suite du roi.

Ce qui est certain, c'est que le roi que nous trouvons le 20 et le 21 à Sablé, s'était installé dans les jours suivants à la Roche-Talbot. C'est de là que du 24 août au 3 septembre il correspond avec la Trémoïlle (3); c'est de là aussi que le 25 et le 29 il écrit aux gens du Parlement (4); c'est de là enfin

(1) Voir *Histoire de Charles VIII* par Guillaume de Jaligny et André de la Vigne.

(2) D'après Ménage (*Hist. de Sablé*, 2e partie, p. 52) pendant ce même séjour de Charles VIII dans les environs de Sablé, le grand conseil fut tenu à Solesme, le 25 août et le 1er septembre : le roi y était donc ces deux jours-là ; voir d'ailleurs, arch. nat. JJ. 219, six rémissions datées de Solesmes soit pour le mois d'août soit pour le mois de septembre 1488, c'est-à-dire du 25 août et du 1er septembre.

(3) Voir *Correspondance de Charles VIII.*

(4) Voir arch. nat. x[a] 9319 nos 91 et 92.

que dans les mêmes jours il expédie plusieurs lettres patentes ou signe quelques actes royaux (1). Et, comme on peut le croire, Charles VIII n'était pas seul au manoir qui nous intéresse ; il y était avec toute sa cour, c'est-à-dire accompagné de ceux des princes du sang alors fidèles à sa cause, ainsi qu'avec des gens de son conseil et de ses finances (2). Si nous ignorons quels étaient au juste les princes du sang qui se trouvaient avec le roi à la Roche-Talbot (3), il n'en est pas de même des gens de son conseil. Ces derniers, nous le savons (4), étaient Imbert de Bastarnay, seigneur du Bouchage, l'ancien favori de Louis XI, alors plus en faveur que jamais auprès de la Régente Anne de Beaujeu ; Jehan du Mas, chr bon, de Tourville, seigr de l'Isle et bailly du Cotentin, Étienne de Vesc, seigneur de Grimault,

(1) Voir arch. nat. JJ. 219 fos 106, 107 et 128 et Bibl. nat. ms. f. fr. 20409.

(2) Dans ses lettres-patentes adressées le 29 août aux « consuls, manans et habitans de Perpignan pour leur permettre de faire remettre en état les canaux qui apportaient l'eau de la Tet à leur ville, lettres données à la Roche-Talbot, Charles VIII ajoute à la fin des considérants «... pour ces causes et sur ce advis et délibération avec *aulcuns des princes et seigneurs de nostre sang et lignaige estant lez nous et gens de nostre conseil et de nos finances...* » Arch. nat. JJ. 219 fo 106.

(3) Dans une lettre adressée le 23 mai précédent par l'amiral de Graville à la Trémoïlle (voir *Corresp. de Charles VIII*) on voit que le Roi était alors « accompagné » de son beau-frère le duc de Bourbon (Pierre de Beaujeu) et des comtes d'Angoulême, de Foix et de Vendôme : ces quatre personnages étaient sans doute aussi à la Roche-Talbot auprès de Charles VIII, et ce sont très probablement à eux que le prince fait allusion. Il faut en tous cas compter parmi ces princes du sang présents à ce manoir, Philippe de Savoie, comte de Bresse, oncle maternel du Roi, qui contresigna le premier les lettres patentes données par celui-ci à la Roche-Talbot le 31 août.

(4) Voir, arch. nat. JJ. 219 fo 106, et Bibl. nat. f. fr. 20409, les lettres-patentes du 29 et du 31 août *in fine*. Les premières sont contresignées par « les seigneurs du Bouchage, de Lisle, de Grimault, Me Guille Briçonnet, général des finances et autres présents » les secondes par « le seigneur de Bresse, les seigneurs de Curton, de Baudricourt, de Graville, amiral de France, du Bouchaige, de Lisle, de Grimault, le bailly de Mascon et autres présents ».

sénéchal de Beaucaire, et Guillaume Briçonnet, receveur général du Languedoc, ces trois derniers, chambellans du jeune roi, et dès cette époque assez avant dans sa confiance; Gilbert de Chabannes, seig[r] de Curton et Jean de Baudricourt, gouverneurs, le premier du Limousin, le second de Bourgogne, tous deux également chambellans de Charles VIII; enfin Louis Malet, seig[r] de Graville, amiral de France, à cette époque le personnage le plus important du conseil royal sous le duc et la duchesse de Bourbon (1). Il écrivit à la date du 28 août à la Trémoïlle une lettre qui est datée de la Roche-Talbot (2).

Cependant, tandis que le roi faisait ainsi du manoir des la Jaille sa résidence momentanée, ses ambassadeurs, parvenus au terme de leur voyage, avaient pleinement réussi dans leur mission. Arrivés à Coiron dans les derniers jours d'août, ils n'eurent pas de peine à faire ratifier dès le 31 par le duc François II le traité de Sablé. Ils ne devaient pas tarder à retourner près de leur maitre, porteurs de la bonne nouvelle ; toutefois, pour que celui-ci en fût plus tôt avisé, ils s'étaient fait précéder par un exprès. De là les deux lettres que Charles VIII écrivait de la Roche-Talbot à la Trémoïlle, le 2 septembre (3), lettres, où, selon la promesse qu'il lui avait faite quelques jours auparavant de le tenir au courant (4), il lui faisait savoir « que la paix a esté jurée par le Duc » etc. De là aussi l'envoi que le roi faisait auprès de la personne de son généralissime des seigneurs de Curton et

(1) Voir sur ce personnage l'intéressante et importante *Notice biographique*, que lui a consacré en 1889 M. P. M. Perret.

(2) Voir *Correspondance de Charles VIII*.

(3) Ces deux lettres qui ne se trouvent pas dans la *Correspondance de Charles VIII*, mais dont les originaux avaient été retrouvés depuis par M. le duc de la Trémoille dans ses archives, ont été publiées par M. de la Borderie à la fin de son « *Louis de la Trémoïlle et la guerre de Bretagne* ».

(4) Voir, dans la *Correspondance de Charles VIII*, la lettre du 24 août : «.... tout incontinent que nos dits ambassadeurs, nous auront fait savoir l'arrest de la conclusion, vous en serez adverty à toute dilligence».

de Morvilliers qu'il accréditait par la lettre suivante également écrite du 2 septembre et datée de la Roche-Talbot (1).

« A nostre cher et féal cousin le s[r] de la Trimoille nostre lieutenant-général en l'armée de Bretaigne et aux cappitaines estans avec luy.

De par le Roy

Cher et féal cousin et vous noz amés et féaulx, nous envoyons par delà devers vous en nostre armée nostre cher et féal cousin conseiller et chambellan le s[r] de Curton ch[r] de nostre ordre seneschal et gouverneur du Lymousin et nostre amé et féal aussi conseiller et chambellan le s[r] de Morviller (2) pour vous dire de noz nouvelles touchant le traictié de la paix que nostre cousin le duc de Bretaigne a jurée et aussi pour le département de nostre d.armée et autres choses dont leur avons baillé charge. Si vous prions et mandons que de ce qu'ilz vous diront de par nous les croyez comme nous mesmes. Et leur aydez à conduire la charge que leur avons baillée en toute diligence et en manière qu'il n'y ait point de faulte.

Donné à la Roche-Talbot le 2e jour de septembre.

CHARLES. PARENT.

Ainsi, dès le 2 septembre, Charles VIII connaissait l'heureux résultat de la mission de l'archevêque de Bordeaux et

(1) Cette lettre, encore inédite, fait partie du chartrier de Thouars ; elle nous a été gracieusement signalée par M. le duc de la Trémoïlle qui nous a engagé lui-même à la publier ici in-extenso. Nous nous sommes donc empressés de déférer au vœu de l'auteur de la *Correspondance de Charles VIII*, et nous saisissons cette occasion de lui exprimer toute notre reconnaissance pour l'extrême bienveillance avec laquelle il a bien voulu mettre ses riches archives à notre disposition ; nous avons déjà signalé et nous continuerons à signaler chacun en leur temps et lieu les nombreux documents que nous y avons puisés pour cette étude.

(2) Raoul de Launay, chevalier, seigneur de Morvilliers.

de ses compagnons à la cour de François II. Le lendemain 3, le roi écrit une dernière fois de la Roche-Talbot à la Trémoïlle, puis un ou deux jours après, ses ambassadeurs l'ayant sans doute rejoint, et le motif qui le retenait dans le manoir qui nous intéresse n'existant plus, il quitte enfin le pays de Sablé, et se dirige sur le Mans où il était arrivé dans la journée du 5 (1).

Tel avait été ce premier séjour de Charles VIII à la Roche-Talbot, séjour qui, ainsi qu'on a pu le voir, n'avait guère duré moins de deux semaines, puisque le roi, installé probablement dans ce manoir le soir du 21 août au plus tard, avait dû le quitter seulement le 4 septembre. Assurément c'était là un grand honneur qu'il avait fait au frère d'Hardouin de la Jaille ; il tint d'ailleurs à témoigner à la femme de ce dernier, par un don des plus gracieux, sa reconnaissance pour l'hospitalité qu'il avait reçue. En effet, quelques jours après son départ de la Roche-Talbot, à la date du 14 septembre, nous le voyons donner « à demoiselle Catherine Le Roy, femme de messire Bertrand de la Jaille, chevalier, la somme de 75l... pour convertir en 10 aulnes de veloux noir doublé du prix de 7 livres 10 sols tourn. l'aulne, pour en faire des abillemens à son plaisir en faveur de ce que led. sieur a ésté logé en sa maison de la Roche-Talbot, près Sablé... » (2).

Le second séjour de Charles VIII à la Roche-Talbot eut lieu trois ans après le premier, presque jour pour jour.

(1) Voir dans la *Correspondance de Charles VIII*, la lettre du 6 septembre datée du Mans. «... hier arriva icy devers nous Antoine de Guines » etc.

(2) Arch. nat. KK. 70, f° 327 v°. C'est dans ce même registre au f° 297 v°, que se trouve un document relatif à l'installation de Charles VIII à la Roche-Talbot en 1488, document qui n'a pu trouver sa place dans les pages qui précèdent : « A Mathieu Prunelé menuisier de la Fourière (du Roi) la somme de... pour avoir fait faire par ung serrurier qui vint de Sablé à la Roche-Tallebot 2 bandes de fer et 2 morraillons à ung autre desd. coffres (des petits coffres de la chambre du Roy) et pour une clef neuve ».

C'étoient encore les évènements de la guerre de Bretagne qui avaient ramené ce prince au manoir des la Jaille (1). La paix de 1488 n'avait pas été durable, et, dès l'année suivante, les hostilités avaient recommencé entre le roi de France et la jeune duchesse Anne par suite du prétendu mariage de celle-ci avec le roi des Romains, Maximilien d'Autriche. Malgré les succès des Français qui avaient soumis peu à peu presque toute la Bretagne, cette nouvelle guerre, grâce à l'indomptable énergie de la fille de François II et à la surexcitation du patriotisme breton, grâce aussi aux secours anglais, menaçait de s'éterniser, quand, vers les premiers jours d'août 1491, Charles VIII, qui depuis quelques semaines s'était mis à gouverner par lui-même, résolut de quitter sa résidence de Montils-lès-Tours pour se rapprocher du théâtre des opérations militaires. C'était le moment où la Trémoïlle, à la tête du gros de l'armée royale, venait d'établir son camp à Acigné, à quelques lieues à l'est de Rennes, tandis que Anne de Bretagne, réduite désormais à la possession de cette seule ville, s'y enfermait courageusement, et, après en avoir réparé les fortifications, se préparait à y soutenir un siège rendu inévitable. C'était aussi le moment où, sous les auspices de Dunois, toujours l'un des principaux conseillers de la cour bretonne, mais maintenant, depuis la délivrance du duc d'Orléans, complétement rallié à la politique française, c'était aussi le moment, disons-nous, où le comte de Laval allait secrètement trouver à Rennes sa belle-mère, la dame de Laval, et s'efforçait, par l'intermédiaire de celle-ci, d'amener la duchesse, dont elle gouvernait entièrement l'esprit, à consentir, pour terminer la guerre, à épouser le jeune roi. Dans ces conjonctures, Charles VIII avait compris que sa présence était devenue nécessaire, au

(1) Voir pour le récit détaillé de ces événements l'*Histoire de Charles VIII* de M. de Cherrier, et l'*Histoire de la réunion de la Bretagne à la France* par A. Dupuy.

double point de vue militaire et diplomatique, sur la frontière de Bretagne. Et c'est pourquoi, après avoir passé quelques jours, du 14 au 19 à Baugé (en Anjou) ou dans les environs, il s'était rapidement dirigé sur Laval où il se trouvait à la date du 21. Il devait même, de cette dernière ville, pousser jusqu'à Vitré, et il y avait déjà fait préparer son logement ; mais, tout d'un coup, par un motif qui nous échappe, il préféra, sans toutefois perdre de vue la Bretagne, revenir sur ses pas, et alla s'établir, pour toute la fin du mois, à la Roche-Talbot (1).

Charles VIII était en effet le 24 à Sablé ; ce jour-là il y délivrait des lettres de commission à Brandelis de Champagne seigneur de Bazoges, et autres, pour recevoir les montres de son armée de Bretagne (2) ; de même, quelques jours après, le 27, il enverra de cette ville au sénéchal du Quercy, le seigneur de Gimel, l'ordre de procéder à la levée du ban et arrière-ban dans l'étendue de sa sénéchaussée (3). Or, si, dans ces jours-là, le roi nous apparaît expédiant ces divers actes de Sablé, il est non moins certain qu'il était logé à la Roche-Talbot ; là-dessus les comptes de son argenterie ne laissent aucun doute, témoin ce passage du compte particulier de Mathurin Prunellé « menuisier du Roy » chargé de « faire les logeys dud. seigneur durant led. mois d'aoust(1491) ». « ...Item à la Roche-Talbot, près led. Sablé, pour avoir habillé ung chalict pour servir à icelluy seigneur en l'absence du sien : 15 sols t. Item pour un marchepied : 5 sols t. Item à trois manœuvres qui ont nectoié les chambres et salles en son logeys et porté ses coffres en sa chambre : 5 sols t. » (4).

Installé de la sorte à la Roche-Talbot vraisemblablement dans la soirée du 23 août, Charles VIII ne tarda pas à y être rejoint par la Trémoïlle, par Saint-André, et par quelques

(1) Voir pour l'itinéraire de Charles VIII pendant le mois d'août 1491, arch. nat. KK. 76.
(2) Bibl. nat. man. f. fr. 25717 n° 110.
(3) Bibl. nat. ms. collect. Doat, vol. 88 f° 507 et suivants.
(4) Arch. nat. KK. 76 f° 115 v°.

autres des principaux « cappitaines et chefs de guerre » de son armée de Bretagne à qui il y avait donné rendez-vous. Pour ce qui est de la Trémoïlle, nous avons, grâce aux comptes de son hôtel pendant ce même mois d'août 1491, les détails les plus circonstanciés sur son voyage « en court » (1). Parti le 24 du camp d'Acigné, avec une escorte de 35 cavaliers, après avoir successivement couché à Vitré, puis à Laval, il avait quitté cette dernière ville le 26 « au matin » et était arrivé dans l'après-midi à Sablé où, le lendemain et le surlendemain, on le voit passer « tout le jour ». Les comptes de son hôtel qui nous donnent ainsi son itinéraire d'Acigné à Sablé, nous apprennent encore que, tandis que « partie des gens de Mons. (de la Trémoille) » étaient logés à Sablé, les « Vendredy Samedy et Dimanche (26, 27 et 28 août) », lui-même avoit reçu du roi l'hospitalité à la Roche-Talbot (2). Quant au seigneur de Saint-André (Guichard d'Albon) il avait également en ces jours-là quitté momentanément le commandement de son corps d'armée en Bretagne pour se rendre à la Roche-Talbot auprès de Charles VIII, puisque le 30 août nous le verrons apposer sa signature aux lettres-patentes expédiées par le roi de ce même manoir.

Ainsi le second séjour de Charles VIII dans le manoir dont nous retraçons les destinées coïncidait avec un rendez-vous qu'il avait donné auprès de sa personne à ses principaux capitaines et chefs de guerre de l'armée de Bretagne. Or ce rendez-vous avait pour objet un véritable conseil de guerre où devaient être prises les résolutions les plus importantes au sujet de la conduite ultérieure des opérations militaires dans la péninsule armoricaine. Dans les considérants des

(1) Arch. de M. le duc de la Trémoïlle ; comptes de l'hôtel de Louis II de la Trémoïlle pour le mois d'août 1491.

(2) « A Colas Palu... pour ce qu'il a fourny au lieu de Sablé durant le temps que Monss. estoit à la Roche-Talebot pour partie des gens de Monss. qui y estoient pour Vendredy, Samedy et Dimanche ».

lettres-patentes que, quelques jours après, le roi adressait, de la Roche-Talbot, aux commissaires députés pour présider de par lui « à la prochaine assemblée des trois estats du païs de Languedoc » (1), il est évidemment fait allusion au conseil de guerre en question. Qu'on en juge plutôt par les termes mêmes de ces considérants trop importants pour nous à tous points de vue pour ne pas être reproduits ici dans leur teneur intégrale : « ....Comme pour avoir plus claire cognoissance de nosd. affaires et donner provision à la conduicte d'icelles, *nous soions transportés vers les frontières de Bretagne et illec aions fait venir devers nous les princes et seigneurs de nostre sang et nos cappitaines et chefs de guerre* pour adviser et délibérer se promptement et sans attendre la saison nouvelle devoit estre par nous procédé par force d'armes et de siège à réduire en nostre obéissance la ville et cité de Rennes en laquelle (qui est seule ou païs tenant party à nous contraire) se sont retirez grant nombre d'Anglois et autres nos ennemys et adversaires; et *par lesquels princes, capitaines et chefs de guerre, en traictant de ceste manière, nous ont esté faictes plusieurs grants et louables remonstrances* concernant la protection seureté et conservation de noz royaulme païs seigneuries et subjects; *et finablement tous ensemblement et d'une mesme voix ont esté d'opinion* que en toutte dilligence et sans plus différer nous devons employer à faire lad. reduction sans y rien espargner, et, pour ce faire, mander et faire venir, se promptement que faire se pourra, certain nombre de gens de guerre à cheval et à pié oultre celui qui est desja aud. païs de Bretaigne... jusques à parfaire le nombre de 35 à 40,000 combattants avec plus grant quantité d'artillerie pionniers et autres choses nécessaires pour le renfort de nostre d. armée, tellement que lad. ville de Rennes soit close et envi-

(1) Ces lettres sont contenues au volume 25717 du fonds français des ms. de la bibl. nat.

ronnée de trois puissants sièges pourveuz de gens artillerie et autres choses sur ce requises et nécessaires; *et ensuivant lesq. advis et opinion, nous*, considérans que les choses sont à présent (grâce à Dieu) bien disposées à prompte et bonne exécution et que par ce moien tout le pais de Bretaigne sera et demourera à tousjours en nostre vraye et paisible obéissance sans ce que pour l'advenir il puisse estre cause d'aucune guerre au surplus de nostre royaulme, *avons présentement délibéré et conclud* de faire mettre le siège à toutte dilligence, nous y trouver en personne, et faire actuelle résidence. Et combien que pour fournir à ceste affaire feust besoing mectre sus et faire cueillir et lever promptement... par tout nostre royaulme jusques à la somme de 800,000 livres et plus, *ainsi que nous avons fait calculer bien au long en la présence desd. princes cappitaines et chefs de guerre* » etc. Comme on le voit donc par ces considérants des lettres-patentes du 30 août 1491, un conseil de guerre des plus solennels avait été tenu par Charles VIII pendant son séjour à la Roche-Talbot, conseil de guerre où avaient été adoptées les résolutions les plus importantes relativement à la guerre de Bretagne, et voilà pourquoi la Trémoille et Saint-André se trouvaient dans ces jours-là auprès du Roi.

De ce second séjour de Charles VIII au manoir qui nous occupe datent d'ailleurs, outre les lettres-patentes dont nous venons de parler, les lettres d'annoblissement données à un personnage du pays de Sablé, à Pierre Jarry, seigneur de Vrigné en la paroisse de Juigné (1). Fils de Robert Jarry qui s'était distingué, parait-il, sous le règne précédent par ses services militaires, Pierre Jarry avait été fait noble par le successeur de Louis XI à la requête et aux instances de plusieurs des écuyers de celui-ci. Données à la Roche-Talbot, « apud rupem Talboti », les lettres d'annoblissement dont il s'agit furent contre-signées par « les seigneurs de la Trémoïlle,

(1) Arch. nat. JJ. 222 f° 67. Ces lettres sont en latin.

de Grimault, d'Aubigny (1), et autres présents ». Elles sont datées, sans indication plus précise, du mois d'août ; mais la présence, parmi les signataires, du premier de ces personnages prouve, si l'on se reporte à ce que nous avons dit plus haut, que leur date doit être fixée entre le 26 et le 28 août.

Arrivé, ainsi que nous l'avons déjà dit, à la Roche-Talbot probablement dans la soirée du 23 août, Charles VIII y était encore le 30, puisqu'il datait de ce manoir les lettres-patentes qu'il envoyait ce jour-là aux commissaires chargés de présider en son nom la prochaine assemblée des trois états du Languedoc et de leur demander des subsides pour continuer et mener à bonne fin la guerre de Bretagne. Ces lettres, dont nous avons fait ressortir plus haut l'importance en en citant la partie la plus intéressante, sont contresignées par « Messeigneurs les ducs d'Orléans, de Bourbon, d'Alençon et cardinal de Lyon (2) » par « les comtes de Montpensier (3), de Dunois et d'Albret (4) » par « les évêques d'Alby (5), de de Montaulban (6), de Luçon » par « le marquis de Rhote-

(1) Bérault Stuart, seigneur d'Aubigny, alors capitaine des gardes écossais de Charles VIII ; c'est lui qui, quelques semaines auparavant, avait été chargé par ce prince d'aller à Bourges mettre en liberté le duc d'Orléans. »

(2) Charles de Bourbon, cardinal archevêque de Lyon, frère ainé de Pierre de Bourbon, à qui, à la mort de Jean II, leur ainé, en avril 1488, il avait fait abandon de ses droits successifs.

(3) Louis de Bourbon, comte de Montpensier dont la fille Gabrielle avait épousé Louis de la Trémoille.

(4) Alain d'Albret, dit le Grand, un des prétendants à la main d'Anne de Bretagne ; à la fin de l'année 1490, ayant essuyé un refus définitif de la part de celle-ci, il était passé dans le parti de Charles VIII, et en février 1491, avait livré aux Français le château de Nantes.

(5) Louis d'Amboise, évêque d'Alby, qui devait quelques mois après, célébrer à Langeais le mariage de Charles VIII avec Anne de Bretagne.

(6) Georges d'Amboise, frère du précédent, d'abord évêque de Montauban, puis en 1493 archevêque de Rouen ; il s'était montré pendant la révolte du duc d'Orléans, l'un de ses plus fidèles partisans et s'était même fait emprisonner pour sa cause en 1488 ; bientôt mis en liberté ; il s'était activement employé à préparer la réconciliation de Charles VIII avec le duc d'Orléans ; sous le règne de Louis XII il devait être cardinal et premier ministre de ce prince.

lin » par « l'admiral (de Graville) » par « les sieurs de Curton, du Bouchaige, de Myolans (1), de Grimault, d'Urfé (2), de Saint-André » etc. Tels étaient les personnages, presque tous aussi célèbres qu'importants par leur rôle soit dans les événements de l'époque, soit à la cour de Charles VIII, qui se trouvaient réunis le 30 août 1491 à la Roche-Talbot, pour apposer leurs signatures au bas des lettres-patentes en question.

Le matin de ce même jour, tous ces personnages avaient sans doute assisté avec leur maître à un service solennel que celui-ci avait fait célébrer en l'honneur et à la mémoire du feu roi son père, dans la chapelle du manoir où il était logé. La mention de ce service, accompagnée de détails assez curieux, se trouve dans le compte des menus plaisirs du roi pour le mois d'août de l'année 1491. La voici :

« A Arnoul Boutin, clerc de chapelle dud. seigneur (du roi), la somme de 8 livres 6 d. t. à luy ordonnée pour le remboursement de pareille somme, laquelle a baillé par l'ordonnance d'iceluy seigneur, c'est ascavoir 15 sols t. aux cinq prestres qui ont chascun célébré messe le pénultième jour d'aoust 1491 en commémoratif du feu Roy Loys (que Dieu absolve) en la chapelle de la Roche-Talbot près Sablé ; 7 sols 6 den. t. pour vigilles ; 12 sols t. pour 2 cierges ; 6 sols t. pour 1 torche ; 50 sols t. à deux chapelains du Roy nostred. seig[r] qui ont fait led. service, et 40 sols t. qu'il luy a ordonné (à Arnoul Boutin, le clerc de chapelle) et à trois de ses compaignons dud. office de clerc de chapelle qui ont semblablement aydé à faire led. service » etc. (3).

(1) Jacques, baron de Myolans, alors un des chambellans les plus en faveur auprès du jeune roi qui devait le faire plus tard gouverneur de Dauphiné et capitaine des cent gentilshommes de son hôtel.

(2) Pierre, seigneur d'Urfé et de la Bastie, grand écuyer de France sous les règnes de Louis XI, Charles VIII et Louis XII.

(3) Arch. nat. KK. 76 f° 117. Outre ce service célébré le 30 dans la chapelle de la Roche-Talbot, d'autres services avaient été célébrés le même

Ainsi, dans la matinée du 30 août 1491, la chapelle du manoir dont nous étudions l'histoire, accommodée, comme on peut le croire avec toute la pompe funèbre requise en une pareille circonstance, avait retenti à l'intention du feu roi Louis XI des chants que l'Église réserve à la mémoire des défunts, et nul doute, nous le répétons, qu'en son humble enceinte ne se soient pressés, aux côtés de Charles VIII, tous ceux des princes du sang et des membres du conseil royal alors présents auprès de lui, c'est-à-dire tous ceux dont les noms figurent au bas des lettres-patentes expédiées le même jour de la Roche-Talbot par le roi.

Parmi ces divers personnages se trouvait, nous l'avons dit, le duc d'Alençon. Assurément ce n'avait pas dû être sans une certaine émotion que celui-ci s'était vu ramener par le hasard des événements, à la suite de Charles VIII, dans ces mêmes lieux où, dix ans auparavant, il avait été arrêté tout-à-coup d'un façon si tragique, et, où avait commencé pour lui cette longue et cruelle détention qui semblait alors ne devoir finir que par sa mort. Plus grande avait dû être

jour dans les églises de Notre-Dame de Sablé et Souvigné, comme on le voit par les passages suivants du compte en question, f°s 110 v° et 111 ;

« A Raimbault apoticaire demourant à Sablé la somme de 106 sols 3 deniers t. pour 8 grands cierges, de 1 livre de cire chacun, qu'il a baillés et livrés ès Églises de N.-D. de Sablé et de Souvigny près led. Sablé, en chacune desquelles led. seigneur à fait dire ung service pour l'âme du feu Roy Loys derenier trespassé » etc.

« A maistre Eustace Chauvyn vicaire de l'Église de N.-D. dud. Sablé la somme de 7 l. 12 s. t. pour le rembourser de... 108 s. t. à 36 prêtres qui ont célébré chacun une messe en lad. Église par l'ordonnance icelui seig^r^ pour l'âme dud. feu seig^r^ 15 sols t. pour 3 haultes messes, 12 s. t. aux vicaires qui ont tenu chappe... dict vigilles et lesd. 3 haultes messes; 12 s. 6 deniers t. aux sonneurs et 4 sols t. à 4 enffans qui ont tenu les torches durant led. service » etc.

« A Me Guill^e^ le Maçon, p^re^, vicaire de lad. église de Souvigny, la somme de 11 l. 7 sols 6 deniers t. pour le rembourser de semblable somme qu'il a baillée pour semblable cause que led. Chauvyn » etc.

A Me Guill^e^ Nepveu, p^re^, curé de l'église de St-Martin dud. Sablé la somme de 6 livres 15 sols 8 deniers t. pour le rembourser de semblable somme pour semblable cause que led. le Maçon » etc.

encore son émotion lorsque, assistant à son rang de prince du sang à la cérémonie dont il vient d'être question, il avait entendu les chapelains du roi et ses clercs de chapelle entonner dans la chapelle de la Roche-Talbot le Dies iræ à l'intention de ce Louis XI, jadis son implacable persécuteur, aujourd'hui dans le tombeau ! Singulier retour pour lui des choses d'ici-bas ! Qui aurait dit au comte du Perche, au moment de son arrestation dans le manoir des la Jaille et au milieu des sombres idées qui assaillaient alors son esprit rempli d'épouvante, que, quelques années après, non-seulement rendu à la liberté, mais rentré en possession de ses biens, de ses dignités et de la faveur royale, il se retrouverait dans ce même manoir pour y assister au huitième service commémoratif dit pour l'âme du terrible tyran de Plessis-les-Tours ?

Cependant cette journée du 30 août 1491, doublement mémorable dans l'histoire de la Roche-Talbot et par la cérémonie dont sa chapelle avait été témoin, et par les importantes lettres-patentes qui y avaient été signées par le roi assisté des princes du sang, et de tout son conseil, cette journée était la dernière que Charles VIII devait y passer. Le lendemain on le voit à Solesmes (1), puis le surlendemain à la Flèche (2) : il avait donc quitté définitivement le pays de Sablé.

On connait maintenant dans tout leur détail les deux séjours du successeur de Louis XI à la Roche-Talbot, séjours qui, avec le tragique événement du 10 août 1481, suffiraient à eux seuls pour faire de la terre dont nous étudions le passé une terre véritablement historique.

Revenons maintenant à Hardouin de la Jaille qui s'en

(1) Arch. nat. v/5 1041 ; séance du grand conseil tenue le 31 aout 1491 à Solesmes.

(2) D. Morice, *Histoire de Bretagne*, preuves, lettres de provision de lieutenant-général en Basse-Bretagne données au vicomte de Rohan le 1er septembre 1491 de la Flèche.

qualifiait à bon droit seigneur, bien que ses importantes fonctions de conseiller et de chambellan du duc René II le retinssent en Lorraine (1). En décembre 1492, nous le voyons encore recevoir, en qualité de seigneur de la Roche-Talbot, une déclaration féodale au regard de ses fiefs de Vion et du Coudray. Toutefois l'ancien serviteur de Jean d'Anjou touchait alors au terme de sa longue carrière. Il mourut avant le 17 octobre 1493 (2), et, comme il n'avait point d'héritiers directs, n'ayant, croyons-nous, jamais été marié, sa mort allait faire passer entre les mains de son frère cadet, Bertrand de la Jaille, toutes les terres qu'il avait possédées tant en Lorraine qu'au Maine.

Comme seigneur de la Roche-Talbot, « Noble homme et puissant seigr Mre Bertrand de la Jaille, chr seigr dud. lieu et de la Roche-Talbot » constitua, par acte passé le 17 octobre en la court de Saint-Denis d'Anjou, ses bien amés Pierre Jousse et Me Jehan Robineau ses procureurs généraux et « espécialement » leur donna plein pouvoir d'offrir et faire en son nom à la dame de Varennes-Bourreau deux fois et deux hommages simples 1° au regard de la seigneurie du Haut-Tronchay et de la Heurtaudière, « à cause et par raison du lieu, fief, domaine et appces de Saulteré appartenant aud. chevalier ». 2° au regard de la seigneurie de Coullon « à cause et par

(1) En 1485 « Mre Hardouin chr seigr de la Jaille » représente le duc de Lorraine dans un accord fait le 27 avril entre les gens des conseils de Lorraine et de Bar (Bibl. nat. man. f. fr. 4885 f° 10751) ; En 1487, il contresigne les lettres-patentes du don de la terre et seigneurie de Commercy, fait par René II à Gérard d'Avillier (Bibl. nat. ms. f. fr. 4885 f° 3163) ; enfin le 29 mars 1489 il est présent au conseil tenu ce jour-là par le duc de Lorraine à Bar-le-Duc. (Bibl. nat. ms. Lorraine VII f° 1.)

(2) Voir plus loin l'acte passé à cette date par Bertrand II de la Jaille comme héritier de son frère Hardouin en ce qui concerne la terre de la Roche-Talbot; de même nous voyons le pén. novembre 1493 « Mre Bertrand de la Jaille, chr, frère germain de feu Mre Hardouin de la Jaille » rendre au duc de Lorraine « les lettres du don fait en 1465 aud. Hardouin de la seigneurie, chastel et forte maison de Condé-sur-Moselle et de Val-de-Faux » (Bibl. nat. ms. f. fr. 4881 f° 3205).

raison des lieux, fiefs, domaines et app[ces] de Beauchesne et de la Justonnière » également « appartenant aud. chevalier » ce que ceux-ci firent l'année suivante aux pleds de Coullon (1). De même encore le 28 novembre et le 28 janvier 1493 Bertrand de la Jaille fait deux obéissances féodales l'une à Juvardeil pour le Plessis-Liziard (2), l'autre à Bouère pour sa terre de Meignannes (3) ; enfin dans le courant de l'année 1494 il fait foy et hommage au seigneur de la Courbe pour ses fiefs de la Mathouraye en Souvigné (4).

Au moment où il devenait ainsi seigneur de la Roche-Talbot, le successeur d'Hardouin de la Jaille était de plus en plus en faveur auprès du roi Charles VIII. Nous avons dit que, maintenu au début du règne de ce prince parmi les cent gentilshommes de l'hôtel, il n'avait pas tardé à être nommé conseiller et chambellan. Il avait probablement reçu dès l'année 1490 cette marque de la faveur royale, car son nom figure déjà sur le compte de Jehan Briçonnet pour l'année 1490-1491, au chapitre des pensions, gages et entretenements ; il avait reçu alors du roi une gratification de 300 livres (5). Il est également cité dans le compte de Nicolas Herbelot pour l'année 1493-1494, au même titre et pour une somme de 120 livres, et il est qualifié cette fois : « Mre Bertrand de la Jaille, chevalier, seigneur de la Roche-Talbot » (6). Ces diverses libéralités accordées ainsi par le roi à notre personnage étaient sans doute attachées à sa place de conseiller et chambellan. Ce qui est en tous cas certain, c'est qu'il avait été investi de cette charge au moins dans les dernières années de sa vie, comme le prouvent des

(1) Arch. du château de Ciriéres, terrier de la Morinière en Saint-Denis d'Anjou.

(2) Arch. de Maine-et-Loire, E. 331.

(3) Bibl. d'Angers, ms., collect. Thorode, dossier la Jaille, d'après les titres de la Vaisouzière.

(4) Arch. de Maine-et-Loire, E. 331.

(5) D. Morice, *Histoire de Bretagne*, preuves.

(6) D. Morice, *Histoire de Bretagne*, preuves.

lettres-patentes du 8 juin 1495 (1) adressées par Charles VIII « au sénéchal du Maine ou à son lieutenant, à nos amés et féaux conseillers et chambellans, Brandelis de Champagne et Bertrand de la Jaille, chevaliers, où à l'un d'eux », au sujet d'un aide à lever sur les manans et habitans des villes closes et fermées de la sénéchaussée du Maine pour subvenir aux frais de la guerre d'Italie. Il semble même d'après le début de ces lettres-patentes, que le seigneur de la Roche-Talbot était alors lieutenant du sénéchal du Maine.

Si, grâce à la mort sans héritiers directs de ses deux frères aînés, Bertrand de la Jaille était devenu d'une façon inespérée, vers la fin de sa vie, seigneur de la Roche-Talbot ainsi que de beaucoup d'autres terres, il devait être lui-même déjà d'une âge assez avancé quand cette succession lui échut. Aussi n'était-il pas destiné à en jouir longtemps. Il survécut à peine trois ans au frère auquel il avait succédé en 1493 et était mort à son tour au mois d'avril 1496. Il laissait de son mariage avec Catherine Le Roy huit enfants mineurs, dont quatre fils, René, Gilles, Magdelon et Pierre, et quatre filles, Jehanne, Françoise, Isabeau et Marguerite. C'est « au nom et comme bail » de ces « enfants mineurs d'ans dud. défunt et d'elle » que, dès le 24 avril 1496, par acte passé en la court de Saint-Denis d'Anjou et de Chemiré-sur-Sarthe, « noble dame Catherine Le Roy, veuve de déf[t] Mre Bertrand de la Jaille, en son vivant ch[r] seig[r] dud. lieu et de la Roche-Talbot » donne procuration à ses « féaulx et bien amés Guillaume de Champlais, escuyer, Me François le Moulnier et Colas Chesneau » pour offrir et faire au nom de ses enfants les deux fois et hommages dus par ceux-ci au seigneur ou dame de Varennes-Bourreau, à cause des fiefs et domaines de Sautré, la Justonnière et Beauchesne (2). Elle consentit également, deux jours après, une autre procuration en la

(1) Bibl. nat., cab. des titres, carrés d'Hozier, dossier la Jaille.
(2) Arch. du château de Cirières, terrier de la Morinière.

même qualité pour faire foi et hommage à la baronnie de Château-Gontier pour la Balhayère (1), et elle fit hommage à Bellebranche au nom de ses enfants le 1er mai suivant (2).

Catherine Le Roy continua du reste, pendant son veuvage, à résider à la Roche-Talbot dont son mari avait, semble-t-il, fait sa demeure la plus ordinaire depuis de longues années, du vivant même de son frère, et où, selon toute vraisemblance, il était décédé. C'est à la Roche-Talbot que nous la verrons plus tard célébrer les mariages de deux de ses filles, et c'est là qu'elle finira ses jours. Nous ignorons la date de sa mort, postérieure en tous cas à l'année 1510.

CHAPITRE VI

RENÉ I ET RENÉ II DE LA JAILLE

Tandis que Catherine Le Roy veillait, comme bail de ses enfants mineurs, à la conservation des biens que leur père, Bertrand II de la Jaille, leur avait laissés en mourant, ceux-ci, grandissant, arrivaient tour à tour à leur majorité. René, l'aîné, n'en devait déjà pas être loin en 1496, et il l'avait certainement atteinte en 1500, année où nous le voyons faire foi et hommage au seigneur de la Courbe (3) : il était donc dès lors seigneur de fait de la Roche-Talbot.

Cette même année 1500 « le sieur de la Roche-Talbot » était poursuivi aux assises du Comté du Maine tenues au mois de septembre pour un de ces cas dont, avec les rudes mœurs de ce temps-là, les gentilshommes n'étaient que trop

(1) Arch. de la Mayenne, terrier de Château-Gontier, fief de la Balhayère.

(2) Arch. de la Sarthe, fonds Bellebranche, H. 682, répertoire etc.

(3) 15 juin 1500 : acte de foi et hommage par René de la Jaille, seigneur de la Roche-Talbot, à Georges d'Orenge, seigneur de la Courbe pour les fiefs de la Mathouraye. (Arch. de Maine-et-Loire E, 331, mémoire relatif à la féodalité de la Mathouraie en Souvigné).

coutumiers. On disait « contre lui que de guet appens et propos délibéré » il avait « baptu et oustraigé au lieu de la Vaisouzière (1) puis ung moys ou six sepmaines ung nommé Pierre de la Genouillerie (2) », auquel il avait « donné plusieurs coups mortels » et dont l'on « espéroit plus la mort que la vie ». Déjà même, comme le relatent les remembrances des assises en question, il avait « esté enjoinct à Macé Malet, sergent, faire information du cas en toute diligence, icelle apporter ou envoyer dedens huit jours et sous peine d'amende (3) ». En cette circonstance critique de sa vie, René de la Jaille fit appel, comme on avait coutume en pareil cas, à la clémence royale. Peut-être avait-il à sa décharge quelques circonstances atténuantes qu'il fit valoir ; et puis Louis XII se souvint sans doute que le jeune seigneur de la Roche-Talbot était le neveu d'un personnage haut placé dans son gouvernement, de Guyon Le Roy, alors vice-amiral de France. En tous cas, une rémission en bonne et due forme ne tarda pas à intervenir en faveur de René de la Jaille qui fut ainsi tiré de ce grave embarras (4).

(1) La Vaisouzière en Bouère, ancienne terre seigneuriale dont les seigneurs de la Roche-Talbot relevaient pour leur métairie de la Rigoulière située dans la même paroisse, tout près de la limite des paroisses de Souvigné et de Saint-Denis-d'Anjou. Elle appartenait depuis la fin du XIVe siècle aux du Mas qui devaient la posséder jusqu'au milieu du XVIe, après lui avoir annexé par achat vers 1530 la châtellenie de Bouère.

(2) La Genouillerie en Saint-Brice ; fief relevant de la seigneurie de cette paroisse qui avait donné son nom à une vieille famille noble éteinte vers le milieu du XVIe siècle. Le Pierre de la Genouillerie dont il est ici question en était sans doute le propriétaire ; il y avait aussi à cette époque près de Saint-Denis-d'Anjou un Jehan de la Genouillerie, escuyer, seigneur de Martigné.

(3) Arch. nat. R 5 400 f° 128.

(4) Voir à la Bibl. nat. salle des manuscrits, l'inventaire du trésor des chartes, t. II, p. 1893 ; une rémission « pro Renato de la Jaille » y est indiquée comme donnée vers l'année 1500 et contenue au registre 225 de la collection des chartes royales. Malheureusement ce registre, qui existe bien en original aux archives nationales, a les premiers feuillets enlevés, et c'est sur l'un de ces feuillets que se trouvait inscrite la rémission qui nous intéresse.

Comme le prouve la proximité, par rapport à la terre qui fait l'objet de cette étude, du théâtre de la rixe survenue en 1500 entre René de la Jaille et Pierre de la Genouillerie, c'était bien à la Roche-Talbot que résidait le fils de Catherine Le Roy. Celle-ci, nous le répétons, y demeurait également avec ses autres enfants, car c'est en la cour de Sablé, que furent passés en 1505 et en 1510 les contrats de mariage de ses deux filles Jehanne et Marguerite. Toutes deux contractèrent des unions dignes de l'ancienneté et de l'illustration de leur maison. La première épousa Charles Bourré, seigneur de Jarzé, fils de Jehan Bourré, seigneur du Plessis-Bourré, l'ancien ministre de Louis XI et de Charles VII, et de Marguerite de Feschal, et veuf en premières noces de Catherine de Chources. La seconde s'unit à François de Bouillé, seigneur dudit lieu, issu de Jehan de Bouillé et de Magdelaine Lemaire, dame du Rocher de Mésanger. Déjà alliés aux de Feschal, de Saint-Bomer, d'Orenge, etc.. les de Bouillé tenaient alors un des premiers rangs dans la noblesse du Maine ; le mari de Marguerite de la Jaille devait obtenir sous François Ier l'office de grand fauconnier de France, et c'est lui qui, peu de temps après son mariage, fit construire la partie renaissance du château du Rocher, si justement admirée de nos jours. On y voit encore aujourd'hui une magnifique galerie où François de Bouillé avait fait graver les armes réunies de sa famille et de celle de sa femme. René de la Jaille, ainsi que sa mère Catherine Le Roy, était intervenu aux contrats de mariage de ses deux sœurs et les avait dotées sur les biens que sa maison possédait en Anjou. A Jehanne, il avait baillé « les biens, domaines et appces de la Mancelière, la Balayère, la Drouylinière et l'estang dud. lieu de la Balayère » et « la prévosté de la Cerpière qui partit autreffois de la vicomté de Beaumont... avec les fiefs d'Azé, de Bierné et du Couldray » etc. ; Marguerite eut « la seigneurie du Gué de Fresne avec le domaine et métairie de la Bourelière o leurs appces et dép[ces]... lesd. choses sises et situées au comté de Beaufort, près Longé » (1). Quant aux noces qui suivirent ces deux contrats de mariage, elles furent évidemment célébrées à la Roche-Talbot, au milieu, comme on peut le croire, des fêtes les plus brillantes, et nul doute qu'à cette occasion le manoir qui avait autrefois abrité Charles VIII et sa cour n'ait vu se presser dans ses murs l'élite de la noblesse du Maine et de l'Anjou.

Et puisque nous venons de parler de deux des sœurs de René de la Jaille, n'est-ce pas ici le lieu de dire quelles furent les diverses destinées de ses deux autres sœurs, Françoise et Isabeau, et de ses trois frères Gilles, Pierre et Magdelon? Françoise, à l'exemple de sa tante, Isabeau de la Jaille, qui vivait toujours, et était alors abbesse de l'abbaye du Ronceray, à Angers (2), consacra ses jours à Dieu; elle prit le voile et devint religieuse de l'ordre de Saint-Benoit à Saint-Sulpice de Rennes (3). Isabeau ne se maria point et

(1) Des copies originales en parchemin de ces deux contrats de mariage se trouvent au dossier la Jaille des archives de Maine-et-Loire; nous les reproduirons aux pièces justificatives.

(2) Fille, nous l'avons dit au chapitre III de cette étude, de Bertrand I de la Jaille et de Guillemette Odart (et non, comme le prétend à tort la *Gallia Christiana*, de Bertrand II et de Catherine le Roy), Isabeau de la Jaille était entrée comme religieuse à l'abbaye du Ronceray vers le milieu du XVe siècle, et en avait été élue abbesse dans les dernières années du même siècle. Toutefois, cette abbaye lui ayant été disputée par sœur Marguerite de Chivré, elle fut obligée de se faire autoriser par un arrêt du Parlement donné en novembre 1504, (arch. nat. X[a] 4846 f° 2) à « soy dire porter et nommer abbesse de lad. abbaye de N.-D. du Ronceray d'Angiers, d'en prendre et percevoir les fruits, proffits, revenus et émoluments » etc. D'après l'inventaire des titres du Ronceray qui se trouve aux archives de Maine-et-Loire, ce fut entre ses mains qu'en 1505 Françoise de la Chapelle fit profession, et en 1512 ce fut encore elle qui présenta dame Françoise du Bois au prieuré du Bourg-de-Moutiers. Elle mourut, si l'on en croit la *Gallia Christiana*, le 4 décembre 1518.

(3) Voir aux pièces justificatives la généalogie de la maison de la Jaille dressée sur titres vers 1520, généalogie qui était conservée en 1541 au trésor du manoir de Beuxe en Loudunois, et dont René II de la Jaille comme nous le verrons se fera donner communication. Il y est dit qu'en 1520

mourut avant le 27 juillet 1515, date à laquelle nous voyons, par acte passé en la cour de Bourgnouvel, René et Magdelon de la Jaille se partager sa succession (1). Voilà pour les sœurs du seigneur de la Roche-Talbot ; de ses frères, un seul devait prendre femme. Gilles mourut jeune et sans alliance (2), comme sa sœur Isabeau ; Pierre entra dans les ordres et fut pourvu dès 1502 du prieuré de Bouère ; plus tard il échangea ce bénéfice que lui disputait « Frère Jehan Mareschal religieux de l'ordre de Saint-Benoist » (3), contre la cure de Souvigné et se fit nommer protonotaire du Saint-Siège apostolique (4) ; enfin Magdelon épousa par contrat du 19 octobre 1509 « demoiselle Françoise Crespin, seule fille et héritière de feu noble homme Messire René, Crespin en son vivant chevalier, et de dame Renée Frezeau » (5). Il fut partagé des terres et seigneuries d'Avrillé en Anjou, auxquelles il joignit, du chef de sa femme, « la Thuauldière » en Pincé et « le Chastelet » en Saint-Pierre-sur-Erve. Ayant eu postérité, il fut l'auteur d'une branche

« dame Françoise de la Jaille » éait « religieuse de l'ordre de St Benoit à St Supplice de Rennes. »

(1) Cet acte existe en original sur parchemin aux archives du château de Bossé qui appartiennent, nous l'avons dit, à M. le comte de Baglion

(2) Voir aux pièces justificatives le contrat de mariage de Magdelon de la Jaille avec Françoise Crespin (10 octobre 1509) où il est question de « feu noble personne Gilles de la Jaille, son frère, naguère décédé. »

(3) Voir arch. nat. X[1a] 8332 f° 170 v° et 4851 f° 151.

(4) En effet, dans la généalogie de sa maison dressée en 1520, et dont nous avons parlé dans une des notes ci-dessus à propos de sa sœur Françoise, il est dit « à présent prestre et protonotaire du Saint-Siége apostolique et curé de Souvigné près la Roche-Talbot ». Toutefois l'inventaire des titres de l'abbaye du Ronceray nous apprend qu'en 1535 il devait résigner cette cure en faveur de Me Jehan Esnanlt présenté le 1er février de cette année là par l'abbesse de Ronceray à l'évêque du Mans. Il est probable que l'oncle de René II de la Jaille s'était fait donner à cette époque le prieuré baronie de Pincé dont il semble avoir joui pendant les dernières années de sa vie.

(5) Le contrat de mariage de Magdelon de la Jaille avec Françoise Crespin se trouve (original en parch.) au dossier la Jaille des archives de Maine-et-Loire ; nous le donnerons aux pièces justificatives.

cadette de sa maison qui ne devait s'éteindre qu'au XVIIe siècle. Il prit part aux guerres d'Italie du règne de Louis XII, et fut, d'après Bourdigné, au nombre des seigneurs angevins qui se distinguèrent en 1512 à la bataille de Ravenne.

Nous avons dit les alliances d'un des frères et de deux des sœurs de René I de la Jaille. Pour lui, il avait été marié du vivant de son père, dès le 19 octobre 1494, par contrat passé à Loudun (1), avec demoiselle Jehanne Hérisson, fille de feu Pierre Hérisson, seigneur du Plessis-Buret, et de Jehanne de Laval. Les Hérisson, qui, si l'on en croit Ménage, portaient pour armes : « *d'argent à 3 hérissons de sable* » étaient une ancienne famille noble du Maine qui possédait, outre la terre seigneuriale du Plessis-Buret en Sainte-James-le-Robert, celle de Montargis en Savigné-l'Evêque. En 1406 Thibault Hérisson, seigneur du Plessis-Buret, avait rendu aveu à l'évêque du Mans, au regard de la baronnie de Touvoie, pour son « hébergement de Montargis » (2). Plus tard, quand, pendant la deuxième période de la guerre de Cent-Ans, le Maine fut pour la seconde fois envahi par les Anglais, on trouve à Laval un Robert Hérisson, très probablement fils de Thibaut, qui, comme tant d'autres seigneurs du Bas-Maine, s'était retiré en cette ville et y avait un « hébergement... sis devant l'église Saint-Tugal (3) ». A ce Robert Hérisson avait succédé avant 1455 Jehan Hérisson qui, cette année là et dans les années suivantes, nous apparait à la fois comme seigneur du Plessis-Buret et de Montargis (4).

(1) Voir Ménage, *Histoire de Sablé*, 2e partie, p. 160.

(2) Arch. de la Sarthe, série G, liasse 8.

(3) Arch. nat. P. 345/1 f° 112 v°, dans l'aveu supplémentaire rendu en 1452 par la comtesse de Laval au comté du Maine : « Le seigneur du Plessis-Buret pour le hébergement et app[ces] qui fut feu Robert Hériczon, sis en lad. ville de Laval devant l'église St-Thugal. »

(4) Arch. de la Sarthe, G. 8 ; y voir aussi dans la série E, liasse 229, un mémoire à l'appui de la féodalité du Plessis-Buret, qui donne la suite des seigneurs de cette terre depuis le milieu du XVe siècle.

Il avait pour femme Marguerite de la Jaille (1) et en eut Pierre Hérisson, le père de la future dame de la Roche-Talbot. Quant à la mère de celle-ci, Jehanne de Laval, elle était fille de Jehan de Laval, seigneur de Brée, et de Françoise Gosselin. C'était en 1481 que Pierre Hérisson et Jehanne de Laval s'étaient épousés (2) ; et en 1494 Jehanne Hérisson, lorsqu'elle fut accordée avec notre René de la Jaille, alors très jeune lui-même, ne devait guère avoir plus de douze ans ; aussi, leur contrat de mariage n'ayant été suivi que de simples fiançailles, la cérémonie solennelle de leur union n'avait eu lieu que beaucoup plus tard. A cette époque d'ailleurs Jehanne de Laval, veuve de Pierre Hérisson, était remariée depuis 1487 avec Joachim Sanglier, seigneur de Boisrogues en Loudunois où elle l'avait suivi, ce qui nous explique comment le contrat de mariage de sa fille avait été passé devant les notaires de Loudun. Dame du Plessis-Buret et de Montargis du chef de son père, Jehanne Hérisson avait ainsi apporté ces deux terres en mariage au futur seigneur de la Roche-Talbot (3).

Si René I de la Jaille nous est ainsi connu par un certain nombre des principaux événements de sa vie privée (4), il ne

(1) De la branche des seigneurs de Durtal et de Mathéfélon ; voir Ménage, *Histoire de Sablé*, 2e partie, p. 161.

(2) Voir au cabinet des titres de la Bibl. nat. P. O., dossier Herisson, leur contrat de mariage.

(3) Voir au mémoire de la série E (229) des arch. de la Sarthe : 1° Sursšauce du 9 juin 1490 accordée à Robert Doultre, seigneur de la Baconnière, bail de demoiselle Jehanne Hérisson, pour faire foi et hommage à Sillé pour le Plessis-Buret ; 2° 12 juin 1497 : procuration pour Jehanne Hérisson, femme de René de la Jaille, afin de faire foi et hommage pour terre ; 3° Voir enfin aux arch. de la Sarthe (dossier Touvoie) René de la Jaille en 1510 seigneur du Plessis-Buret et de Montargis à cause de sa femme.

(4) Comme seigneur de la Roche-Talbot, outre l'obéissance féodale faite par lui en 1500, comme nous l'avons dit plus haut, au seigneur de la Courbe pour les fiefs de la Mathouraie, René de la Jaille avait fait foi et hommage en 1506 à la seigneurie de la Vaisouzière pour son lieu de la Rigoullière. (Bibl. d'Angers, ms. coll. Thorode, dossier la Jaille) et en 1514

semble pas qu'il ait joué aucun rôle notable dans l'histoire de son temps. Chose singulière ! A la fois descendant et ancêtre de tant de seigneurs qui ont eu chacun leur genre d'illustration, frère de ce Magdelon de la Jaille qui signalait sa vaillance à Ravennes, le seigneur de la Roche-Talbot ne nous apparait ni comme guerrier ni autrement dans la vie publique de l'époque. A cet égard, une obscurité complète pèse sur sa mémoire. A quelle cause attribuer cette obscurité ? Peut-être à sa fin prématurée, car il n'avait pas beaucoup plus de quarante ans quand il mourut, à la fleur de son âge, le 13 octobre 1515 (1).

Il laissait de son mariage avec Jehanne Hérisson deux enfants mineurs, un fils René II, et une fille Claude, dont sa veuve eut naturellement le bail. Ce fut en leur nom que dès le 27 octobre 1515 « noble et puissante damoiselle Jehanne Hérisson, veuve de feu noble et puissant René de la Jaille, en son vivant seigneur dud. lieu et de la Roche-Talbot, » s'empressa de faire offre de foi et hommage à Juvardeil, pour le Plessis-Liziard (2). L'année suivante ladite « damoiselle » toujours « au nom et comme ayant le bail naturel de René et Claude de la Jaille, enfans mineurs d'ans dud défunt et d'elle », faisait encore deux obéissances féodales, l'une au seigneur baron de Briollay pour la sei-

à l'abbaye de Bellebranche pour ses fiefs et app[ces] de Magnannes et Grez-en-Bouère » (arch. de la Sarthe H. 673, f° 289 v°). Il est cité dans l'aveu de Baïf à Sablé rendu en 1509 « à cause de ses fiefs de Vion » pour lesquels il devait « 2 sols de devoir ch. au au jour d'angevine ». Enfin on voit par les registres du Parlement que dans les années 1507-1510 « dame Catherine Le Roy veufve de feu Mre Bertrand de la Jaille en son viv[t] ch[r] seig[r] de la Roche-Talbot, en son nom et comme ayant le gouvernement des enfants mineurs d'au. dud. déf[t] et d'elle, et René de la Jaille, escuier, à pr[t] seig[r] dud. lieu de la Roche-Talbot » étaient en procès avec Me Guillaume Suffleau, advocat au Parlement » au sujet d'une saisie féodale faite jadis par « led. feu Mre Bertrand de la Jaille » des métairies de la Gourmandière et de la Foresterie ainsi que des vignes de Montechien en Souvigné.

(1) Ménage, *Histoire de Sablé*, 2e partie, p. 161.

(2) Arch. de Maine-et-Loire, E. 331, orig. en parch.

gneurie de Varennes-sur-Sarthe (1), l'autre à l'abbaye de Bellebranche pour la Petite-Motte-Allain (2).

Il y eut en ces années-là une période d'abandon pour le château qui nous intéresse. Après la mort de son mari, Jehanne Hérisson, qui avait en douaire et en usufruit les terres de Renton, Beuxe, Preaulx, Céaulx et Boisgourmont (3), en un mot tout ce que René de la Jaille avait possédé en Loudunois, y transféra sa résidence ; ce nouveau séjour lui plaisait sans doute aussi davantage en ce qu'il la rapprochait du pays où elle avait passé son enfance. Quoiqu'il en soit, c'est devant les notaires de Loudun que fut passé le 7 février 1518 le contrat de mariage de sa fille Claude de la Jaille avec Guy de Laval « fils puiné de noble et puissant seign^r Pierre de Laval seig^r de Loué et de noble et puissante dame Philippes de Beaumont, son épouse (4) ».

(1) Papiers du presbytère de Saint-Denis-d'Anjou.

(2) Arch. de la Sarthe, H. 673, f° 291.

(3) Voir aux pièces justificatives le procès-verbal dressé en 1511 par François Chauvet « licentié ès loix, lieutenant général à Loudun » au sujet de la communication faite en sa présence par Me François du Chesne, « pr^re, dem^t en ceste ville de Loudun » au procureur de René de la Jaille « d'aulcuns papiers, tiltres et enseignements concernant la terre et seig^ie de Beuxe et autres terres et seig^ies sises aud. pays Loudunois... desquelles terres et seig^ies dame Jehanne Hérisson, veuve de feu Mre René de la Jaille, en son vivant seig^r desd. terres, est à présent *usufruictière par douaire...* »

(4) Voir aux archives nationales (M. 615) les preuves pour l'ordre de Saint-Lazare faites le 13 juillet 1779 par Guy-André-Pierre duc de Laval, preuves au milieu desquelles se trouve une analyse assez détaillée du contrat de mariage de Guy de Laval et de Claude de la Jaille. Voir aussi sur ce personnage, au cabinet des titres de la Bibliothèque nationale, dossiers bleus, le dossier relatif à la maison de Laval, et aux fonds français des manuscrits de la même Bibliothèque, (vol. 21449 et 21450, passim.), les listes des gentilshommes de la maison du roi François Ier ; voir enfin les mémoires de Bourjolly et la généalogie de la maison de Laval par le P. Anselme. On voit, d'après ces différentes sources de documents, que le mari de Claude de la Jaille eut en partage la terre de la Macheferrière (au Bas-Maine) et les deux tiers de celle de Lezay (en Poitou) dont il acheta le dernier tiers de Jehan de Rochechouart, seig^r de Mortemart, et qu'il acquit aussi la seigneurie de Bréhabert (en Anjou) ; qu'il servit le roi

Du reste le veuvage de Jehanne Hérisson ne devait pas être de longue durée. Moins de deux ans après avoir marié sa fille avec le seigneur de Laval-Lezay, la veuve de René I de la Jaille convolait elle-même avec Gabriel de la Châtre, seigneur de Nancay, veuf de son côté de Marie de Saint-Amadour. En agissant de la sorte, si elle se montrait peut-être infidèle à la mémoire de son premier mari, en revanche elle assurait à son fils, le jeune seigneur de la Roche-Talbot, un protecteur des plus puissants à la cour du roi François I.

Fils puîné de Mre Claude de la Chastre et de Catherine de Menou, Gabriel de la Châtre avait été l'un des plus fidèles serviteurs du roi Louis XII. Tout jeune encore, alors que ce prince n'était encore que duc d'Orléans, il avait partagé sa prison au château de Lusignan, puis à la grosse tour de Bourges ; plus tard, après son avènement au trône, il l'avait accompagné en ses expéditions d'Italie. Ses services n'étaient pas restés sans récompense. Louis XII l'avait fait premier capitaine de ses gardes, grand prévôt de l'ordre de Saint-Michel, maître des cérémonies de France, et il lui avait confié la garde de la grosse tour de Bourges, ainsi que des châteaux de Mehun-sur-Yèvre, de Gien et de Romorantin. Après la mort de Louis XII, François I n'avait pas témoigné au seigneur de Nançay une faveur moins grande. Non-seulement le nouveau roi l'avait nommé son conseiller et chambellan et lui avait donné les charges de gouverneur et lieutenant du Berry, mais il lui avait fait cet honneur,

François Ier en ses guerres d'Italie et fut fait prisonnier en 1525 à la bataille de Pavie ; qu'il fut présent en février 1529 à Vitré au contrat de mariage de Marguerite de Laval, fille du comte Guy XVI et d'Anne de Montmorency, avec Louis de Rohan, seigneur de Guémené ; en 1530 à celui d'Anne de Laval sa nièce avec le comte de Montsoreau, et en octobre 1535, à celui de Guy XVII, comte de Laval avec Claude de Foix ; que dans les années 1531 à 1536 il figurait parmi les gentilshommes de la Maison du Roi ; qu'en 1538 il était au nombre des gentilshommes qui accompagnaient le comte de Laval à son retour de la cour ; qu'enfin il était mort à la date du 25 mars 1538 (v. s.).

de le choisir comme l'un des plus sages et braves gentilshommes de son royaume pour être l'un des gouverneurs de ses enfants. Il devait aussi par la suite lui accorder l'office de « maistre d'ostel » de sa maison (1). Tel était ce Gabriel de la Châtre qu'avant la date du 21 février 1520 Jehanne Hérisson avait donné comme beau-père à ses enfants.

Ce fut selon toute vraisemblance à l'occasion du second mariage de sa mère que René II de la Jaille fut émancipé et placé sous la curatelle d'un de ses oncles paternels « noble, vénérable et discret maistre Pierre de la Jaille, prothonotaire du Saint-Siège apostolique » que nous verrons tout à l'heure faire, en qualité de « curateur ordonné par justice à noble homme René de la Jaille seigneur de la Roche-Talbot », les foi et hommage dus aux diverses seigneuries d'où relevait cette terre. Cette fonction de curateur de son neveu convenait d'ailleurs merveilleusement à Messire Pierre de la Jaille. Il était précisément alors curé de Souvigné (2), et comme il résidait soit au presbytère de cette paroisse, soit au manoir même de la Roche-Talbot, délaissé par la veuve de son frère, il était mieux à même que personne de veiller à la conservation des biens de son pupille.

Comme seigneur de la Roche-Talbot, René II de la Jaille était intimé, en octobre 1522, aux assises du comté du Maine où il prit, selon l'usage féodal, le « garantaige » d'un de ses vassaux au regard de sa terre de Meignannes en Bouère, « noble homme René Pércault, s[r] de la Provissaye et du Flux », qui appelait de Jullien du Bois Bellanger, sergent royal. Le seigneur de la Jaille comparut en cette occasion par Me François de Montreulx, son procureur (3). L'année suivante, représenté par son oncle et curateur Mre Pierre de rla Jaille, il fit foi et hommage au seigneur de Varennes-Bou-

(1) Voir au cabinet des titres de la Bibliothèque nationale, aux dossiers bleus, celui des la Châtre ; voir aussi Thomas de la Thaumassière.

(2) Voir ci-dessus la note qui le concerne.

(3) Arch. nat. R 5/400, f° 157, v°.

reau pour ses fiefs et domaines de Sautré, Beauchesne et la Justonnière, et le même jour il reçut de son côté l'hommage de ce seigneur pour le lieu et appartenance de Coullon qui relevait de son fief de Sautré, et pour la terre de Varennes-Bourreau tenue de sa seigneurie de Varennes-sur-Sarthe (1). En 1528, au mois de février, ce même René Percault, dont en 1522 il avait pris le « garantaige » devant les assises du comté du Maine, lui rendait aveu, comme homme de foi lige, au regard de la terre de Meignannes, pour les lieux, terres et seigneuries de Flux et de Jarriais, à cause desquelles il était « tenu faire garde par 15 jours et 15 nuits à ses propres cousts et despens, à muance de seigneur, monté et suffisamment accompagné..... » à son « logis de Meignannes (2) ». La même année, par sentence du juge d'Anjou du 29 mars, le seigneur de la Roche-Talbot était condamné à payer à la Corbellière du Port-Thibaud certains arrérages de cens dus pour ses vignes situées en Saint-Denis d'Anjou (3). Enfin, en 1530, il fait foi et hommage au seigneur de la Courbe pour ses fiefs de la Mathouraye en Souvigné (4).

Cette année-là, le fils de Jehanne Hérisson avait épousé Magdeleine de Montgommery, fille, croyons-nous, de François de Montgommery, seigneur de Lorges et de Catherine de Maillé (5). En contractant cette alliance, il s'était uni

(1) Archives du château de Cirières, terrier de la Morinière.

(2) Archives du château de Thévalles.

(3) Bibliothèque d'Angers, collection Thorode, dossier la Jaille.

(4) Arch. de Maine-et-Loire, E 331.

(5) La plupart des généalogies de la famille Montgommery, entr'autres celle qui se trouve aux pièces originales du cabinet des titres de la Bibliothèque nationale, lui donnent pour père Jacques seigneur de Lorges, et pour mère Claude de la Boessière ; d'un autre côté une généalogie de la même maison contenue au vol. 22229 du fonds français (de la Bibl. nat.), confirmée par la généalogie la Jaille de la collection Thorode de la bibliothèque d'Angers, fait la femme du seigneur de la Roche-Talbot fille de François de Montgommery et de Catherine de Maillé. Nous avons tout lieu de supposer ces dernières généalogies plus exactes que les autres. Et

étroitement avec une famille non-seulement d'origine très ancienne, bien qu'elle ne fût établie en France que depuis deux ou trois générations (1), mais destinée à acquérir peu de temps après une grande illustration, grâce à la valeur militaire de l'un de ses membres, de ce Jacques de Montgommery, si connu sous le nom de capitaine de Lorges (2).

J'abord il nous semble difficile d'admettre que Jacques de Montgommery ait pu être le père de Magdeleine, puisqu'il vivait encore en 1560 et que celle-ci était déjà mariée en 1522, puis le nom de Françoise donné à la fille née du mariage de René de la Jaille avec Magdeleine de Montgommery, ne semble-t-il concorder parfaitement avec l'opinion d'après laquelle un François de Montgommery, plutôt qu'un Jacques, aurait été l'aïeul et probablement le parrain de l'enfant ?

(1) Les Montgommery de France prétendaient, non sans quelque apparence de vraisemblance, remonter à Roger de Montgommery qui fut l'un des compagnons d'armes de Guillaume-le-Conquérant, et passé avec lui de Normandie en Angleterre, y devint la tige des Montgommery de ce pays et eut pour descendant ce Jean de Montgommery qui, lors de l'occupation du Maine par les Anglais dans la première moitié du XVe siècle, fut successivement capitaine de Domfront et seigneur d'Ambrières, puis capitaine de Mayenne. Quant à l'époque où la branche à laquelle appartenait Magdeleine de Montgommery était venue d'Angleterre se fixer en France, elle ne saurait être de beaucoup postérieure à la fin de la guerre de Cent-Ans. On voit en effet dès 1481 un René de Montgommery parmi les officiers de la maison du duc Louis d'Orléans (coll. Bastard 944) ; c'est sans doute ce personnage qui, ayant épousé l'héritière de la terre de Lorges-en Blaisois, aura ainsi commencé la branche des Montgommery seigneurs de Lorges. Ce René eut évidemment pour fils Robert, mari d'Agnès Laillé, dame de Ducey, près Avranches, qui fut l'un des cent gentilshommes de la maison des rois Louis XI et Charles VIII, suivit ce dernier prince à la conquête du royaume de Naples, et mourut en 1497.

(2) Fils aîné de Robert de Montgommery et d'Agnès Laillé, Jacques de Montgommery figure à partir de l'année 1512 parmi les cent gentilshommes de la maison du roi Louis XII, et en 1514 est cité par Vulson de la Colombière au nombre des jouteurs du tournois donné cette année-là à Paris en l'honneur de la reine Marie d'Angleterre, seconde femme du roi Louis XIII. Sous François Ier il fut très en faveur. C'est lui qui, dit-on, fut l'auteur de l'accident arrivé à ce prince près de Romorantin, lorsque, s'étant avisé de faire le simulacre d'aller assiéger le comte de Saint-Pol dans sa maison, il reçut sur le menton un tison enflammé qui le défigura et l'obligea depuis à laisser croitre sa barbe. La même année, le capitaine de Lorges acquérait une illustration d'un meilleur aloi en ravitaillant Mézières. Avant 1523, il était (selon Am. Boudin, dans ses

Qu'était au juste à ce dernier la femme de notre René de la Jaille? C'est là un point qu'il ne nous a pas été donné d'éclaircir d'une façon complètement satisfaisante. Il est certain toutefois qu'elle devait être sinon sa fille, du moins sa parente très rapprochée, car lorsqu'en 1552 le seigneur et la dame de la Roche-Talbot marieront leur fille unique Françoise à Gabriel d'Apchon, le seigneur de Lorges sera un des principaux témoins présents à ce mariage (1). Du reste Magdeleine de Montgommery, en devenant la femme de René de la Jaille, n'en était pas à ses premières noces; elle avait déjà été unie quelques années auparavant avec Cathault de la Chesnaye, seigneur dudit lieu dans la paroisse de

Galeries de Versailles, généalogie Montgommery), chevalier, conseiller du roi, capitaine de 100 hommes d'armes et de 6000 hommes de pied. En 1543, Jacques de Montgommery achetait du comte de Rhotelin le comté de Montgommery, et était qualifié dans l'acte de vente « chevalier de l'ordre du Roi, chambellan et conseiller de Sa Majesté, et cappitaine général de tous les nobles sujets à l'arrière-ban du royaume ». Vers la même époque, le seigneur de Lorges prenait part, si l'on en croit du Bellay, à la campagne de Picardie en qualité de « colonnel des légionnaires ». En 1544 il succédait à Jean Stuart, seigneur d'Aubigny, dans la charge de cappitaine des gardes du corps écossais et des gendarmes de la même nation, et, dans les années suivantes, il commandait comme lieutenant général l'armée envoyée en Ecosse. En 1547, aux obsèques de François Ier, le seigneur de Lorges partageait avec l'amiral d'Annebaut et le grand écuyer Boisy l'honneur de conduire le cortège funèbre. Non moins en faveur sous le règne de Henri II qu'il avait été sous le règne précédent, Jacques de Montgommery obtenait en 1550 du nouveau roi l'érection en châtellenie de sa terre et seigneurie de Lorges, et ce, en faveur des « grands, vertueux, agréables et très recommandables services que led. seigr de Lorges a par cy devant faits à nostre très honoré seigneur et père et à nous, tant au faict de ses guerres que autrement en plusieurs et maintes manières ». Il se trouva en 1557 à la bataille de Saint-Quentin, se démit peu après de sa compagnie des gardes et gendarmes écossais, et mourut vers 1562. Il avait épousé en premières noces Claude de la Boissière, et en secondes, Guillemette de Maillé. Il avait eu du premier lit Gabriel, comte de Montgommery, bien connu tant par la mort du roi Henri II, dont il fut la cause involontaire, que plus tard par son rôle de célèbre capitaine calviniste pendant les guerres de religion.

(1) Voir plus loin l'analyse que nous donnerons du contrat de mariage de Gabriel d'Apchon et de Françoise de la Jaille.

12

Pruillé en Anjou et de la Roche-Pléneau en Loudunois, qui l'avait laissée veuve avec deux enfants, un fils et une fille, issus de leur union (1).

Si, après la mort de René I de la Jaille, une période d'abandon avait commencé pour la terre qui fait l'objet de cette étude, cette période cessa très certainement avec le mariage de René II. Dès le 1er mai 1530, nous voyons celui-

(1) Voir à ce sujet : 1° aux archives de la Vienne le dossier de la famille de la Chesnaye où l'on voit que Cathault était fils de Tristan de la Chesnaye et de Marie Guirit ; 2° dans les registres du Parlement (arch. nat. X1a 5092), une instructive plaidoirie du 29 juillet 1580, soutenue par l'avocat de Anthoine de la Chesnaye, escuyer, sr de la Chesnaye, et Arthus de la Chesnaye, aussi escuyer, sr de la Roche-Pleyneau, héritiers de déft René de la Chesnaye, vivt escuyer, sr dud. lieu » contre « dame Magdeleine de Montgommery veuve en dernières nopces de feu René de la Jaille chr sr dud. lieu, et auparavant veuve de feu Cathault de la Chesnaye vivt escuyer, sr dud. lieu ». Cette plaidoirie nous apprend que « dès le 23e jour de février 1522 déft Cathault de la Chesnaye » et Magdeleine de Montgommery « contractèrent mariage oultre le gré et voullenté de Tristan de la Chesnaye père dud. Cathault.... » et que le futur reçut à cette occasion 100 livres de rente assignées et constituées « sur la terre et seigie de la Roche Pleineau sise au pays du Loudunois » ; que de ce mariage « issirent deft René de la Chesnaye et Catherine de la Chesnaye » ; que « led. Cathault de la Chesnaye décéda en délaissant sesd. enfants mineurs et en fort bas âage » ; que quelque temps après « lad. Catherine.. alla de vie à trespas, tellement que led. René.. demeura seul héritier.... » Ajoutons également d'après cette plaidoirie que des différends ne devaient pas tarder à s'élever entre René de la Jaille et son beau-fils au sujet des arrérages du douaire de Magdeleine de Montgommery, et que, une sentence du Sénéchal d'Anjou du 29 août 1550 ayant condamné les curateurs de René de la Chesnaye à restituer au seigneur et à la dame de la Jaille les arrérages de vingt années du douaire de celle-ci, René de la Jaille et sa femme devaient, quelques mois après, en vertu d'une sentence du 9 novembre suivant, se faire délaisser l'usufruit de la terre et seigneurie de la Chesnaye, appartenances et dépendances, pour le douaire de lad. Magdeleine de Montgommery, et adjuger la propriété de la même terre pour la somme de 6000 livres à grâce et faculté de réméré de 5 ans. Ajoutons enfin, toujours d'après le même document, que René de la Chesnaye qui faisait « profession de la prétendue religion réformée », sera « contrainct... à l'occasion des troubles et guerres » survenus plus tard, de « porter les armes avecques ceulx qui tenoient lors party contraire au Roy » et décédera « en l'an 1571... à St-Estienne en Forez, à la suitte des trouppes de ceulx de lad. prét. religion réformée ».

ci, alors à la Roche-Talbot, signer de son seing manuel une quittance de ventes en faveur de Jehan de Laval seigneur de Boisdauphin, qui, deux ans auparavant, avait acquis de René de Juigné, seigneur de la Brossinière, le « lieu, domaine et mestairie de Moeré, sis en la paroisse de N.-D. de Sablé (1) ». Plus tard, dans deux actes de l'année 1552 (2), le mari de Magdeleine de Montgommery sera dit demeurer « ordinairement au lieu de la Roche-Tallebot. » Il faut donc en conclure qu'aussitôt après son mariage René II de la Jaille s'était empressé de venir avec sa jeune femme fixer sa résidence au manoir que depuis plus d'un siècle ses ancêtres avaient élu pour y faire leur principale demeure.

On était alors en plein règne de François I, de ce prince ami des arts et de toutes les élégances, sous lequel, à la suite des guerres d'Italie et grâce à l'exemple donné par le souverain, une véritable révolution s'était opérée dans la vie féodale. Partout les grands seigneurs renonçant aux habitudes rudes et grossières de leurs ancêtres, transformaient à l'envi leurs sombres donjons du moyen-âge en des manoirs à la fois plus élégants et plus confortables, où ils s'efforçaient, chacun selon son rang et ses moyens, de reproduire ce brillant train d'existence que la Cour, avec ses fêtes continuelles, mettait à cette époque si fort à la mode. Or, au nombre des châteaux du Maine où la révolution que nous venons de signaler dut faire plus particulièrement sentir ses effets, nul doute qu'il ne faille placer celui dont nous nous occupons. Eprouva-t-il, comme tant d'autres, dans son aspect extérieur quelque changement notable conforme au goût nouveau? Nous serions volontiers tentés de le croire. Mais ce qui nous parait en tous cas évident, c'est que les

(1) Voir aux arch. de la Sarthe, fonds Juigné, l'original en parchemin de cette vente.

(2) Dans le contrat de mariage de Gabriel d'Apchon et de Françoise de la Jaille ainsi que dans la ratification de la vente du Manoir Ouvrouin, actes dont nous parlerons à leur date avec plus de détail.

châtelains de la Roche-Talbot ne durent pas être parmi les seigneurs du Maine des derniers à adopter le genre de vie large et fastueux qui était alors celui de la plupart des grands seigneurs français. N'occupaient-ils pas par leurs nombreuses et importantes possessions territoriales, aussi bien que par leurs brillantes alliances, un des premiers rangs dans la noblesse de leur province? Et même par leurs parents ou alliés les plus proches, ne tenaient-ils pas quelque peu à la cour? Le beau-père de René de la Jaille, Gabriel de la Châtre, n'était-il pas en ces années-là gouverneur des enfants de François I? Guy de Laval, le mari de sa sœur, n'était-il pas l'un des gentilshommes de la maison du roi? Enfin du côté de sa femme, Jacques de Montgommery n'était-il pas dès lors très en faveur à la cour? Assurément, habité par de tels châtelains, le manoir de la Roche-Talbot, quel que fût son aspect architectural à l'époque dont il s'agit, ne pouvait être qu'un centre de vie aussi fastueuse qu'élégante.

Allié deux fois, d'abord en ligne maternelle, puis à cause de sa sœur, à la puissante maison de Laval, René de la Jaille avait naturellement sa place toute indiquée dans les fêtes ou dans les cérémonies destinées à celébrer les grands événements de famille survenus dans cette maison. Aussi ne sommes-nous pas étonnés de le trouver en octobre 1535 au château de Châteaubriant à l'occasion du mariage du comte de Laval Guy XVII avec Claude de Foix. Le 21 « René seigneur de la Jaille » était au nombre des grands seigneurs présents au contrat (1), et le lendemain, d'après Bourjolly, il assistait également à la cérémonie des épousailles, qui avait lieu dans la chapelle du château.

Au printemps de l'année 1536, c'est en Piémont, sous le harnais de guerre, que nous retrouvons le seigneur de la

(1) Voir aux arch. nat. AA, 60, l'original en parchemin du contrat de mariage en question.

Roche-Talbot. Le roi François I venait de déclarer la guerre au duc de Savoie, allié de l'empereur Charles-Quint, et il avait envoyé au delà des Alpes un corps d'armée sous les ordres de « Mre Philippes Chabot, amiral de France ». René de la Jaille prit part à cette expédition comme l'un des lieutenants, avec Antoine Grognet de Vassé, « de la compagnie de cent lances fournies des ordonnances du Roy..... estant soubs la charge et conduicte de Monsieur de Montejehan » (1). Il y joua un rôle d'autant plus important que ce dernier ayant reçu dès le début « la charge générale de tous les gens de pied » avait été obligé de confier entièrement la responsabilité ainsi que le commandement de sa propre compagnie à ses deux lieutenants qui en restèrent en effet exclusivement chargés tant lors de l'occupation du Piémont faite dans le cours du printemps que pendant la campagne de Provence l'été suivant. Aussi Guillaume du Bellay qui, dans ses mémoires, a raconté dans le plus grand détail les événements militaires de cette année-là, y cite plus d'une fois le seigneur de la Jaille et son collègue, en leur qualité de lieutenants de la compagnie du sire de Montejehan. Nous n'avons pas l'intention de reproduire ici tous les passages de ces mémoires relatifs au seigneur de la Roche-Talbot ; qu'il nous suffise de dire que celui-ci se trouva à la malheureuse affaire de Brignolles où Montejehan, qui avait eu l'imprudence de se porter au-devant des troupes impériales avec des forces en nombre insuffisant, fut surpris par l'ennemi tandis qu'il battait en retraite, défait de la façon la plus complète et fait prisonnier avec une partie de son monde. Vassé, après avoir fait intrépidement son devoir dans cette fatale journée, se trouva au nombre des prisonniers ; quant à la Jaille, qui avait sans nul doute fait preuve en cette circonstance d'une valeur non moins grande, il put s'échapper du champ de bataille à la tombée de la nuit et aller porter la sinistre nouvelle aux

(1) Voir la note 1 de la page suivante.

sires de Tende et de Bonneval demeurés à Saint-Maximin avec le gros de l'armée. Si l'on en croit du Bellay, il ne tint pas à lui qu'on ne marchât immédiatement sur Brignolles, tant il avait à cœur de délivrer ses frères d'armes et de les venger. « ... La nuict estoit arrivé Messire Jean (lisez René) de la Jaille, l'un des lieutenans du sire de Montejean, lequel désiroit fort qu'on allast droict aud. lieu de Brignolles, essayer à recouvrer les prisonniers » (1).

Comme le prouve le rôle joué par le seigneur de la Roche-Talbot dans les événements militaires de l'année 1536, c'était un homme de guerre dans toute la force du terme, et il avait dû s'adonner de bonne heure au métier des armes, sans quoi, né dans les premières années du siècle, il n'aurait certainement pas pu obtenir aussi jeune une charge aussi importante que celle de lieutenant d'une compagnie de cent hommes d'armes, c'est-à-dire de trois cents combattants, sans compter les pages, couteliers, varlets et autres non combattants : on sait en effet qu'à cette époque, les charges de capitaines des compagnies d'ordonnance étant généralement réservées à des princes et personnages haut placés, qui y avaient droit plus par leur naissance que par leurs services, et la direction réelle pouvant en être laissée aux lieutenants, il fallait nécessairement que ceux-ci fussent des hommes de guerre éprouvés (2). Ajoutons que quelques années après, l'ancien lieutenant du capitaine Montejean

(1) C'est bien de notre René de la Jaille que du Bellay a voulu parler, et c'est uniquement par erreur qu'il donne le prénom de Jean au lieutenant de la compagnie du sire de Montejehan. Nous avons en effet, pour lever tout doute à cet égard, au dossier la Jaille des Pièces originales de la Bibliothèque nationale, l'original en parchemin d'une quittance donnée le 16 août 1536 par « René de la Jaille, lieutenant de la compagnie de cent lances fournies des ordonnances du Roy... estant soubs la charge et conduicte de Monsieur de Montejehan » pour ses gages de son « estat et appoinctement de lieutenant ».

(2) Voir ce que le duc d'Aumale dans son *Histoire des Princes de Condé*, t. I, p. 36-37 dit des compagnies d'ordonnance au XVIe siècle et de l'importance du rôle qu'y avaient les lieutenants.

sera fait chevalier de l'ordre du Roi (1), récompense qui, comme nous l'apprend le maréchal de Vieilleville, dans ses mémoires, ne se donnait en ce temps là « qu'à de vieux capitaines de gendarmerie qui s'estoient trouvés à quatre ou cinq batailles, à des lieutenants de Roi et gouverneurs de province qui avaient bien fait leur devoir en icelles, 10 ou 12 ans s'entend, en frontière, où la guerre estoit ordinaire » etc. (2) ». Nouvelle preuve par conséquent des brillants états de service militaire de René de la Jaille qui, soit comme lieutenant de la compagnie du futur maréchal de France, soit plus tard comme capitaine d'une compagnie à lui, avait dû, on le voit, prendre une part des plus actives aux diverses guerres soutenues par François Ier, dans la seconde moitié de son règne, contre l'empereur Charles Quint !

Cependant en l'année 1539 le roi François Ier, voulant réorganiser et régler le service de l'arrière-ban basé, comme l'on sait, sur le système féodal, avait ordonné, par ses lettres patentes données à Compiègne le 15 octobre, que, dans toutes les sénéchaussées et bailliages du royaume, chaque tenant ou possesseur de fiefs ou arrière-fiefs eût à lui en faire le plus tôt possible, devant les sénéchaux ou baillis, une déclaration estimative et détaillée (3). De là toutes ces déclarations rendues au Roi dans toute la France pendant l'année 1540 ou dans les années suivantes (4), déclarations qu'il ne

(1) Nous avons tout lieu de croire que c'est en 1541 que cet honneur dut échoir à notre personnage, puisque cette année-là, comme on le voit dans le procès verbal, déjà plus d'une fois cité, de François Chauvel, il avait eu besoin de se faire donner communication de l'ancienne généalogie de sa maison conservée au trésor de Beuxe ; communication évidemment nécessitée par l'obligation où il s'était trouvé de faire les preuves de noblesse requises pour son admission dans l'ordre de Saint-Michel. En tous cas, nous le verrons en septembre 1552 qualifié chevalier de cet ordre.

(2) Voir *Mémoires sur Vieilleville*, par Carloix, Livre I, ch. XIX.

(3) Ces lettres patentes se trouvent publiées in extenso dans le *Recueil général des anciennes lois françaises*, par Isambert, vol. XIII, n° 47.

(4) Voir notamment, aux archives de Maine-et-Loire (C. 105), un regis-

faut pas confondre avec les aveux féodaux. René de la Jaille rendit la sienne le 26 avril 1540 ; on y voyait que « la Roche-Talbot relève du Roy ; Varennes-sur-Sarthe de Briollay, le Plessis-Liziard de Juvardeil, la Malhouraye et le Boulay de la Courbe » (1). Malheureusement nous ne possédons qu'une analyse très sommaire de la déclaration du seigneur de la Roche-Talbot ; quant à la déclaration elle-même qui aurait été pour nous aussi curieuse qu'importante, nous n'avons pu nous la procurer. En tous cas le peu qui nous en est parvenu sert au moins à nous fixer sur un point intéressant, nous voulons parler de la mouvance de la terre de la Roche-Talbot considérée dans sa partie principale (2).

tre de déclarations rendues à cette époque au roi François Ier devant le lieutenant général de la sénéchaussée d'Angers, par les détenteurs des fiefs ou arrière-fiefs situés dans le ressort de ladite sénéchaussée ; voir aussi aux archives de la Sarthe, dans le fonds Bellebranche (H. 653), un projet de déclaration rendue à la même époque au Sénéchal du Maine par l'abbé et les religieux de cette abbaye « pour les choses héritaux qu'ils tiennent à cause de lad. abbaye dans le ressort de la sénéchaussée du Maine. »

(1) Arch. de Maine-et-Loire, E 331, simple mention.

(2) Il existe bien aux archives nationales une série d'aveux ou d'actes de foi et hommage faits par les seigneurs de la Roche-Talbot au comté du Maine, mais ces obéissances féodales de la terre qui nous intéresse ne remontent pas au-delà de la seconde moitié du XVIIe siècle.

Ajoutons que si nous n'avons pas dans toute sa teneur la déclaration fournie en 1540, par René de la Jaille, les Archives de la Sarthe (H. 653) contiennent en revanche celle de l'abbaye de Bellebranche dont les possessions, au regard de la sénéchaussée du Maine, se trouvaient en partie enclavées dans la seigneurie de la Roche-Talbot. Voici les passages de cette déclaration intéressants pour nous :

« .... Es paroisse de N.-D. de Sablé la métairie de la Brosse avec pièces de bois taillables; lesd. taillis tenus du seigneur haut justicier de la Roche-Tallebot qui tient du seigneur de Sablé et lui de vous (du Comte du Maine), ch. an 10 sols t.

« Item un petit moulin et closerie nommé Molancé sur un ruisseau nommé Taulde composé de maisons etc... d'un pré... et doibt de rente au seigneur de Molancé... partie duq. pré est tenue dud. seigneur de la Roche-Tallebot à 10 deniers de debvoir.....

Item une maison et jardin sis en la ville dud. Sablé près l'Eglise de St Martin, joignant et aboutant au quarrefour à aller à lad. Eglise, tenues

Et puisqu'il est question de la composition de la terre dont il s'agit à l'époque où vivait René de la Jaille, il ne sera peut-être pas sans intérêt de rapprocher de la déclaration de 1540 certains passages d'un aveu rendu quelques années après, en 1552, au marquisat de Sablé par le seigneur de la Courbe (1). D'après ce dernier document, nous savons que le seigneur de la Roche-Talbot possédait en la paroisse de Souvigné, outre les domaines du Plessis-Liziard, de la Mathouraie et du Boulay, la métairie du Tertre, le moulin de Souvigné « une maison et féaiges nommés la Seneschallerie sis au bourg de Souvigné... et autres choses situées partie près led. bourg et au lieu de la Corbinière », enfin les terres, bois et landes du Boril ». Voilà pour les métairies qui composaient en Souvigné la terre de la Roche-Talbot ; il y avait aussi des bois qui en dépendaient : il résulte en effet de l'aveu de la Courbe que René de la Jaille avait « la moitié par indivis avec le seigneur de la Courbe des choses qui ensuivent ; c'est assavoir 30 quartiers de grois bois anciens appelés la Ferriére, sis en la forest de Souvigné ..... item 60 quartiers de bois estant partie en gros bois, partie en bois taillable, nommés les Pailleux, avecque 60 quartiers de

dud. sieur de la Roche-Tallebot à 2 sols 6 deniers t. de debvoir qui tient dud. Sablé et Sablé du Mans et valent lesd. maison et jardin à nous loger en temps de hostillité seulement.

« .... Item en la paroisse de Souvigné une closerie nommée la Porte composée d'une maison etc.... toutes lesd. choses en un tenant et abouttant aux terres du Bory et de la Chevallerie et aux vignes de Guill^e Boze... et au ruisseau de Taulde, tenues de la seigneurie de la Roche-Tallebot à 10 sols t. de debvoir ch an et 20 sols t. à mutation d'abbé que led. sieur de la Roche-Tallebot tient comme dessus est déclaré... »

On voit plus que jamais par ces passages de la déclaration de Bellebranche que si le fief de la Roche-Talbot proprement dit relevait directement du Comté du Maine, le reste de la terre féodale du même nom était tenu sous la suzeraineté des seigneurs de Sablé.

(1) Cet important aveu qui forme un cahier en parchemin d'une vingtaine de feuillets, fait partie du fonds Juigné, aux archives de la Sarthe ; nous le reproduirons du reste dans toute sa teneur parmi nos pièces justificatives.

bois taillables appelés les bois de Gevardeil sis ès boys de Grignon.... » Comme on le voit, la forêt de Souvigné, ainsi du reste que les bois de Grignon, était indivise entre le seigneur de la Roche-Talbot et celui de la Courbe. Il en était de même, toujours selon l'aveu de cette dernière terre, de certains droits attachés à la terre qui nous intéresse. « La pesche en la rivière de Taulde » était « commune entre le seigneur de la Roche-Talbot » et son voisin « moictié par moictié, deffensable de tous aultres, au droict des domaines et fiefs » qui leur appartenaient. Commun également était entre les deux seigneurs le droit « de seigneurie ès choses de la dame de la Chambre de N.-D. du Ronceray d'Angiers, sises au bourg et paroisse de Souvigné » ; comme aussi « le droict d'avoir la moictié des amendes gaigées et taxées en la court qui pour ce » était « commune entre » eux.

Ainsi, grâce à la déclaration au roi de 1540 et à l'aveu de la Courbe à Sablé de 1552, nous connaissons à peu près la composition et l'importance féodale de la terre de la Roche-Talbot proprement dite vers le milieu du XVIe siècle; avons-nous besoin d'ajouter que, comme au temps de Robert d'Anjou, cette terre avait toujours un certain nombre de dépendances plus ou moins considérables soit dans ses environs immédiats, soit dans des parties éloignées du Maine et de l'Anjou? Il est vrai que, si ces dépendances étaient encore très nombreuses au moment où, en 1530, René de la Jaille était venu fixer sa résidence à la Roche-Talbot, elles devaient être presque toutes aliénées par lui successivement à différentes époques, de telle façon qu'à sa mort il lui restera peu de chose, en fait de possessions territoriales, en dehors de la paroisse de Souvigné! Dès l'année qui avait suivi son mariage, par acte du 1er juillet 1531, « noble et puissant Messire René de la Jaille, chevalier, seigneur dud. lieu et de la Roche-Talbot » avait chargé « hon. homme et saige Me Pierre Le Pelletier, licentié ès loix, demeurant à Angers » de vendre en son nom à « hon. homme et saige

Me Pierre Fournier, licentié ès loix, seigneur de Lancrau, demeurant à Angers » pour le prix et somme de 2010 écus d'or « les lieux, fiefs, domaines, seigneurie et appartenances de Beauchesne, de la Justonnière et Saultré, avecques le lieu et domaine, seigneurie et appartenances de l'Hommelière », le tout sis en Saint-Denis d'Anjou (1). De même quelques années après, en tous cas avant la date de 1540, il avait aliéné au profit de Me René Furet, marchand, demeurant à Angers, ses terres d'Echarbot, et de Froidefontaine (2); enfin en l'année 1544 ses fiefs de Vion étaient passés aux mains de « Mre Loys de Champchevrier, chevalier, seigneur de Souldé » qui en recevait les obéissances féodales (3).

Certes ces ventes, faites toutes avec condition de reméré, n'avaient pas un caractère définitif; elles constituaient simplement pour le seigneur de la Roche-Talbot un moyen d'emprunter les sommes d'argent dont il avait besoin. Toutefois le rachat stipulé ne devait pas toujours s'accomplir; si plus tard René de la Jaille ou ses successeurs devaient rentrer en possession des métairies de Saint-Denis d'Anjou et des fiefs de Vion, il ne devait pas en être de même des terres d'Echarbot et de Froidefontaine qui, elles, resteront définitivement aliénées. Et nous verrons plus loin qu'un sort semblable était réservé à presque toutes les autres dépendances de la Roche-Talbot, notamment à la terre de Pruillé, en Anjou, et à celle du Manoir Ouvrouin, au Bas-Maine. D'où venaient donc pour le mari de Magdeleine de Montgommery ces besoins d'argent impérieux et sans cesse renaissants qui le poussaient ainsi à engager une à une, sans pouvoir tou-

(1) Une copie originale de cette vente existe aux archives du château de Cirières, dans le terrier de la Morinière; nous en donnerons la reproduction aux pièces justificatives.

(2) Voir aux archives de Maine-et-Loire (C 106), la déclaration rendue le 11 mars 1539 au roi par René Furet, marchand à Angers, pour « les fiefs et censifs d'Escharbot Gastevin et de Froidefontaine.... par lui acquis à grâce... de N. H. Mre René de la Jaille, chr, seigr de la Roche-Talbot. »

(3) Arch. du château de Juigné, dossier Roche-Talbot.

jours les retirer, chacune des terres, situées en Anjou et au Maine, qui depuis un temps immémorial faisaient pour ainsi dire partie intégrante de celle où il avait sa principale résidence ? Assurément ces besoins d'argent sont faciles à expliquer. Il faut en chercher les causes d'abord dans ce train de vie large et brillant que, en grands seigneurs qu'ils étaient, les châtelains de la Roche-Talbot menaient très certainement, ainsi que nous l'avons dit plus haut ; puis dans l'obligation où René de la Jaille, nommé bientôt non seulement chevalier de l'ordre, mais gentilhomme ordinaire de la chambre, n'avait pas tardé à se trouver de faire des séjours plus ou moins fréquents, toujours dispendieux, à la cour ; enfin et surtout dans les grands frais que sous l'ancien régime, et à plus forte raison au XVIe siècle, le service militaire occasionnait à la haute noblesse. Obligé de payer de ses propres deniers son équipement, que dis-je ayant à entretenir la plupart du temps à ses frais, à cause de l'insuffisance de la solde, les troupes qui lui étaient confiées, comment notre personnage ne serait-il pas revenu de chacune des campagnes auxquelles il avait pris part avec plus de dettes que de profit ? Ainsi l'existence menée par le seigneur de la Roche-Talbot soit en temps de paix soit en temps de guerre était pour lui une source de dépenses excessives sans cesse renouvelée, et de là les nombreuses aliénations de domaines auxquelles il se voyait contraint de recourir pour faire face à toutes ces dépenses.

Déjà assez en faveur, on l'a vu, sous le règne de François Ier, René de la Jaille semble l'avoir été davantage encore sous le règne suivant. Henri II lui donna la charge de « capitaine-général de la noblesse de France subjecte au ban et arrière-ban ». Cette charge, qui avait été créée par François Ier en faveur de Jacques de Montgommery, et qui fut supprimée en 1579 ou en 1588 par un édit de Henri III après avoir eu pour dernier titulaire le célèbre comte de Sanzay (1), cette

(1) Fils aîné de René I comte de Sanzay, vicomte héréditaire du Poitou,

charge était à coup sûr très considérable. Si le service de l'arrière-ban, organisation militaire basée sur le système féodal et la possession des fiefs (1), n'avait plus, depuis la création des compagnies d'ordonnance et l'institution des armées permanentes, la même importance qu'il avait eu au Moyen-Age, il n'en continuait pas moins à avoir son utilité. Comme tous les nobles ou tenants fiefs sujets à cette milice étaient tenus, en cas de guerre, à servir trois mois dans le royaume, sans compter l'aller et le retour, on pouvait les employer, pendant chaque campagne, à la garde des forteresses et à la défense des frontières, ce qui permettait de réserver toutes les forces de l'armée régulière pour la grande guerre, c'est-à-dire pour les batailles et pour les sièges. Aussi tous les successeurs de Charles VII, depuis Louis XI jusqu'à François Ier, s'étaient-ils empressés, chaque fois qu'ils avaient eu une guerre sérieuse à soutenir, de convoquer le ban et l'arrière-ban (2). François Ier avait même jugé à propos de réglementer le service de la milice en question par

et de Renée du Plantis, René II, comte de Sanzay et vicomte héréditaire du Poitou après son frère, fut seigneur de Saint-Marsault, chevalier de l'ordre du Roi, son conseiller et chambellan en son conseil privé, colonel de la noblesse de France sujette au ban et arrière-ban, et superintendant des fortifications du royaume. Il mourut vers 1600 après avoir employé les dernières années de sa vie à composer un traité assez curieux, mais resté jusqu'ici inédit (Bibl. nat. man. f. fr. 14722) intitulé : « L'origine, dignité et devoirs du prince, seigneur et gentilhomme et du noble homme, leur institution, religion, faits d'armes, fiefs, dignités, seigneuries, honneurs, rang, cérémonies, qualités et différences avecques le moyen de pacifier toutes querelles par le point d'honneur ». Un chapitre de ce traité est consacré à l'arrière-ban, et René de Sanzay nous apprend qu'il en avait reçu le commandement en l'année 1567. Selon la Roque, dans son traité de l'arrière-ban (page 125, en marge) sa charge aurait été supprimée par ordonnance du roi Henri III dès 1579 ; mais, d'après le dossier Sanzay des pièces originales de la Bibl. nat, ce ne serait qu'en octobre 1588 que des lettres patentes du roi Henri III données à Blois l'en auraient déchargé « à cause de son vieil âge » en lui octroyant en échange une pension de 2000 livres.

(1) Voir le Traité du ban et de l'arrière-ban par Nicolas de la Roque.

(2) Pendant les règnes de Louis XI et de Charles VIII, il n'est guère d'années où l'on ne voie les arrière-bans du royaume convoqués sinon

deux ordonnances royales, l'une du dernier mars 1543, l'autre du 3 janvier suivant (1).

Mais, de tous les princes qui se sont succédé au XVIe siècle sur le trône de France, celui qui devait s'attacher le plus à remettre en vigueur l'antique institution militaire de l'arrière-ban, c'était sans contredit Henri II. On verra plus loin, dans la suite de cette étude, comment, pendant les six premières années de sa longue lutte avec Charles-Quint d'abord, puis avec Philippe II, le successeur de François Ier, au début de chaque nouvelle campagne, aura soin de donner rendez-vous à « la noblesse » vers quelque point de la frontière d'Allemagne ou des Pays-Bas. Bien plus, il n'avait pas attendu la reprise des hostilités avec l'Empire pour songer au parti qu'il pouvait tirer, pour la défense du royaume, de cette milice. Dès l'année même de son avénement au trône, le 9 février 1547, de sa résidence royale de Fontainebleau, il avait rendu une ordonnance très importante sur le service du ban et de l'arrière-ban, où il précisait en les développant, et non sans y faire quelques innovations, les prescriptions déjà posées par les ordonnances de ses prédécesseurs sur le même sujet. Et comme c'est l'ordonnance d'Henri II qui va régir entièrement l'organisation des troupes dont le seigneur de la Roche-Talbot était sur le point d'avoir le commandement général, s'il ne l'avait pas déjà, c'est sans doute ici le lieu, avant d'aller plus loin, de présenter au lecteur une analyse aussi complète que possible de ce curieux document (2).

dans leur ensemble, du moins partiellement. Louis XII avait eu également recours à cette mesure en 1511 et en 1512; enfin François I avait suivi sous ce rapport l'exemple de ses prédécesseurs en faisant appel à « la noblesse » pendant les dernières années de son règne, notamment pendant les années 1542, 1543 et 1544; c'est alors, comme nous l'avons dit, qu'il avait donné au seigneur de Lorges la charge de capitaine général des nobles sujets au ban et à l'arrière-ban.

(1) Voir dans le recueil d'Isambert déjà cité l'ordonnance du 3 janvier 1543 (v. s.).

(2) L'ordonnance du 9 février 1547 est reproduite in extenso à sa date dans le recueil déjà cité.

Tout d'abord, dans le préambule, le roi rappelle que « l'une des principalles... forces nécessaires à la conservation, tuition et deffense... » du « royaume... est celle... bien réglée et ordonnée... des nobles vassaux et subjects à noz ban et arrière ban... ». C'est après avoir ainsi montré quelle place cette grave question tenait parmi ses préoccupations, qu'il posait successivement les différentes prescriptions relatives à l'organisation de la milice féodale. Grâce à ces prescriptions dont nous allons maintenant donner la substance, le lecteur verra comment, sous Henri II, l'arrière-ban était recruté et assemblé, quel était son mode d'armement et d'équipement, comment il était commandé, quelle était la durée du service, enfin quels étaient les gages tant des officiers que des simples hommes d'armes ou archers.

Au point de vue du recrutement, en principe, « tous gentilshommes et autre tenans fiefs » étaient « subjets au ban et arriére-ban ». Certaines exceptions étaient pourtant admises. Outre les possesseurs de fiefs déjà enrôlés dans les compagnies d'ordonnance qui étaient naturellement dispensés moyennant certificats de leurs chefs, différentes catégories d'individus échappaient également à l'obligation commune ; c'étaient 1° les gentilshommes faisant partie de la maison du roi, de celle de la reine, ou encore de celles des enfants de France, de la reine Éléonore veuve de François Ier, de la sœur du roi, et de sa tante la reine de Navarre ; 2° les capitaines, lieutenants et enseignes des légions ; 3° les habitants des « bonnes villes anciennes, ayant droict de bourgeoisie et exception » du ban et arrière-ban. En dehors de ces trois catégories, tous les gentilshommes « capables et en estat pour porter les armes et faire ce service » devaient faire « le service en personne » ; quant à ceux qui n'étaient pas « en estat » ils étaient obligés de se faire remplacer par « personnages à ce capables, au mesme estat et équipage qu'eux mesme seront tenus... servir ».

Recruté de cette façon, l'arrière-ban s'assemblait au moyen de monstres faictes « en chascun bailliage et sénes-chaussée au lieu et siège principal et plus antien d'iceulx acoustumé à faire lesd.... monstres », tous les gentilshommes et autres tenants fiefs, sujets à cette milice, étant tenus d'y comparaître, sous peine de confiscation de leurs fiefs. Les montres étaient d'ailleurs de deux sortes : il y en avait d'ordinaires et d'extraordinaires. Les montres ordinaires avaient lieu tous les ans ; chacun devait y comparaître « en personne en l'estat où il était obligé par le devoir de son fief », (c'est-à-dire qu'il devait fournir un homme d'armes si son fief valait 5 à 600 livres de revenu annuel, ou bien un archer si le fief ne valait que 3 à 400 livres) ; c'était lors de ces montres que ceux qui prétendaient se faire exempter ou remplacer devaient présenter leurs demandes ; enfin il était dressé à la suite de ces premières monstres « un rôle signé des baillis et sénéchaux, capitaines, commissaires et contrôleurs », etc. et destiné à servir de base à « la prochaine montre pour aller et marcher au service. » Les montres extraordinaires n'avaient lieu, elles, qu'en temps de guerre, et à la suite de la convocation de l'arrière-ban par lettres-patentes du Roi adressées à tous les sénéchaux ou baillis de France. Aussitôt ces lettres reçues chaque sénéchal ou bailli était tenu de faire crier et publier « par tous lieux et endroits » de sa juridiction « acoustumez à faire crys et publications... que toutes personnes subjectes au ban et arrière-ban», (excepté celles duement exemptées) eussent à se « trouver au lieu où a accoustumé estre faicte l'assemblée dud. ban et arrière-ban » de sa juridiction « le plus tôt que faire se pourra, montez, armez et en estat de... faire service » etc.

Le jour fixé pour la montre arrivé, tous les nobles ainsi convoqués étaient passés en revue par le capitaine-général ou ses délégués en la présence du sénéchal. Et c'est ici que nous arrivons à la question de l'armement et de l'équipement.

D'après l'ordonnance de 1547, cet armement consistait pour l'homme d'armes en « un corps de cuirasse d'armes ou bourguignonne » et en « grands garde bras et espaulettes, avec une bonne et forte lance », et pour l'archer en « un corselet ou anime », en « brassars ou manches de mailles » et en « un morion ». De plus (et telle était l'une des innovations introduites par Henri II) au lieu d'être fait, comme cela avait lieu auparavant, par des gens de pied, le service du ban et arrière-ban devait être fait « dorenavant... par gens de cheval ». Aussi chaque homme d'armes était-il tenu d'être « monté de deux bons chevaux de service » et chaque archer « d'un bon cheval ».

Sous le rapport de l'unité militaire et du commandement, les troupes de l'arrière-ban, toujours d'après l'ordonnance de 1547, devaient former des enseignes commandées chacune par un capitaine particulier et composées de 50 hommes d'armes et de 100 archers, à l'exception de celle du capitaine-général qui devait être de 100 hommes d'armes et de 200 archers. En général, chaque sénéchaussée ou bailliage était tenu de fournir une enseigne complète ; toutefois les juridictions de trop petite étendue pour remplir à elles seules cette condition, pouvaient se réunir au nombre de deux ou trois afin d'arriver à compléter une enseigne. Et, puisque les enseignes correspondaient ainsi la plupart du temps à un bailliage ou à une sénéchaussée quelconque, il allait de soi qu'elles eussent pour chefs les baillis et sénéchaux, « si lesdits baillifs et séneschaux » étaient « de la qualité requise et suffisante » c'est-à-dire gentilshommes ; dans le cas contraire, comme du reste en cas de réunion de plusieurs bailliages ou sénéchaussées, le gouverneur de la province, ou, à défaut de celui-ci, le Roi choisissait lui-même le capitaine particulier de la sénéchaussée ou du bailliage. Inutile d'ajouter que tous ces capitaines particuliers relevaient hiérarchiquement du capitaine-général, qui, outre la direction de sa propre enseigne, avait la haute main sur eux en temps de paix comme en temps de guerre.

Comme durée du temps de service, les gentilshommes sujets à l'arrière-ban avaient toujours été tenus, jusqu'au règne de Henri II, de servir trois mois dans le royaume et quarante jours hors le royaume ; mais ce prince (c'est là sa seconde innovation) décidait à cet égard que « doresnavant le service dud. ban sera de trois mois entiers dedans nostre royaulme seulement, sans y comprendre l'aller ni le retour, et sans que ceux dud. ban soyent aulcunement tenus servir hors de nostre dict royaulme, si ce n'est en chassant et poursuyvant nos ennemis qui nous seraient venuz assaillir en iceluy ».

Enfin l'ordonnance de 1547 fixait le chiffre des gages dus à chaque gentilhomme de l'arrière-ban depuis le capitaine-général jusqu'au simple archer : le capitaine-général devait avoir 600 l. « pour chacun mois durant le temps de service » ; le lieutenant-général, 300 l.; le maistre de camp, 100 l.; le capitaine particulier de chaque enseigne, 100 l.; le lieutenant, 50 l.; l'enseigne et le guidon, chacun 40 l.; le maréchal-des-logis, 30 l.; le fourrier et le trompette chacun 10 l.; l'homme d'armes, 20 l.; et l'archer 10 l.

Telle était, autant qu'on peut en juger par le document très important que nous venons d'analyser, l'organisation de la milice de l'arrière-ban au moment où René de la Jaille était appelé par la confiance de Henri II à en prendre le commandement suprême. C'est en effet, nous le répétons, vers l'époque de la promulgation de l'ordonnance de Fontainebleau qu'il s'était vu investi de la charge de capitaine-général. A vrai dire, cette charge, pendant les années de paix qui inaugurèrent le nouveau règne, dut être surtout honorifique pour le seigneur de la Roche-Talbot ; son rôle paraît s'être alors borné à recevoir tous les ans de chaque sénéchaussée ou de chaque bailliage, à la suite de la montre annuelle, « un extrait au vray du roolle » de celle-ci « tant de ceulx qui » y ont esté

« en personne, que des roturiers et inhabiles, et de ceulx qui feront pour eulx le service, mesmement des exempts et défaillants » puis, une fois ainsi renseigné sur l'état des divers contingents dans tout le royaume, à « certifier » le Roi « des forces » se trouvant « aud. ban et arrière-ban » (1). Mais à partir du printemps de l'année 1552, il n'en fut plus de même.

On sait comment, au mois d'octobre précédent, Henri II, en s'alliant avec les princes protestants d'Allemagne contre l'empereur Charles-Quint, avait pris l'engagement d'envoyer, aussitôt l'hiver passé, une grande armée du côté du Rhin. Ce prince se hâta donc de faire d'importants préparatifs de guerre, au nombre desquels il n'oublia pas la convocation du ban et de l'arrière-ban. Si les lettres-patentes relatives à cette convocation ne furent expédiées aux sénéchaux et aux baillis de France qu'après le 20 mars dont elles portaient la date (2), il n'y en avait pas moins quelques semaines déjà que ceux-ci avaient reçu, selon l'usage, des instructions pour faire tenir prêts le ban et arrière-ban de leurs juridictions. Ces instructions remontaient à la première quinzaine de février comme plusieurs documents venus à notre connaissance en font foi. Ainsi, le 16 février une exemption d'arrière-ban avait été accordée à « Catherine d'Aligre, veuve de Jehan Viau, en son vivant maire de Tours » par Jehan Tesnières, « licentié ès loix, bailly de Vendosmois, *commissaire en ceste partie du Roy n. s.* », de concert avec « René de Thibergeau, escuyer, seig^r de la Mothe, lieutenant *du seig^r de la Taille, capitaine-général du ban et arrière-ban de ce royaulme* » et autres commissaires (3). Ainsi encore le 24 du même mois le gouverneur de l'Auvergne, Jacques d'Albon, seig^r de Saint-André, donnait commission à m^re François de Langeac, ch^r seig^r dud. lieu, pour « mener et conduire... en

(1) Voir les articles 8 et 9 de l'ordonnance de 1547.
(2) Voir la Roque, p. 62.
(3) Arch. de Loire-et-Cher, E, 131.

l'absence du seigneur de Tournon, sénéchal du pays d'Auvergne... la compagnie des gentilshommes et autres subjets au ban et arrière-ban des pays de H[te] et Basse-Auvergne que *le Roy* avoit *ordonnés estre levés ceste présente année* » (1). Tout cela ne fait-il pas voir que l'on s'occupait dès lors très activement dans toute l'étendue du royaume de tenir prête la milice dont le seigneur de la Roche-Talbot était le capitaine-général ? Lui-même, on ne saurait en douter, tout en donnant ses soins à la mise sur pied de guerre de sa propre enseigne, composée très probablement des gentilshommes du Maine et de l'Anjou (2), devait être comme l'âme de tout ce mouvement. Ce qui est certain, c'est que, quelques jours à peine après la publication des lettres-patentes du Roi convoquant décidément l'arrière-ban pour la première quinzaine de mai, nous le voyons à Tours, où, d'après les comptes de la mairie, « le 24e et le 26e jour de Mars 1551... 30 pintes de vin blanc et clairet » furent « présentées pour et de par la ville à mons. de la Jaille, cappitaine du ban et arrière-ban » (3). Or, si le capitaine-général se trouvait au lendemain des lettres de convocation du 20 mars au chef-lieu du bailliage de Touraine, c'était apparemment à l'occasion de la montre en armes des gentilshommes de ce bailliage dont il était venu passer la revue. De Tours, René de la Jaille continua-t-il sa tournée d'inspection, comme nous dirions aujourd'hui, dans les autres villes du royaume où avaient lieu de semblables réunions mili-

(1) Bibl. nat. ms. f. fr. 26134, n° 679.

(2) La principale résidence de René de la Jaille se trouvant au Maine, il est probable que l'enseigne dont il était le capitaine particulier, devait avant tout comprendre les nobles de la sénéchaussée du Mans ; d'un autre côté nous lisons dans des « Extraits d'un compte de l'arrière-ban d'Anjou des années 1552, 1553 et 1554 » (Bibl. nat. ms. f. fr. 22449) que « l'arrière-ban dud. pays » avait été « mené et conduit en Champaigne et Picardie par Mess. René de la Jaille, ch[r], seig[r] dud. lieu, comme chef et capitaine d'icelluy en l'an 1552 ».

(3) Arch. mun. de Tours, vol. 75, f° 35, comptes de la dépense commune.

taires? Nous sommes tentés de le penser et ne serions nullement étonnés qu'une partie du mois d'avril se soit passée pour lui dans ces allées et ces venues.

Au commencement de mai, les troupes de l'arrière-ban s'étaient acheminées de tous les points de la France, sous la conduite de leurs capitaines-particuliers, vers les frontières de Champagne et de Picardie où le roi leur avait donné rendez-vous. Quant au capitaine-général, avant de partir lui-même à la tête de son enseigne, pour aller prendre possession du commandement de ses troupes, il était venu passer quelques jours à la Roche-Talbot afin d'y mettre ordre à ses affaires et aviser au moyen de se procurer, par la vente d'une de ses terres, les sommes d'argent qui allaient lui être nécessaires pour subvenir aux frais de la prochaine campagne. Le 13 mai, en effet, il avait donné, devant les notaires de Château-Gontier, à Pierre Molart, « sieur de Vauvert, dem[t] en la par[e] de Souvigné » et à Mathurin Feydau, « sieur de la Charonnière, dem[t] en la par[e] de Morannes », une procuration spéciale à l'effet de vendre en son nom à Georges Chevallérie, seig[r] de l'Espine, en Craonnais, la terre et seig[ie] du Manoir Ouvrouin au comté de Laval. Puis il était parti sans attendre la conclusion de la vente en question qui eut lieu en son absence, le 28 mai. Seulement, quelque temps après, les notaires de Noyon virent comparaître devant eux : « Noble et puissant seigneur m[re] René de la Jaille, ch[r] seig[r] dud. lieu et de la Roche-Talbot, demeurant aud. lieu de la Roche-Talbot au pays d'Anjou, capitaine-général de la noblesse de France subjecte au ban et arrière-ban, de présent en cette ville de Noyon » lequel ratifia l'acte de vente consenti pour lui par ses mandataires (1).

Comme on le voit par ce précieux document, notre personnage se trouvait dans les premiers jours de juin au centre

(1) Arch. de la Mayenne, titres féodaux, dossier relatif au manoir Ouvrouin, original en parchemin, malheureusement incomplet.

même des troupes dont il avait le commandement et qui avaient été réparties dans les places situées le long de la frontière de Champagne et de Picardie. Du reste l'arrivée de ces troupes avait été assez opportune. Peu de temps auparavant, tandis que Henri II, après avoir conquis la Lorraine et les Trois Évêchés, s'enfonçait dans l'Alsace, la reine de Hongrie, gouvernante des Pays-Bas, profitant de ce que notre frontière du nord-est était dégarnie de troupes, y avait envoyé un de ses généraux qui l'avait envahie, y avait porté le fer et la flamme, et même s'était emparé de Stenay. C'est cette fâcheuse diversion de l'ennemi qui avait en grande partie arrêté le roi de France au moment où il allait franchir le Rhin et l'avait forcé à revenir sur ses pas pour défendre son propre territoire menacé. Mais grâce à l'arrivée des troupes de l'arrière-ban sur la frontière de Champagne et de Picardie, cette frontière se trouvant désormais couverte, le roi put bientôt reprendre l'offensive, sans craindre pour ses derrières, et c'est ainsi qu'il put employer une partie de l'été à faire la conquête du Luxembourg. René de la Jaille et ses troupes contribuèrent donc de cette façon au succès de la campagne qui se termina, on le sait, avec les derniers jours de juillet. L'armée régulière fut alors disséminée et mise en garnison dans les places de Picardie, ce qui permit aux gens de l'arrière-ban de retourner dans leurs foyers.

Quant au capitaine-général, nous le retrouvons quelques semaines après à Langey en Touraine où, « par devant Arnault Féauldière, notaire... dud. Langey » fut dressé le 10 septembre le contrat de mariage de sa fille Françoise avec « Gabriel d'Apchon, escuyer, fils aisné » de « H[t] et P[t] seigneur m[re] Arthaud d'Apchon, chevalier seig[r] dud. lieu, gentilhomme de la chambre du roi et son lieutenant, en l'absence de monseigneur le mareschal de Saint-André, en Foretz, Aulvergne et Bourbonnois ». On vit donc comparaître en cette circonstance, en même temps que le père du futur,

« H^{t} et P^{t} seig^{r} m^{re} Regné de la Jaille, chevallier de l'ordre, seig^{r} dud. lieu de la Jaille en Touraine et de la Roche-Taillebot, au pays du Maine, gentilhomme ordinaire de la chambre du roy et capitaine-général en son arrière-ban, dem^{t} aud. lieu de la Roche-Taillebot », qui stipula et approuva tant « en son nom » que « pour dam^{elle} Françoise de la Jaille, sa fille, présente... » les conventions matrimoniales suivantes « pour raison du mariage qui au plaisir de Dieu sera de brief faict, cellebré et soullempnizé en face de sainte Mère Église d'entre led. Gabriel d'Apchon et lad. démoiselle de la Jaille... » Le seigneur d'Apchon abandonnait à son fils par donation entre vifs « toutes les terres qui sont en Auvergne à luy appartenant, comme Apchon, Vaulmiers, Faugerolles, Plauzat, Neschers, Fontmarcel, Vernières, Massiat et autres ». De son côté, le seigneur de la Jaille donnait à sa fille « tout ce que de droict et par les coustumes des lieulx où les héritages qui à luy appartiennent sont assis et scituez, à la conservation toutesfoys de l'usufruict sa vie durant » ; et en outre « pour ce qu' » il n'avait « à présent aulcungs enffans que sa fille » il la constituait « son héritière universelle » dans le cas où il mourrait sans autres enfants. Il était aussi stipulé par rapport à la future que « sy bon semble aud. seig^{r} de la Jaille, père, et sy lesd. futurs conjoints demeurent avec lesd. seig^{r} et dame de la Jaille, père et mère de lad. demoiselle », ceux-ci ne leur feraient « aulcune assignation de revenu » ; que au contraire « sy lesd. futurs espoux de leurs vollontés se retirent de la demeure et habitation de leursd. père et mère, ils auront 600 l. de revenu sur le bien dud. seig^{r} de la Jaille » et que « sy c'est de la vollonté desd. père et mère qu'ils se retirent, ils auront 1000 l. ». Enfin il était accordé que « sy du mariage dud. Gabriel d'Apchon et de lad. dam^{elle} de la Jaille yssent deulx enfants masles, le second portera le nom et les armes dud. seig^{r} de la Jaille, en cas que led. seig^{r}

de la Jaille n'ayt aulcungs enfants masles ». Telles étaient, dans leurs principaux points, les conventions matrimoniales que les parties comparues devant Me Arnauld Feauldière déclarèrent avoir « accordé amiablement... par l'advis et meure délibération de leurs conseils et de leurs parens et amis pour raison du mariaige.... » qu'ils espéraient « soulempniser entre led. Gabriel d'Apchon et dam^{elle} Françoise de la Jaille...... », conventions que lesd. parties promettaient respectivement « tenir et accomplir fermement et loyaulment ». Le contrat de mariage ainsi préparé eut d'ailleurs comme témoins « mre François de Rohan, chevalier de l'ordre, seigr de Gié et du Verger, baron de Chasteau-du-Loir, et lieutenant-général du roy en ses pais et duché de Bretaigne ; mre Jacques de Montgommery, chevalier de l'ordre, cappitaine des gardes écossaises, comte de Montgommery ; noble Gilles Sanglier, seigr de Boisrogues » etc. (1). Quant à la célébration des épousailles, elle dut suivre de près la signature du contrat, selon le désir manifesté, comme on l'a vu, par les parties, dans cet acte.

Cependant la guerre entre la France et l'Empire, qui n'avait point été interrompue par les rigueurs de l'hiver, (puisque c'était à la fin de cette même année 1552 qu'avait eu lieu le fameux siège de Metz par Charles-Quint), la guerre, dis-je, continuait plus vive que jamais, et elle devait durer presque jusqu'à la fin du règne de Henri II. Aussi, comme en 1552, l'arrière-ban fut-il convoqué dans les années suivantes, au début de chaque campagne, jusqu'à l'année 1557. Les mémoires de François de Rabutin qui racontent en détail les événements militaires du temps, parlent en plus d'un endroit de la milice qui nous intéresse et de son chef. A la fin du mois d'août 1553, René de la Jaille et les troupes de l'arrière-ban étaient venus grossir

(1) Ce contrat de mariage fait partie des archives du Cantal ; nous en devons la communication à l'aimable obligeance de l'archiviste, M. Aubépin, qui a bien voulu nous en adresser une copie.

l'imposante armée que Henri II, après avoir laissé prendre par les impériaux Thérouanne et Hesdin pendant le printemps, s'était enfin décidé à rassembler pour arrêter les progrès inquiétants de l'ennemi. Le 1er septembre, toute cette armée, qui se trouvait alors près de Corbie, fut passée en revue par le roi, et voici ce que l'auteur que nous venons de citer, énumérant les différentes forces de celle-ci, dit des troupes dont le seigneur de la Roche-Talbot avait le commandement: « Les nobles et les rière bans estoient complets de 3,000 chevaux, desquels estoit général le seigneur de la Jaille ». Puis, dans les pages suivantes de ses mémoires où il expose la courte campagne de 1553, le même auteur parle à plus d'une reprise de ces « nobles » et « rière-bans » qui ne semblent pas cette fois s'être séparés du gros de l'armée dans sa marche sur Bapaume puis sur Cambray. Celle-ci d'ailleurs, après s'être bientôt retirée sur Cateau-Cambrésis, et enfin sur Saint-Quentin « fut départie environ le 19e et 20e septembre ». Et « autant en fut fait de tous les nobles et rière-bans ».

L'année suivante, les opérations militaires commencèrent un peu plus tôt. Henri II, ayant résolu de mener la guerre avec vigueur sans attendre que l'Empereur l'attaquât le premier, fit dès le commencement de juin assembler trois corps d'armée, le premier en Picardie, à l'entour de Saint-Quentin sous les ordres du prince de la Roche-sur-Yon ; le second près de Mézières, avec le duc de Nivernais comme chef ; et le troisième « en la Vallée de Laon, vers Crécy » dont le connétable de Montmorency avait le commandement. C'est de ce dernier corps que, selon Rabutin, faisaient partie, au nombre de près de 1,800 à 2,000 chevaux, les « nobles et rière-bans, estant toujours le seigneur de la Jaille leur général ».

On sait quels furent les principaux événements de la campagne de 1554. Après la prise de Marienbad par le connétable avec qui le prince de la Roche-sur-Yon et le duc de Nivernais étaient venus opérer leur jonction devant cette place, Henri II s'étant mis à la tête de toute l'armée avait avait envahi successivement une grande partie des Pays-Bas, dont les villes fortes les plus importantes furent prises et démantelées, puis l'Artois où il assiégea la forteresse de Renty. Ce fut en repoussant aux abords de cette dernière place les troupes de l'Empereur accourues pour la secourir que les nôtres gagnèrent la célèbre mais inutile victoire de Renty qui n'empêcha pas, quelques jours après, le roi de lever le siège.

Il va sans dire que, pendant ce temps là, la milice de l'arrière-ban, dont le service était dû à l'intérieur du royaume seulement, n'avait pas suivi le gros de l'armée sur le territoire ennemi, et s'était bornée à défendre la frontière française.

Vers la fin d'acût, le roi avait quitté l'armée et était retourné à Compiègne, mais la campagne continua quelque temps encore, bien que d'une façon plus languissante, entre les troupes royales occupées à munir les places de l'Artois nouvellement conquises et à en renforcer les garnisons, et les troupes impériales qui les observaient. Enfin, dit Rabutin, le connétable, voyant que les soldats de l'Empereur faisaient défection, et « pour ne consommer aussi davantage le reste de ceste frontière.... renvoya les rière-bans en leurs maisons ».

Au printemps de 1555, il sembla un moment que la paix allait se faire entre Henri II et Charles-Quint. Des propositions furent échangées ; malheureusement elles échouèrent, et la guerre recommença de plus belle. On était à la fin de juin. Le roi, décidé à frapper un grand coup, se hâta d'envoyer des troupes à la fois « en Piémont et en Champagne ainsi qu'en Picardie »; sa maison « fut pareillement mandée, et les rière-bans cryés et advertys pour marcher en tel équipage qu'il leur estoit ordonné ». Le seigneur de la Roche-Talbot regagna donc une fois de plus cette frontière du nord-est qu'avec les contingents de l'arrière-ban il avait pour ainsi dire, depuis le début de la guerre, reçu la mission spéciale de protéger. Mais, hélas ! la campagne de 1555 devait, par suite d'une grave imprudence de sa part, être fatale à sa réputation militaire. Soldat brave et éprouvé, l'ancien lieutenant du maréchal de Montejehan eut le tort d'oublier que les troupes placées sous ses ordres, n'ayant ni la solidité ni surtout la discipline des troupes régulières, étaient peu propres à la guerre en rase campagne. Vers la fin d'août ou le commencement de septembre, il eut la malencontreuse idée, au lieu de continuer à se tenir sur la défensive, comme c'était son rôle, de faire à la tête de ses « nobles et rière-bans » une excursion dans l'Artois, sur les terres de l'Empereur. Il en fut cruellement puni. Surpris au retour par Hausimont, gouverneur de Bapaume, entre cette ville et Arras, il fut complétement battu et fait prisonnier avec une partie des siens. Plusieurs historiens, entr'autres Mézeray et de Thou, ont parlé plus ou moins longuement de cette fâcheuse affaire qui eut un certain retentissement à cette époque ; mais le récit le plus détaillé s'en trouve dans les mémoires de Rabutin, et c'est ce récit que nous allons transcrire :

« Sur ces entrefaites, dit ce chroniqueur, une partie de de nos rière-bans et certaines compagnies de cavalerie légère qu'on avait mises en garnison le long de la frontière de Picardie furent deffaites assez malheureusement entr'Arras et Bapaulme. Ils avoient faict une entreprinse aultant belle et louable qu'il estoit possible si la fin eust esté semblable au commencement, rapportans et ramenans gros nombre de butin. Mais, en retournant à la desbandade, sans tenir ordre, ou comme gens malexercitez aux armes ou trop mols, ou non acoustumez de porter longuement le travail et sueur du harnois, furent en cest estat rencontrez et enveloppez entr'un bois, un village et une rivière de laquelle les ennemis avoient coupé et rompu les ponts, et par eulx chargés de si grande ruse et furie, qu'estant plus esperduz et estonnez que rompuz, furent desfaits et mis à vau de route par bien petit nombre de gens de cheval et quelques gens de pied ramassés, eulx estant, comme l'on disoit, au nombre de 12 à 1500 chevaulx et près de 3 à 400 hommes de pied, y restant des plus gens de bien morts ou blessés, et grande quantité de prisonniers, *entre lesquels se trouva le sieur de la Jaille, leur général.* On attribua l'honneur de ceste exécution au sieur d'Haulsimont, gouverneur de Bapaulme, chevalier des plus estimés de l'Empereur; de laquelle les impériaulx prindrent tant de gloire et le tournèrent à si grande mocquerie de nostre faiblesse qu'ils en forgèrent un proverbe, à scavoir qu'ils prenoient les nobles de France sans poiser, combien qu'à la vérité la plupart de ces rière-bans, qu'on appelle aultrement les bandes des nobles, ne sont formés ny complettés en la meilleure part des gentilshommes, lesquels se retirent communément ès compagnies des ordonnances, ains le plus souvent sont roturiers annoblis de l'an et jour, ou quelques valets que vieils seigneurs, femmes veusves, et orphelins y envoyent ».

Fait ainsi prisonnier par les Impériaux, le capitaine-général de l'arrière-ban eut sans doute, avant d'obtenir sa mise en liberté, une forte rançon à payer (1), et ce fut très probablement pour se procurer le plus tôt possible, en tout

(1) Voir aux archives nationales, dans les registres de la connétablie, à la date du 16 janvier 1556 (Z[1c] 12), une obligation souscrite le 14 septembre 1555 par Jehan de la Bergerie et sept autres nobles de l'arrière-ban de la prévôté de Paris, « estant présentement en ceste ville d'Arras prisonniers de guerre tant de Monsieur d'Hausinont, capitaine de Bapaulme que de Mons le Mis de Berghes et ses gens » en faveur de Estienne Hubert s[r] d'Argeville, leur capitaine, qui avait répondu pour eux de la somme de « neuf vingt et douze écus soleil » à quoi montaient leurs rançons; on peut juger par là du prix auquel avait dû être mise la liberté du capitaine général.

ou en partie, l'argent qui lui était demandé, qu'il emprunta vers cette époque, au moyen de lettres obligatoires, d'abord à François Roullet, « marchant, demt à Sablé païs du Maine » la somme de 4,980l, puis à Jacques Jousse, « aussy marchant, demt à St-Denys d'Anjou », celle de 1,200l (1).

Une fois rendu à la liberté, René de la Jaille continua-t-il, en dépit de ce grave échec, à commander l'arrière-ban de France encore convoqué par Henri II pendant les années 1556 et 1557? ou bien, destitué de ses fonctions de capitaine-général, alla-t-il cacher dans son manoir de la Roche-Talbot, en y vivant dans la retraite, son humiliation et son chagrin? Nous ne saurions, faute de documents, nous prononcer à cet égard. Ce qui est certain, c'est que les dernières années de sa vie durent être singulièrement assombries, tant par le souvenir de la campagne de 1555, que par les inextricables embarras d'argent où il se trouvait de plus en plus plongé. Ces embarras, nous l'avons dit, avaient commencé presqu'au lendemain de son mariage et l'avaient forcé, dès avant la fin du règne de François Ier, après avoir engagé plusieurs de ses terres, de vendre tout-à-fait celles d'Echarbot et de Froidefond, près d'Angers. Mais c'était surtout depuis le commencement de la guerre survenue entr'Henri II et Charles-Quint que sa situation, au point de vue financier, avait toujours été en s'aggravant. Ses fonctions de capitaine-général de l'arrière-ban avaient été très lourdes pour sa bourse. Comme il sera dit plus tard, après sa mort, dans une plaidoirie prononcée au cours d'un grand procès en Parlement entre son gendre, Gabriel d'Apchon, et les créanciers de sa succession (2) « feu Mre René de la Jaille,

(1) Voir aux registres du Parlement (X1a 8385) la plaidoirie soutenue à la date du 17 mai 1560 contre Mre Gabriel d'Apchon et Me Laurent de la Mare... fermier du lieu, terre et seigneurie de la Jaille, par Mre Louis de la Grézille, chr de la Tremblaye et Jacques Jousse, et François Roullet.

(2) Voir la note qui précède.

luy vivant chevalier, colonnel des arrière-bans du Royaulme de France, avoit de grants biens, et pour le service du Roy ayant faict une grande despence », s'était « trouvé redevable d'une grande somme de deniers qu'il avoit esté contrainct d'emprunter... » Ajoutons que, pour satisfaire ses créanciers, il avait eu recours plus que jamais à des aliénations de domaines. Ne l'avons-nous pas vu en mai 1552, avant de partir pour le théâtre de la guerre, vendre sa terre du Manoir-Ouvroin au Bas-Maine? Et cette terre n'était pas, hélas! la seule qu'il eût sacrifiée en ces années là à ses pressants besoins d'argent. Celles de Pruillé en Anjou, de Magnannes près de Bouère ainsi que les métairies de la Sanguinière et de la Menerie en la paroisse de N.-D. de Sablé, avaient eu le même sort (1). D'autres domaines, tels que ceux de Beauchesne et de la Justonnière en Saint-Denis d'Anjou, avaient été engagés pour la seconde ou pour la troisième fois (2). Enfin il n'y avait pas eu jusqu'aux métairies situées en Souvigné, en vue même de son manoir, dont le seigneur de la Roche-Talbot n'eût essayé de faire argent, tant la gène de ses affaires était extrême! En 1557, c'était « le lieu de la Ravarie » qui était vendu par lui « au... sieur de Boisdauphin, à grâce pour 9 mois, pour le prix et somme de 1,500[l] » (3).

Tels étaient les tristes sujets de préoccupation qui venaient aggraver encore pour l'infortuné René de la Jaille la blessure

(1) En ce qui concerne la première de ces terres, M. Port, dans son savant dictionnaire de Maine-et-Loire, à l'article Pruillé, dit que la terre de ce nom était possédée en 1559 par Marin Cerisay, marchand d'Angers. Quant aux autres terres, leur vente est relatée dans un curieux mémoire de 1580 environ, relatif à la succession laissée par Gabriel d'Apchon et par Françoise de la Jaille; mémoire dont il sera d'ailleurs plus amplement parlé au chapitre suivant.

(2) Archives du château de Cirières, terrier de la Morinière, transaction du 8 janvier 1589 entre Charles d'Apchon et René de Saint-Rémy.

(3) D'après le mémoire de 1580 déjà cité dans une des notes précédentes.

profonde reçue par son amour propre en 1555, et nul doute que tous ces soucis n'aient contribué dans une large mesure à abréger son existence. Il mourut en effet jeune encore, (puisqu'il n'avait guère plus de 55 ans,) dans le courant de l'automne de 1557. C'est du moins ce qui semble résulter d'une lettre écrite à la date du 19 novembre de cette année là par le cardinal de Lorraine à son frère le duc de Guise, lettre où il est question de « la place de la chambre que tenait le feu seigneur de la Jaille » et que, à la prière du duc, le cardinal venait, paraît-il, de solliciter d'Henri II pour « le sieur de Guiry » (1).

Ainsi, avant la fin de l'année 1557, quelques mois après ce lamentable désastre de Saint-Quentin, autrement préjudiciable à la France que la défaite de l'arrière-ban en 1555, le mari de Magdeleine de Montgommery avait cessé d'exister. Héritière universelle de son père en vertu de son contrat de mariage, et d'ailleurs sa fille unique Françoise de la Jaille entrait désormais en possession définitive des biens dont elle avait déjà la nue-propriété, et elle allait ainsi porter dans la maison d'Apchon la terre qui fait l'objet de cette étude. Quant à la veuve de René de la Jaille, il lui restait pour son douaire les deux terres de la Jaille en Touraine et de la Chesnaye en Anjou (2) : elle n'était naturellement qu'sufruitière de la première, mais la propriété de la seconde lui appartenait par moitié ; aussi est-ce là qu'elle alla fixer sa résidence pendant son veuvage (3) ; elle y vécut jusqu'à un âge fort avancé et ne mourut qu'après l'année 1580 (4).

(1) Bibl. nat. ms. f. fr. 20472, f° 37.

(2) D'après le mémoire de 1580.

(3) Voir aux registres du Parlement (X[1a] 5014) un arrêt intervenu le 26 avril 1567 entr'elle et les héritiers Cerisay : « Magdeleine de Montgommery, veusve de feu Mre René de la Jaille en son viv[t] seig[r] dud. lieu » y est dite « demeurant au lieu de la Chesnaye en Anjou ».

(4) Elle est dite encore vivante dans le mémoire de 1580.

CHAPITRE VII

LES D'APCHON. GABRIEL D'APCHON, MARI DE FRANÇOISE DE LA JAILLE. CHARLES D'APCHON ; LOUISE DE CHASTILLON, DAME DOUAIRIÈRE DE LA ROCHE-TALBOT, ET GILBERT DU PUY DU FOU, BARON DE COMBRONDE, SON SECOND MARI. RENÉE D'APCHON, MARIÉE A JACQUES DE BEAUVAU DU RIVAU.

Le rang que les de la Jaille tenaient dans la noblesse du Maine et de l'Anjou, les d'Apchon, ou plutôt de Saint-Germain d'Apchon, l'occupaient dans celle du Forez et de l'Auvergne. Originaires, comme Saint-Germain, de la première de ces deux provinces, où leur race, connue dès la fin du XIIIe siècle, était fort ancienne, ils y possédaient plusieurs terres très importantes, entr'autre celle de Montrond, dont le vaste et magnifique manoir fortifié, aujourd'hui en ruines, mais alors une des places fortes féodales les plus considérables du pays, était leur résidence principale. En Auvergne, leur situation n'était pas moindre qu'au Forez. Grâce à une substitution datant des premières années du XVe siècle et plusieurs fois renouvelée depuis, ils étaient devenus peu à peu les seuls et véritables représentants des anciens seigneurs d'Apchon, ces premiers barons de la Haute-Auvergne. En même temps qu'ils avaient succédé dans cette province aux vastes et nombreux domaines de leurs illustres devanciers, ils s'étaient trouvés autorisés par la substitution en question à porter le « nom cry et armes » de ceux-ci, et de là ce nom d'Apchon sous lequel, à partir du XVIe siècle, les de Saint-Germain commençaient à être plus connus que sous leur nom véritable. Du reste, à la gloire de leur double passé, à la puissance inhérente à leur grande situation territoriale, les de Saint-Germain d'Apchon joignaient, à l'époque où nous en sommes arrivés de notre récit, le prestige d'un incontestable crédit à la cour qui leur avait valu, avec la faveur du Roi, les charges les plus considérables comme les distinctions les plus flatteuses. Artaud d'Apchon, le père de notre Gabriel, qui était mort, croyons-nous, l'année même où son fils devenait, par le décès de René de la Jaille, seigneur, à cause de sa femme, de la Roche-Talbot, Artaud d'Apchon, disons-nous, avait été gentilhomme ordinaire de la Chambre, chevalier de l'ordre du Roi, capitaine de cent hommes d'armes, enfin lieutenant en l'absence du maréchal de Saint-André, en Forez, Auvergne et Bourbonnais. Il avait pour femme Marguerite d'Albon, qui lui avait apporté, avec les grands biens de sa famille, le puissant appui à la cour de son frère, le célèbre maréchal. Grâce à la faveur de plus en plus déclarée dont ce dernier jouissait auprès de Henri II, la maison de Saint-Germain d'Apchon, bien que privée de son chef par la mort récente du seigneur d'Apchon et de Montrond, n'allait pas moins continuer après lui à soutenir dignement son rang et sa réputation. Avant la fin du règne de Henri II, Marguerite d'Albon venait d'être nommée dame d'honneur de la reine Catherine de Médicis. Quant à ses fils, deux d'entre eux, Guillaume et Charles, avaient des emplois à la cour, l'un comme « escuyer d'escuirie », l'autre comme « panetier ordinaire », tandis que deux autres, Antoine et Jean, étaient lieutenants de leur oncle, le premier au gouvernement du Lyonnais, le second en Forez, Bourbonnais et Beaujollais (1).

Telle était la famille à laquelle appartenait le mari de Françoise de la Jaille. Pour lui, sans avoir joué dans l'histoire de son temps un rôle aussi marquant que son père et ses frères Antoine et Jean, il s'en faut qu'il ait été un personnage

(1) Voir pour plus de détails sur Montrond, les de Saint-Germain, les d'Apchon et les de Saint-Germain d'Apchon : 1° *Le Château de Montrond en Forez* par M. A. Vachez ; 2° les divers dossiers relatifs à la famille en question contenus au Cabinet des Titres.

sans importance. Attaché au service du futur Henri II comme page de sa chambre alors que ce prince n'était encore que Dauphin (1), une fois ce même prince parvenu au trône, il s'était vu nommer un de ses gentilshommes ordinaires (2). Dans les années suivantes, c'est à lui que paraissent avoir fait allusion et Vieilleville dans ses mémoires, et le chroniqueur Salignac, quand ils citent tous deux un d'Achon, le premier, comme faisant partie à Londres en 1550 de la suite du maréchal de Saint-André envoyé pour remettre au roi d'Angleterre le collier de l'ordre de Saint-Michel, le second, en le comprenant parmi les volontaires de la noblesse accourus en 1552 « pour leur plaisir » à la défense de la ville de Metz assiégée par Charles-Quint. Ainsi, tant par sa situation personnelle que par celle de sa famille, Gabriel d'Apchon était bien digne de l'honneur que lui avait fait René de la Jaille en lui accordant la main de sa fille. C'était d'ailleurs, dans ses rapports avec ses vassaux d'Auvergne, un seigneur dur et intraitable, et, en cela, il était bien de son temps et de sa race. Faisant depuis son mariage de son château d'Apchon (3) sa résidence la plus ordinaire quand ses fonctions de gentilhomme ordinaire de la Chambre ne l'appelaient pas à la cour, on le voit, pendant les dernières années du règne de Henri II, sans cesse occupé à plaider contre ses vassaux d'Apchon, de Plauzat ou de Neschers (4). Il paraît même qu'en avril 1560 il « estoit chargé de tels cas

(1) Bibl. nat., cab. des titres, dossiers bleus d'Achon.

(2) Arch. nat. reg. JJ. 260/a ; lettres royaux de Mars 1549 donnant à Gabriel d'Achon les biens confisqués sur Guillaume Loys.

(3) Voir, pour la description des imposantes et pittoresques ruines de l'ancien château-fort d'Apchon, situées sur un immense rocher basaltique au-dessus du bourg du même nom à quelques lieues au N.-E. de Murat, ce qu'en dit Joanne, dans son *Guide en Auvergne*.

(4) Arch. nat. registres criminels du Parlement X 2/a 126, 127 et 130 (arrêts des 28 juin et 17 décembre 1560 et 5 janvier 1562). Voir aussi inventaire des titres de la seigneurie de Plauzat, cotes 300 à 307. (Arch. nat. P. 1447).

et crimes » vis à vis de certains manans et habitants de Plauzat qu'il fut obligé en cette occasion de recourir à la clémence royale et de se faire accorder des lettres de rémission. Il n'en perdit pas moins « la juridiction et droit de justice » qu'il avait « en la terre et seigneurie de Plauzat » et que le Roi, en accordant lesd. lettres de rémission, avait « par exprès confisqués et retenus à luy ». Il est vrai que, quelque temps après, par un brevet du 7 septembre 1561, Charles IX avait donné et octroyé « aux enfans dud. sieur d'Apchon lad. juridiction et droit de justice ». L'expédition de ce brevet avait été commandée par le jeune Roi, « sa mère présente », et les considérants portaient que ce prince avait agi en le signant « tant en considération des services que les plus proches parents dud. d'Apchon ont cy devant faict tant aux feuz royz, ses très honnorez seigneurs père et frère, et à luy depuis son advenement à la couronne, que pour satisfaire à la prière et requeste qui faicte luy a esté par aulcuns de ses plus spéciaux serviteurs et ministres » (1). Comme on le voit, notre personnage avait alors à la cour de hauts et puissants intercesseurs. Et comment en aurait-il été autrement ? Marguerite d'Albon, sa mère, n'était-elle pas depuis quelques années déjà dame ordinaire de la reine mère Catherine de Médicis ? Deux de ses frères, n'étaient-ils pas, comme nous l'avons dit plus haut, l'un écuyer d'écurie du Roi, l'autre son panetier ordinaire ? Enfin le maréchal de Saint-André, à l'apogée de sa faveur, ne faisait-il pas dès lors partie du fameux triumvirat qui, sous le nom du jeune roi et de sa mère, disposait à son gré du gouvernement ?

Cependant, après la mort de René de la Jaille, tué à la bataille de Saint-Quentin (10 août 1557 (2), Gabriel d'Apchon

(1) Inventaire de Plauzat déjà cité, cote 232, et arch. du Puy de Dôme; dossier d'Apchon.

(2) Bibl. nat., imprimés, « Recueil du procès de Charles b^on d'Apchon... contre dame Françoise de Laval... »

était devenu, du chef de sa femme, seigneur de la Roche-Talbot et des autres terres composant la succession de l'infortuné capitaine-général de l'arrière-ban. C'est en cette qualité de seigneur de la Roche-Talbot que nous le voyons, en octobre 1560, cité aux pleds et assises de l'abbaye de Bellebranche pour raison de ses fiefs de Malabry (1), et c'est encore en la même qualité que, dans les derniers mois de 1568, il devait présenter à la nomination de l'évêque du Mans Me Antoine Tauzet, pre, comme futur titulaire de « la chapelle Ste-Barbe deservie en l'église de Souvigné, lad. chapelle estant à la présentation du seigneur de la terre et seigneurie de la Roche-Talbot » (2).

Retenu la plupart du temps en Auvergne où était, nous l'avons dit, sa résidence principale, le seigneur d'Apchon, on le conçoit sans peine, ne pouvait guère avoir le loisir d'aller visiter ses terres du Maine ; aussi aucun document ne nous le montre y faisant un séjour plus ou moins prolongé. Mais il n'en était pas de même en ce qui concernait sa femme et ses enfants. A la date du 13 juin 1565, « noble fils Charles d'Achon », l'aîné des enfants issus du mariage de Gabriel d'Apchon et de Françoise de la Jaille, nous apparait tenant sur les fonts baptismaux de l'église Notre-Dame de Sablé « Charlotte fille de N. H. Eustache Jarry » alors capitaine de cette ville, « et de delle Françoise de Tessé » (3). La dame d'Apchon était donc, selon toute apparence, en ces jours-là à la Roche-Talbot. Elle s'y trouvait, en tous cas, dans les derniers jours de janvier 1566. En effet, à la date du 31 desdits mois et an, par acte passé par devant Jullien Gilloust, notaire juré de la court du marquisat de Mayenne au siège de Sablé, « noble et puissante dame Franczoise de la Jaille, dame dud. lieu et de la Roche-Talbot, fille unique

(1) Arch. de la Sarthe, fonds Bellebranche, remembrances.
(2) Arch. de la Sarthe ; insin. eccles.
(3) Anciens registres paroissiaux conservés à la mairie de Sablé.

et héritière seule de déft noble René de la Jaille seigr dud. lieu et de la Roche-Talbot, et femme de noble et puissant messire Gabriel d'Apchon, chr, seigr dud. lieu, et de luy suffisamment authorisée », donnait procuration à « ses bien amés et féaulx hon. homme Me Franczois Lefebvre, lic. ès loix, advocat à Angers, et Pierre Robelot », pour la représenter partout où besoin serait, et « par espécial pour en son nom offrir jurer et faire une foy et hommage simple à N. H. Jehan Baraton, seigr de Varennes-Bourreau et de Coullon, par devt. Mr le seneschal d'Anjou ou ses lieutenants... à cause et pour raison de la métairie appces et dépendances de Beauchesne, sise en la paroisse de St-Denys d'Anjou... et... rendre par adveu aud. sieur de Coullon pour lad. dame... les choses qu'elle tient aud. fief et seigie de Coullon » etc. Comme l'indiquait d'ailleurs la fin de la procuration, l'acte contenant celle-ci avait été « faict au lieu seigneurial de la Roche-Talbot, paroisse de Souvigné, ès présence de Me Guille de Villon, René Bignet et Jehan Chevalier, demeurans en la paroisse de Souvigné et de N.-D. de Sablé » (1).

Ainsi, en ces années là, bien que possédé par un seigneur dont la résidence était en Auvergne, le manoir qui fait l'objet principal de ce récit n'était pas pour cela complètement abandonné de ses maîtres. Il était même, croyons-nous, devenu peu à peu la demeure la plus ordinaire de la dame d'Apchon qui, certainement à partir de l'année 1565, et peut-être depuis plus longtemps, vivait complètement séparée de son mari (2).

C'était à propos de la succession de René de la Jaille que les rapports entre les deux époux, qui n'avaient jamais été, semble-t-il, bien tendres, avaient achevé de se gâter (3).

(1) Arch. du chât. de Cirières, terrier de la Morinière.

(2) Voir « Recueil du procès de Charles bon d'Apchon » etc. déjà cité.

(3) Tout ce qui suit au sujet des différens d'intérêts survenus entre Gabriel d'Apchon et Françoise de la Jaille est emprunté à deux sources :

Cette succession, où la terre de la Roche-Talbot entrait pour une bonne part, était, il faut l'avouer, assez difficile à liquider. Non-seulement elle se trouvait fort amoindrie par les nombreuses aliénations de domaines que l'ancien capitaine-général de l'arrière-ban avait faites, dans les derniers temps de sa vie surtout ; mais ce qui en restait était encore grevé d'emprunts de plusieurs sortes. Il y avait d'abord des sommes d'argent plus ou moins importantes qu'il fallait restituer au plus vite à différents créanciers pour ne pas voir ceux-ci saisir les biens restants ; il y avait ensuite des terres engagées avec faculté de grâce dont le délai fixé pour le réméré allait expirer si l'on ne s'empressait pas de les retirer en remboursant le prix convenu. Tel était l'état de la succession que, dans les derniers mois de l'année 1557, Gabriel d'Apchon et sa femme avaient été appelés à recueillir.

Est-il vrai qu'en cette occurrence le mari de Françoise de la Jaille, au lieu de s'occuper activement, comme c'était son devoir, de sauvegarder les intérêts de cette dernière, avait fait preuve de la mauvaise volonté la plus évidente, et que, « ne voulant rien mectre et employer du sien », il « ne tenoit compte de nectoyer lad. succession, ny se donnait de peyne de poursuivre et donner ordre au payement desd. debtes? ». Ce qui est certain, c'est que pour éviter de se transporter lui-même dans le Maine, il avait préféré passer à la date du 11 avril 1558 (ap. Pasques) une procuration « à dame Françoise de la Jaille, son espouse, pour vendre, alliéner, céder, transporter, engaiger, bailler à ferme et à loyer ... la terre et seigneurie de la Jaille (en Loudunois) ensemble plusieurs aultres terres estant de la succession dud. déft seigr de la Jaille... pour parvenir à l'acquit des debtes de lad. maison ». Et c'est en vertu de cette procuration que,

1° au Recueil du procès de Charles d'Apchon etc., déjà cité ; 2° aux plaidoiries du 17 mai 1569 entre Gabriel d'Apchon et Laurent de la Mare d'une part, et Loys de la Grézille, Jacques Jousse et François Roullet d'autre part. (Arch. nat. X 1/a 8385).

par deux contrats de vente des 8e et 9e jours du mois de juillet suivant, la dame d'Apchon avait vendu à Me Olivier de la Saussaye, sr de Boiséon, trésorier des menus plaisirs du Roi, 1o « la coupppe de 260 arpens de bois monumental et de haulte fustaye appelez les bois de Crain et de Chasny pour le prix de 1600l » ; 2o « la terre seigle, chastellenie et domaines du Plessis-Buret (en Ste-James-le-Robert au Bas-Maine), et ce qui restoit à vendre des bois, pour le prix de 30,000l ». Quant à sa terre et seigneurie de la Jaille spécialement dénommée dans sa procuration, Françoise de la Jaille l'avait baillée vers la même époque à titre de ferme pour 9 ans « à ung nommé Jacquelot et ses consors », moyennant un prix annuel de 3,500l et une avance de 8,000l sur le prix total, sans parler d'autres conditions énumérées dans le bail.

Évidemment, en faisant le sacrifice de la première de ces deux terres, moins ancienne que les terres de la Jaille et de la Roche-Talbot dans sa famille, et en affermant la seconde, la fille de René de la Jaille avait espéré pouvoir désintéresser les créanciers de la succession paternelle ; elle espérait surtout, au moyen de certaines clauses introduites par elle et dans l'acte de vente du Plessis-Buret, et dans le bail de la Jaille, recouvrer la possession des différentes terres engagées par son père soit autour de la Roche-Talbot, au Maine et en Anjou, soit en Poitou. C'est ainsi que sur les 30,000l, montant du prix de vente du Plessis-Buret, 27,000 devaient être employés par Olivier de la Saussaye « pour faire les rachaptz de certains lieux que led. défl sr de la Jaille avoit auparavant alliénez sous condition de grâce qui encore duroit ». C'est ainsi encore qu'outre les 3,500l qu'ils s'étaient engagés à payer annuellement pour leur bail de la terre de la Jaille, et les 8,000l qu'ils avaient consenti à avancer sur le prix total de leur même bail, les Jacquelot devaient 1o payer « à quelques marchands d'Angers » 5,000l « pour recouvrer certaines terres qui avoient esté vendues à faculté de rachapt » et à « ung nommé Robin » 3,000[l] ; 2° retirer « d'ung nommé de Beaulieu, advocat de Loudun », quelques terres « qui luy avoient esté vendues estant de lad. succession » en le remboursant de 2,000[l] ; 3° rembourser « ung nommé des Préaux du Mans » de la somme de 2,000[l] « pour laquelle on luy avoit vendu quelque terre »; 4° se charger de payer « à la mère de lad. dame d'Apchon (Magdeleine de Montgommery) » 650[l] « par ch. an sur son douaire ».

Mais, hélas! l'événement avait trompé les calculs de Françoise de la Jaille. Peut-être, après tout, n'était-elle pas à la hauteur de la lourde tâche que son mari lui avait laissé assumer. S'il faut en croire un factum du temps, « c'estoit une femme facile à decevoir, mauvaise mesnagère » et qui devait dissiper « prodigalement la plus grande partie de son bien ». En tous cas, cinq ans après la vente du Plessis-Buret et le bail de la terre et seigneurie de la Jaille, elle n'était guère plus avancée qu'au moment où elle avait consenti ces deux actes. Sauf les 1,600[l] portées par son premier contrat de vente (du 8 juillet 1558), (et encore ces 1,600[l] ne les avait elle touchées qu'en « petites bagues et affiquets et à perte de finance »), elle n'avait presque rien reçu du sieur de la Saussaye, qui, sous prétexte que « la dame d'Apchon par ses venditions » avait « promis faire ratifier dame Magdeleine de Montgommery sa mère », et qu'il « estoit troublé par celle-ci en la jouissance des choses vendues », refusait d'employer la somme de 27,000[l], dont il restait débiteur, à faire les rachats convenus. Il avait donc fallu que par un autre contrat passé « en la maison de Broassin » (1) le 31 décembre 1563, elle consentit à ce que le s[r] de la Saussaye rétrocédât à Nicolas de Champagne, ch[r], seigneur de la Suze, et à Françoise de Laval sa femme, toute

(1) Brouassin, près la Suze (Sarthe) ancien manoir qui appartenait alors à la famille de Champagne et où les chefs de la branche des Champagne la Suze faisaient leur principale résidence.

la terre du Plessis-Buret avec les bois en dépendant. Or cette rétrocession s'était faite à ses dépens, le prix des deux premières venditions ayant été réduit pour elle en cette circonstance de 46,000l à 31,700l. D'un autre côté, elle n'avait apparemment pas été plus heureuse avec Jacquelot et ses consorts, puisque le 15 février de la même année 1563, elle s'était estimée très heureuse de faire un nouveau bail de sa terre et seigneurie de la Jaille en Loudunois à « Me Laurent de la Mare, demt à la ville de Loudun », et ce, en promettant à ce dernier de lui « faire céder et transporter par led. Jacquelot et ses copreneurs » lad. terre et seigneurie.

Et ce n'était pas là tout; non-seulement en 1563, cinq ans après l'ouverture de la succession, Françoise de la Jaille n'avait pas encore pu rentrer en possession des terres engagées jadis par son père, mais, vers cette même époque, à bout d'expédients, elle avait dû recourir à son tour à des engagements d'héritages dont quelques-uns avaient porté sur la terre de la Roche-Talbot! La closerie et vigne de Saint-Denys-d'Anjou, les métairies de Sautré et de l'Hommelière, en la même paroisse, à Souvigné même quelques vignes et une maison situées dans le bourg, etc. avaient été déjà aliénées par elle ou étaient sur le point de l'être (1), tant elle avait peu réussi à mettre de l'ordre dans ses affaires de plus en plus embrouillées!

Et c'était ce mauvais usage fait par la dame d'Apchon de la procuration générale que son mari lui avait donnée en 1558 qui n'avait pas tardé à faire prendre à celui-ci un parti des plus graves. En l'année 1565, Gabriel d'Apchon, trouvant que sa procuration « estoit mal exécutée », que l'on avait sans aucun discernement « aliéné desd. biens par toutes

(1) Arch. de l'Allier fonds d'Apchon. « Estat des biens que Messire et mesdamoiselles d'Apchon ont à partager » (vers 1581). Voir d'ailleurs la note consacrée par nous plus loin à ce précieux document à sa place chronologique.

formes d'aliénations ... sans toutesfois emploier les deniers qui en provenoient en l'acquit desd. debtes », avait tout à coup « revocqué lad. procuration, et fait deuement signifier la renonciation d'icelle, à la dame de la Jaille ». Grand avait été alors l'embarras de cette dernière, d'autant plus que c'était précisément le moment où les créanciers de la succession non encore désintéressés commençaient à perdre patience et à se montrer menaçants.

Parmi ces créanciers, il en était deux surtout, François Roullet « marchand, demeurant à Solesmes, près Sablé », et Jacques Jousse, également « marchand, demeurant à St-Denys-d'Anjou », qu'on ne pouvait faire attendre davantage sans s'exposer aux plus graves inconvénients. Le premier avait « dès le 9e juin 1559 » présenté son compte à la châtelaine de la Roche-Talbot « pour raison de plusieurs sommes qu'il prétendoit luy estre deues par led. seigneur de la Jaille, revenant ainsi qu'il disoit, à 4,890l 9 sols ». Mais le compte une fois « clos et arresté » entr'eux, Françoise de la Jaille n'avait pu, « à défaut de paiement » que passer à ce créancier une obligation « par devant les notaires royaux de la ville du Mans le 20e juin » suivant. Et ce qu'elle avait fait à l'égard de François Roullet, elle avait dû aussi le faire à l'égard de Jacques Jousse. Par une autre « obligation du 8e juillet 1560 par elle faicte et passée » à ce dernier, elle avait « recongneu estre demeurée redevable envers luy de la somme de 1,200l pour plusieurs sommes de deniers et de marchandises... baillées et délaissées aud. défunct et mentionnées ès cédules par elle inscriptes et recongneues led. 8 juillet ». Or, au moment même où Gabriel d'Apchon révoquait sa procuration, ces deux créanciers étaient en train de prouver qu'ils étaient décidés à ne plus se contenter à l'avenir de simples obligations. Déjà l'un d'eux, pour obtenir plus sûrement la somme qui lui était due et qu'il réclamait, avait fait « saisir et mettre en criées la terre de Préaux, l'une des principalles terres de la succession dud.

feu seigneur de la Jaille, ensemble la terre de Beuxe (1) ».

En cette circonstance si critique pour elle, Françoise de la Jaille ne trouva pas d'autre moyen de sortir d'embarras que de recourir contre son mari à la protection du Parlement de Paris, et de se faire autoriser par un arrêt de cette cour, qui fut rendu le 31 mai 1567, « à la poursuite de ses droits et actions... au reffus du sieur d'Apchon son mary ». Il lui fut alors permis d' « engaiger vendre et aliéner partie desd. biens moins dommageables, utilles et proffitables, par l'advis de ses plus proches parens, et ce, par devant le seneschal du Mayne,... pour les deniers qui en proviendront estre emploiés en l'acquit des debtes dud. feu seigneur de la Jaille son père ». Nous n'avons pas à raconter ici en détail toutes les formalités qui suivirent, ni comment, après une sentence rendue par le lieutenant du sénéchal du Maine à Château-du-Loir, sur l'avis conforme des plus proches parents de la dame d'Apchon, les terres et seigneuries de la Girardière et de Préaux furent adjugées pour 6,000[l] le 3 janvier 1568 à Mre Louis de la Grézille, ch[r] s[r] de la Tremblaye, ce qui permit enfin, grâce à ces 6,000[l], de désintéresser complètement les deux principaux créanciers de la succession de René de la Jaille, François Roullet et Jacques Jousse. Toutefois il est un épisode des procédures suivies pour arriver à l'adjudication dont il s'agit sur lequel il n'est assurément pas sans intérêt pour le lecteur que nous attirions son attention, nous voulons parler de l'assignation faite aux plus proches parents de Françoise de la Jaille. On aimera à connaître les noms de ceux-ci, pris d'ailleurs parmi « les plus notables et apparents que l'on a peu eslire et choisir au païs, tous seigneurs et gentilshommes de marque et quallité ». C'étaient « Mre René Bourré, ch[r] seig[r] de Jarzé ;...

(1) Ces deux terres, ainsi que celle de la Girardière, dont il sera question un peu plus loin, faisaient partie de la terre et seigneurie de la Jaille en Loudunois.

Mre René de Bouillé, c[te] de Créance,.. Mre Jehan Bourré, seig[r] du Plessis,... Mre Nicolas de Champagne, c[te] de la Suze, Mre Pierre de Laval, ch[r] et b[on] de Lezé, Méry de Canisy, esc., s[r] dud. lieu, Mre Jacques de Chivré, seig[r] dud. lieu, René de la Chesnaye, seig[r] dud. lieu, et Loys de Champagne, esc., s[r] du Plessis et de la Chapelle-Rainsouin... » Tous avaient été assignés comme proches parents de Françoise de la Jaille à venir donner leur avis devant le sénéchal du Maine, mais tous ne répondirent pas à l'assignation ; les seigneurs de Jarzé, de Créance, et du Plessis-Bourré avaient fait défaut. Remarquons d'ailleurs qu'il n'avait été fait mention en cette circonstance ni de Claude de la Jaille, seigneur d'Avrillé, ni de Gabriel de Montgommery ; et pourtant tous deux étaient aussi proches parents que la plupart des personnages que nous venons d'énumérer. C'est que le premier était alors en procès avec la dame d'Apchon, héritière de Pierre de la Jaille, son grand oncle, au sujet des comptes de la tutelle que celui-ci avait eue autrefois de sa personne à lui Claude de la Jaille ainsi que de l'administration de ses biens (1). Quant au comte de Montgommery, la situation trop en vue qu'il occupait dès lors dans le parti huguenot et sa réputation de rebelle avéré avaient empêché de songer à lui ; sa parenté eût été trop compromettante à invoquer.

On était, en effet, à l'époque dont il s'agit, en pleines guerres religieuses. Depuis plusieurs années déjà, toute la France était profondément divisée en catholiques et en protestants, et il n'y avait guère de province où ceux-ci, à chaque prise d'armes de leur parti, provoqués ou non, ne se fussent portés aux dernières violences contre ceux qui étaient restés fidèles à l'ancienne religion de leurs ancêtres. On sait combien, en ces tristes temps, les presbytères, les prieurés, les églises et les abbayes se trouvaient exposés aux fureurs impies des hérétiques ; mais les manoirs appartenant

(1) Voir ce qui sera dit plus loin à ce sujet.

à des gentilshommes catholiques n'étaient pas beaucoup plus à l'abri des coups de ces derniers.

Aussi le lecteur ne manquera pas de se demander avec nous quel avait été le sort de la Roche-Talbot pendant les premiers troubles.

Certes, s'il était un coin de la province du Maine qui eût ressenti d'une façon particulière le funeste contre-coup de nos discordes civiles, c'était la châtellenie de Sablé. Les malheurs réservés aux habitants de cette châtellenie avaient commencé en 1562, à l'époque de la surprise de la ville du Mans par les huguenots; c'est alors qu'à Sablé frère Maréchal avait été massacré par les sectateurs de la nouvelle religion (1); c'est alors aussi que l'abbaye de Bellebranche avait été brûlée une première fois par les troupes de Vignolles, du seigneur du Mesnil-Barré et autres gentilshommes du même parti (2); c'est alors enfin que, sur le sol même de la paroisse de Souvigné, la maison de Mortelève appartenant à Bertrand de la Corbière, avait été « pillée par ceulx de la relligion » (3). Et ces malheurs, dont les infortu-

(1) D. Piolin : *Hist. de l'Église du Mans.*

(2) Voir aux arch. de la Sarthe l'information faite en 1562 par Jacques Taron au sujet des désordres commis cette année-là dans le Maine par les huguenots.

(3) Voir aux arch. de Maine-et-Loire, dans le fonds la Corbière la requête adressée en 1576 par Jeanne de la Corbière assignée à représenter ses titres de noblesse. La maison seigneuriale de Mortelève, dont il ne reste plus rien aujourd'hui, s'élevait sur l'emplacement de l'importante métairie de ce nom, dans la partie S.-E. de la commune, tout près du ruisseau qui sépare celle-ci du territoire de Saint-Denis-d'Anjou. C'était à l'origine une simple métairie faisant partie du domaine de la terre de la Courbe. En 1331 Péronelle de Princé, dame de la Courbe, la céda à son oncle Robert de Princé, à la charge pour lui et ses successeurs de la foy et de l'hommage et de 12 deniers de service annuel. (Voir aux arch. de Juigné un vidimus de cet acte, ledit vidimus en parch. de la fin du XIVe s., Possédé vers le milieu du XVe siècle par Pierre de Villiers, écuyer, Mortelève était passé avant la fin du même siècle aux la Corbière par le mariage de Eléonore de Villiers avec René de la Corbière. De cette union était issu Bertrand de la Corbière, écuyer, seig^r dud. lieu et de Mortelève

nés habitants de la châtellenie dont il s'agit avaient été ainsi victimes lors de la première prise d'armes des protestants, s'étaient renouvelés pour eux peu d'années après, lors du passage en 1567 des troupes du fameux René de la Rouvraye, dit le diable de Bressault ; la mise au pillage de l'église de Sablé, du prieuré de Solesmes et de l'abbaye de Bellebranche à peine relevée des ruines laissées par l'incendie de 1562 (1), telles avaient été les conséquences de la seconde invasion du pays Sablésien par les religionnaires. Ainsi, par deux fois, pendant ces premières années des guerres religieuses, Françoise de la Jaille avait pu voir le pays qui environne immédiatement la Roche-Talbot occupé par les hordes huguenotes, et par deux fois, des fenêtres de son manoir, ses yeux épouvantés avaient pu contempler, sur plusieurs points de l'horizon à la fois, la lueur des incendies allumés par ces nouveaux barbares. Mais sa demeure à elle, avait-elle donc été plus épargnée que le prieuré de Solesmes, que l'abbaye de Bellebranche, ou que la maison de Mortelève ? Grâce à

qui en 1540 était dit « dem^t aud. lieu de Mortelève, près Sablé, au comté du Maine » dans sa déclaration au sénéchal d'Anjou. En 1553 il figurait comme vassal dans l'aveu de la Courbe à Sablé « à cause et par raison de sa court, domaine et app^{ces} dud. lieu de Mortelève » pour lesquels il devait « foy et hommage simple et 12 deniers de service annuel ». Il avait testé en 1551, devant Bignon notaire à Saint-Denis-d'Anjou. Ayant survécu à Gilles de la Corbière son fils aîné, il eût pour successeur son petit-fils Nicolas de la Corbière qui, comme « sieur de Mortelève », est cité en 1561 dans le rôle de la noblesse du Maine pour l'arrière-ban. C'est donc ce dernier dont la « maison » fut pillée en 1562 par « ceulx de la religion ». Il vécut du reste presque jusqu'à la fin des guerres religieuses, et fut en 1590 gouverneur de Sablé pour l'Union. Au XVIIe siècle Charles fils de Nicolas et Claude fils de Charles, furent successivement seigneurs de Mortelève ; mais en 1658 Claude de la Corbière vendit la terre en question à Abel Servien. Depuis cette époque jusqu'à la Révolution, Mortelève, redevenu simple métairie, devait faire partie du domaine du marquisat de Sablé.

(1) Voir les différentes études sur René de la Rouvraye publiées soit dans cette revue, soit ailleurs, par notre regretté confrère M. A. Joubert.

l'absence de tout document contraire, nous serions assez tenté de le croire.

Après tout, les soldats du diable de Bressault ou des autres chefs huguenots n'avaient pas de raison bien sérieuse d'en vouloir à la dame de la Roche-Talbot. Assurément s'ils n'avaient vu en celle-ci que la belle-sœur de cet Antoine et de ce Jehan d'Apchon qui se signalaient à cette même époque dans le Lyonnais, le Forez et le Bourbonnais par leur zèle catholique et leur haine contre tout ce qui portait le nom de huguenot, ils n'eussent pas manqué de faire subir, dans le Maine, au château qui nous intéresse le sort que leur coreligionnaire le baron des Adrets venait d'infliger dans le Forez au château de Montrond (1). Mais peut-être aussi savaient-ils que la dame d'Apchon vivait en mauvaise intelligence avec son mari, et ils auront surtout considéré en elle la proche parente d'un de leurs chefs, la cousine du fameux Montgommery. C'est, croyons-nous, à cette dernière considération que se seront arrêtés les terribles passants de 1562 et de 1567, et voilà pourquoi, semblable aux

(1) Au mois d'avril 1562, Henri d'Apchon, l'un des frères de notre Gabriel, avait fait prisonnier, au port de Montrond, le ministre d'Issoire en Auvergne, et, quelque temps après, un autre de ses frères, Jean d'Apchon, dit Artaud VIII, avait fait arrêter à Feurs, à St-Galmier et à St-Bonnet-le-Chastel et conduire dans les prisons de Montbrison d'autres ministres protestants venus prêcher la réforme dans ces trois villes. Aussi quand, au mois de juillet suivant, le terrible baron des Adrets, ayant envahi le Forez, eut mis à sac la capitale de cette province, il ne tarda pas à se diriger vers Montrond. Vainement défendue en l'absence de Jean d'Apchon par Saconnis de Pravieux, cette place capitula après une courte résistance. Aux termes de la capitulation, le château devait être préservé du pillage et ses défenseurs libres de se retirer sains et saufs. Mais, à peine rentrés dans la forteresse, les huguenots se mirent à piller tout ce qu'ils trouvèrent sous la main, et des Adrets répondit aux protestations du chef catholique en faisant précipiter de la plus haute tour l'un des six défenseurs de Montrond. Ce ne fut pas tout. Le corps d'Artaud V reposait encore, sans avoir reçu les honneurs de la tombe, dans la chapelle du château ; des Adrets le fit tirer de son cercueil et trainer par les champs..... (Voir Vachez : le château de Montrond en Forez.)

peuples heureux qui, dit-on, n'ont pas d'histoire, la Roche-Talbot ne figure pas au nombre des manoirs brûlés ou même simplement pillés dans ces sombres années.

Il est vrai que, si le fait d'être possédé par la cousine de Montgommery avait pu être, au commencement des guerres religieuses, une sauvegarde pour le château qui fait l'objet de cette étude, cette sauvegarde n'allait pas tarder à disparaître avec celle qui en était la cause. En effet, Françoise de la Jaille mourut vers le mois de novembre 1568 (1). Son union avec Gabriel d'Apchon, bien que troublée par les graves dissentiments que nous avons rapportés plus haut, n'en avait pas moins été féconde. Il en était né cinq enfants, dont deux fils, Charles et Jacques, et trois filles, Diane, Gabrielle et Marguerite. Ceux-ci étant mineurs, leur père s'empara aussitôt de l'administration de leurs biens dont il devait jouir jusqu'en l'année 1575 (2). Nous le voyons en cette qualité rendre deux obéissances féodales 1° en 1571 à la seigneurie de la Vaisouzière, pour la métairie de la Rigoulière en Bouère ; 2° à la seigneurie de Coullon pour Beauchesne et la Justonnière en Saint-Denis-d'Anjou (3). De même, en ces années là, il avait reçu, au regard de la seigneurie de Sautré, l'hommage de Lancelot de Rosnay, ch[r] de l'O. du R., seig[r] de Bonnelles et de la Morinière, pour la Vizardière (4).

C'est encore au nom de ses enfants que, dans les premiers temps de son veuvage, Gabriel d'Apchon soutenait devant la juridiction du Parlement de Paris deux procès commencés du vivant de Françoise de la Jaille, l'un contre Françoise de Laval, comtesse de la Suze, l'autre contre Claude de la

(1) Voir aux Archives Nat. les plaidoiries du 17 mai 1569 déjà citées et aussi Arch. de l'Allier (fonds d'Apchon) « l'Estat de biens » de 1581.

(2) Voir « l'Estat de biens. »

(3) Bibl. d'Angers, ms. coll. Thorode, dossier d'Apchon, et arch. de Cirières, terrier de la Morinière.

(4) *Ibidem.*

Jaille, seigneur d'Avrillé. Nous avons vu qu'en décembre 1563 Olivier de la Saussaye, avec le consentement de la dame d'Apchon, avait rétrocédé à Nicolas de Champagne et à sa femme la terre et seignrie du Plessis-Buret. Mais ceux-ci ne s'étant pas montrés beaucoup meilleurs payeurs que le sieur de Boiséon, il avait fallu les poursuivre devant les gens des requêtes du Palais pour arriver au payement de 8,800l encore dûs par eux sur le prix de leur acquisition. Gabriel d'Apchon obtint contre la dame de la Suze deux sentences l'une du 28 novembre 1571, l'autre du 11 mars 1573; il fit même à la date du 24 mars 1572 saisir sur cette dernière les terres de Brouassin, la Suze, Louppelande, la Chapelle-Rainsouin, etc. (1). Quant au seigneur d'Avrillé nous avons déjà dit quel était le sujet du litige entre lui et sa cousine Françoise de la Jaille. Après toute une série de procédures qui avaient commencé en juin 1567, un arrêt du 12 mai 1576 devait condamner le seigneur d'Apchon, tant en son nom que « comme tuteur et ayant la garde noble » de ses enfants à payer à Claude de la Jaille une somme de 5,576l (2). Ajoutons que, pour satisfaire à cet arrêt, deux des métairies composant la terre de la Roche-Talbot, Beauchesne en Saint-Denis-d'Anjou et le Boullay en Souvigné, furent « vendues à grâce à Mons. d'Avrilly » (3).

Du reste l'administration de Gabriel d'Apchon n'avait pas été heureuse pour les terres qui nous intéressent; nous venons de voir qu'il avait été obligé par suite de l'arrêt de 1576 d'aliéner temporairement deux des métairies qui en dépendaient; mais voici qui est plus grave : si nous en croyons un mémoire du temps, il en aurait laissé dépérir les bâtiments,

(1) Arch. nat. X 3/a 334 f° 328.

(2) Arch. de Maine-et-Loire, dossier la Jaille.

(3) Arch. de l'Allier, dossier d'Apchon; état des biens de la succession d'Apchon en 1581.

faute d'entretien, de même qu'il n'aurait jamais tenu compte de payer les 650l de douaire dûs à sa belle-mère, Magdeleine de Montgommery (1).

Cependant, quels que fussent les torts du seigneur d'Apchon vis-à-vis des siens dans sa vie privée, il n'en continuait pas moins à jouir, comme par le passé, de la faveur royale. Dans les premières années du règne de Charles IX, probablement en 1562, au moment de la toute puissance de son oncle le Maréchal de Saint-André, il avait été reçu chevalier de l'ordre de St-Michel (2) ; au commencement du règne suivant, il avait été investi de l'importante charge de bailly de Montferrand, comme nous l'apprend une quittance donnée par lui à la date du 15 janvier 1577 à « Me Claude Vernet, recepveur ordinaire dud. Montferrand », de la somme de 100l pour ses « gages dud. estat de bailly... pour une année entière commençant au jour de St J.-B. 1575 » (3). Il ne devait pas, à la vérité, jouir bien longtemps de cette charge, car il était mort avant le 14 janvier 1579 (4).

Cinq enfants, nous avons déjà eu occasion de le dire, Charles, Jacques, Diane, Gabrielle et Marguerite étaient nés de l'union de Gabriel d'Apchon et de Françoise de la Jaille, et quatre d'entr'eux, les deux premiers et les deux dernières, (Diane, mariée en 1567 avec François de Solages, bon de Tholet (5), ayant reçu d'avance tout ce à quoi elle pouvait prétendre), avaient droit à partager les successions paternelle et

(1) Arch. de l'Allier ; état des biens etc.

(2) Il l'était du moins en mai 1569, d'après les plaidoiries déjà citées.

(3) Bibl. nat. ms. P. O. dossier d'Apchon.

(4) Voir à cette date, aux arch. nat. (X 1/a 5082) un arrêt où Charles d'Apchon est dit « fils et hérr de feu mre Gabriel d'Apchon ».

(5) François de Solages, IIe du nom, Bon de Tholet, de Castelnau, de Miremont, etc., chevalier de l'Ordre du Roy, écuyer de S. M., capitaine de cinquante hommes d'armes de ses ordonnances, sénéchal et gouverneur du Comté du Rhodez, joua en cette dernière qualité un rôle important dans sa province sous les règnes de Henri III et de Henri IV. Voir à son sujet la généalogie imprimée de sa famille par d'Hozier.

maternelle. Toutefois, la plus jeune des sœurs de Charles d'Apchon ne devant atteindre sa majorité qu'en 1581, on fut obligé d'ajourner les partages pendant près de trois ans.

Ce fut seulement le 11 octobre 1581 que, par acte reçu par Denets, notaire au Châtelet de Paris, « Puissant seigneur Messire Charles d'Apchon, ch[r] seig[r] b[on] d'Apchon, gentilhomme ordinaire de la chambre du Roy et chambellan de Monseigneur (le duc d'Anjou), dame Gabrielle d'Apchon, femme de Messire Gabriel de Chabannes, vicomte de Savigny, seig[r] de Préaux et de Nozerolles, gentilhomme ordinaire de la chambre du Roy et premier échanson de la Reine (1), d[elle] Marguerite d'Apchon, dame de Massiac (2), Puissant seigneur Jacques d'Apchon, seig[r] de la Jaille », partagèrent entr'eux les « biens qui leur étoient échus par la mort de Puissant seigneur Messire Gabriel d'Apchon leur père, seig[r] et b[on] d'Apchon, chev. de l'O. du R., et celle de dame Françoise de la Jaille, leur mère » (3). Cet acte avait d'ailleurs été accompagné de la plus grande solennité et « faict en la présence et de l'advis des plus célèbres advocats de la cour » que les quatre héritiers en question avaient établis « juges de leurs partages » (4). Ces savants hommes de loi avaient même rédigé quelque temps auparavant un « estat des biens que Messieurs et mesdamoiselles d'Apchon » avaient « à partager, tant des biens paternels que mater-

(1) Fils puîné de Joachim de Chabannes, seign. b[on] de Curton et de Charlotte de Vienne. Dès 1570, il était gentilhomme servant de Monsieur le Duc d'Anjou (depuis Henri III) et de Madame sa sœur. Nous ne savons pas la date exacte de son mariage, antérieur en tous cas à l'année 1581.

(2) Elle devait épouser en 1581 François d'Espinchal, b[on] dudit lieu et seig. de Ternes à qui elle apporta les terres de Massiac et de Vieille-Espée.

(3) Bibl. nat. cab. des titres ; dossiers bleus ; Chabanne.

(4) Bibl. nat. Imprimés. Factum du procès d'entre Jeanne de St-Paul, veuve de Jean d'Apchon d'une part, et Françoise et Louise d'Apchon filles de Jacques, d'autre.

nels » (1) etc., où nous trouvons une description très complète de la terre de la RocheTalbot à celle époque.

« La terre et seigneurie de la Roche-Tallebot, size au pais du Maine, composée pour ce jourd'huy comme s'ensuit :

Ascavoir la maison seigneurialle, cours, granges, estables, circuit d'icelle, avecq ung petit jardin appelé la Terrasse, estant au dedans du circuit et closture.

Item autre jardin contigu et adjacent à lad. maison seigneurialle, appelé le jardin des Fenestres.

Plus le jardin de Briançon.

Plus une pièce de bois contenant trois journaulx.

La prée Buffart, contenant quinze hommées.

Les taillis des Bourdaizières contenant vingt journaulx.

La mestairie de la Croix, qui est de présent en deux clozeries, scavoir est la clozerie de la Court et la clozerie de la Croix.

Les deux cloz de vigne, contenant cinquante quartiers ou environ.

Le moulin et closerie de Tallebot.

Lesquelles choses, scavoir est la prée Buffart, lesd. bois de haulte fustaie, les tailliz des Bourdaizières, mestairie de la Croix, moulin, clozeries, vignes, estang, jardin, garenne et couldroye d'autour de lad. maison peuvent valloir de commungs ans de revenu annuel trois cents escuz.

La mestairie, app^ces^ et dép^ces^ de la Guenaudière vault par commungs ans 70^l^.

La mestairie du Tertre et ce qui en despend six vingt livres.

La mestairie de la Herverie 100^l^.

Le mestairie de la Billonnière (Blonnière) 70^l^.

(1) Cet « estat des biens » très instructif pour nous, et auquel nous avons déjà fait plus d'un emprunt, forme un gros cahier manuscrit dans le fonds d'Apchon aux archives de l'Allier ; nous en devons l'indication en même temps qu'une analyse très détaillée à l'obligeance de M. Veyssière, archiviste départemental à Moulins.

Le Bory 100[l].

La Corbinière 100[l].

Le Plessis (Liziard), neuf vingt livres.

La Tremblaye, sept vingt livres.

La Rigoullière 80[l].

Les bois taillables de la forest (qui) se couppent de 8 en 8 ans; vault la couppe desd. bois, de la forest de Grignon, et des taillis de la Rigoullière, 1,600[l], qui font 200[l] par an. Il y a en la forest deppendant de lad. seigneurie de la Roche-Tallebot 30 journaux de jeûne bois qui ne sont à présent de grand revenu parce que icelluy revenu ne consiste quasi que en pasturages.

Les fiefs vallent en deniers environ 75[l], et peuvent valloir tous les fiefs de la Roche, Saultré, Varennes, Pigneroche, Malabry et Vyon 260[l] par an.

Plus les prez des Chalongnes et Hélye Beaufilz, et le Coing de la Guyonnière avecq la Grande-Hommée; vallent lesd. choses communément 100[l] de revenu annuel ».

Telle était, d'après le mémoire en question, l'état et la composition de la terre de la Roche-Talbot vers l'année 1581; l'acte de partage reçu devant Me Denetz l'attribua du reste, ainsi qu'Apchon et Plauzat en Auvergne, à Charles d'Apchon dont nous allons maintenant nous occuper.

Le jeune chef de la maison d'Apchon avait été marié deux fois. Il avait épousé d'abord du vivant de son père vers 1576 Françoise de Vendômois, probablement fille aînée de François de Vendômois, seigneur du Vau en Ste-Cérotte, près de St-Calais, et de Françoise de la Motte, et sœur de cette Sidoine de Vendômois avec laquelle Jacques d'Apchon, son frère puîné, avait été accordé comme on le verra au chapitre suivant dès l'année 1564 (1). On avait dû

(1) Cette première alliance de Charles d'Apchon figure dans plusieurs des dossiers généalogiques relatifs à la famille d'Apchon conservés au cabinet des titres; seulement cette Françoise de Vendômois y figure tantôt sous le nom de Françoise, tantôt sous celui de Charlotte.

lui donner, à l'occasion de ce premier mariage, et en avancement d'hoirie, sur la succession de sa mère, la terre de la Roche-Talbot, car, dès 1578, on le voit cité aux assises de Bellebranche pour y « faire foy et hommage pour raison de ses fiefs de Malabry ». Il avait dû aussi, en ce temps-là, résider au manoir qui nous intéresse ; les registres paroissiaux de St-Denis-d'Anjou nous le montrent en 1577 tenant sur les fonts baptismaux de l'église de cette localité le fils de « N. H. Guillaume Léger, sieur de la Pillière », et de « dame Jehanne sa femme ». Dans ces deux circonstances, Charles d'Apchon était qualifié « seigneur de la Roche-Talbot ».

Veuf de Françoise de Vendômois au bout de très peu d'années de mariage, le fils de Françoise de la Jaille s'était remarié en septembre 1581, (quelques semaines par conséquent avant les partages solennels dont nous avons parlé), avec Louise de Chastillon d'Argenton, seconde fille de Claude II de Chastillon, seigneur baron d'Argenton-le-Chasteau, la Grève, Moncontour, et autres terres situées en Poitou, et de Renée Sanglier. Le père de la nouvelle dame d'Apchon était à tous égards un des seigneurs les plus considérables de sa province ; gentilhomme ordinaire de la chambre, chevalier de l'ordre de St-Michel, il avait assisté à la réforme de la coutume du Poitou en 1559 ; quant à Claude de Chastillon, l'aînée des sœurs de Louise, elle avait épousé Charles d'Appelvoisin, seigneur de la Roche-du-Maine, lui-même chevalier de l'ordre et gentilhomme ordinaire de la chambre (1). Allié ainsi par son second mariage à cette puissante famille, Charles d'Apchon était en outre appuyé à la cour par le crédit de son oncle Antoine d'Apchon, seignr de Cerezat et de Chanteloube, qui était depuis le commencement du règne de Henri III attaché comme chambellan à la maison du duc d'Anjou, frère du Roi ; et c'est sans doute grâce à l'influence

(1) Voir Duchesne, *Hist. généalogique de la maison de Châtillon.*

de l'oncle que le neveu avait été nommé avant le 11 octobre 1581 « gentilhomme ordinaire de la chambre du Roy et chambellan de Monseigneur ». Quelques années plus tard, en mai 1584, dans une procuration qu'il enverra pour témoigner de son consentement au mariage de son frère Jacques, seig. de la Jaille, avec Sidoine de Vendômois, il se qualifiera « chevalier de l'ordre du Roi » en même temps que gentilhomme ordinaire de la chambre ; enfin à la date du 1er juin 1586, nous le verrons ajouter à ces deux qualifications celle de « cappitaine de 50 hommes d'armes des ordonnances du Roi ».

Sa résidence principale, en ces années là, avait d'abord été Apchon ; il était allé y demeurer au lendemain de la mort de son père, et il y habitait encore en 1582, comme on le voit dans un arrêt assez curieux des grands jours d'Auvergne donné contre lui à la date du 2 octobre, pour avoir refusé « mectre entre les mains de Jehan de la Noë, plus ancien archer du prévost général d'Auvergne, et autres archers, Sébastien Fourneaulx estant prisonnier ès prisons du chasteau d'Apchon » (1). Sont-ce les démêlés qu'il eut en cette circonstance avec le représentant de la justice royale dans la province où est situé Apchon qui l'avaient déterminé à transférer, au moins momentanément, sa résidence dans le Maine? Toujours est-il qu'a partir de cette époque et jusqu'en juin 1586 nous le retrouvons fixé à la Roche-Talbot. S'agit-il par exemple en mai 1584 d'envoyer son consentement pour le mariage de son frère Jacques d'Apchon avec Sidoine de Vendômois? C'est en la court de Sablé devant Me Jullien Gilloust qu'il passe la procuration dont son représentant doit être porteur (2). S'agit-il encore l'année suivante d'autoriser « dame Louise d'Apchon son épouse » à « traiter, entr'autrés

(1) Arch. nat. X 2/ 142.

(2) Voir à la Bibl. nat. f. fr. 20318 fo 60 vo une analyse détaillée du contrat de mariage de Jacques d'Apchon avec Sidoine de Vendômois.

choses, du rachapt deu au seigneur de Coullon, à cause des lieux de la Justonnière et de Beauchêne » ? C'est toujours devant le même notaire qu'est passé l'acte portant cette autorisation (1). Charles d'Apchon résidait donc en ces années là dans sa terre du Maine. Voici en tous cas, à la date du 1er juin 1586, un document encore plus significatif à cet égard. Ce jour-là, dans un acte reçu par le susdit Me Gilloust, « Ht et Pt Mre Charles d'Apchon, seigneur et baron dud. lieu, Plauzat, Neschers, la Roche-Talbot, etc., chevalier de l'ordre du Roi, gentilhomme ordinaire de sa chambre, et cappitaine de 50 hommes d'armes de ses ordonnances, *demeurant en sa maison seigneuriale de la Roche-Talbot* », constitue « Me Jehan Viault, advocat à Sablé », l'un de ses procureurs pour porter en son nom la foi et hommage au seigneur de Varennes-Bourreau (2).

Dans les années suivantes, il est vrai, nous retrouvons le seigneur d'Apchon établi de nouveau en Auvergne, non à Apchon qu'il avait abandonné définitivement, mais à Plauzat (3). Était-il alors, comme l'affirme la chronique de Parcé, lieutenant du Roi en la Basse-Auvergne, et était-ce afin de pouvoir mieux remplir l'importante charge qui venait de lui être confiée qu'il s'était encore une fois éloigné du Maine ? Ce qui est certain, c'est que dans cette même procuration donnée à Jean Viault le 1 juin 1586 et dont nous avons parlé tout à l'heure, le seigneur de la Roche-Talbot disait ne pouvoir faire les foi et hommage en question « de tant qu'il est pressé d'aller au service du Roy et qu'il en a reçu mandement exprès ». Et le 15 juillet, led. Me Viault, en faisant

(1) Arch. de Cirières, terrier de la Morinière.

(2) Arch. de Cirières, terrier de la Morinière.

(3) Ancien bourg fortifié, avec château depuis longtemps démoli, situé dans le canton de Veyre à quelques lieues au S.-O. de Clermont-Ferrand. Charles d'Apchon, ayant fait démolir vers 1580 un pan des murailles qui entouraient le bourg afin d'y placer une porte et un pont-levis pour son château, se trouva en procès avec les habitants qui s'étaient opposés à son entreprise et se plaignirent même aux Etats provinciaux d'Auvergne. En 1590, Plauzat fut un des remparts de la Ligue dans le pays.

auprès du seigneur de Varennes-Bourreau les actes d'obéissance féodale dont il avait été chargé, après avoir répété que « led. chevalier, estant pressé d'aller *en sa garnison* pour le service du Roy », lui avait donné mission de le représenter, ajoutait en formulant son offre de foi et hommage et en parlant de son mandant : « de tant qu'il *est* au service du Roy » (1). Enfin, le 3 août Jullien Gilloust « au nom et comme procureur spécial de H[t] et P[t] s[gr] Mre Charles d'Apchon seig[r] b[on] d'Apchon » etc., et ce « par procuration spéciale receue et passée en la court royal de Riom le 20e de juillet dernier », se transportait, lui aussi, « au lieu et maison seigneurial de Coullon » et assurait « led. seig[r] baron ne pouvoir présentement faire ne jurer les obéissances féodales .... pour estre led. sg[r] b[on] d'Apchon retenu *en Auvergne* au service du Roy » (2). Tout cela ne semble-t-il point donner raison à la chronique de Parcé, et prouver que pendant cet été de 1586 le seigneur d'Apchon, récemment nommé lieutenant du Roi en basse Auvergne, avait dû en cette qualité se rendre avec sa compagnie d'ordonnance en la ville de Riom pour y tenir garnison ?

Occupé principalement, pendant ces dernières années si troublées du règne de Henri III, à maintenir sous l'autorité du Roi la partie de l'Auvergne soumise à son commandement, et résidant à Plauzat quand le devoir de sa charge ne le retenait pas à Riom, Charles d'Apchon dut cependant prendre part, pendant l'automne de 1587, à la campagne bien connue sous le nom de guerre des trois Henri et qui eut pour épisodes les plus saillants la défaite des troupes royales à Coutras par le Roi de Navarre et la victoire remportée à Auneau sur les reitres par le duc de Guise. On voit en effet dans les lettres-patentes données à Meaux le 29 juin de cette année là par Henri III au sujet du prochain rassemble-

(1) Arch. de Cirières, terrier de la Morinière.
(2) Arch. de Cirières, terrier de la Morinière.

ment, sur différents points du territoire, des compagnies d'ordonnance, que la compagnie « du sieur d'Achon » figurait parmi celles convoquées pour le 1er août à Gien (1). Il est donc probable que Charles d'Apchon contribua, dans la campagne qui ne tarda pas à s'ouvrir, soit à disputer aux Allemands, sous les ordres directs du Roi, le passage de la Loire, soit même à renforcer le petit corps d'armée que celui-ci, un peu avant la journée de Coutras, avait détaché du sien pour aller se joindre aux troupes de Joyeuse.

Au commencement de l'année 1589 qui devait être si fertile en graves événements, nous retrouvons le seigneur d'Apchon de retour pour quelques semaines à la Roche-Talbot où une affaire assez importante avait nécessité sa présence. Il s'agissait de terminer un procès en matière de féodalité engagé depuis plusieurs années déjà entre lui et René de St-Rémy, seigr du Pin, possesseur, à cause de Louise Baraton sa femme, de la terre et seigneurie de Varennes-Bourreau et de ses dépendances en St-Denis-d'Anjou. Une transaction solennelle, préparée d'avance par Me François Caille, notaire à Sablé, fut signée par les parties adverses le 8 janvier « à St-Denys d'Anjou, au chasteau dud. lieu », en présence « de Mre Charles de Cervon, chr de l'O. du R., et gentilhomme ordinaire de sa chambre, seigr des Arsis, y demt pare de Meslay ; de Mre Jacques de la Jaille chr sgr dud. lieu, et y demt, pare de Chahaignes ; de noble Nicolas de la Corbière, sr de Mortelève, y demt pare de Souvigné, de noble René de Ricordeau, sr de la Cheulardière, y demt, pare de Varennes-Bourreau ». Le seigneur de la Roche-Talbot, présent en personne, s'était qualifié en cette circonstance : « Ht et Pt Mre Charles d'Apchon, seigr bon d'Apchon, Plauzat, Neschers, la Roche-Talbot, chevalier de l'ordre du Roy et cappitaine de 50 hommes d'armes de ses ordonnances... demt à Plauzat, pays d'Auvergne ».

(1) Bibl. nat. f. fr. 20183 f° 96 et suiv.

La transaction du 8 janvier fut suivie de deux actes complémentaires, toujours au rapport de Me Fr. Caille, auxquels Charles d'Apchon et René de St-Rémy assistèrent également. Le premier eut lieu le 10 janvier à Sablé « en la maison où pend pour enseigne la Croix-Verte », et eut pour témoins : « noble Antoine Johet de Besse en Auvergne, demt aud. Besse, noble Marin Jacquelot, sieur de la Picqueraye, et y demt parce de St-Denis d'Anjou » etc. Le second fut « faict et passé » le 17 janvier « au lieu et maison seigneurial de la Roche-Talbot, parce de Souvigné, en présence de Me Antoine Pavé, bailly d'Apchon, et y demt pays d'Auvergne, et Claude Legrand, fermier de céans, demt aud. Sablé » (1).

Cette affaire une fois terminée, le seigneur d'Apchon se hâta sans doute de regagner son poste de lieutenant de Roi en basse Auvergne, car sa présence y était plus que jamais nécessaire. N'était-ce pas le moment où, dans toute la France, les principaux meneurs du parti de la Ligue, brûlant de venger le duc et le cardinal de Guise assassinés par les ordres de Henri III aux États de Blois, cherchaient à soulever leurs provinces respectives contre l'autorité royale ?

En Auvergne surtout, où commandait en qualité de gouverneur Jean-Louis de la Rochefoucault comte de Randan, depuis longtemps acquis à la cause des ennemis du Roi, les représentants du pouvoir légitime restés fidèles à leur devoir n'allaient pas tarder à avoir fort à faire. Vers la fin du printemps, grâce aux menées et aux intrigues de Randan qui d'ailleurs venait de jeter complètement le masque, Riom et la plupart des villes de la Basse-Auvergne, sauf Clermont et Montferrand, s'étaient déclarées pour l'Union. Alors il fallut que le seigneur d'Apchon, retiré avec sa compagnie d'ordonnance dans ces deux dernières villes, et les prenant pour bases de ses opérations, s'efforçât de reconquérir par la force des armes celles qu'occupaient les rebelles. Le 14

(1) Arch. de Cirières, terrier de la Morinière.

juillet il assiégeait à la tête de sa troupe la petite place forte de St-Saturnin, non loin de Plauzat, quand, en montant à l'escalade, il reçut un coup mortel (1). Ainsi périt, emporté à la fleur de l'âge, notre Charles d'Apchon. Il semblait que ces terribles luttes religieuses de la fin du XVIe siècle fussent fatales à sa race. Au printemps de l'année suivante (23 avril) Charles d'Apchon, l'oncle et probablement le parrain du seigneur de la Roche-Talbot, devait se faire tuer non moins bravement, en combattant les ligueurs, sous les murs du château de Tournoël.

Le mari de Louise de Chastillon ne laissait, pour lui succéder un jour dans toutes ses terres tant d'Auvergne que du Maine, qu'une fille en bas-âge, Renée d'Apchon, dont la mère eut, selon l'usage féodal, le bail et garde-noble. Celle-ci se trouva de la sorte, dès les premiers mois de son veuvage, en procès avec son beau-frère Jacques d'Apchon qui, se fondant sur la substitution, ouverte à son profit, prétendait avoir droit à la baronnie d'Apchon. Un arrangement intervint entr'eux l'année suivante : la mère de Renée d'Apchon consentit à délaisser au seigneur de la Jaille « les maisons et terres qui luy appartenoient » en Auvergne « aud. tiltre de substitution », moyennant une récompense de « 5,000 escus » pour les réparations et les améliorations » (2). Louise de Chastillon avait du reste la terre de la Roche-Talbot pour son douaire (3), et elle était venue, aussitôt après la mort de son mari, accompagnée de sa fille, y fixer sa résidence.

(1) Arch. nat. M. 261, dossier d'Apchon, tableau généalogique avec notes ; voir aussi Chabrol, coutume d'Auvergne, article de Saint-Saturnin.

(2) Factum déjà cité du procès entre Jeanne de Saint-Paul et Françoise et Louise d'Apchon.

(3) Le 23 novembre 1301, Hte et Pte dame Louise de Chastillon, veuve de deff Ht et Pt seigr mess. Charles d'Apchon, comparait par Michel Bruneau son procureur, aux pleds et assises de la Vaisônzière pour raison de sa métairie de la Rigoulliere, (Bibl. d'Angers, ms. coll. Thorode, dossier d'Apchon). Voir aussi dans la Chronique de Parcé le passage relatif à la dame de la Roche-Talbot.

En ces années là où Henri IV devenu le souverain légitime de la France, luttait, avec des alternatives de succès et de revers, pour conquérir le trône que lui disputaient les ligueurs, en ces années là, le château qui nous intéresse vit plus d'une fois l'image de la guerre s'approcher de ses murs et entendit plus d'une fois le bruit des armes troubler sa tranquillité. Il vit passer les troupes royalistes lorsque celles-ci, au printemps de 1590, après avoir inutilement essayé de secourir le château de Sablé assiégé par un corps d'armée de l'Union, se retirèrent à St-Denis-d'Anjou pour y attendre le secours envoyé d'Angers par la Rochepot, et il les vit repasser le lendemain ou le surlendemain quand elles revinrent se loger auprès de ce même château de Sablé que cette fois elles devaient reprendre (1). De même, en 1592, dans les jours qui suivirent la bataille de Craon, Boisdauphin en s'acheminant de Château-Gontier, dont on venait de lui rendre les chefs, vers Sablé, passa très probablement devant la Roche-Talbot.

Tels sont les événements dont, vers la fin des guerres de religion, avait été témoin le manoir où résidait la veuve de Charles d'Apchon. Cependant Louise de Chastillon songeait à se remarier, et, chose étrange ! celui sur qui elle devait jeter les yeux et fixer son choix appartenait précisément au parti contre lequel son premier mari avait combattu et qui avait été cause de sa mort. C'est que, si elle était la veuve du seigneur d'Apchon, elle était aussi la fille de ce seigneur d'Argenton qui, au début du règne de Henri IV, s'étant gravement compromis du côté des ligueurs, avait été arrêté à Étampes par le duc d'Épernon, et, conduit dans les prisons de Saintes, n'avait pas tardé à y succomber (2). Et c'était au moment où son père périssait ainsi, victime de la politique

(1) Voir Palma Cayet.

(2) Voir dans le *Dictionnaire des familles du Poitou*, ce qui est dit de ce personnage à l'article Chastillon.

royaliste, que son beau-frère Jacques d'Apchon, alors un des plus zélés partisans du Béarnais, l'avait mise en procès pour l'affaire de la baronnie d'Apchon ! Aussi dès les premiers mois de l'année 1590, n'avait-elle pas hésité à s'entendre en Auvergne avec « ceulx de la ligue qu'elle voulait introduire dans les places » dépendant de cette baronnie (1). Et tout cela nous explique comment, en août 1595, la dame douairière de la Roche-Talbot, prise du désir de convoler, allait pouvoir se décider à épouser en secondes noces un ligueur aussi signalé que l'était le baron de Combronde !

Second fils de René du Puy du Fou, en son vivant baron dud. lieu, chevalier de l'ordre du Roi, gouverneur de la Rochelle et du pays d'Aunis, et de Catherine de la Rochefoucault, marquise et dauphine de Combronde en Auvergne, Gilbert du Puy du Fou le jeune, baron de Combronde (2), avait pour frère aîné Gilbert du Puy du Fou baron dud. lieu et seigneur de Pescheseul et de la baronnie de Champagne à cause de Philippe de Champagne son épouse. Pendant les dernières guerres de la Ligue, les deux frères, qui avaient embrassé avec ardeur la cause de l'Union dans le Maine, avaient joué dans ce parti un rôle des plus importants. Pour ce qui est de Gilbert du Puy du Fou le jeune, plus connu sous le nom de Commeronde, il avait dès mars 1589, donné quittance au Mans, en qualité de « maistre de camp d'un régi[illegible] estant lors en cested. ville pour la défense d'icelle » de « la somme de 200 escuz à luy ordonnée par le sieur de

(1) Voir le factum déjà cité du procès entre Jeanne de St-Paul et Françoise et Louise d'Apchon.

(2) Indiquons dès maintenant, une fois pour toutes, les différentes sources où nous avons puisé les documents généalogiques, relatifs tant à Gilbert du Puy du Fou, le jeune, qu'à sa famille, dont nous allons nous servir dans les pages suivantes : 1° la chronique de Parcé ; 2° au Cabinet des titres, le dossier bleu des du Puy du Fou ; 3° dans le volume 822 du cabinet des titres la partie qui concerne cette famille.

Boisdauphin, gouverneur de lad. ville » (1). Quelques mois après, il avait accompagné Lansac dans son expédition sur la Flèche (2). L'année suivante, il aurait, si l'on en croit de Thou, couru, pillé et ravagé avec son régiment tout le pays d'Anjou et comté de Laval, et c'est à lui, ou du moins à ses soldats, qu'il faudrait imputer la violation de l'église d'Arquenay et les odieux traitements infligés aux enfants de cette paroisse. Peu de temps après, toujours selon de Thou, on le trouve servant sous Mercœur en Basse-Bretagne, où il se fait battre par les royalistes près de Josselin, et il est à croire que c'est vers la même époque qu'il avait fait prisonnier à Château-Giron, dans une autre partie de la Bretagne, François de la Trémoïlle, Mis de Noirmoutiers (3). En mai 1592 il avait pris, ainsi que son frère, une part active à la bataille de Craon (4), et, après cette journée dont le résultat avait été si favorable à son parti, il était allé remplacer à Laval, comme gouverneur, le marquis de Villaine chassé par les habitants (5). Le baron de Coinbronde avait donc été en ces années là l'un des champions les plus déterminés et non le moins illustre de la cause de l'Union tant dans le Maine que dans les provinces environnantes. Il est vrai qu'au moment même où se célébrait son mariage avec Louise de Chastillon, il venait, à l'exemple de son chef, Boisdauphin, de faire sa soumission à Henri IV. Dans ses fameux articles de capitulation accordés par le Roi à Lyon le 25 août 1595, l'ex maréchal de la Ligue avait compris notre personnage comme l'un des capitaines servant sous ses ordres ; à sa prière, il avait été accordé que « quatre

(1) Voir au tome IV de la *Revue hist. et archéol. du Maine*, l'« Extraict de la mise et despence faicte par les eschevins... suiv[t] et en vertu des ord[ces] du s[r] de Boisdauphin... (1589).

(2) Voir Palma-Cayet.

(3) Voir au tome XI de la *Revue hist. et archéol. du Maine*, (p. 234) les « Nouvelles demandes supplémentaires de Boisdauphin ».

(4) Voir Jean Hirel, *Antiquités d'Anjou*, p. 237.

(5) D. Piolin ; *Hist. de l'Église du Mans*.

compagnies de chevaulx-légers des sieurs de Comberonde, Jailly, La Lande et Perraudière » seraient « entretenues », et « que à cest effect leur » seraient « délivrées commissions par S. M. » (1).

Une fois remariée avec le baron de Combronde, celui-ci n'étant qu'un cadet de sa maison et ne possédant point de terre lui appartenant en propre, la dame de la Roche-Talbot continua à habiter avec son second mari la terre qu'elle avait en douaire. C'est ce que nous apprend la chronique de Parcé dans le passage suivant que nous ne saurions omettre ici : « Monsieur le baron de Combronde », dit cette chronique, « demeurait à la maison de la Roche-Talbot près de Sablé, dont madame sa femme Louise de Chastillon à la jouissance pour son douaire depuis la mort .. monsieur de Plauzat de la maison d'Apchon son premier mari ». Et la même chronique a soin de nous apprendre que « led. seigneur de Combronde a eu de mad. dame de Chastillon son espouse une fille unique, mademoiselle Isabelle du Puy du Fou ». Cependant, tandis que cette dernière venait au monde, la fille de Charles d'Apchon grandissait ; le 25 novembre 1596, « damoiselle Renée d'Achon, fille de defᵗ Hᵗ et Pᵗ Monsieur d'Achon et de la Roche-Talbot » nous apparait comme marraine en l'église de N.-D. de Sablé de « Philippes fils de Mᵉ Pierre Batonnat et de Marguerite de Valée, son épouse ». Le parrain avait été en cette circonstance « noble Philippes Emmanuel de Laval, baron de Sablé, fils de Hᵗ et Pᵗ seigʳ mʳᵉ Urban de Laval, mareschal de France, seigʳ de Sablé et du Boisdauphin » (2).

Le baron de Combronde et sa femme étaient, on le croira sans peine, trop bons catholiques pour ne pas tenir à tout ce qui pouvait leur faciliter le culte de leur religion. Aussi veillaient-ils à ce que l'antique chapelle attenante à leur manoir

(1) Voir dans le tome XI de la *Revue hist. et archéol. du Maine*, p. 216, l'article XIII bis des « articles présentés au nom du Maréchal de Boisdauphin avec les réponses d'Henri IV. »

(2) Voir registres paroissiaux de Sablé.

ne manquât pas de desservants. C'est pourquoi dans le courant de l'année 1599, ils avaient présenté à la nomination de l'évêque du Mans, pour être titulaire de cette chapelle, Me Pierre Jacqueau. Ils avaient, il est vrai, commis une singulière erreur dans leur acte de présentation, ce qui les obligea à le renouveler sous forme d'une requête adressée à l'autorité épiscopale le 11 décembre de la même année. Il parait que, lors de la première présentation, ils avaient appelé la chapelle en question « la chapelle St-Gilles, estimant qu'elle fust ainsi desnommée », mais depuis ils avaient été « certifiés » qu'elle s'appelait en réalité « la chapelle Ste-Marguerite de Vauvert, autrement la chapelle de la Roche-Talbot ». Enfin le dernier acte émané des présentateurs ayant été fait dans les formes, et la collation duement obtenue, Me Pierre Jacqueau put le 29 janvier 1600, en présence de « Pierre Chauveau, notaire du Mat de Sablé, demt à Souvigné », de « Guillaume Lambert, et de Marin Fouin, moulnier, demts en la parse dud. Souvigné », se transporter « exprès au-dedans de la chapelle de la maison seigneuriale de la Roche-Talbot » et en prendre possession (1).

Nous avons vu, au second chapitre de cette étude, en parlant de lettres d'amortissement obtenues en 1344 par Macé d'Anjou, lors de la fondation faite par lui de la chapelle de la Roche-Talbot, que cette fondation était double, en ce sens que cette chapelle, dite plus tard la chapelle Ste-Marguerite de Vauvert, était fondée à la fois « en l'église St-Maurille de Souvigné et annexée à icelle église... et en son hébergement de la Roche-Talbot ». Il ne faut donc pas s'étonner de voir, deux ans après la présentation dont nous avons parlé tout à l'heure, et sans que Me Pierre Jacqueau se fût démis de son bénéfice, « Ht et Pt seigr Jacques d'Apchon, chr bon dud. lieu et de la Jaille » agissant « comme curateur de delle Renée d'Apchon » etc, présenter

(1) Arch. de la Sarthe, insin. eccl.

de son côté Me Michel Ernoul, clerc, à la chapelle Ste-Marguerite de Vauvert. Il s'agissait cette fois de « la chapelle Ste-Marguerite de Vauvert desservie en l'église de Souvigné ».

Comme le prouve d'un autre côté cette double présentation, Gilbert du Puy du Fou, à cause de Louise de Chastillon, et Renée d'Apchon, représentée par son oncle et curateur, se partageaient le droit de présenter aux bénéfices dépendant de la terre de la Roche-Talbot. Il en était de même du reste des obéissances féodales rendues ou reçues par rapport à cette même terre (1).

En ces années-là, grâce aux registres paroissiaux de Souvigné qui commencent avec l'année 1600, nous voyons plus d'une fois le seigneur et la dame de la Roche-Talbot, ainsi que leurs deux filles, tenir sur les fonts de l'Église paroissiale des enfants soit de leurs voisins soit de leurs métayers ou de leurs vassaux.

C'est ainsi qu'en août 1600 « dame Louise de Chastillon » y apparait comme marraine de Charles de la Corbière, fils du seigneur de Mortelève; le parrain de l'enfant était « Mre Charles de Cervon, chr de l'O. du Roi, seigr des Arcis ». C'est ainsi encore que l'année suivante « Damoyselle Ysabel du Puy du Fou fille de Monsieur de Combronde » et « damoiselle Renée d'Apchon » étaient marraines l'une le 15 mars, avec Me Pierre Lefebvre, curé de Souvigné, de Pierre Chauveau, fils du notaire local, et l'autre le 29 juillet, avec François Gilloust, de Renée Hersemeulle.

(1) Ainsi en 1596 et en 1601, Mre Gilbert du Puy du Fou avait dû comparaître aux assises de la Vaisouzière et de St-Brice pour ses métairies de la Rigoulière et du Boril (Bibl. d'Angers, coll. Thorode, et terrier de St-Brice); ainsi encore en 1601 et en 1605 il avait reçu en regard du fief et seigrie de Vion, les hommages ou aveux de différents vassaux. (Arch. de Juigné, dossier Roche-Talbot). Par contre, en 1599 et en 1602 Jacques d'Apchon avait fait foy et hommage au nom de sa nièce à la seigneurie de Bouère pour la métairie de la Rigoulière. (Bibl. d'Angers, coll. Thorode, dossier d'Apchon).

En juillet 1602, « H^te et P^te dame Loyse de Chastillon, dame de Combronde », est de nouveau marraine en l'église de Souvigné; assistée de Jullien Fourmi de Groslide, dem^t à Sablé, elle tient sur les fonts Louis Carré. Quant à ses deux filles, pendant le cours des années 1602, 1603 et 1604, nous les retrouvons chacune plusieurs fois marraines. Enfin le 25 octobre 1604, c'est le tour de « Messire Gilbert du Puy du Fou, chevalier de l'ordre du Roy, baron de Combronde », d'être parrain en l'église paroissiale avec « d^elle Renée d'Apchon », sa fille. L'enfant qu'il tenait sur les fonts baptismaux était Gilberte fille de noble Denys de l'Estang, sieur des Vallées, et de d^elle Michelle du Fresne.

Dans les années suivantes, non seulement Renée d'Apchon et Isabel du Puy du Fou continuent à être citées fréquemment en qualité de marraines dans nos registres, on y remarque en outre, à l'occasion de diverses cérémonies de baptême, l'apparition de plusieurs nouveaux personnages, tels que « Mre Gilbert du Puy du Fou » (13 oct. 1605) « noble Philippe du Puy du Fou » (30 avril et 2 sept. 1606, 28 avril 1607) ou bien encore « d^elle Marie de Chastillon, dame de Montbrottier » (23 oct. 1606). Tous ces personnages étaient alors des hôtes de la Roche-Talbot. Marie de Chastillon était en effet la plus jeune des sœurs de la dame de Combronde; elle avait épousé en 1597 Charles de Menton, c^te de Monrotier. Quant à Gilbert et à Philippe du Puy du Fou, c'étaient deux des neveux du seigneur de Combronde dont celui-ci avait reçu la tutelle en 1602 et de l'éducation desquels, selon la chronique de Parcé, il s'était chargé. Leur mère, la dame de Pescheseul, ayant perdu en 1597 son mari mort au siège d'Amiens et s'étant remariée à la fin de mai 1601 avec Henry de Bauves, baron de Contenant, homme peu recommandable, une sentence du lieutenant-général de Poitiers, donnée le 25 mai 1602, lui avait perdre la garde noble de ses enfants, et un conseil de famille, composé des plus proches parents de ces derniers tant du côté maternel que paternel, avait déféré la tutelle des mineurs du Puy du Fou à « Mre Gilbert du Puy du Fou, baron de Combronde », leur oncle. Cette grave décision avait été prise de « l'advis de Mre Charles de Montmorency, seigr de Damville et de Mesme, cte de Secondigny, bon de Châteauneuf, conseiller du Roy en ses conseils d'estat, chevalier des ordres du Roy, capitaine de 50 hommes d'armes de ses ordonnances, admiral de France et de Bretagne, cousin renoué de germain des père et mère desd. mineurs, la dame de Damville, espouse dud. seigneur, estant aussi sa tante à la coustume de Bretagne ; de Mre Hercules de Rohan, duc de Montbazon, pair de France, lieutenant-général pour le Roy en Bretagne, mary de dame Magdeleine de Lénoncourt, ayant le germain sur les père et mère desd. mineurs, du costé de la maison de Laval Boisdaulphin ; de Mre Urbain de Laval, seigr de Boisdaulphin, mis de Sablé, cte de Bresteaux, conseiller du Roy en ses conseils d'estat et privé, maréchal de France, oncle du père desd. mineurs et encore de la dame leur mère à la coustume de Bretagne ; de Mre Henry de Schomberg, cte de Nanteuil, gouverneur et lieutenant-général pour le Roy en ses pays de la Hte et Basse-Marche, colonel et mareschal des bandes allemandes entretenues pour le service de S. M., parent desd. mineurs à cause de dame Françoise d'Espinay sa femme ; de Mre Charles Mis d'Espinay cte de Durtal et de Mathéfélon, bon de Barbezieux, proche parent de l'estat paternel desd. mineurs ; de Mre Jacques de la Rochefoucault, chr, capitaine de 50 hommes d'armes des ordonnances du Roy, seigr de Beaumont, cousin ayant le germain sur lesd. mineurs ; de Mre Brandelis de Champagne, chev. des ordres du Roy, conseiller en ses conseils d'estat et privé, capitaine de 50 hommes d'armes des ordonnances de S. M., Mis de Villaines, cousin maternel desd. mineurs ».

Le mari de Louise de Chastillon était donc depuis la fin de l'année 1602 le tuteur des quatre enfants mineurs laissés par son frère, et c'était en cette qualité que l'année suivante il avait fait comparaître Me Jehan Moreau son procureur au greffe de la court du Parlement de Paris afin de s'opposer aux criées de la terre et seigneurie de Pescheseul et ses appces saisie à la requête de René le Clerc, ecuyer, sr de Juigné, sur dame Philippes de Champagne et de Châteaubriant » etc (1). Faut-il croire, avec une des généalogies de la maison du Puy du Fou, que ce *vieil* seigneur songeait plus à ses intérêts qu'au bien de ses pupilles, ce qui aurait porté les parents et amis de René du Puy du Fou, l'aîné de ceux-ci, à lui donner leur consentement pour son mariage qui eut lieu en février 1609 ? Il ne nous semble pas, en tous cas, que l'auteur de ce mémoire généalogique fût bien renseigné sur le personnage dont il s'agit, car le seigneur de la Roche-Talbot, qui n'avait alors guère plus de quarante-cinq ans, n'était pas à proprement parler un *vieil* seigneur ; et, en ce qui regarde son neveu, comme il avait déjà de 22 à 23 ans, et qu'il était l'aîné de sa maison, il n'est pas étonnant qu'on ait songé dès lors à le marier. Peut-être même l'idée de s'occuper de son établissement avait-elle été suggérée à ses parents et amis par la fin prématurée d'un de ses frères cadets, de Philippe qui venait de mourir à la Roche-Talbot à l'âge de 18 ans. « Le 2e jour de septembre (1608) » disent en effet les registres paroissiaux de Souvigné « noble Philippe du Puy du Fou, comte de Grassay, mourut et le lendemain fut apporté à l'Église de Souvigné avec grande solennité ».

Tout en faisant ainsi, dans ces premières années du XVIIe siècle, de la terre que sa femme avait en douaire sa principale résidence, et bien qu'il s'occupât avant tout de l'éducation de ses neveux ainsi que de la bonne administration de leurs affaires, le baron de Combronde n'en faisait pas moins, à l'occasion, bonne figure à la cour où le Roi Henry IV lui continuait la faveur qu'il avait autrefois témoignée au sei-

(1) Arch. nat. X 1/a 9016, fo 112 et suiv.

gneur de Pescheseul (1). Ce prince, fidèle à sa politique qui consistait, on le sait, à se concilier par le plus de bienfaits possible les anciens ligueurs ralliés, l'avait nommé en 1604 chevalier de l'ordre (c'est ainsi qu'il est qualifié dans l'aveu à lui rendu le 12 octobre de cette année là au regard des fiefs de Vion), et en 1607 il lui avait donné une nouvelle marque de sa bienveillance en l'honorant de la charge de gentilhomme ordinaire de sa chambre, comme nous l'apprend une quittance donnée le 11 mai par « Messire Gilbert du Puy du Fou, chev. de l'O. du R., gentilhomme ordinaire de sa chambre, seigneur baron de Combronde » à Charles Goddes, escuier, seig[r] dud. lieu et de Varennes Bourrel pour les ventes et issues du contrat d'acquêt récemment fait par ce dernier de la terre et seigneurie de Coullon en St-Denis-d'Anjou. Cet acte d'ailleurs avait été « faict et passé en la maison seigneuriale de la Roche-Talbot ».

Louise de Chastillon allait bientôt se trouver veuve pour la seconde fois. Voici en effet ce qu'on lit, à la date du 28 avril 1609, dans nos registres paroissiaux : « Le 28e j. d'Avril décéda noble Gilbert du Puy du Fou, baron de Combronde, chevalier de l'Ordre du Roy, gentilhomme ordinaire de sa chambre, et ses entrailles furent ensépulturées led. jour en l'Église de Souvigné. »

Cet événement ne changea rien à la vie de la dame de la Roche-Talbot ; elle continua naturellement à résider au manoir dont, comme douairière, la jouissance lui était assurée. Aussi voyons-nous, cette année là et au commencement de l'année suivante, ses deux filles, Renée d'Apchon, et Isabelle du Puy du Fou, continuer comme par le passé à figurer comme marraines sur les registres paroissiaux de Souvigné. Au mois de juin 1609 notamment, la première nous apparaît

(1) Voir dans la Chronique de Parcé l'important et curieux passage consacré à Gilbert du Puy du Fou l'aîné ; on y voit, entre autres choses, la faveur singulière dont ce seigneur jouissait auprès de Henri IV.

deux fois en cette qualité ; le 7 elle avait tenu sur les fonts baptismaux Gilbert Hersemeulle, et son cousin « noble Gilbert du Puy du Fou » avait été parrain avec elle ; et quelques jours après elle était encore marraine, et c'était cette fois un de ses cousins du côté maternel, « Messire Charles de la Roche-du-Maine », qui se tenait à ses côtés comme parrain.

Cependant la fille de Charles d'Apchon, si elle n'avait pas déjà atteint l'âge de sa majorité, n'était en tous cas pas loin de l'atteindre ; il était donc grand temps de songer à la marier. Du vivant de son beau-père, le baron de Combronde, qui, dans les dernières années de sa vie, était, nous l'avons dit, gentilhomme ordinaire de la chambre du Roi, elle avait sans doute été conduite plus d'une fois par lui à la cour, et elle avait pu y distinguer, parmi les jeunes et brillants seigneurs qui la composaient, celui qui devait être un jour son mari. Fils de « feu Ht et Pt seigr Jacques de Beauvau, vivant chevalier de l'ordre du Roi, seigr du Rivau et de St-Gatien », et de « Hte et Pte dame Françoise le Picart » alors remariée à « Ht Pt seigr Mre Jacques de l'Hospital, chr des ordres du Roy, Mis de Choisy, baron de Livry », Jacques II de Beauvau du Rivau « estoit fort jeune lors du deceds de Mre Jacques de Beauvau, son père, mais estant parvenu en âge plus avancé, il se montra vray héritier des biens, du courage et de la vertu de ses prédécesseurs ; les premières années de sa jeunesse furent employées aux voyages d'Italie et de Naples, d'où estant de retour et pendant le calme de la paix s'estant trouvé en la cour du Roy, Henry le Grand l'honora d'une particulière bienveillance ». Tel était le prétendant avec lequel Renée d'Apchon fut mariée par contrat du 30 juin 1610 passé à Angers, par devant Me Jullien Deille, notaire royal. A ce contrat, qui fut peut-être signé dans la maison que possédaient dans la capitale de l'Anjou les seigneurs de la Roche-Talbot, avaient assisté, outre les parties intéressées, du côté du futur, dame Françoise le Picart, sa mère, Louis de Beauvau, chr seigr du Boille, son frère cadet, Mre Jacques du Fresne, chr seigr dud. lieu, gentilhomme ordinaire de la chambre du Roi, Mre René Sanglier, chr seigr de Joué, Louis d'Allemagne, Jacques d'Allemagne, chr, seigr de Vallières et de Senne, Louis de Beauvau, seigr de Ravanacs, ses cousins-germains; et du côté de la future, d'abord sa mère « Hte et Pte dame Louise de Chastillon, veuve en premières noces de défl Ht et Pt Mre Charles d'Apchon, seigr bon dud. lieu, chev. de l'O. du R., et en 2es noces de Mre Gilles du Puy du Fou, vivant chev. de l'O. du Roy seigr et baron de Combronde »; puis « Messire Jacques d'Apchon, chr bon dud. lieu, et gentilhomme de la chambre du Roy », son oncle paternel et son curateur, enfin « Mre Gilles de Chastillon, chr seigr et baron d'Argenton » son oncle maternel (1).

Voilà donc Jacques II de Beauvau devenu, à cause de sa femme, seigneur de la terre dont nous faisons l'histoire. Il était tenu en cette qualité, selon l'usage féodal, de faire aussitôt foy et hommage aux divers seigneurs dont relevait la terre de la Roche-Talbot. Régulièrement, il aurait dû faire lui-même ces actes de vassalité; mais il paraît que, peu de jours après son mariage, il s'était trouvé blessé « à la cuisse dextre d'un coup de pied de cheval ». Il s'empressa donc dès le 12 juillet de se faire délivrer par Giraud, docteur en médecine, Girault apoticaire, Martin et René Richer, chirurgiens, un certificat en bonne forme constatant son état, puis le 16 du même mois par devant Guérin et Gilbert tabellion et garde scel à Chinon, demts à Champigné-sur-Vende, il passa procuration à Robert le Pelletier, sr de la Graye, pour faire en son nom les diverses obéissances féodales réclamées. Chargé ainsi de la procuration spéciale de « Ht et Pt seigr

(1) Tout ce que nous venons de dire sur Jacques II de Beauvau du Rivau est emprunté tant à l'Histoire généalogique de la maison de Beauvau de Chevillard (Bibl. nat. ms. f. fr.) qu'à l'Histoire généalogique de la même famille par Scévole et Louis de Ste-Marthe (Bibl. nat. Imprimés).

Mre Jacques de Beauvau, ch^r seig^r du Rivau et baron de St-Gatien, mary de dame Renée d'Apchon, son espouse, et, à cause d'elle, seig^r de la terre fief et seig^ie de la Roche-Talbot, le Boullay, le Plessis, Varannes, le Tertre, Beauchesne, la Justonnière, et des fiefs de Vion, Pigneroche, la Motte-Allain et autres, dem^t aud. lieu et chastel du Rivau, par^e de Lémeré », Robert le Pelletier comparut successivement pour son mandataire au lieu seigneurial de Coullon en St-Denis-d'Anjou (2 août) et aux assises de la châtellenie de Juvardeil (le 3 août) et fit en ces deux endroits les offres de foy et hommage dont il était porteur (1).

L'année suivante, à la date du 19 juillet, c'était « Mre Jacques de Beauvau, chev. de l'O. du Roi », qui, toujours comme seigneur « à cause de dame Renée d'Achon, son épouse ... de la terre fief et seig^ie de la Roche-Talbot », recevait à son tour, au regard des fiefs de Vion, l'aveu de Urbain Rocher (2).

On le voit donc, c'était bien Jacques de Beauvau qui depuis la fin de juin 1610, en qualité de mari de Renée d'Apchon, était le véritable seigneur de la Roche-Talbot. Mais sa résidence principale était, comme on a pu aussi le voir, le château du Rivau en Touraine. Quant à notre manoir, il continuait à être habité par Louise de Chastillon. Si celle-ci n'avait plus avec elle sa fille aînée devenue la châtelaine du Rivau, il lui restait du moins la fille issue de son second mariage, Isabelle du Puy du Fou. Aussi voyons-nous, à la date du 24 juillet 1611, « dem^elle Élisabet du Puy du Fou, fille de déf^t H^t et P^t seigneur Mre Gylebert du Puy du Fou, chev. de l'O. du R., vivant baron de Gommeronde » marraine en l'église de N.-D. de Sablé de « Urbain fils de N. H. Me Guillaume le Pelletier, procureur fiscal en ce

(1) Arch. de Cirières, terrier de la Morinière, et arch. de Maine-et-Loire, fonds Juvardeil, dossier du Plessis-Liziard.

(2) Arch. de Juigné, dossier Roche-Talbot.

Marquisat de Sablé et Marthe Peschard son espouse », et, de même qu'en 1596 c'était le jeune fils du nouveau marquis de Sablé, Emmanuel de Laval, qui avait été parrain avec Renée d'Apchon, cette fois c'était « H[t] et P[t] seig[r] Mre Urbain de Laval, chevallier des ordres du Roy, sieur de Boisdauphin, mareschal de France, gouverneur d'Anjou, » qui avait accepté ces fonctions avec la fille de la dame de la Roche-Talbot. Il est vrai que cet important personnage, « à cause de son absence », s'était fait représenter en cette circonstance par « Noble et Discret p[re] Urban de Guydon, p[re], licentié ès droictz, et curé de N.-D. de Sablé, stipulant et estant pour led. seigneur » (1).

Cependant un événement imprévu allait par ses conséquences changer entièrement et l'existence de Louise de Chastillon et la destinée de la terre qui nous intéresse. A peine deux ans s'étaient-ils écoulés depuis son mariage qu'au mois de juillet 1612 Renée d'Apchon mourait au château du Rivau, sans laisser d'enfant de son union avec Jacques de Beauvau (2).

Le première conséquence de cet événement fut, est-il besoin de le dire? de faire perdre immédiatement à Jacques de Beauvau la propriété de la terre de la Roche-Talbot qui allait désormais lui être tout-à-fait étrangère. Une autre conséquence du même fait était que Jacques d'Apchon, le frère puiné de Charles, devenu l'héritièr de sa nièce, se trouvait de plein droit seigneur de la terre dont, en qualité de curateur de celle-ci, il avait eu autrefois, nous l'avons vu, l'administration. Enfin une dernière conséquence de la mort prématurée et sans enfants de Renée d'Apchon fut d'amener Louise de Chastillon, dans un arrangement intervenu le 18 juin de l'année suivante entr'elle et son beau-

(1) Voir registres paroissiaux de Sablé.

(2) Hist. généalogique de la maison de Beauvau par Scévole et Louis de Ste-Marthe.

frère, à renoncer à son droit de douaire sur la Roche-Talbot; elle se contenta de prendre en échange les « terres et seigneuries de la Jaille en Loudunois, fief terre et seig[ie] de Boisgourmont, Renton et Préaux et leurs app[ces] » dont elle fit hommage au Roi le 4 juillet 1613 (1). Dépossédée ainsi contre toute prévision de la terre où elle semblait destinée à finir ses jours, elle ne put sans doute, malgré tout, se décider à la quitter immédiatement, car nous la voyons encore en août 1613 marraine en l'église de Souvigné de « René fils de N. H. René de St-Ouen et de dam[elle] Marguerite Choppin sa femme ». Le parrain qui l'assistait lors de cette cérémonie était « noble Charles de la Tousche, chevalier sieur de Fromenteau ». Ce dernier, seigneur des Planches-Laudardières et de Fromenteau, terres situées en Poitou, dans l'évêché de Luçon, n'était autre que le mari d'Isabelle du Puy du Fou qu'il avait épousée par contrat passé le 4 février de l'année précédente.

Il convient sans doute, avant de terminer ce chapitre, de dire ce que devinrent, après avoir quitté la Roche-Talbot, et l'ex-douairière de cette terre, Louise de Chastillon, et cette fille issue de son second mariage qui y était née et y avait passé son enfance et une grande partie de sa jeunesse. La première, qui avait non-seulement survécu à ses deux maris, Charles d'Apchon et Gilbert du Puy du Fou, mais encore à sa fille aînée, devait également survivre à son second gendre, Charles de la Touche, décédé en 1624. Elle vécut jusqu'à l'année 1631, et mourut vraisemblablement à Angers. Quant à Ysabelle du Puy du Fou, après le décès de son mari, elle entra dans le couvent des religieuses bénédictines de cette ville, y prit l'habit, mais « ne fit sa profession de religieuse qu'en l'année 1631 après qu'elle eût recueilli la succession de Louise de Chastillon sa mère et fait argent de toutes ses terres pour donner auxd. religieuses

(1) Voir factum du procès de Jeanne de St-Paul et de Françoise et Louise d'Apchon; voir aussi arch. nat. P. 354. C. VII.

bénédictines, lesquelles eurent 100,000 escus dont elles firent bastir leur couvent en la ville de Chinon et leurs couvents encore du Calvaire en la ville de Paris ». Dès que ces derniers couvents, qui étaient au nombre de deux, eurent été bâtis, elle devint aussitôt prieure de l'un d'eux, celui de la rue de Vaugirard (*alias* du faubourg St-Germain) ; on la voit en effet dans un acte du 28 avril 1640 relatif aux affaires des religieuses du Calvaire de la rue de Vaugirard, *alias* du faubourg St-Germain, à Paris, qualifiée ainsi : « révérende religieuse sœur Isabelle du Puy du Fou, dicte Marie de la Croix, mère-prieure ». La date de sa mort nous est inconnue (1).

CHAPITRE VIII

JACQUES D'APCHON, LOUISE D'APCHON, FEMME EN PREMIÈRES NOCES DE JEAN-LOUIS VICOMTE D'ESTAING, ET EN SECONDES DE LOUIS DE GUILLEBERT DE SECQUEVILLE.

Au moment où il devenait, par suite de la mort prématurée de sa nièce, décédée sans enfants, l'héritier de celle-ci, Jacques d'Apchon, qui allait être désormais seigneur propriétaire de la Roche-Talbot, possédait déjà plusieurs terres importantes tant au Haut-Maine qu'en Auvergne. Celle où il avait depuis longtemps fixé sa résidence, était la terre de la Jaille en Chahaignes (2), près Château-du-Loir, qui lui avait

(1) Les sources où nous avons puisé ce qui vient d'être dit sur les dernières années de Louise de Châtillon et d'Isabelle du Puy du Fou, sont les mêmes que celles déjà indiquées par nous plus haut en commençant à parler des du Puy du Fou.

(2) Le château de la Jaille, situé à un quart de lieue environ N.-E. du bourg de Chahaignes, s'élève à mi-côte au flanc d'un côteau, d'où l'on a une magnifique vue sur la vallée du Loir. Possédé, pendant la seconde moitié du XVIIe siècle et les premières années du XVIIIe, par les Maillé Bénehard, puis par les Montboissier Beaufort Canillac, il est aujourd'hui la propriété de M. de Maisonneuve, inspecteur des Eaux et

été attribuée lors des partages de 1581. Elle lui avait d'ailleurs été destinée, semble-t-il, dès son enfance par une conséquence toute naturelle de la clause insérée en 1552 dans le contrat de mariage de ses parents pour le cas où « du mariage de Gabriel d'Apchon et de la demoiselle de la Jaille » naitraient « deux enfants masles ». De même que en vertu de cette clause le fils cadet de François de la Jaille avait longtemps porté « le nom (1) et les armes du sieur de la Jaille » son ayeul maternel, de même il eût paru étrange qu'un autre que lui eût pu se qualifier seigneur de la Jaille. Outre cette terre, où il faisait, comme nous l'avons dit, sa résidence, l'oncle de Renée d'Apchon possédait encore au Haut-Maine, non loin de Saint-Calais, la terre du Vau en Sainte-Cerotte, qu'il avait achetée par contrat de vente du 2 novembre 1611 de son neveu par alliance, Honorat de Bueil, seigneur et baron de Racan (2). Enfin, grâce à l'arrangement intervenu en 1590 entre lui et sa belle-sœur Louise de Chastillon, il s'était mis dès cette époque, on se le rappelle, en possession de la baronnie d'Apchon en Auvergne.

Accordé dès son enfance par contrat passé le 21 juin 1564 devant Millards et Lefebvre, notaires royaux à Tours, avec « d[elle] Sidoine de Vendômois », l'une des filles cadettes de François de Vendômois, seigneur du Vau, et de Françoise de la Motte (3), il n'en avoit pas moins été marié

forêts à Orléans. Ancien manoir, bien qu'en grande partie restauré à la moderne, le château actuel garde encore de son passé seigneurial un bel escalier en pierre, dans le goût du XVIe siècle, ce qui semble bien prouver qu'il a été reconstruit par notre Jacques d'Apchon lorsque celui-ci est venu s'y fixer vers 1581.

(1) En effet, dans son contrat de mariage en 1581, avec Sidoine de Vendômois, ainsi que dans quelques actes des années suivantes, il figure simplement sous le nom de « Jacques de la Jaille ». Ce ne sera qu'en 1589, devenu aîné de sa maison par suite de la mort sans enfants mâles de son frère Charles, qu'il reprendra le nom d'Apchon.

(2) Voir cette vente aux manuscrits de la Bibliothèque de Saint-Calais.

(3) Voir au dossier Saint-Nectaire. Preuves de noblesse de Michel de Boisse (Cabinet des Titres, P. O., 2770, p. 167).

plus tard, si l'on en croit certaines généalogies, avec Françoise du Puy du Fou (1) dont il était veuf en tous cas avant 1584. Cette année-là en effet, par contrat passé le 6 juillet devant Adam Huguet, notaire royal à Saint-Calais (2), il avait uni définitivement sa destinée à celle de cette même Sidoine de Vendômois avec laquelle il avait déjà été accordé.

Ainsi, grâce à son second mariage, le seigneur de la Jaille se trouvait en 1564 tenir de bien près au seigneur du Vau, cet important personnage qui, successivement gentilhomme de la maison du Roy et capitaine de 400 hommes de pied des vieilles bandes françaises (1558), maître d'hôtel de la Reine (1577), chevalier de l'ordre du Roi (1583), devait être pendant les guerres de la Ligue, « gouverneur et lieutenant pour S. M. au pays et comté du Maine en l'absence du sieur du Fargis » (1590-1591) (3).

Quant au mari de Sidoine de Vendômois, il s'était, lui aussi, signalé par son zèle royaliste dans les évènements dont le Maine, après la mort de Henri III, fut le théâtre. Pourvu dès 1585 du commandement d'une compagnie d'ordonnance (4), il n'avait pas hésité à mettre sa petite troupe au service du roi de Navarre et à combattre, à la tête de celle-ci, contre les ligueurs dans toutes les occasions qui s'en étaient présentées. C'est ainsi, que, d'après Palma Cayet, au printemps de 1590, il était venu rejoindre sous les murs de Brûlon le corps d'armée que du Fargis conduisait au secours du château de Sablé assiégé par ceux de l'Union, et que, quelques jours après, (toujours selon le même auteur,) lorsque les forces royalistes furent arrivées sous les murs de cette ville, il contribua grandement, non moins que le marquis de Vilaine et le sieur de l'Estelle, à repousser victo-

(1) Voir entre autres Cabinet des Titres, doss. bleus, d'Apchon.

(2) Bibl. Nat. ms. f. fr. v. 20348 f° 60.

(3) Arch. de la Sarthe, certificats de catholicité, art. Ste Cerotte.

(4) D'après Deribier, (*Dict. stat. et hist. du Cantal*, art. d'Apchon,) Jacques d'Apchon était dès 1585, capitaine de 50 hommes d'armes.

rieusement une sortie des assiégeants devenus à leur tour assiégés. C'est ainsi encore qu'en mai 1592 il s'était trouvé à la bataille de Craon, où il portait la cornette blanche du prince de Conti ; il y avait fait vaillamment son devoir et, si, dans cette journée si meurtrière pour ceux de son parti, il avait pu échapper à la mort, il n'avait pu éviter la captivité ; fait prisonnier avant la fin de la bataille, il avait été mené à Nantes en compagnie des sieurs de la Rochepot, de Racan et de l'Estelle dont il partageait le sort (1). Tristes temps d'ailleurs que ceux où, sous le nom ici de ligueurs, là de royalistes, une moitié de la noblesse française était armée contre l'autre, et où, se croyant suffisamment excusés par les lois de la guerre, les seigneurs des deux partis ne craignaient pas de commettre des actes de véritable brigandage dont ils devaient rougir plus tard, dans le calme de la paix ! Or nous savons par le testament de Sidoine de Vendômois, écrit après la mort de son mari en 1618 (2), que le seigneur d'Apchon n'était pas sans avoir à se reprocher, quand sa pensée se reportait à l'époque des guerres religieuses, quelques-uns de ces méfaits dont nous venons de parler. Deux surtout semblent avoir à bon droit excité ses remords ; on voit d'abord qu'il avait pris « en temps de guerre chez un gentilhomme nommé la Roche-Boisseau (3) 80 perles fort belles qui valent bien 35 sols la pièce, avec un ceinturon avec quoi la chaine des perles

(1) Voir sur le rôle de notre personnage à la bataille de Craon, outre le récit de cette bataille dans Palma-Cayet, les diverses relations imprimées, notamment la Lettre d'un gentilhomme, publiée dans cette *Revue* par notre ami le comte de Bastard.

(2) Ce testament fait partie des manuscrits de la Bibliothèque de Saint-Calais ; nous en devons une copie à l'obligeance de M. l'abbé Forgeat, curé de Chahaignes.

(3) Il s'agit évidemment ici de Charles de Souvigné, seigneur de la Roche-Boisseau, gentilhomme ordinaire de la chambre de Henri III dès 1583, plus tard chevalier de l'ordre. En 1589, il prit parti pour la Ligue et au printemps de l'année suivante il commandait, selon Palma-Cayet, la cavalerie de l'Union lors de l'affaire de Sablé. C'est lui qui, ayant épousé

pouvoit estre enfilée » ; il paraîtrait ensuite que, Jacques d'Apchon et sa femme s' « étant retirés au temps de guerre en la maison de la Masselière, il fut pris (par eux) dans la cave du seigneur du lieu 2 pipes de vin qui pouvaient valoir 10 escus la pippe ».

Quoiqu'il en soit, le zèle dont le seigneur d'Apchon avait fait preuve pour le service du roi Henri IV pendant les premières années de son règne, durant les troubles de la guerre civile, n'avait pas été laissé par ce prince sans récompense, après la paix. Qualifié en 1606 « capitaine de 50 hommes d'armes des ordonnances du Roy » (1), il était en outre depuis l'année 1603 chevalier de l'ordre (2), et en juin 1610, à ces différentes qualifications, on le voit ajouter celle de « gentilhomme de la chambre » (3). Jacques d'Apchon avait donc été, tant qu'avait duré le règne du roi Henri IV, un des seigneurs manceaux les plus en faveur à la Cour. Dans sa province, où le manoir de la Jaille n'avait jamais cessé, ainsi que nous l'avons déjà dit, d'être sa résidence principale, il marchait certainement au premier rang parmi les autres nobles du pays. En Auvergne, bien qu'il n'y habitât pas, son rang n'était pas moins élevé dans la noblesse de cette province. N'avait-il pas, en sa qualité de baron d'Apchon, le droit de siéger le premier aux États de la Haute-Auvergne? Aussi, lors de la convocation, en 1614, des États-Généraux, était-ce à lui que devait échoir l'honneur de représenter la noblesse de cette partie de l'Auvergne dans la grande assemblée, composée de l'élite de toute la

en secondes noces Yolande Bourré, essaya de la tuer de complicité avec René de Souvigné, son fils d'un premier mariage avec Marie Fourateau ; les deux Souvigné père et fils étaient poursuivis de ce chef au criminel devant le Parlement de Paris pendant les dernières années du XVIe siècle.

(1) D'après le contrat de mariage de Françoise sa fille avec Jacques de Saint-Nectaire.

(2) Voir aux Arch. Nat. (X 2 b/214). Arrêt du 28 août 1603.

(3) Voir ci-dessus le contrat de mariage de Jacques de Beauvau et de Renée d'Apchon.

France, qui devait se réunir le 26 octobre à Paris (1).

Comme seigneur de la Roche-Talbot, nous voyons dès la fin d'août 1612 « H^t et P^t seig^r Mre Jacques d'Apchon, chevalier des ordres du Roy, seigneur baron d'Apchon, le Vau, Manteaulx et la Jaille, principal héritier de déf^te dame Renée d'Apchon, sa niepce, vivante espouse de H^t et P^t Mre Jacques de Beauvau », envoyer Me Jacques Cochet, son procureur, faire en son nom les offres de foy et hommage dues par lui aux diverses seigneuries dont relevait partiellement « la terre et seig^ie de la Roche-Tallebot venue et eschue aud. seig^r par le décès de lad. déf^te dame Renée d'Apchon », etc. C'est ainsi que ce dernier se rendit pour le seigneur de la Jaille le 28 et le 29 août à « la maison seigneurialle de Coullon », à l'abbaye de Bellebranche, à Briollay, etc. Dans ces différentes obéissances féodales, Jacques d'Apchon avait soin d'ailleurs de faire réserver le droit de douaire de « dame Louise de Chastillon, veusve en première nopces de déf^t Mess. Charles d'Apchon, viv^t père de lad. déf^te dame Renée d'Apchon ». Celle-ci en effet, comme nous avons déjà eu occasion de le dire au chapitre précédent, allait conserver pendant quelque temps son douaire sur la terre dont il s'agit, jusqu'à ce que, par un arrangement intervenu le 18 juin de l'année suivant entr'elle et son beau-frère, elle se décidât à y renoncer (2).

On ne s'attend pas sans doute à voir le mari de Sidoine de Vendômois quitter sa résidence de la Jaille pour se fixer désormais à la Roche-Talbot. Et pourtant il paraît par les registres paroissiaux de Souvigné que « Madame d'Apchon », accompagnée de « noble demoiselle Louise d'Apchon » l'une

(1) D'après l'auteur du *Nobiliaire d'Auvergne*, article d'Apchon.

(2) Nous croyons inutile de rappeler désormais les différentes sources où nous avons puisé nos documents féodaux concernant les métairies du Boulay, du Plessis-Lisiard, du Bory, de Beauchesne, de la Justonnière et de la Rigoulière ainsi que le fief de la P^te Motte Allain ; ces sources sont déjà connues du lecteur, ayant toutes été suffisamment indiquées dans les notes des chapitres précédents.

de ses filles cadettes, venait de temps à autre y faire quelque séjour plus ou moins prolongé. A la date du 4 avril 1616, par exemple, celle-ci nous apparait comme marraine en l'Église de Souvigné de Louis Feret. De même encore le 10 mai suivant « Jeanne, servante de Madame d'Apchon » était « ensépulturée » au grand cimetière de la paroisse par le curé et le chapelain. Il semble même que Jacques d'Apchon se trouvât au manoir qui nous intéresse au moment de sa mort, survenue inopinément le 9 mars 1617. Voici du moins ce que nous lisons à cette date dans les registres paroissiaux de Souvigné : « Le 8 mars, une maladie subite saisit Monsieur d'Apchon sur les dix heures du soir ; il mourut sur les six heures du matin le lendemain, et fut ensépulturé le 13e (jour) dud. mois et an en l'Église de Chahaigne, et le 19 dud. mois et an fut commandé un service annuel, scavoir Vigiles tout au long, et une messe de requiem en l'Église de Souvigné à son intention » (1).

Du mariage de Jacques d'Apchon et de Sidoine de Vendômois étaient nées quatre filles, toutes les quatre vivantes au moment du décès de leur père. C'étaient : 1° Françoise ,mariée par contrat du 6 juin 1606 (dev. Jacques Barthélemy not^re^ au bailliage de Blois) avec H^t^ et P^t^ seig^r^ Jacques de Senneterre, fils de feu H^t^ et P^t^ seig^r^ Mre Jacques de Senneterre, viv^t^ ch^r^, gentilhomme ordinaire de la chambre du Roy, seig^r^ de Groslières, St-Victour et Brinon, et de dame Françoise d'Anglars (2); 2° et 3° Gabrielle et Marguerite, qui l'une et l'autre avaient pris le voile au couvent des religieuses de Saint-François de la Flèche (3) ; 4° Louise que

(1) L'inventaire des meubles et titres concernant la succession de feu Jacques d'Apchon et de Sidoine de Vendômois sa femme fut fait le 28 du même mois devant le lieutenant du bailliage de Saint-Christophe en Touraine. Voir Cab. des Titres, nouv. d'Hozier, dossier d'Apchon.

(2) Ce contrat de mariage se trouve parmi les titres de la maison de Saint-Nectaire conservés aux Archives Nat. dans le carton M.

(3) Voir à leur sujet 1° le testament de Sidoine de Vendômois où elle parle de ses filles qui sont au couvent des religieuses de La Flèche

nous avons vu figurer en 1616 comme marraine en l'église de Souvigné.

Cette dernière se trouvant encore mineure lors de la mort de Jacques d'Apchon, sa mère fut obligée, d'après l'usage féodal, de faire faire aussitôt, comme bail et garde noble de sa fille, les obéissances féodales dues en pareil cas aux différents seigneurs dont relevaient les terres laissées par le défunt. Elle chargea de ce soin Jacques le Gaultier, écuyer, sieur de la Vallée : le 8 avril suivant celui-ci, « au nom et comme procureur spécial de dame Sidoine de Vendômois, veuve de Puissant seig[r] Mre Jacques d'Achon ch[r] b[on] d'Achon, la Jaille et la Roche-Talbot, ayant le bail et garde noble de d[elle] Louise d'Achon, fille dud. déf[t] et de lad. dame de Vendômois... », se transportait « au lieu seigneurial de Briollay », où il faisait offre de foi et hommage aux seigneuries de Briollay et de Juvardeil « pour raison de lad. terre de la Roche-Talbot, en tant et pour tant qu'il en » était « tenu desd. seigneuries ». Nous savons aussi qu'à la même époque « la veuve Jacques d'Achon » avait fait présenter son hommage à l'abbaye de Bellebranche pour le fief de la Petite-Motte-Allain.

Cependant, cette même Louise d'Apchon dont la minorité avait nécessité de la part de sa mère les obéissances féodales que nous venons de rapporter, cette même Louise d'Apchon était fiancée depuis quelques mois déjà avec un jeune gentilhomme d'Auvergne, « Mre Jean Louis d'Estaing, vicomte de Cadars, baron de Landorre, fils aisné de Monsieur le vicomte d'Estaing (1) », et un « projet d'articles » de leur futur

(1618) ; 2° à la suite du procès-verbal de la saisie faite en 1628 de la terre de la Roche-Talbot (Arch. Nat. X 1 a/9075 f° 179 et suiv.) l'opposition mise à la vente par décret de cette terre, en juillet 1650, par Me François Le Mazier, « procureur des religieuses de Sablé où est sœur Gabrielle d'Apchon, et encore comme procureur des religieuses Saint François de La Flèche transférées à Niort où est sœur Marguerite d'Apchon. »

(1) Vicomte d'Estaing, baron et seigneur de Murols, de Landorre,

mariage (1) avait été « fait et arresté au chasteau de Murols en Auvergne », principale demeure des parents du fiancé, le 18 novembre précédent. Ce projet d'articles qui devait être converti le 3 mai 1617 en un contrat de mariage définitif (2), mérite que nous en présentions ici au moins les parties les plus intéressantes.

Tout d'abord « en faveur dud. mariage, Mons. et Madame père et mère de lad. dem[elle] » lui constituaient en dot « la moitié de tous et chascuns leurs biens meubles, immeubles », etc. desquels ils se trouveront saisis et vestus lors de leur trespas, par espécial moitié des terres et seigneuries d'Apchon, Vaulmiers et Falgoux, la Jaille, *la Roche-Talbot*, le Vau et Manteaux, avec leurs app[ces] et dép[ces], propres et acquets,

Salmieh, Cadars, Enval, Lugarde et autres lieux en Rouergue et en Auvergne, gentilhomme ordinaire de la chambre, chevalier de l'ordre et capitaine d'une compagnie d'ordonnances, Jean III d'Estaing avait, vers la fin des guerres de religion, joué un rôle important dans sa province d'abord comme ligueur puis comme royaliste rallié. Pendant les troubles de la minorité de Louis XIII, il s'était distingué par son dévouement à la cause de l'autorité royale : il fut à l'affaire des Ponts-de-Cé (1620), où il mena une compagnie d'infanterie qu'il avait levée à ses depens. Il fut également au siège de Montauban, l'année suivante, avec un grand équipage et suite de noblesse de ses parents et amis des provinces de Rouergue et d'Auvergne, et deux compagnies d'infanterie que les villes de Rhodez et Villefranche levèrent à sa considération pour lui faire honneur et l'accompagner à ce siège. A peine de retour de cette expédition il mourut dans son château d'Estaing, la veille de la Toussaint 1621. Il laissait de Gilberte de La Rochefoucault qu'il avait épousée par contrat du 5 août 1584, outre notre Jean-Louis, son fils aîné, sept fils et deux filles. Par son testament en date du dernier février 1619, il institua Jean-Louis son héritier universel et lui substitua les terres d'Estaing et de Murols, qui devaient après lui passer à ses enfants mâles, et à défaut de ceux-ci à François, son frère cadet.

(1) Ce document ainsi que quelques autres, dont nous ferons usage dans les pages suivantes, fait partie des riches archives du château de Murols que M. le comte de Chabrol, leur propriétaire, a bien voulu nous laisser compulser ; nous sommes heureux de profiter de cette occasion pour adresser à ce dernier l'expression de notre plus vive reconnoissance.

(2) Voir l'arrêt du Parlement donné le 7 septembre 1615 (X 1/a 2214) entre Louise d'Apchon et les créanciers qui poursuivaient les criées des terres de Lugarde et autres.

pour estre le tout partagé également et par testes entre lad. demoiselle et Madame de St-Victour sa sœur aisnée, après le décès de leurs d. père et mère ».

Voilà pour l'avenir, voici pour le présent : « ... pour ayder à supporter les charges du mariage pendant la vie desd. seig[r] et dame d'Apchon, en attendant que led. partage se fasse », ceux-ci devaient donner « auxd. époux de rente (et) pension annuelle la somme de 3,000[l] à ceste somme prendre et percevoir en ch. an et feste de la Toussainct des mains des fermiers ou receveurs de lad. terre d'Apchon »...

De son côté, « led. seigneur d'Estaing..., pour l'entretenement dud. s[r] vicomte son fils aisné », s'engageait à lui délaisser par provision pendant sa vie « la jouissance de la terre de Salmieh » tandis que « Madame d'Estaing » lui faisait cadeau d'une « somme de 6,000[l] ».

Comme douaire, en cas de survie, « lad. d[lle] d'Apchon » devait jouir du « château de Salmieh ».

Suivaient enfin quelques détails assez curieux sur les robes, bagues et joyaux, qui allaient être donnés à la future tant par ses parents que par son fiancé. Les premiers lui promettaient de l'habiller « de robbes, oultre celles qu'elle a à présent, jusques à la valeur de 1,800[l] » ; quant au « seigneur vicomte » le cadeau de noces qu'il destinait « à lad. dem[elle] sa future épouse » consistait en « des bagues et joyaux jusques à la valeur de 3,000[l] ».

Tel avait été le projet d'articles arrêté le 13 novembre 1616 à Murols en vue du mariage de Louise d'Apchon avec Jean-Louis d'Estaing. Le contrat définitif, fut signé, comme nous l'avons dit, le 3 mai 1617. Le même jour eurent lieu devant Me Claude Ferrand, évidemment le notaire qui avait déjà reçu le contrat de mariage en question, les partages des biens de Jacques d'Apchon et de Sidoine de Vendômois (1). Françoise d'Apchon eut en sa qualité d'aînée

(1) Voir Preuves de noblesse de Michel de Boisse, déjà citées.

les terres du Haut-Maine, c'est-à-dire La Jaille, le Vau et Manteaux (1); à Louise échut pour son lot la terre de la Roche-Talbot; quant à la baronnie d'Apchon, elle resta indivise entre les deux sœurs. Gabrielle et Marguerite d'Apchon ne furent pas non plus oubliées dans ces partages; seulement, comme elles étaient religieuses, on se contenta d'attribuer à chacune d'elles une pension que la dame de Saint-Victour et la dame d'Estaing devaient fournir par moitié sur les revenus de leurs terres respectives (2).

Devenu ainsi, au droit de sa femme, seigneur propriétaire de la terre qui fait l'objet de ce récit, Jean-Louis d'Estaing ne tarda pas à rendre les obéissances féodales dues par lui aux différents seigneurs sous la suzeraineté desquels il se trouvait désormais à cause de cette terre. Dès le 24 mai 1617, accompagné de Me François Gilloust, notaire au marquisat de Sablé, il se transporte « exprès, en personne », à la seigneurie de Juvardeil et y fait offre de foy et hommage pour le Plessis-Liziard. Quelques jours après, il donne procuration à François Gilloust pour comparaître en son nom aux pleds et assises de la seigneurie de St Brice où on lui demande de remplir ses devoirs de vassal pour le Bory. Enfin, comme Jean-Louis d'Estaing et sa femme se trouvaient dans les derniers jours de juillet au manoir du Vau en visite de noces chez le seigneur et la dame de Saint-Victour, ils écrivaient de là à « Monsieur de la Motte », leur « fermier de la Roche-Talbot », pour le prier d'avancer pour eux sur le prix de ses fermages et de verser entre les mains de Monsieur Goddes d'Angers (le seigneur de Varennes-Bourreau et de Coullon) une somme de 260 l que celui-ci prétendait lui être due pour droit de rachat « advenu par le mariage de dame Louise d'Apchon, dame de la Roche-Talbot, avec Monsieur le Vte d'Estaing ».

(1) Bibl. Nat. ms. f. fr. 20348, fo 60, contrat de mar. (analysé) de Françoise d'Apchon avec Paul de Rabaynes, en déc. 1628.

(2) Voir plus loin notre analyse du bail de la terre de la Roche-Talbot en 1625.

Ce « Monsieur de la Motte » qui était alors fermier de la Roche-Talbot, était Nicolas le Balleur sieur de la Motte en Saint-Denis d'Anjou ; la ferme de la terre en question lui avait été confiée pour la première fois du vivant de Jacques d'Apchon. Le gendre de ce dernier devait la lui renouveler deux fois au moins, au moyen de deux baux dont l'un, celui du 9 janvier 1625, passé dev. Me Fr. Morin, notaire à St Denis d'Anjou, nous est connu (1). Or comme il n'est pas sans intérêt pour nous de savoir au juste quels étaient à cette époque les droits et les obligations du fermier-général de la Roche-Talbot, nous ne pouvons nous dispenser de reproduire ici cet acte dans ses parties les plus essentielles. Tout d'abord, nous y voyons comparaître en personne, « Ht et Pt seigr mre Jean-d'Estain, chr Cte dud. lieu, et Hte et Pte dame Loyse d'Achon son espouse, seigr et dame de la Roche-Tallebot, et y demeurants pare de Souvigné » d'une part, et de l'autre : « Hon. homme Nycolas Leballeur et Franczoyse Brenière, sa femme...... demts au bourg de St-Denys d'Anjou ». Puis vient l'objet principal du bail : « lesd. seigr et dame... baillent... aud. Le Balleur et sa femme... pour le temps et espace de 7 années entières et parfaictes, à commencer du 1er jour du prt moys de janvier 1625... la terre fiefs et seigie de la Roche-Tallebot, et ce qui en dépend, tout ainsi que led. Le Balleur en a cy-devant joy en sa qualité de fermier.... » Toutefois, si Jean-Louis d'Estain et sa femme continuent à se décharger sur leur fermier-général de l'administration de leur terre, ils continuent aussi, bien entendu, à se réserver le manoir même de la Roche-Talbot et ses dépendances immédiates, qu'ils spécifient ainsi : « la maison manable, cours, vergers, jardins, tant celuy qui joint lad. maison que celuy de Briançon, le

(1) Nous devons la communication de ce précieux document à M. Chevalier, titulaire actuel de l'étude de Saint-Denis-d'Anjou où sont conservées les minutes de M. Fr. Morin.

clos de vigne nommé à présent le clos d'Estain, la grand prée dud. lieu estant au dessoubs le grand bois et le mail de lad. maison, le petit estang joignant le chemin tendant de Souvigné à Sablé, l'estang de Chauffers,.... le jardin en terrasse, fuyes, garennes et pantières ».

Est-il besoin d'insister sur l'intérêt tout spécial que présente, au point de vue de notre étude, cette description faite en 1625 du manoir qui nous intéresse et de ses dépendances les plus rapprochées? N'est-il pas vrai qu'en la rapprochant de celle de 1581 donnée par nous plus haut, et en comparant le tout à l'état actuel des lieux, on peut se figurer jusqu'à un certain point l'aspect de l'antique demeure seigneuriale à la fin du XVIe siècle et au commencement du XVIIe?

Mais continuons notre analyse. Nous arrivons au mode de payement imposé par les bailleurs ou preneurs. Chose curieuse! Au lieu de verser le prix de leur fermage, en partie du moins, en argent, Nicolas le Balleur et sa femme devaient le solder entièrement en nature, au moyen de fournitures les plus diverses et dont la plupart nous sembleraient aujourd'hui absolument invraisemblables! Qu'on en juge plutôt par leur énumération.

Les preneurs s'engageaient à « rendre à leurs fraiz en lad. maison seigneuriale de la Roche-Talbot, chacun an, au jour de Notre-Dame Angevine, le nombre de 70 septiers de bled mectaix, mes. du chap. de St-D. d'A.; demye fourniture de froment, demye fourniture d'orge marchais; 6 boisseaux de pois blancs et verts, le tout mes. du chap; 5 milliers de fagots communs qui seront charriés aux fraiz desd. s[r] et d[e] (bailleurs), 100 aulnes de toile de Laval, de 25 sols l'aulne; 6 douzaines de serviettes de brin en réparation, pareilles des grosses serviettes dont on se sert en lad. maison; 300 poulets. — Et, aux jours de la Toussaint et Noel, par moytié... 1500 boisseaux d'avoyne, mes. du ch.; 250 chapons, le tout rendable par lesd. preneurs à leurs fraiz...; et encores auxd.

jours de la Toussaint par ch. desd. années... 3 fournitures de toille de lin à une aulne de leze de blanc, 3 fournitures de toille de brin à une aulne escrue de leze, 800 livres de beurre en pot, 400 livres de chandelle de suif blanc, pour 144 livres de porc gras, 200 livres de lard blanc à larder, 60 moutons, 100 pentes d'huile de noix... ». — « Item... au commencement du caresme... 150 livres de sucre en pain, 800 harencs blancs, 1200 harencs sors, un cent de mélasse, demy cent de morue verte, 20 livres de balayne, 8 livres de riz, 15 livres de raisins de cabats, 12 livres de figues, 25 livres de cassonade, 4 livres d'olives, 5 livres de capres, 20 livres d'huile d'olive fraische, 5 livres de poivre, 2 livres de moustarde, 10 livres de girofle, et 5 livres de canelle ».

Après cette surprenante énumération des fournitures de toute nature qui devaient être faites en guise de payement, notre document contient un certain nombre de clauses dont les cinq premières sont relatives aux baux faits entre le fermier et les métayers, aux bestiaux entretenus sur chaque métairie, aux vignes, aux bois taillis, et aux étangs « dépendants de lad. terre ». Dans ces clauses quelques détails sont encore à relever : ainsi on y voit que la plupart des vignes étaient alors « en ruines »; que, « pour le traictement, exploictation et vente des boys », les preneurs avaient la faculté de les « faire mener et embarger au petit port de la Roche », que « quant est des estangs... en ce qui est dud. bail, lesd. s[r] et dame bailleront le peuple qui est à l'estang de la Trébussonnière... ». Dans les autres clauses il convient de remarquer celle qui a trait à « l'exploictation des choses cy dessus par lesd. preneurs ». On leur baillait « une chambre haulte dans le *vieil corps de logis*,... la chambre de Monseigneur le chevalier et la chambre noyre au costé » etc. Nous en dirons autant de la charge imposée aux preneurs « de bailler chascun an aux deux dames d'Achon, sœurs de lad. dame bailleresse, religieuses à la Flesche, pour leur pension de chacune année ».

Enfin nous ne saurions omettre l'indication des témoins dont les noms figurent à la fin de l'acte en question et qui, au-dessous des signatures du seigneur et de la dame de la Roche-Talbot, ont apposé les leurs. C'étaient « noble Laurent de Combolast (1) ; Anthoyne le Besson, « segretaire dud. seig^r », et Sébastien Rollet, « sergent de lad. seig^le », tous « demeurants à lad. maison seigneuriale de la Roche. »

Nous connaissons donc, grâce à l'important document dont nous venons de présenter une analyse aussi fidèle que possible, les rapports qui unissaient Jean-Louis d'Estaing et Louise d'Apchon, en tant que seigneur et dame de la Roche-Talbot, avec leur fermier général. Nous avons vu d'ailleurs par le préambule du bail, que la résidence la plus ordinaire du vicomte d'Estaing était la terre que sa femme lui avait apportée en mariage. Et pourtant, principal héritier de Jean d'Estaing son père depuis la fin d'octobre 1621, et de Gilberte de la Rochefoucault sa mère depuis janvier 1624, ne possédait-il pas à cette même époque en Rouergue comme en Auvergne plusieurs terres non moins considérables que sa terre du Maine? Et, comme résidence, n'avait-il pas le choix entre des châteaux dont l'importance, pour ne pas dire la magnificence, surpassait celle du manoir de la Roche-

(1) Laurent de Combolast était « maistre d'ostel de Monsieur d'Estaing » et figure plusieurs fois avec cette qualification sur les registres paroissiaux de Souvigné. Il fut également le 20 avril 1624 parrain en l'église de Saint-Denis-d'Anjou et il est dit en cette circonstance « gendarme de la compagnie de la Reine et gentilhomme de Monsieur le comte d'Estaing ». Il épousa le 15 septembre 1626, en l'église de Souvigné, « d^elle Françoise de Turquin, demoiselle de Madame d'Estain », il en eut plusieurs enfants baptisés dans les années suivantes en la même église. Ces de Combolast n'étaient pas d'ailleurs les seuls compatriotes que le mari de Louise d'Apchon eût amenés à sa suite du Midi dans le Maine, témoins « ce Jean de Parla, laquais de Mons, le vicomte d'Estaing », qu'on voit le 2 janvier 1621 inhumé en l'église de Souvigné, et cet « Antoine Viriady, homme de chambre de Monsieur le comte d'Estaing ». qui, le 23 avril 1627, y tient sur les fonts Antoine Jourdan.

Talbot, je veux parler des châteaux d'Estaing (1) et de Marols? (2). Mais il faut croire que l'aspect riant et le climat tempéré de cette partie du Maine qui avoisine l'Anjou avait pour le mari de Louise d'Apchon un charme particulier, puisqu'il préférait comme séjour l'antique demeure seigneuriale des la Jaille et des d'Apchon à celles qui lui venaient de ses propres ancêtres. Bien plus, nous savons qu'en 1621, après la mort de son père Jean III, le nouveau chef de la maison d'Estaing avait fait enlever de Murols et « porter en la terre de la Roche-Talbot », une partie du mobilier composant la succession dudit Jean III. Il est assez curieux pour nous de connaître les objets qui vinrent ainsi du fond de l'Auvergne prendre place dans le manoir dont nous faisons l'histoire. C'étaient : « deux tentures de tapisseries de sept pièces chacune à personnages façon de feuillures; un lict à double pante de velours vert, les rideaux de damas vert garnis de crespine et motets d'or et d'argent, la courtepoincte piquée de taffetas blanc, et les matelats et traversin de satin de Bruges vert ; trois tapis de Turquie ; un lict en

(1) Estaing, chef-lieu de canton de l'arrondissement d'Espalion, département de l'Aveyron. Le château qui s'élève sur un rocher baigné par le Lot, est habité aujourd'hui par les sœurs de Saint-Joseph. Son donjon polygonal, de proportions hardies, est flanqué au sommet de cinq tourelles coiffées de dôme. *(Guide Joanne.)*

(2) Le château de Murols, dans la commune de ce nom, canton de Besse, arrondissement d'Issoire, département du Puy-de-Dôme, est, dit George Sand qui en a fait la description dans un de ses romans *(le Mis de Villemer)*, « une des plus hautaines forteresses de la féodalité ». Situées en plein pays de montagnes, dans un site des plus sauvages, ses ruines grandioses s'élèvent au sommet d'un cône basaltique, isolé de toutes parts, de 929 mètres d'altitude. Composées de quatre façades, plus ou moins bien conservées, dont l'une parait antérieure au XVe siècle, et dont les trois autres datent de la fin du XIVe ou du commencement du XVe, elles forment dans leur ensemble un polygone régulier que domine une haute tour ronde, d'où l'on embrasse circulairement un immense horizon de volcans éteints, de coulées basaltiques, de lacs, de forêts. (Voir *Guide Joanne :* Auvergne.)

housse de serge flavienne chamarrée de bandes de tapisserie, doublée de taffetas jaune et blanc » (1).

Comme on peut le penser, Jean-Louis d'Estaing et Louise d'Apchon, résidant ainsi qu'ils le faisaient pendant la plus grande partie de ces années-là à La Roche-Talbot, devaient rechercher les occasions de paraitre avec honneur dans l'église de Souvigné soit en acceptant de temps à autre d'y tenir sur les fonts baptismaux des enfants de leurs métayers ou de leurs vassaux, soit en y revendiquant les privilèges réservés aux seigneurs de paroisse. Aussi, en ce qui est des parrainages, voyons-nous plus d'une fois en ces années-là les noms du seigneur et de la dame de la Roche-Talbot, ainsi que celui de leur fille aînée, apparaître sur les registres paroissiaux à la suite de différents actes de baptêmes. Tantôt c'est « Dame Louise d'Apchon, espouse de H[t] et P[t] Mre Jean-Louis vicomte d'Estaing », qui, le 27 et le 30 octobre 1620, puis le 13 avril 1621, est successivement marraine de Louise Modré, de Gilberde Lambert et de Marie Fouin. Tantôt c'est « H[t] et P[t] Mre Jean-Louis d'Estaing, vicomte dud. lieu et seigneur de la Roche-Talbot », qui, le 1er juin 1621 le 4 mars 1622, et le 24 février 1627, ne dédaigne pas de tenir lui-même sur le font baptismal d'abord Jean de St-Ouen (2), ensuite Louise Artault, enfin Gilberde Poictevin. Quant à d[elle]

(1) Extrait de « l'Estat particulier des meubles de la succession de Mre Jean d'Estaing IIIe dont def[t] Mre Jean Louis Cte d'Estaing a proffité » etc., document qui fait partie des archives du château de Murols.

(2) Ce Jean de Saint-Ouen était fils de René de Saint-Ouen, « escuyer, sieur de la Benischère et seigneur en partie par indivis de la seigneurie de Saint-Brice et du lieu et seigneurie de la Genouillerie, dans la même paroisse, demeurant au bourg de Souvigné ». (Chartrier de Saint-Brice). René de Saint-Ouen avait épousé avant 1609 « noble Marguerite Choppin » et en eut plusieurs enfants, entre autres Renée, Charles, René, Claude et Jean qui furent baptisés tous les cinq dans l'église de notre paroisse entre 1609 et 1621. Les deux derniers avaient eu pour marraine « noble dame Jeanne de Bourdeilles, comtesse (douairière), de Durtal, dame de la Vaisouzière », la nièce et l'exécutrice testamentaire du célèbre Brantôme.

Gilberde d'Estaing, l'aînée des deux filles issues du mariage de Jean-Louis d'Estaing et de Louise d'Apchon, nous la voyons figurer, elle aussi, deux fois comme marraine, le 25 septembre 1624, au baptême de Gilbert Rollet, et le 24 février 1627, à celui de Gilberde Poictevin. Dans la première de ces deux circonstances, elle avait eu comme compère son jeune oncle « noble Louis d'Estaing » ; à peine âgé de 14 ans bien que reçu chevalier de Malte en mai 1618, celui-ci avait été recueilli à la Roche-Talbot par son frère aîné et sa belle-sœur après la mort de sa mère en janvier 1624. Ce n'est pas d'ailleurs la première fois que ce jeune chevalier de Malte est mentionné sur nos registres ; il l'est encore à la date du 1er février 1625 où, assisté de « dame Louise d'Apchon, » il est parrain de Louise Épinard. Ainsi, dans ces premières années de leur résidence au manoir qui nous intéresse, les nobles hôtes de la Roche-Talbot avaient accepté assez souvent les uns ou les autres les fonctions, alors si en honneur, du parrainage dans leur paroisse. Et quant ce n'était pas eux qui acceptaient en personne ces fonctions, ils se faisaient représenter par quelque membre, plus ou moins haut placé dans l'échelle sociale, du nombreux personnel qui composait leur maison. C'est ainsi que « hon. homme Nicolas Le Balleur, le « fermier de la Roche-Talbot », noble Laurent de Combolast, le « maistre d'ostel de Monsieur d'Estain », Françoise de Turquin « damoiselle de Madame d'Estain », Antoine Viriady « homme de chambre de Monsieur le comte d'Estaing », enfin « damoiselle Anne Brossard » la « concierge » de la Roche-Talbot, apparaissent tour à tour, de 1621 à 1627, comme parrain ou marraine en l'église de Souvigné, soit avec l'un ou l'autre de leurs maîtres, soit en leur absence à tous deux.

Mais les honneurs du parrainage n'étaient pas les seuls auxquels Jean-Louis d'Estaing et sa femme prétendissent dans l'église de la paroisse où ils avaient fixé leur résidence.

Ils prétendaient aussi y jouir comme seigneurs patrons des droits honorifiques, c'est-à-dire avoir les privilèges suivants: être nommés les premiers dans les prières au prône ; précéder les autres gentilshommes de la paroisse dans les processions, enfin se voir rendre tous les autres honneurs dépendants du patronnage, tels que l'aspersion d'eau bénite, l'offrande, et la distribution du pain bénit. Mais en cela ils s'étaient heurtés aux prétentions rivales de Gallois d'Aché et de Renée du Bellay, alors seigneur et dame de la Courbe (1), et ils s'étaient trouvés peu à peu engagés avec ceux-ci dans un bel et bon procès qui, commencé en 1620 devant le bailli de Sablé, porté ensuite devant les gens des requêtes du Palais à Paris, ne devait se terminer qu'en 1627 après un arrêt solennel du Parlement. A qui appartenaient en réalité les droits honorifiques dans l'église de Souvigné ? Était-ce aux seigneurs de la Courbe ou à ceux de la Roche-Talbot ? Question des plus délicates à résoudre, car les précédents qu'on pouvait invoquer ne laissaient pas d'être assez contradictoires. Etait-il vrai, comme le prétendaient Gallois d'Aché et sa femme, « qu'on n'avoit jamais controversé ny revocqué en doubte aux prédécesseurs d'eux demandeurs toutes prééminences d'honneurs » en l'église en question, et cela, « notamment à la feue dame de la Feuillée mère de la demanderesse, de la succession et comme héritiers de laquelle aux demandeurs possédaient la terre de la Courbe » (2)? De fait, il était certain que quelques années auparavant, en novembre 1616, « H[te] et P[te] dame Radegonde des Rotours, veuve de H[t] et P[t] Mess. Charles du Bellay, seig[r] de la Feuillée, le Bois-Thibault, Lignières et la Courbe » avait été marraine de la petite cloche de l'église de Souvigné, tandis que le parrain était non pas Jacques d'Apchon, alors seig[r] de la Roche-Talbot, mais le curé, Me Pierre Lefebvre (3).

(1) Voir pour plus de détails sur la terre de la Courbe, ce qui en sera dit au chapitre suivant.

(2) D'après le mémoire judiciaire dont nous parlerons tout à l'heure.

(3) Voir les registres paroissiaux de Souvigné à l'année 1616.

D'un autre côté il est à remarquer que dans l'aveu rendu au siècle précédent par François d'Orenge au marquisat de Sablé pour la Courbe (1553) il n'est nullement fait mention du droit de patronnage (1). Ainsi le droit de Gallois d'Aché et de sa femme était loin d'être établi d'une façon irréfutable.

Quant à Jean-Louis d'Estaing et à Louise d'Apchon, voici d'après un mémoire fourni par eux aux cours du procès (2), quelques-unes des considérations sur lesquelles ils appuyaient leurs prétentions. D'abord les seigneurs de la Roche-Talbot avaient litre au dedans et au dehors de l'Église. Or, « le seigneur qui avoit droict aux litres » était « présumé avoir et jouir de tous les aultres honneurs ». Ensuite ils « avoient chappelle tant à dextre que senestre dans lad. Église (3), l'une en laquelle les seigneurs et leurs enfants masles se plaçoient, et en l'autre les dames, damoiselles et leurs filles, lesd. chapelles bastyes sur le fond de l'Église et à grand arcade et ouverture du mur faisant le tour d'icelle Église afin d'avoir l'aspect patent et libre des prestres officiant au grant autel ».

Outre ce droit de préséance aux offices au moyen de leurs chapelles, les seigneurs de la Roche-Talbot avaient encore pour eux celui d'être ensevelis dans l'église sous des tombeaux plus apparents. Ils avaient en effet « sépultures à vaulx caves et voultes et sur icelles des tombeaux en relief et figures en bosse de plusieurs seigneurs et dame de la

(1) Rappelons que cet aveu, dont nous avons déjà parlé d'ailleurs avec détail au chapitre VI, à propos de René II de la Jaille, se trouve au fonds Juigné des Archives de la Sarthe.

(2) Ce mémoire très important, comme on le verra, pour la connaissance du procès dont il s'agit, se trouve au carton X 3 b/173 des Archives Nationales, où il est annexé à la sentence des requêtes du Palais du 26 septembre 1625.

(3) Une de ces deux chapelles, celle de gauche, existe encore; la clef de voûte a la forme d'un écusson où nous avons pu distinguer les armes des la Jaille : *d'argent à la bande fuselée de gueule*. Quant à la chapelle

Roche-Talbot (1), et aulcunes desd. tombes estoient en cuivre avec figures gravées et inscriptions » ; au contraire, les seigneurs de la Courbe ne pouvaient se dire en possession d'aucun privilège de ce genre soit pour le droit de sépulture soit pour celui de banc. En fait de banc, ils n'en avaient « qu'un, qui estoit en la nef, appelé banc commun parceque les seigneurs de la Roche-Talbot y avoient aussy séance, et quant ils s'y estoient rencontrés avec les sieurs de la Courbe, ils avoient tousjours eu le dessus et préséance ».

Ainsi tout dans l'église de Souvigné semblait indiquer la prééminence des seigneurs de la terre alors possédée par les adversaires de Gallois d'Aché et de Renée du Bellay. Quant à dire, comme le faisaient ces derniers, que cette même église, ainsi que le bourg, étaient situés dans leur mouvance directe et que les seigneurs de la Roche-Talbot n'étaient, après tout, que leurs humbles vassaux, rien de moins fondé que cette assertion.

D'abord ceux-ci « estoient, à cause de leurd. terre de la Roche-Talbot, seigneurs de presque tout le bourg de Souvigney ». Des 50 maisons qui composaient ce bourg, 4 seulement ne relevaient point d'eux. Le presbytère, il est vrai, tenait du « fief commung » qui appartenait, « par moitié aux demandeurs et aux défendeurs » mais c'était là une exception et cela n'empêchait point que « toutes les autres maisons autour de l'Église et cymetière estoient en la mouvance et droicts des défendeurs ». Voilà pour le bourg. Et il en était de même en ce qui concernait le territoire rural de la paroisse. « Les trois quatrièmes parties de toute la paroisse de Souvigney estoient » en effet « pareillement

de droite, elle se trouvait évidemment en face, et elle a dû disparaitre lors de l'adjonction à l'église du bas côté qui se trouve à présent derrière la chaire.

(1) Entre autres de Bertrand de la Jaille, dont, au temps de Ménage (fin du XVIIe siècle), on voyait la tombe dans la chapelle Saint-Roch, c'est-à-dire dans celle de droite, aujourd'hui disparue comme nous l'avons expliqué dans la note précédente.

tenues » des seigneurs de la Roche-Talbot « à cause de leurd. terre et seig[ie] de la Roche-Talbot et de Souvigney, des fiefs de la Mathouraye, du Plessis-Lisiart, du Boullay-Rabinard estant au dedans de lad. paroisse, laquelle contenoit 2 lieues et 1/2 de tour ; et l'aultre quart relève en partie de la terre de la Courbe, et en partie de l'abbaye du Ronceray ; quels trois quarts de lad. paroisse relevant de la Roche-Talbot partie estoit en fiefs tenu à foy et hommage de la Roche, scavoir les fiefs et lieux seigneuriaux de Grignon (1), de la Gourmandière (2), de la Houssaye (3) et autres ».

La terre de la Roche-Talbot l'emportait donc de beaucoup comme étendue et importance dans la paroisse de Souvigné sur celle de la Courbe, mais ce n'était pas encore là tout. D'autres preuves caractéristiques semblaient attribuer à ses propriétaires la seigneurie de paroisse. Ainsi « le posteau ou pillory de la Roche-Talbot estoit sur la grande rue du bourg de Souvigné, et celui de la Courbe estoit » au contraire « à l'escart en lieu non envirant aud. village ». Ainsi encore « L'assigne » de la Roche-Talbot se tenait « au devant de la

(1) Voir au chapitre suivant ce que nous dirons de l'histoire et de l'importance de cette terre à propos du retrait féodal qu'en exercera en 1748 Charles de Montesson.

(2) La Gourmandière, aujourd'hui simple ferme, est située dans la partie méridionale de la commune de Souvigné. Possédée au commencement du XVe siècle par Guillaume Suffleau, elle fut vendue en 1440 à Jean Bouchet. (Arch. de la Sarthe, E. 300.) Au commencement du siècle suivant elle était revenue aux Suffleau ; en 1507, Me Guillaume Suffleau, « advocat en Parlement », en était propriétaire (Arch. Nat, X 1/[a] 115, fol. 201). En 1555, d'après Ménage (2e partie, fol. 145), un René Le Pelletier, fils de Pierre châtelain de Saint-Denis-d'Anjou, était « sieur de la Gourmandière ». En 1570, René de la Corbière, s[r] de Sancogné, et d[elle] Renée Hamon, sa femme, sont dits dem[ts] à la Gourmandière, en Souvigné, dans un acte de donation mutuelle qu'ils se firent. (Fonds La Corbière, aux Arch. de Maine-et-Loire.)

(3) La Houssaye est actuellement un village situé d'une façon assez pittoresque sur une éminence qui domine la rive gauche de la Taude, dans la partie occidentale de la commune. On voit figurer en 1623 sur les registres paroissiaux de Souvigné « noble René de Pontoise, s[r] de la Houssaye », à propos du baptême de René son fils bâtard.

grande porte de l'Eglise parochial de Souvigné ». Ainsi enfin « le ban des vendanges de lad. paroisse estoit faict et publié générallement et conjoinctement soubz le nom des deux seigneurs, mais les seig[rs] de la Roche-Talbot estoient tousjours nommés les premiers ».

Telles étaient les raisons sur lesquelles Jean-Louis d'Estaing et Louise d'Apchon appuyaient à leur tour leurs prétentions.

Pendant ce temps-là le procès suivait son cours. Porté, comme nous l'avons dit, devant la juridiction des requêtes du Palais à Paris, il y avait donné lieu à deux sentences prononcées l'une le 17 juillet 1624 (1), l'autre le 26 septembre 1625 (2). La première n'avait été qu'interlocutoire : tout en donnant jusqu'à un certain point raison à Gallois d'Aché et à sa femme au sujet de quelques-unes de leurs prétentions en matière de féodalité, elle n'avait rien décidé quant au fond même du débat. Elle avait seulement ordonné, en ce qui concernait « les prérogatives d'honneurs et prééminences en l'Eglise dud. Souvigné », que « descente » serait « faicte sur l'Eglise parochiale dud. Souvigné, description faicte des litres armes, et sépultures, chapelle et bancs y estant par devant le commissaire à ce nommé, et figure d'icelle Eglise et choses y mentionnées et autres dont il seroit requis, accordée entre les parties ; et à ceste fin conviendroient d'ung peintre par dev. led. commissaire par devant lequel les parties contesteroient et seroient oyes plus amplement »; quant aux « faits résultant de lad. contestation, ensemble sur les faits de possession articulés par lesd. parties », devaient être « oys douze des plus anciens du païs, savoir six de chascun costé, et ce à commungs frais, pour, le procès-verbal de lad. descente description et figure et audition des tesmoings fait et apporté, estre faict droict aux parties » etc. Conformément à cette première sentence des gens des requêtes, la descente

(1) Arch. Nat. X 3/[a], 165.
(2) Arch. Nat. X 3/[a] 173.

sur l'église de Souvigné et autres mesures prescrites par elle eurent lieu en effet dans l'année qui la suivit, et un procès-verbal constatant le tout fut rédigé avant le 12 août 1625. Nous ne possédons pas malheureusement ce document qui eût été sans nul doute des plus intéressants et des plus instructifs pour nous à tous égards, et nous sommes obligés de nous contenter à son défaut du mémoire judiciaire, composé du reste dans le même temps, auquel nous avons emprunté ce que nous avons dit un peu plus haut des raisons alléguées par Jean-Louis d'Estaing et par Louise d'Apchon. En tous cas le procès-verbal en question, dut être tout à l'avantage de ces derniers, à en juger de moins par la seconde sentence des gens des requêtes, celle du 26 septembre 1625. Aux termes de cette sentence, « lesd. d'Estain et d'Apchon » étaient décidément maintenus et gardés « en la possession et jouissance des droits honorificques en lad. Eglise parochiale de Souvigné, à la procession, aspersion d'eau beniste, encens, banc, séance, offrande, distribution de pain benist, recommandation aux prières, sépultures, litres tant dedans que dehors l'Eglise dud. Souvigné, et tous autres (droits) généralement quelconques par préférence auxd. d'Aché et du Bellay » etc.

Le seigneur et la dame de la Roche-Talbot avaient donc complètement obtenu gain de cause devant la juridiction des requêtes du Palais. Mais leurs adversaires ne se tinrent pas pour battus et en appelèrent à la cour du Parlement. Après toute une nouvelle série de procédures qui dura près de deux ans, cette cour, par son arrêt du 19 juin 1627 (1) rendit un jugement tout contraire à celui des gens des requêtes. Non-seulement Jean-Louis d'Estaing et sa femme étaient condamnés « faire et porter auxd. d'Aché et du Bellay, les foys et hommages qu'ils leurs doivent pour raison des héritages et choses qu'iceulx d'E. et d'A. possèdent en la paroisse

(1) Arch. Nat. X 1/b 139.

de Souv. tenues et mouvantes du fief et seig[ie] de la Courbe, et encore de la part et portion qu'ils ont au fief appelé le fief commung relevant aussy desd. d'A. et du B. » etc.; même en ce qui regardait les droits honorifiques, c'étaient eux cette fois qui s'en voyaient déboutés au profit du seigneur et de la dame de la Courbe.

Ainsi qu'on a pu en juger par ce qui précède, parmi les différents seigneurs dont nous avons eu à nous occuper successivement au cours de cette étude, le mari de Louise d'Apchon est certainement l'un de ceux qui semblent avoir pris le plus au sérieux leur rôle de seigneurs de la Roche-Talbot. C'était d'ailleurs, d'après la Chesnaye des Bois, « un jeune homme de grande espérance », et selon un autre généalogiste (1), le cardinal de Richelieu, alors comme on sait, à l'apogée de sa puissance, « le destinait à de grands emplois ». Il est certain, que dès le mois d'octobre 1615, il avait reçu du jeune roi Louis XIII une commission pour lever, en qualité de capitaine, une compagnie de cent chevaulx légers (2), et moins de deux ans après, à l'époque de son mariage, il était « chevalier de l'ordre du Roy, et capitaine de 50 hommes d'armes de ses ordonnances » (3). Enfin, d'après un acte du 27 mai 1623, il était à cette date « conseiller du Roy en ses conseils privé et d'estat » (4). Quant à la faveur toute spéciale dont l'aurait honoré le célèbre cardinal-ministre, elle a peut-être été exagérée à dessein par les généalogistes, mais en tous cas elle ressort d'une façon incontestable de la lettre suivante écrite vers le mois de septembre 1626 par Richelieu lui-même (5) au seigneur de la Roche-Talbot.

(1) Cab. des Titres, nouv. d'Hozier, dossier d'Estaing.
(2) Cab. des Titres, nouv. d'Hozier, dossier d'Estaing.
(3) Il s'était ainsi qualifié dans son offre de foy et hommage, en mai 1617, à la seigneurie de Briollay.
(4) Archives du château de Murols.
(5) D'Avenel, *Lettres du cardinal de Richelieu*, t. II, p. 268.

« A Monsieur le vicomte d'Estaing (1),

« Monsieur, je vous remercie des asseurances que vous me donnez par celle que vous m'avez escripte de la continuation de vostre affection en mon endroict ; je ne puis, en revanche, que vous asseurer de la mienne, vous priant de croire que je seray très aise qu'il se présente occasion en laquelle je puisse vous en rendre preuve. Cependant je vous diray qu'il n'y a rien qui vous empesche d'entretenir au lieu où vous êtes Monsieur vostre frère (2) que vous me mandez vous estre venu voir. Je désire ses bonnes grâces et les vostres que je tascherai de mériter en vous faisant voir que je suis véritablement vostre

RICHELIEU.

Cependant, sous cette situation si brillante en apparence, les affaires du vicomte d'Estaing étaient assez embrouillées. La succession de son père, recueillie par lui en 1621, mais grevée de dettes, lui avait été plus onéreuse que profitable, et, avec le large train de vie qu'il menait soit à la Roche-

(1) Jean-Louis d'Estaing figure en ces années (postérieures à la mort de son père), tantôt avec la qualification de vicomte d'Estaing, tantôt avec celle de comte d'Estaing. En réalité Estaing était une vicomté.

(2) Il s'agit sans doute ici du deuxième fils de Jean III d'Estaing et de Gilberte de La Rochefoucault, François II d'Estaing, baron d'Enval, alors capitaine enseigne de la compagnie de gendarmes de la Reine, dont il n'allait pas tarder à devenir capitaine lieutenant. Il se trouva plus tard au siège d'Arras (1640) où il se distingua aux côtés du Grand Condé. Il avait épousé, en janvier 1626, Marie de Bussy, et c'était sans doute en faisant leur visite de noces au seigneur et à la dame de la Roche-Talbot que les deux nouveaux époux étaient venus les voir. D'un autre côté on sait qu'en cette même année 1626 la jeune reine Anne d'Autriche s'était laissé compromettre dans une des conspirations de Gaston d'Orléans contre Louis XIII et son ministre. Or tout cela nous explique pourquoi Jean-Louis d'Estaing avait cru devoir s'excuser devant le Cardinal d'avoir reçu chez lui son frère, bien que l'un des officiers auxquels la Reine, alors en disgrâce, avait confié le commandement de sa compagnie de gendarmes.

Talbot, soit à la cour quand ses fonctions de gentilhomme de la chambre l'y appelaient, (sans parler des dépenses nécessitées par son long procès avec Gallois d'Aché), avec toutes ces charges pécuniaires venant s'ajouter au déficit de la succession paternelle, il n'est pas étonnant qu'il se trouvât alors en proie à de graves embarras d'argent. Aussi le voyons-nous, à partir de l'année 1624, recourir à des expédients qui prouvent de plus en plus sa détresse. Le 30 août de cette année-là, étant avec sa femme de passage à Paris (ils étaient « logés rue du Four en la maison du Daulphin, par[e] Saint-Eustache »), par acte passé devant Chapelain, et conjointement avec son frère François d'Estaing et « hon. homme François Hervé, bourgeois de Paris, y dem[t] rue au Fevre », il avait vendu à » d[lle] Marguerite Lécuyer, veuve de feu n. h. Me Jacques de Plaine, viv[t] s[r] de Ballagny », etc. 225[l] de rente annuelle et perpétuelle, à prendre tant sur les différentes terres possédées soit par lui soit par son frère en Rouergue et en Auvergne que « sur la terre et seig[ie] de la Roche-Talbot, sise auprès de Sablé, au païs du Maine, consistant en toute justice, chasteau, vassaulx, terres, bois, vignes, prés, estangs et autres app[ces], affermée 4000[l] de revenu annuel » (1). De même le 18 novembre suivant, par un autre contrat de vente reçut par de Beauvais et Bricquet, il avait constitué 2,000[l] de rente au profit « de Mademoiselle Marie de Bourbon, duchesse de Montpensier (2) ». Heureux encore Jean-Louis d'Estaing, si, pour se procurer de l'argent, il avait pu se contenter d'emprunts de ce genre ou même, d'abats « de bois de haulte futaye » faits par son ordre « ès bois de lad. terre de la Roche-Talbot » ! (3). Mais, hélas ! en 1626,

(1) Archives du château de Murols.

(2) Voir aux Arch. Nat. X 3/b 209 sent. des req. du Pal. du 27 janvier 1631 entre Christophe de Murat et Louise d'Apchon.

(3) Voir aux Arch. Nat. (X 1/a 2214) l'arrêt du Conseil du 7 septembre 1615.

vers cette même époque où il avait reçu du cardinal de Richelieu la lettre que nous avons reproduite plus haut, sa gêne pécuniaire allant toujours croissant, il s'était vu réduit à mettre « en gage une croix de diamant entre les mains d'un nommé.... bourgeois de la Flèche » en échange d'une somme dont il avait besoin ! Et ce n'était pas la seule fois que le seigneur et la dame de la Roche-Talbot s'étaient trouvés dans un cas aussi pressant ; en 1628, sur le point de faire un voyage en Auvergne (1) et en Rouergue pour mettre un peu d'ordre dans leurs biens et dans leurs affaires, ils avaient dû, pour subvenir aux frais de ce voyage, mettre en gage « entre les mains de Ch. Gouyon, marchand, en la ville d'Angers, de la vaisselle d'argent vermeil et deux fillets de perles l'un de petites perles soudées au nombre de 58, l'autre de perles plates de moyenne grosseur au nombre de 19 » ! (2)

En faisant du reste le voyage auquel nous venons de faire allusion, Jean-Louis d'Estaing n'avait pas agi sans obtenir préalablement l'agrément de son tout puissant protecteur, le cardinal de Richelieu. On était à l'époque où commençait le siège de la Rochelle, et le célèbre ministre « destinait » alors plus que jamais le mari de Louise d'Apchon « à de grands emplois ». Et c'est pourquoi, afin de pouvoir mieux disposer de lui, il « l'avait renvoyé de la cour dans ses terres pour mettre ordre à son bien et à ses affaires avec ordre de le venir retrouver » devant la Rochelle (3).

Mais le protégé du cardinal ne devait pas se trouver au rendez-vous qui lui avait été fixé. Il fut surpris par la mort au cours du voyage qu'il faisait dans ses terres d'Auvergne

(1) Voir aux Archives du château de Murols l'« *Estat partiœulier* » des meubles de la succession de Mre Jean d'Estaing (et de Jean-Louis d'Estaing) et aussi des debtes passives de ces mêmes successions », etc.

(2) *Ibidem.*

(3) *Nouveau d'Hozier*, dossier d'Estaing.

et de Rouergue. Avait-il eu, avant d'entreprendre ce voyage dont il ne devait pas revenir, un pressentiment de sa fin prochaine? Toujours est-il qu'il avait testé le 3 mai 1628 et qu'il mourut le 17 août de la même année (1).

Jean-Louis d'Estaing ne laissait de son union avec Louise d'Apchon que deux filles, Gilberte et Isabeau. Or, dans son testament, Jean III avait prévu le cas où son fils aîné mourrait sans hoirs mâles; ce cas advenant, François son second fils devait avoir par substitution les terres d'Estaing et de Murols. De là entre le seigneur d'Enval qui n'avait pas tardé à revendiquer la possession de ces deux importantes terres, et la dame de la Roche-Talbot, qui, au nom et dans l'intérêt de ses filles mineures, prétendait les garder, un grand procès bientôt porté devant le Parlement de Paris et que devait terminer seulement en l'année 1634 un arrêt définitif donné en faveur du nouveau chef de la maison d'Estaing. Qant aux autres terres composant la succession du défunt, telles que Vernines, Perrade, Lugarde et Valentines, ou restant en propre à Louise d'Apchon, telle que sa terre du Maine, elles allaient servir de gages aux nombreux créanciers dont Jean-Louis d'Estaing, nous l'avons vu, s'était constitué le débiteur.

En ce qui concerne la terre qui nous intéresse spécialement, elle était déjà sous le coup d'une saisie au moment même de la mort du père de nos mineures. Dès le 8 août en effet, Me Claude Poisson, procureur des aides, l'avait fait saisir « de par nos seigneurs du Parlement » à défaut de payement d'une somme de 1800l dont le seigneur et la dame d'Estaing lui étaient redevables (2).

(1) Voir l'arrêt du 7 septembre 1645.

(2) Voir aux Arch. Nat. (X 1/a 2016) l'arrêt du Parlement du 4 août 1629 expliquant l'origine de cette dette reconnue jadis par un autre arrêt du Parlement rendu le 14 août 1574 entre Marguerite d'Albon bisayeule de Louise d'Apchon et Claude Daulphin, ex fermier de la terre et seigneurie de Vallery, dont Me Claude Poisson était le petit-fils. Quant

La saisie réelle, avec établissement de commissaire, eut lieu quelques semaines après, le 25 septembre (1). Ce jour-là, un des sergents du Parlement appelé Bouchard, après s'être « transporté au lieu de la Roche-Talbot », saisit réellement et mit « en la main de lad. court sur la dame d'Apchon la terre, fief et seig[ie] de la Roche-Talbot..., fiefs, arrière-fiefs, hommes, subjets et vassaux, garennes à connils, taillis, bois de haulte fustaye, prés, pastures, terres labourables, moulins qui en dépendent » etc. En même temps « M[e] Julien Pingault, hoste, et M[e] Jullien Piedbon, marchand apothicaire, dem[ts] à Sablé, Jean Guimond, march[d] dem[t] au bourg de Solesme, et Jean Adrien, meulnier, dem[t] au moulin de Tessé, par[e] d'Auvers », étaient « commis et establys commissaires.... au régime et gouvernement desd. choses saisies ». Enfin, avant de s'en aller, M[e] Bouchard, n'ayant pu signifier « lad. saisie et establissement de commissaires » à Louise d'Apchon en personne, à cause de l'absence de cette dernière, s'acquitte de cette partie de sa mission « en parlant à d[elle] Anne Brossard, femme de Jean Bruneau, s[r] de St-Clément, domestique de lad. dame d'Apchon ».

Certes, la gène où se trouvait la veuve de Jean-Louis d'Estaing, au moment du décès de celui-ci, devait être très grande pour qu'elle eût ainsi, plutôt que de payer la somme réclamée, laissé s'opérer la saisie de la terre où avait été jusqu'alors sa principale résidence. Et cette gène dut encore s'accroître dans les années suivantes, quand elle eut à subvenir aux frais de son procès devant le Parlement avec François d'Estaing. Ce fut alors qu'elle se décida à vendre

à la saisie du 8 août 1628, c'est-à-dire l'arrêt déclarant la saisie, elle est mentionnée plusieurs fois dans la vente par le décret en Parlement de la terre de la Roche-Talbot (27 mai 1650) ainsi qu'on le verra dans la suite.

(1) Voir le procès-verbal de cette saisie, aux Arch. Nat. X 1/a 9071, f° 179 et suivants; voir aussi sur cette saisie et ses conséquences la vente par décret du 27 mai 1650.

une des dépendances les plus anciennes de sa terre de la Roche-Talbot, ce fief de Vion dont il a été si souvent question dans le cours de cette étude (1). Un contrat de vente passé à la date du 18 mars 1630 dev. Fieffe et Duchesne, notaires au Châtelet de Paris, nous montre en effet « H[te] et P[te] Dame Louise d'Apchon, veusve de feu H[t] et P[t] Mre Jean-Louis vivant c[te] d'Estaing, dem[te] à présent à Paris rue des Orties, derrière St-Thomas du Louvre, par[e] Saint-Germain-l'Auxerrois », aliénant en faveur de « Mre Philbert de Thurin, conseiller du Roy en ses conseils d'estat et privé, maistre des requestes de son hostel et président en son grand Conseil, dem[t] à Paris, par[e] St-Paul » le fief « appelé vulgairement le fief de Vion, assis en la par[e] de Vion,... consistant en haulte justice, moienne et basse, cens, rentes domanières et foncières, boys taillis, garennes, droits de landes et pasture, et droits de patronnage aux chapelles estant au dedans de l'Eglise dud. Vion, dépendantes de la présentation des seigneurs et dame desd. fiefs » etc. Colorée d'ailleurs du titre d'échange, cette aliénation était une véritable vente, car le « s[r] président de Thurin » s'engageait à son tour à donner à la dame venderesse, outre la propriété d'une rente de 25[l] à lui appartenante, une somme de 8000[l] sous prétexte de soulte de retour.

Cependant, tandis que Louise d'Apchon tâchait ainsi, dans la fâcheuse situation où elle se trouvait, de tirer un peu d'argent de la vente de quelques portions de ses terres, son manoir de la Roche-Talbot était à la veille d'être l'objet d'une seconde saisie. Le créancier saisissant était cette fois « Me Claude Rousselet, advocat au bailliage et siège présidial de

(1) Nous avons déjà dit que c'est parmi les riches Archives du château de Juigné que se trouvent les titres du fief de Vion ; ces archives sont donc un des dépôts particuliers dont l'accès nous a été le plus précieux, et nous ne saurions trop remercier ici leur propriétaire, M. le Mis de Juigné, d'avoir bien voulu nous autoriser à y faire toutes les recherches dont nous avions besoin.

Sens ». Subrogé, dans les derniers mois de l'année 1629, aux droits de Me Claude Poisson, ce dernier avait résolu de faire procéder aux criées, mais, avant de les faire commencer, il avait dû, selon l'usage, faire faire une nouvelle saisie réelle avec établissement de commissaires, le tout précédé d'un nouvel exploit portant sommation de payer. Or il paraît que faire parvenir cet exploit à la personne même de la dame de la Roche-Talbot n'avait pas été chose aisée. Comme elle demeurait « en ung temps aud. lieu de la Roche-Talbot, et en une aultre saison en Aulvergne, où elle » avait « quelque bien, autresfoys en ceste ville (de Paris) », elle n'avait en somme aucun « domicille certain » ; et, lorsqu'il avait « esté question de lui faire quelques exploicts », il s'y était « trouvé beaucoup de difficultés, à cause du grand nombre de ses domestiques ». Aussi avait-on été obligé de la faire « assigner en ceste ville (de Paris, là) où elle auroit esté trouvée... ». Mais il avait « fallu recommencer ung exploict par trois foys pour ce que on n'avoit peu trouver la commodité de parler » à sa personne. Heureusement pour Me Claude Rousselet, à la suite d'une requête où il avait exposé la situation embarrassante où il se trouvait (1), un arrêt du Parlement (21 Mars 1630) avait mis en demeure la dame d'Apchon d'élire enfin un domicile pour y recevoir tous exploits, ce qui avait décidé celle-ci à choisir à cet effet la Roche-Talbot.

Cette difficulté une fois aplanie, les formalités dont les criées devaient être précédées purent désormais avoir lieu. Me Prêteselle, « sergent de la cour de Parlement », en fut chargé. Le 20 mai il se rend une première fois au manoir qui nous intéresse, et là, « en parlant par atache et à la porte du lieu seigneurial », et en s'adressant à Jean Bruneau, sieur de Saint-Clément, que nous voyons qualifié en cette occasion « concierge et garde de lad. maison », il fait « commandement itératif de par mess. du Parlement » à Louise

(1) Arch. Nat. X 1/a 2025, considérants de l'arrêt du 21 mars 1630.

d'Apchon de payer à Me Claude Rousselet les 18,000l cause de la première saisie. Un mois s'écoule sans que la dame d'Estaing paraisse tenir le moindre compte de l'exploit de Me Preteselle. Alors celui-ci se rend une seconde fois à la Roche-Talbot pour renouveler, cette fois au nom de Me Claude Rousselet, la saisie réelle, avec établissement de commissaires, déjà faite deux ans auparavant par son collègue Bouchard au nom de Me Claude Poisson. Il saisit et met « en la main de mess. du Parlement sur dame Louise d'Apchon... le lieu fief terre et seigie de la Roche-Talbot, cens, rentes, profficts de fief et rachapts, hommes et subjects qui en dépendent, droits de garenne à connils et de pêche en la rivière qui passe proche led. lieu et aultres devoirs qui en dépendent », lad. terre « consistant en maison seigneuriale enfermée de murailles (1), moulins à eau, et onze mestairies et une closerie, bois de haulte fustaye, taillis et prez, le tout scitué ès paroisses de Souvigné, St-Denis-d'Anjou et Boyre... » Quant au commissaire établi en cette circonstance au régime et gouvernement des choses saisies, ce fut Me Poussemothe, « advocat en Parlement à Paris, et esleu commissaire-général aux saisies nobles ». Faite le 21 juin, cette seconde saisie réelle fut signifiée à Louise d'Apchon non-seulement à la Roche-Talbot, le 30 du même mois, par Me Poussemothe, mais en outre à Paris à son domicile de la rue des Orties, le 5 juillet, par de Ruble huissier aux requêtes du Palais.

Les criées, qui devaient être faites trois fois, « par les termes de huitaine, de quinzaine et de quarantaine », les criées allaient bientôt commencer. Le 12 juillet Me Preteselle se transporte à la Roche-Talbot où il trouve, outre Jean Bruneau, le « garde et concierge », Me François Gilloust, le procureur fiscal de la seigneurie ; parlant alors, comme

(1) Comme on le voit par ces mots « maison seigneuriale enfermée de murailles » la Roche-Talbot était bien un de ces manoirs fortifiés tenant le milieu entre le château proprement dit et la simple gentilhommière.

toujours, « par atache contre la porte et principale entrée de la maison seigneuriale », et s'adressant « d'abondance » à ces deux personnages, comme représentant la dame d'Estaing absente, il annonce que Me Claude Rousselet entend faire procéder aux criées et bannies. Puis, le lendemain 13, ajoutant les faits aux paroles, il se met à l'œuvre. Il met les « affiches et panonceaux des armes de MM. du Parlement contre les portes et principales entrées » tant « de la maison seigneuriale... moulin et lieu en dépendant, et Eglise de Souvigné » que « contre les portes et entrée » des douze métairies ou closerie faisant partie de la terre, sans oublier « les portes des Eglises de Boyre et de St-Denis-d'Anjou ».

Le lendemain 14 juillet était un dimanche. Ce jour-là commencèrent les criées proprement dites. Aidé cette fois de Me Godebert, un autre sergent du Parlement, Me Preteselle se transporte « aux issues des grands messes paroissiales desd. Souvigné, St-Denys-d'Anjou et Boyre au devant des grandes portes et principales entrées des Eglises desd. paroisses, « où estant » l'un ou l'autre, ils font et commencent « à haulte voix et cry publicq la première cryée desd. choses saisies ». Les jours suivants (15, 16 et 17 juillet) « lesd. sergents » se transportent « aux marchés de Sablé, Boyre et St-Denys-d'Anjou, iceulx marchés tenant devant les halles desd. lieux, auxquels lieux estant », ils continuent « à haulte voix et cri publicq la première cryée desd. choses saisies ».

Ces criées, avons nous dit, devaient avoir lieu par termes de huitaine, de quinzaine et de quarantaine. Aussi ce qu'ils avaient fait du 13 au 17 juillet, Me Preteselle et son collègue le recommencèrent-ils dans le même ordre le 3, 4, 5, 6 et 7 août, ainsi que les 14, 15, 16, 17, 18 septembre.

Les criées ainsi faites selon les formes requises et accoutumées, il ne restait plus qu'à les faire certifier par des sentences des sénéchaux du Maine et d'Anjou, c'est ce qui eut lieu les 7 janvier et 22 février 1631 (1).

Au milieu de toutes ces difficultés, et brouillée comme elle l'était avec ses beaux-frères, il n'y a pas lieu de s'étonner que la veuve de Jean-Louis d'Estaing eût songé à se remarier. Celui qu'elle choisit comme second mari fut Louis de Guillebert, m[is] de Secqueville (en Bessin) baron de Coulonces (près Vire) en partie : le contrat fut passé le 10 janvier 1631 devant Saint-Fussien et Chapelain notaires au châtelet de Paris (2). Fils de feu Philippe de Guillebert en son vivant écuyer, seig[r] de Secqueville, baron de Coulonces, ch[r], gentilhomme ordinaire de la chambre du Roi et gouverneur pour ce dernier à Vire, et de Renée de Vassy la Forest, le nouveau mari de Louise d'Apchon appartenait à une des meilleures familles de la noblesse de Normandie (3). C'était d'ailleurs, si nous en croyons un document de l'époque, un homme de cœur et de service, non moins que ses deux frères, Jean-Baptiste et Charles de Guillebert, s[rs] de Saint-Aubin et de Montégu, qui devaient, quelques années après, servir avec honneur et distinction en Valteline, sous leur oncle paternel, le sieur du Laudé, alors maréchal-de-camp en l'armée du Roy (4). Pour lui, nous le verrons en 1637

(1) Tous les détails que nous venons de donner sur les criées de la terre de la Roche-Talbot en 1630 sont extraits des considérants de la vente par décret de 1650.

(2) D'après une transaction de l'année 1666 entre Louise d'Apchon et son gendre René de Maillé Benehart, acte conservé à l'étude de Chahaignes.

(3) Voir sur les Guillebert de Secqueville et la baronnie de Coulonces, outre les différents recueils généalogiques du Cabinet des Titres, le manuscrit Polinière de la Bibliothèque de Vire, où se trouvent, dans le cours d'une notice très complète sur l'importante baronnie de Coulonces, quelques détails intéressants sur les membres de la fam[ille] de Guillebert ayant possédé cette baronnie au XVIIe siècle.

(4) Voir Bibl. Nat. fonds français 18942 rôle des nobles de Normandie en 1639 et 1640, article Secqueville.

occupé « au service du Roy en ses armées » ; et nul doute qu'il n'ait pris part à d'autres campagnes, notamment à celle de l'année 1636 où toute la noblesse française avait été convoquée pour repousser l'Espagnol déjà devant Corbie.

En dehors de ces campagnes, et comme, dès avant 1631, il avait succédé à son père dans ses deux fonctions de gentilhomme de la Chambre et de gouverneur de Vire (1), il partageait son temps et ses séjours entre la cour et son manoir de Coulonces, de façon à pouvoir remplir ainsi tour à tour les deux emplois qu'il tenait de la faveur royale (2).

Comme seigneur de la Roche-Talbot, le second mari de Louise d'Apchon est cité dans l'aveu rendu en 1636 à la seigneurie de la Courbe par Jacquine Pelisson, veuve de feu Me Jean Bonallain, remariée à Me Guillaume Monceaux, pour son « lieu appces et dépces du Chastelet, sis en la paroisse de Souvigné ». Parmi les vassaux relevant de ce fief figure en premier lieu « Messire Louis de Guillebert, seigr de Sicqueville, à cause de dame Louise d'Apchon son espouze, seigneur de la Roche-Talbot,... homme de foy et hommage simple pour raison de partie de ses terres et prez de son lieu du Tertre » etc. (3). L'année suivante, à la date du 8 juillet,

(1) On le voit à la fin de l'année 1631 apparaître en qualité de parrain dans l'église principale de Vire et qualifié en cette occasion : « Noble et puissant seigneur Messire Louis de Guillebert, seigneur et baron de Sicqueville, Coulonces, Canon, Montégu, Saint-Aulbin, chastelain de Murols et de la Roche-Talbot, gentilhomme ordinaire de la chambre du Roy et gouverneur pour S. M. des ville et chasteau de Vire. »

(2) Ce fut sous son gouvernement que le château de Vire fut démoli par ordre de Richelieu ; toutefois par brevet du 6 mai 1630 le Roi Louis XIII lui avait fait don de l'emplacement dud. château et des matériaux provenant de la démolition. (Voir aux Arch. du Calvados, le dossier relatif à cette démolition.

(3) La terre du Châtelet, située dans la partie Sud-Est de la commune de Souvigné, et formant aujourd'hui les métairies du Grand et du Petit Châtelet, était l'un des fiefs nobles tenus de la seigneurie de la Courbe, à laquelle « les sieurs du Chastelet » devaient « foy et hommage simple et

il reçut l'hommage « des enfants mineurs de def[ts] Charles Goddes, viv[t] esc., s[r] de la Perrière,... et de d[elle] Marie d'Agoult son ép[e] » pour Varennes-Bourreau et Coullon. N. Chauveau, « procureur de d[elle] Renée Jaulnay, veuve de déf[t] Olivier d'Agoult, viv[t] esc. s[r] de Vollon,... leur ayeule maternelle et curatrice, ayant été chargé par cette dernière de faire les obéissances féodales dues par ses petits enfants, s'était « transporté à la maison seigneuriale de la Roche-Talbot.... espérant y trouver le seigneur d'icelle » etc. Mais on lui répondit que « led. seigneur de la Roche-Talbot » était « absent du paīs et au service du Roy en ses armées ». Il fut donc obligé de « s'adresser à la personne du procureur fiscal du seigneur de Secqueville, Me François Gilloust, à qui il fit les offres de foy et hommage dont il s'agissait.

Bien que faisant de son manoir de Coulonces sa principale résidence, Louis de Guillebert ne semble pourtant pas

4 jours de service annuel au terme de Saint-Maurille. « (Voir l'aveu de la Courbe à Sablé en 1553). Ce fief était l'un des plus anciens de la paroisse. Le cartulaire du Ronceray nous montre dès le commencement du XIIe siècle, un « Lisiard du Chastelet » (Lisiardus de Castello) faisant don à cette abbaye de toute la dixme de son bordage situé près de Souvigné. Au XVe siècle la terre du Chastelet était passée à la famille de la Saugère dont nous voyons plusieurs membres, Henry (1452), Jehan (1526), Antoine (1553-1561), Jean (1566) et Raoul la posséder successivement pendant près de deux siècles. En 1607, Raoul de la Saugère l'avait vendue à Me Jehan Bonallain, sergent, demeurant en la paroisse de Souvigné, dont la veuve devait rendre aveu pour le Châtelet à la seigneurie de la Courbe. Après avoir eu ensuite comme propriétaires Estienne Monceaulx (av. 1661), Me Abraham Reverdy (1676), la terre dont il s'agit appartint pendant la plus grande partie du XVIIIe siècle à une famille d'avocats au Parlement originaire de Sablé, les du Vivier, dont nous aurons occasion de parler avec plus de détails dans un des chapitres suivants. A la veille de la Révolution elle était devenue par acquêt la propriété de Jacques Bruneau de la Grassière qui demeurait au château de la Guénaudière, en Grez-en-Bouère. Les Châtelets, ainsi que le Tertre, ont aujourd'hui pour propriétaire le commandant Simon, chef de bataillon du génie en retraite et maire de Souvigné. Ce dernier possède quelques titres anciens relatifs au fief des Chatelets, entre autres l'aveu de 1636, qu'il a bien voulu nous communiquer ; aussi sommes-nous heureux de lui adresser ici l'expression de notre plus sincère reconnaissance.

avoir entièrement négligé la terre que Louise d'Apchon lui avait apportée en mariage. Deux actes des registres paroissiaux de Souvigné tendraient du moins à le prouver. Ainsi, à la date du dernier mars 1636, « honnête homme Julien Agaissée de la Noë, homme de Monsieur de Sacqueville », nous apparait en qualité de parrain en l'église de Souvigné ; de même le 20 janvier 1643 nous voyons « honnête homme... de la Houssardière, domestique de mons[r] de Sacqueville, résident pour lors à la Roche-Talbot,... ensépulturé au grand cimetière » de notre paroisse. Le seigneur et la dame de Secqueville, venaient donc parfois, en ces années-là, passer au moins quelques jours dans la terre qui nous intéresse.

Cependant les deux filles issues du premier mariage de Louise d'Apchon, Gilberte et Isabeau d'Estaing, très jeunes encore lors de la mort de leur père, venaient d'atteindre toutes les deux leur majorité. Placées d'abord sous la tutelle provisoire du seigneur et de la dame de Secqueville (1), elles avaient passé en l'année 1635, à la suite de nouvelles procédures entre leur mère et leurs oncles paternels, sous la tutelle honoraire de l'un de ceux-ci, Louis d'Estaing, comte de Salmieh, assisté d'un de leurs oncles maternels, Guillaume d'Apchon, b[on] de Tournoel (2).

Éloignées alors sans doute de leur mère et conduites en Auvergne, peut-être à Clermont-Ferrand dont leur oncle Joachim d'Estaing était évêque, et où résidait leur tuteur onéraire Me Jean Dalinas (3), elles durent recevoir une éducation en rapport avec la haute situation qu'occupait dans cette province l'illustre famille à laquelle elles appartenaient du côté de leur père. Toujours est-il qu'elles avaient été données pour

(1) Voir Arch. Nat. X 1/a 5512 arrêt du 16 mai 1631.

(2) Voir Arch. Nat. X 1/b 9140 dations de tutelle, liasse de l'année 1635, et X 1/a arrêt du 21 février 1636.

(3) Voir Arch. Nat. X 1/a arrêt du 29 janvier 1638.

compagnes vers ce temps-là, quoiqu'un peu plus âgées, à la fille de Gaston d'Orléans si célèbre depuis sous le nom de la grande Mademoiselle (1), et qu'aux environs de 1640, d'après l'illustre historien des princes de Condé, elles figuraient parmi les jeunes et charmantes amies d'Anne-Geneviève de Bourbon, la future duchesse de Longueville, que le grand Condé, à la veille de Rocroy, rencontrait, entre deux batailles, aux brillantes réunions de l'hôtel de sa mère (2).

Leur majorité une fois atteinte, Gilberte et Isabeau d'Estaing durent songer à leur avenir. Gilberte, qui était plus que jamais dans les bonnes grâces de la jeune duchesse de Montpensier, contracta en 1645 un mariage auquel sa situation auprès de cette princesse n'avait, apparemment pas été étrangère : elle épousa en effet cette année-là Gilbert de Langeac, comte de Daliet, gentilhomme attaché à la personne du duc d'Orléans, et très en faveur auprès de lui (3). Quant à Isabeau, elle avait quitté le monde l'année précédente pour se consacrer à Dieu ; dans les derniers mois de 1644 elle était entrée comme religieuse réformée du tiers ordre de Saint-François au couvent de Sablé dont sa tante « Madame Gabrielle d'Apchon » était alors supérieure (4)

(1) Voir les Mémoires de Mademoiselle de Montpensier, chap. XVIII (année 1653).

(2) Voir l'*Histoire des Princes de Condé*, par le duc d'Aumale, t. III, p. 338-340.

(3) Voir La Chesnaye des Bois, art. Langeac, et fonds français (de la Bibl. Nat.), nouv. acq. vol. 992, preuves produites en 1666, par le comte de Dallet lors de la recherche de la noblesse d'Auvergne.

(4) Voir dans l'étude de Saint-Sever (Calvados), un acte devant Me Lefranc à la date du 20 nov. 1644 par lequel Louis de Guillebert constitue un procureur chargé de le représenter « au contract qui sera faict et passé avecques la Mère Supérieure des religieuses réformées du tiers ordre Saint-François au couvent de Sablé pour l'entrée et reception aud. couvent de d^lle Elisabeth (lisez Isabeau) d'Estain... pour y vivre et demeurer religieuse », etc. Voir aussi aux registres paroissiaux de Sablé à l'année 1645, un baptême où « Madame Gabrielle d'Apchon, Supérieure des religieuses du tiers ordre de Saint-François au couvent de Sablé » apparait comme marraine.

Ainsi, la destinée, en poussant la fille cadette de Jean-Louis d'Estaing à embrasser la vie religieuse, l'avait rapprochée du manoir où elles avaient, sa sœur aînée et elle, passé leur enfance !

La vieille demeure seigneuriale n'en continuait pas moins, ainsi que la terre qui en dépendait, à être sous le coup de la saisie de 1628 et des criées de 1630, et il était évident que la catastrophe finale, c'est-à-dire la vente judiciaire, pour avoir été retardée jusqu'alors, n'en était que plus inévitable.

A vrai dire, différentes causes avaient empêché pendant de longues années le décret autorisant la vente d'être rendu. D'abord, à différentes reprises, le créancier chargé de poursuivre les criées ne faisant pas les diligences nécessaires à la poursuite de celles-ci, il avait fallu lui en subroger un autre. C'est ainsi que Me Rousselet, après avoir succédé en 1629 aux droits de Me Claude Poisson, avait eu lui-même comme successeurs, en août 1631, Me Christophe Babin sr de la Tallaye, et Magdelaine Fouin sa femme ; en août 1634 Louis de Benne, écuyer, sr de Clérac, « procureur de delle Marie Chauveau qui estoit fille de Martin de Drouart, veuve Henry Pichonnat, et auparavant de Me Chauveau, secrétaire et greffier de la cour des aydes » ; en juin 1639 Me Claude Hervé, « conseiller en la court de Parlement de Paris, tuteur de François Hervé, son fils mineur, héritier par bén. d'invre de déft François Hervé, vivant bourgeois de Paris, son ayeul »; en mai 1642, Georges du Mas, « sr dud. lieu, secretaire ordinaire de la chambre du Parlement » ; en juillet 1643 Mathieu Pellisson « bourgeois de Clermont » ; enfin en juillet 1646 Me Isaac Dufour, « conseiller et trésorier général de France en la généralité d'Auvergne establie à Riom » (1). En second lieu,

(1) Voir aux Arch. Nat., les considérants de la vente judiciaire du 28 mai 1650.

outre les subrogations successives de ces divers créanciers poursuivant tous l'effet de la saisie du 8 août 1628, il y avait eu les oppositions mises aux criées par les nombreux créanciers non subrogés aux droits de Me Claude Poisson, dont quelques-uns, tels que Me Christophe de Murat « conseiller, notaire et secrétaire du Roy », et « Monsieur oncle du Roy, duc d'Orléans, tuteur de Mademoiselle, sa fille, souveraine de Dombes, duchesse de Montpensier », avaient été jusqu'à faire saisir pour leur part la terre déjà saisie deux fois avant eux (1). A ces deux causes de retard dans la poursuite des criées s'en était joint une troisième qu'on devine aisément, nous voulons parler des moyens successifs de nullité que Louise d'Apchon et son second mari n'avaient pas manqué d'opposer soit à la saisie réelle et établissement de commissaires, soit aux certifications des criées, soit au bail judiciaire fait en novembre 1636 devant le bailly de Sablé (2), etc. Toutefois, malgré les nombreux obstacles apportés de toutes parts à la vente judiciaire dont il s'agissait, il semblait à la fin de l'année 1646, grâce à un arrêt important donné le 7 septembre en la chambre de l'édit, que rien ne s'opposait plus au prochain accomplissement de cette vente. L'arrêt auquel nous faisons allusion ordonnait en effet, en dépit de toutes appellations contraires, par lui « mises au néant », qu'il serait « procédé et passé oultre à la diligence dud. Dufour (le dernier créancier subrogé) à la vente et adjudication par décret de la terre de la Roche-Talbot » etc. (3). Et pourtant, même après une aussi claire manifestation de la volonté du Parlement, plusieurs années devaient encore

(1) Voir aux Arch. Nat. X 1/a 9075 f° 179 et suiv., les oppositions insérées à la suite du procès-verbal des criées des terres de la Roche-Talbot ; voir aussi les considérants de l'important arrêt du 7 sept. 1646 dont il sera parlé plus loin.

(2) Voir les considérants de l'arrêt du 7 septembre 1646.

(3) Voir cet arrêt aux Archives Nationales, carton, X 1/b 1578 : très important, et conservé en minute, il forme un cahier assez volumineux.

s'écouler avant que le sort de la Roche-Talbot fût décidé. Ce ne fut qu'à la suite d'un nouvel arrêt du 4 juillet 1648, ordonnant encore une fois qu'il serait passé outre à la vente et adjudication par décret (1), que les enchères commencèrent à être reçues (2). Me Jean Laville, procureur de Me Isaac Dufour, comparut au greffe du Parlement et mit une première enchère de 6,000l. Publiée « en jugement de lad. cour » le 24 novembre, et en la chambre de l'édit le 2 décembre, cette enchère devait en outre être portée à la connaissance du public dans le pays même où étaient situés les biens saisis. Mais cette publication n'eût lieu qu'au mois de juillet suivant. Le 9 juillet Me Favereau, sergent, mit des affiches, annonçant l'enchère de Me Laville, « contre la porte du château dud. lieu de la Roche-Talbot » ainsi que contre celles des deux moulins, de la closerie et des onze métairies, en dépendant. D'autres publications furent également faites par lui dans les jours suivants au moyen d'affiches et « cry publicq » à « l'issue des grands messes parochiales » ou bien les jours de marchés, tant à Souvigné, qu'à Saint-Denys-d'Anjou, Bouère, Sablé et autres localités environnantes. Toutes ces publications terminées, l'enchère de Me Laville fut de nouveau publiée le 2 août 1649 en la chambre de l'édit et le 6 du même mois « en jugement en la cour de Parlement ». Cette fois la terre de la Roche-Talbot paraissait bien sur le point d'être adjugée au procureur de Me Isaac Dufour. Il n'y avait plus qu'une quinzaine à attendre, pendant laquelle toutes enchères et oppositions étaient réservées ; cette quinzaine passée, le décret devait être déclaré sans remise.

Et toutefois, par suite de nouveaux retards, imposés par Louis de Guillebert et sa femme, ou demandés par Me Laville lui-même, l'adjudication définitive n'eut lieu que plus de

(1) Arch. Nat. X 1/a 9075, fo 178.
(2) Voir la vente judiciaire du 27 mai 1650.

huit mois après, le 27 mai 1650 ! Ce jour-là comparurent au greffe de la court de Parlement, outre Me Laville, Me Jacques Jouet, substitut au procureur-général du présidial d'Anjou et mre Charles d'Aché, alors seigneur de la Courbe. Me Jacques Jouet ayant encheri à 50,000l, et mre Charles d'Aché, à 60,000l Me Laville dut porter son enchère à 65,000l. Cette dernière enchère n'ayant pas été dépassée, la terre de la Roche-Talbot lui fut adjugée. Il déclara aussitôt que « l'adjucation à luy faicte » était « pour et au proffit de Me Jean de la Porte, conseiller du Roy et recepveur du taillon à Laval ».

La cour de Parlement rendit alors « son decret et arrest » par lequel elle vendait, adjugeait, baillait et délivrait « aud. Me Jean de la Porte... comme plus offrant et dernier enchérisseur, la terre fief et seigneurie de la Roche-Talbot... cens, rentes et proffits de fiefs ; rachats, fiefs, arrière-fiefs, hommes subjects et vasseaux, garennes à connils, taillis, boys de haulte fustaye, mestairies, closeries, prés, pastures, terres labourables, moulins .... saisie et mise en criées à la requeste de Me Claude Poisson », etc. « sur dame Louise d'Apchon, veusve de mre Jean-Louis Cte d'Estaing, et de présent femme authorisée par justice à la poursuite de ses droits de mre Louis de Guillebert, chr mis de Secqueville, à la charge des devoirs seigneuriaux et féodaux, frais et mises de criées, et à la somme de 55,000l à distribuer ainsi qu'il sera ordonné entre le poursuivant criées, propriétaire et opposants... » (1).

Me Jean de la Porte était donc désormais, en vertu du décret et arrêt du Parlement du 27 mai 1650, seigneur propriétaire de la terre dont nous faisons l'histoire : le 10 juin suivant, il versait entre les mains du « conseiller du Roy en

(1) Voir pour le texte complet de la vente par décret du 28 mai 1650 la minute de cette vente conservée aux Arch. Nat. dans le carton X1/b 9633. Précédée des considérants très détaillés auxquels nous avons fait plus d'un emprunt dans les pages qui précèdent, cette vente, aussi bien que l'arrêt du 7 septembre 1646, forme un cahier en papier assez volumineux.

ses conseils, receveur des consignations de la cour de Parlement », la somme de 55,000[l] pour le prix de l'adjudication.

Quant à Louise d'Apchon, définitivement dépossédée de cette terre de la Roche-Talbot qui avait appartenu à ses ancêtres depuis un temps immémorial et où elle-même avait résidé jusqu'à son second mariage, nous n'aurons plus à nous occuper d'elle dans ce récit. Elle vécut jusqu'à un âge assez avancé, car, née vers 1590, elle était encore vivante en 1666 (1). Son second mari, Louis de Guillebert, mourut, toujours gouverneur de Vire, dans le cours de l'année 1662 (2). De son union avec ce dernier, la mère de Gilberte et d'Isabeau d'Estaing, avait eu un fils Henry-Gaston de Guillebert marquis de Sicqueville et baron de Coulonces après son père, mort assassiné en 1664 (3), et une fille, Gabrielle de Guillebert, mariée en 1665 avec René de Maillé seigneur de la Jaille et de Benehart.

CHAPITRE IX

LES D'ACHÉ ; CHARLES D'ACHÉ SEIGNEUR DE LA COURBE, PUIS DE LA ROCHE-TALBOT ; ALEXANDRE D'ACHÉ ; MARIE DE MONTESSON D'ABORD TUTRICE DE CHARLES-ALEXANDRE D'ACHÉ PUIS DAME PROPRIÉTAIRE DE LA ROCHE-TALBOT.

Me Jean de la Porte ne devait pas rester longtemps propriétaire de la terre de la Roche-Talbot. Quelques mois venaient à peine de s'écouler depuis l'adjudication faite en sa faveur, quand deux demandes en retrait lignager se produisirent. C'était, d'un côté, Mre Charles d'Aché, baron de Larré, alors seigneur de Souvigné et de la Courbe, qui prétendait le retrait à son profit comme issu par sa mère,

(1) Transaction de 1666 déjà citée.

(2) D'après le manuscrit Polinière de la Bibliothèque de Vire.

(3) Engagé très jeune dans les Ordres, il avait été nommé, évidemment avant l'année 1650, titulaire de la chapelle Sainte-Marguerite de Vauvert que nous verrons, au chapitre suivant, « vacante » à la date du 12 mars 1664 « par la mort de Me Henry Gaston Guillebert de Sicqueville ».

Renée du Bellay, de Pierre d'Anjou, fils ainé de Macé d'Anjou, cet ancien seigneur de la Roche-Talbot qui vivait, nous l'avons vu, au XIVe siecle (1). C'était, de l'autre, Me Jacques Jouet, « conseiller du Roy en ses Conseils, cy devant substitut du procureur général au présidial d'Angers, maistre ordinaire des requestes de l'hostel de la Royne Régente », qui appuyait ses prétentions sur une parenté beaucoup moins éloignée, sa femme, Magdelaine du Bois-Béranger, étant, disait-il, l'arrière petite-fille de Claude de la Jaille, seigneur d'Avrillé, petit-fils lui-même de Bertrand II de la Jaille. Devant cette double demande, Me Jean de la Porte n'avait qu'à s'incliner : aussi, dès que Charles d'Aché et Jacques Jouet eurent, chacun pour leur part, fait consignation réelle et actuelle, entre les mains d'un notaire convenu, de la somme de 60,000 l. tant pour le prix principal de l'adjudication faite par décret au sieur de la Porte de la terre de la Roche-Talbot que pour les frais et loyaux cousts, il s'empressa de les « reconnaitre » tous les deux en retrait. Restait il est vrai à ces derniers à débattre entr'eux la question de savoir lequel, en sa qualité de plus prochain lignager, ferait prévaloir son droit au retrait sur celui de l'autre. Or, dans cet interessant débat, porté aussitôt, du consentement commun des parties, et devant le bailly de Sablé pour les choses situées au Maine, et devant le sénéchel d'Anjou pour celles situées dans cette province, « après lecture faite des pièces par icelles parties représentées pour le soutien de leurs généalogies » respectives, une double sentence prononcée les 13 et 17 septembre 1650 par le bailli Sablé et le sénéchal d'Anjou donna complètement gain de cause au mari de Magdelaine du Boisbéranger. Me Jacques Jouet put donc se considérer comme seigneur de la Roche-Talbot, et c'est en cette qualité que l'année suivante, à la date du 2 septembre 1651 il nous

(1) Voir plus loin notre historique sommaire de la terre de la Courbe du XIVe au XVIIe siècle.

apparaît comme parrain, avec « dame Marie de Boisbéranger » marraine, en l'église de Souvigné ! Vers la même époque également on le voit faire faire par Me Fr. Gilloust, son procureur fiscal, quelques actes d'obéissances féodales aux diverses seigneuries d'où relevait la terre qui nous intéresse (1). Toutefois Charles d'Aché avait appelé au Parlement de Paris des deux sentences du bailly de Sablé et du sénéchal d'Anjou. Muni de lettres en inscription de faux obtenues par lui le 1er juillet 1651, il arriva, après d'assez longues procédures en cour de Parlement, à prouver que la généalogie présentée par ses adversaires s'appuyait sur des actes apocryphes (2), et, grâce à un arrêt solennel donné en conséquence le 30 août 1653, il se vit adjuger définitivement « lad. terre de la Roche-Talbot par droit de lignage » (3).

Ainsi, déjà seigneur de la Courbe au droit de sa mère, le fils de Renée du Bellay devenait en outre propriétaire par acquêt de la terre de la Roche-Talbot. Fait remarquable dans l'histoire de la paroisse de Souvigné, car la réunion de ces deux terres entre les mains d'un même possesseur reconstituait en quelque sorte ce fief primitif de Souvigné disloqué, comme nous avons essayé de le prouver, dans le cours du XIIIe siècle.

Quant au baron de Larré, il pouvait se féliciter à tous égards d'être l'auteur de cette réunion. D'abord, bien que l'arrêt du 19 juin 1627 lui assurât déjà, comme seigneur de la Courbe, la prééminence féodale en même temps que la seigneurie de paroisse, il n'en était pas moins vrai que l'enchevêtrement des deux principales terres de la paroisse

(1) Entr' autres le 29 octobre 1651 à la seigneurie de Coullon en Saint-Denis-d'Anjou ; il est qualifié en cette occasion : « conseiller du Roy en ses conseils d'estat et privé, sieur de la Saullaye et de la terre et seigie de la Roche-Talbot. «

(2) Voir à la bibl. nat., imprimés, coll. Thoisy, (4 F/3, vol. 1521) « un factum pour Mre Charles d'Aché... appt, demr en lettre d'inscription de faux contre Me Jacques Jouet.... intimé et défr ».

(3) Voir cet important arrêt aux arch. nat., Xia 2383.

de Souvigné, « sans bornes ni limites bien précises » (1), avait continué à être une cause perpétuelle de procès entre leurs propriétaires respectifs, cause qui ne pouvait cesser que par leur réunion sous le même seigneur. Puis, l'adjonction à la terre de la Courbe de celle de la Roche-Talbot triplait, on peut le dire, au double point de vue domanial et féodal, l'importance de la première. En fait de domaine, et par elle-même, celle-ci ne se composait vers 1650 que de six métairies, deux closeries et un moulin (2) ; mais en y ajoutant les douze métairies, la closerie et les deux moulins (3), qui dépendaient de la Roche-Talbot, on arrivait au chiffre respectable de dix-huit métairies, de trois closeries et de trois moulins. Et il en était de même sous le rapport de la féodalité. Tandis que la seigneurie de la Courbe comprenait à peine à elle seule, « en nuesse » du moins, la moitié du territoire de la paroisse de Souvigné, celle des deux terres réunies allait s'étendre d'une façon continue non seulement sur la totalité de cette même paroisse, mais sur une notable partie des paroisses voisines, par exemple sur celle de N.-D. de Sablé à l'est, et sur celles de Varennes-sur-Sarthe et de Saint-Denis d'Anjou au sud. Certes, constituée de la sorte, la terre dont le nouveau seigneur de la Roche-Talbot se voyait l'heureux et paisible possesseur à la suite de l'arrêt du Parlement du 30 août 1653, pouvait passer pour une des plus belles, tout considéré, du Maine et de l'Anjou !

Avons-nous besoin d'ajouter que, des deux terres ainsi

(1) D'après le factum déjà cité.

(2) Les six métairies, étaient indépendamment du domaine de la Courbe, celles du Fresnay, de la Crucherie, de l'Oulardière, de la Caunerie, de la Monnerie en Souvigné, et du Préclos en Saint-Brice ; les deux closeries celles de la Forest et de la Bussonnière, et le moulin, celui de la Mathouraye.

(3) Ces douze métairies étaient, outre le domaine, celles du Tertre, de la Herverie, de la Guénaudière, de la Blinière, du Plessis-Liziard, du Boulay, de la Tremblaye, de la Corbinière et du Bory en Souvigné, de Beauchesne et de la Justonnière en Saint-Denys-d'Anjou, et de la Rigoulière en Bouère ; la closerie, celle de la Croix, et les deux moulins ceux de Talbot et de Vauvert.

réunies, c'est celle de la Roche-Talbot dont le manoir deviendra la principale résidence du fils de Renée du Bellay, dès que celui-ci se décidera à quitter la Normandie pour se fixer au centre de ses importantes possessions territoriales dans le Maine ?

C'est sans doute ici le lieu, avant d'aller plus loin, de revenir sur le passé de cette terre de la Courbe dont l'existence va désormais se confondre avec celle de la terre qui fait l'objet de cette étude et aussi d'en décrire en quelques mots le manoir au moment où va commencer son abandon.

Le passé de la terre de la Courbe était fort ancien ; il est certain que cette terre existait déjà, en tant que terre seigneuriale, dès le commencement du XIVe siècle. Démembrée très probablement au siècle précédent du fief de Souvigné, elle appartenait alors à Péronelle du Port qui, mariée à un seigneur de Princé (en Champigné, près Châteauneuf-sur-Sarthe), l'avait portée dans cette famille (1). La petite fille de Péronelle du Port, Péronelle de Princé étant devenue l'héritière de sa maison, Pierre d'Anjou, qui l'avait épousée en 1336 (2), devint à cause de sa femme, seigneur de Princé et de la Courbe. Nous avons dit ailleurs comment, en sa qualité de fils aîné de Macé d'Anjou, alors seigneur de la Roche-Talbot, le mari de Péronelle de Princé semblait destiné à réunir un jour en sa personne les deux terres qui ne devaient en réalité être réunies que trois siècles plus tard. Nous avons dit également comment après sa mort prématurée, sa fille unique Jeanne d'Anjou, dans son contrat de mariage de l'année 1358 avec Jehan d'Ingrande, seig[r] dud. lieu en Azé et des Vallées en Souvigné, avait renoncé, en faveur de son oncle Robert d'Anjou, à tous

(1) Voir aux arch. du château de Juigné, le vidimus (fin du XIVe siècle) dont nous avons déjà parlé au chapitre VII, dans notre note sur Mortelève, et où figurent « Péronelle dou Port, dame de la Courbe », Robin de Princé, fils de lad. Péronelle, et « Péronelle, dame de Princé », nièce dud. Robin.

(2) Voir bibl. d'Angers, man. coll. Thorode, dossier de la famille d'Anjou.

ses droits sur la succession de ses grands parents paternels. Elle n'apporta donc à son mari que la terre de la Courbe.

De l'union de Jehan d'Ingrande et de Jeanne d'Anjou vinrent, entr'autres enfants, deux fils : Jehan et Pierre. Ce fut à ce dernier qu'échut la Courbe (1); marié avec Marie de Champchevrier qui avait reçu en dot les métairies de la Rigoulière et de Launay en Bouère avec les féages de Bouessay, il en eut deux filles, Aliénor et Marie (2). Aliénor en épousant vers 1420 Guy d'Orenge, seigneur de la Feuillée en Alexain, lui porta les terres de la Courbe et de Princé. Ils eurent quatre fils : 1° René, qui s'illustra en son temps comme poète (3); 2° Gilles qui épousa en 1564 Isabeau de Villeprouvée (4); 3° Joachim qui fut échanson des la reine d'Anjou à la cour de Provence (5); enfin 4° Georges qui, marié en 1475, avec Catherine de Brie, fut le seul à avoir postérité. Tous les quatre furent successivement seigneurs de la Courbe, que Georges d'Orenge, mort seulement après 1513, transmit à son fils ainé François d'Orenge. Ce dernier avait pour femme Louise de Bouillé, la sœur de ce François de Bouillé qui avait épousé en 1510 Marguerite de la Jaille sœur elle-même de René I de la Jaille alors

(1) Voir pour tout ce qui suit relativement aux seigneurs ayant possédé la terre de la Courbe pendant les XVe et XVIe siècle, 1° le mémoire généalogique énumérant ces différents seigneurs dans l'histoire généalogique de la maison d'Aché (Bibl. nat. man. dossiers bleus, d'Aché); 2° le chartrier de Saint-Brice où il est souvent question d'eux à cause de leurs métairies de la Rigoulière et de Launay ainsi que de leur féage de Bouessay qui relevaient de la seigneurie de Saint-Brice.

(2) Marie d'Ingrande, mariée avec Mre Fouques de Clefs, eut pour sa part la terre de Princé ; mais, comme elle mourut sans enfants en 1425, cette terre fit alors retour à sa sœur ainée. (Voir Arch. de Maine-et-Loire, titres de famille, dossier Tessé.)

(3) Voir dans le *Bulletin de la Commission historique et archéologique de la Mayenne* (année 1892) l'intéressante notice consacrée à ce personnage par M. Bertrand de Broussillon.

(4) Voir leur contrat de mariage au vol. 56 de la coll. Duchesne. (Bibl. nat. ms.)

(5) Voir arch. des Bouches-du-Rhône. B. 2491 compte de Raoulet le Mal (1469-1470).

seigneur de la Roche-Talbot. C'est lui qui en 1553 rendit à François de Lorraine duc de Guise, au regard de la baronnie de Sablé, l'aveu très détaillé de la terre de la Courbe dont il a déjà été plusieurs fois question dans le cours de ce récit (1). Par cet aveu on voit que le domaine de la Courbe comprenait, outre la métairie de ce nom, les métairies de Fresnay, du Précloux et de la Monnerie, la courtillerie des Besnardières, le moulin de la Mathouraye, une maison et pressoir au bourg de Souvigné, 60 quartiers de bois taillable dans la forêt de Souvigné, l'étang situé près lad. forêt, etc. Quant à la féodalité, il y avait plusieurs vassaux à foi et hommage: c'étaient le seigneur de la Roche-Talbot pour sa maison, jardins et féages nommés la Sénéchallerie sis au bourg de Souvigné, pour ses choses situées près le bourg de Souvigné et au lieu de la Corbinière, enfin pour son domaine et fief de la Mathouraye; Antoine de la Saugère pour le Châtelet, Bertrand de la Corbière pour Mortelève, etc. Il y avait aussi un certain nombre d'héritages tenus en censive, parmi lesquels nous pouvons citer plusieurs maisons situées dans le bourg, ainsi que les lieux de la Forest, de la Ducherie, de la Bussonnière, de la Petite Corbinière, du Brossay, du Bory, du Fourneau, du Doué, de la Perrière, des Forges, etc. Le seigneur de la Courbe avait enfin divers droits: droit de chasse et de faire chasser en son domaine, de « tendre et tresner et prendre toutes manières les bestes sauvaiges rousses et noires »; droit de pêche en la « rivière de Taulde », en commun il est vrai avec le seigneur de la Roche-Talbot, « moictié par moictié, deffensable de tous aultres, au droit » de leurs « domaines et fiefs »; droit de justice moyenne et basse, avec voyerie à sang, etc. Telle était, d'après cette déclaration du XVIe siècle, l'importance féodale de la terre qui nous occupe en ce moment. Ses seigneurs la tenaient d'ailleurs à foi et hommage lige

(1) Rappelons que cet aveu se trouve aux arch. de la Sarthe, dans le fonds Juigné.

de la baronnie de Sablé, et devaient au « chastel » de lad. baronnie « 15 jours de garde o chevaulx et o armes advenant semonce » en leur baillant « logeis compétant et avenant ».

François d'Orenge testa le 13 juin 1557. Dans son testament (1) il est fait mention d'abord de l'église de Souvigné, où il voulait qu'un trentain solennel fût « dit et celebré après son décès et trespas », puis « du lieu et courtillerie de la Courbe » qu'il affectait et hypothéquait au payement et continuation « d'une pipe de vin blanc » et « d'une charge de bled » que sa sœur Isabeau d'Orenge devait prendre aud. lieu de la Courbe « sa vie durant seulement ».

Dans ce même testament François d'Orenge avait nommé exécuteur testamentaire Georges d'Orenge son « fils aisné et principal héritier ». Celui-ci, de son union avec Peronelle de Lignières, dame dud. lieu près de Fougères, n'avait que des filles. Guyonne, l'aînée (2), mariée dès l'année suivante avec Eustache du Bellay, seig[r] de Commequiers, avait déjà recueilli de la succession de son père, mort peu auparavant, avec la terre de la Feuillée, celle de la Courbe. Veuve dès l'année 1573, Guyonne d'Orenge survécut à son mari pendant de longues années et ne mourut que vers l'année 1610. La Courbe passa alors à son fils aîné Charles du Bellay qui mourut lui-même en 1613 et dont la veuve Radegonde des Rotours, fut, en sa qualité de dame de la Courbe, marraine en 1616 de la grosse cloche de l'église de Souvigné. Toutefois, à la suite d'un assez long procès commencé dès l'année 1611 entre Charles du Bellay et sa sœur Renée au sujet des partages de la succession de leur mère, un arrêt du Parlement du 28 avril 1618 avait attribué à celle-ci la terre et seigneurie de la Courbe (3). Mariée avec Gallois d'Aché,

(1) Ce testament est conservé aux arch. du chât. de Thévalles.

(2) Elle avait une sœur puînée, Françoise, femme de Mathurin du Gué, ch. de l'O. du R., avec qui elle fit un partage en l'année 1573. (Arch. du chât. de Clivoy, inventaire des titres du château de la Feuillée.)

(3) Arch. nat. X 1/a 339.

seig^r. dud. lieu près d'Alençon (1), la nouvelle dame de la Courbe résidait ordinairement avec son mari au manoir d'Aché. Toutefois, pendant les années 1619 à 1635, on voit assez souvent tantôt Gallois d'Aché, tantôt Renée du Bellay, tantôt Charles d'Aché b^on de Larré, leur fils, figurer comme parrain ou marraine sur les registres paroissiaux de Souvigné, ce qui prouve que la terre en question n'était pas toujours, en ces années-là, inhabitée par ses seigneurs. Nous avons raconté d'ailleurs, au chapitre précédent, les prétentions, à la fin couronnées de succès, que ces seigneurs de la Courbe avaient élevées, contrairement à celles de leurs voisins de la Roche-Talbot, à propos des droits honorifiques dans l'église de Souvigné et de la prééminence féodale dans la même paroisse.

Tel avait été le passé de cette terre de la Courbe dont Charles d'Aché avait hérité de sa mère morte en 1639.

Quant à l'aspect que pouvait présenter le manoir de cette même terre vers le milieu du XVIIe siècle, il nous est facile de nous en faire une idée. Grâce à un procès verbal assez détaillé relatant la saisie dont la terre de la Courbe, ainsi que celle de la Roche-Talbot, devait être l'objet en l'année 1676 (2), on voit que le manoir de la première de ces deux terres était alors composé « d'un grand corps de logis où il y a un haut pavillon à l'un des bouts, deux salles basses, chambre à costé, chambres hautes, antichambres, cabinet, cuisine, office, celliers, chapelle étant dans le pourpris de lad. maison, pressoir, boulangerie, escuiries, granges, greniers et superfices, le tout couvert d'ardoise, fuye et coullombier, cour fermée de murailles », etc. Voilà quel était, dans la seconde moitié du XVIIe siècle, l'aspect de l'ancien manoir de la Courbe qui, déjà en proie à l'abandon, n'allait pas tarder à devenir une simple métairie. Et pourtant, plus heureux en cela que celui de la Roche-Talbot, il a gardé jusqu'à

(1) Voir ce qui sera dit plus loin de la famille d'Aché.
(2) Arch. nat. X 3/a 393, f° 641 et suivants.

nos jours de notables restes de son aspect seigneurial d'autrefois. Le « grand corps de logis » existe toujours, en partie du moins ; formant aujourd'hui le logement du métayer, il garde quelques détails d'architecture rappelant sa destination primitive, entr'autres une ou deux fenêtres à meneaux du côté de la cour ; on peut en dire autant de la chapelle qui sert actuellement d'écurie, et de la fuye, qui abrite le pressoir ; ce sont là autant de restes de l'ancien manoir (1).

Cette digression sur la Courbe terminée, revenons à la Roche-Talbot et à son nouveau seigneur, Charles d'Aché ! Par sa mère, avons-nous besoin de le rappeler, celui-ci était issu d'une des plus illustres aussi bien que d'une des plus anciennes familles de l'Anjou (2). Mais du côté paternel, il n'avait pas moins lieu d'être fier de son extraction. Les d'Aché, qui portaient pour armes « *chevronné d'or et de gueulle* », et tiraient leur nom du manoir d'Aché situé dans la paroisse de Congé, près d'Alençon, étaient à tous égards l'une des meilleures maisons de Normandie (3). Remontaient-ils, comme le prétendaient certains mémoires et titres domestiques, jusqu'à Jean, seig^r d'Aché, qui aurait vécu au XIIIe siècle ? Ce qui est certain, c'est que leur filiation était établie d'une façon ininterrompue et indiscutable à partir d'Eudes d'Aché qui vivait dans la première moitié du siècle suivant. Parmi leurs alliances depuis cette époque jusqu'au XVIIe siècle, ils pouvaient citer non sans orgueil celles contractées avec des familles telles que les du Bailleul, les d'Harcourt, les de Soucelles, les de Larré, les d'Averton, les Auvé, les de Mélicourt, les de Saint-Denis et les le Maire, sans parler des du Bellay. Et, pendant toute cette période, les illustrations n'avaient pas manqué aux ancêtres du sei-

(1) Voir ci-contre un dessin représentant la fuie et la chapelle de l'ancien manoir en question, dessin que nous devons à l'obligeance de notre collègue et ami, M. l'abbé Ledru.

(2) Voir dans Moreri la Généalogie des du Bellay.

(3) Voir au cab. des titres de la bibl. nat., (dossiers bleus d'Aché) une histoire généalogique très détaillée de cette maison.

gneur de la Roche-Talbot. C'était à la fin du XIVe siècle, Jean, sire d'Aché, dit le Gallois, qui avait servi le roi Charles V contre les Anglais à la tête de 30, puis de 40 hommes d'armes, en 1378 et 1379. C'était ensuite Pierre, seigneur d'Aché, écuyer d'écurie du comte d'Alençon en 1405 et capitaine de la ville d'Essay en 1411; Olivier, seigr d'Aché, Larré, Escures, prisonnier des Anglais en 1423; Jean, seigr d'Aché, Congé, etc., vicomte de Domfront sous Louis XI et premier valet de chambre de ce prince; Jehan, seigr d'Aché, Congé, etc., et aussi de Soulgé-le-Bruant, vicomte d'abord de Domfront, puis de Montreuil et de Bernay, et premier écuyer de Charles, dernier duc d'Alençon et époux de Marguerite de Navarre; Gallois, seigr d'Aché, Congé, etc., échanson du roi François I, capitaine de 100 arquebusiers à cheval et lieutenant-colonel de la cavalerie de France; enfin l'ayeul de notre Charles d'Aché, Jean, seigr d'Aché, Congé, etc., chevalier de l'ordre sous le règne de Henri III. Telle était cette maison d'Aché dont un des chefs, Gallois II, après avoir épousé Renée du Bellay en 1596, était devenu au droit de celle-ci et grâce à l'arrêt du 28 avril 1618, seigneur de la Courbe en Souvigné. Pour lui, si nous en croyons l'histoire généalogique de sa maison, élevé « enfant d'honneur auprès du roi Henri III », il aurait été plusieurs fois député aux Etats-Généraux de sa province », et il aurait suivi « les armes pendant plus de 30 ans à ses despens, sans vouloir autre employ que le volontaire ». Nous le voyons en tous cas se qualifier dès l'année 1619 sur les registres paroissiaux de Souvigné « chevalier de l'ordre du Roy » et en 1629 ajouter à cette qualification celle de « gentilhomme ordinaire de la chambre ». Il mourut le 14 février 1654 âgé de 87 ans, au manoir de Neufvy dans la paroisse de Mayet, chez sa fille Jeanne d'Aché, femme de Pierre de Girois, qui semble l'avoir recueilli dans ses derniers jours. Il fut inhumé le lendemain en l'église de

Mayet et le surlendemain « fut fait un service pour le repos de son âme dans l'église de Souvigné » (1).

Quant à Charles d'Aché, le premier de sa maison qui nous intéresse comme seigneur de la Roche-Talbot, « nourry enfant d'honneur près la personne du Roy Louis XIII sous le Maréchal de Souvré son cousin » (2), il avait été marié en février 1630 devant les notaires du Châtelet de Paris, avec Louise de Baron « fille de Pierre de Baron, chevalier, seigneur de Cottenville, Chastenay, Passé, le Fresne, etc., maistre d'ostel du Roy et de la Reyne, commissaire des guerres et grand maistre des eaux et forests d'Aujou, Touraine et Mayne, et de Geneviève Servien » (3). Entré ainsi par alliance dans une famille qui jouissait à la cour d'un aussi grand crédit, et sans doute proche parent par sa femme du célèbre négociateur des traités de Westphalie, l'ancien camarade d'enfance du roi Louis XIII avait dû lui-même être assez en faveur soit auprès de ce prince, soit plus tard auprès de sa veuve Anne d'Autriche. Aussi ne nous étonnons nous point de le voir dans un acte du 5 décembre 16[illegible], au moment où il venait de prendre enfin possession de la Roche-Talbot, se qualifier de « chevalier des ordres du Roy » et « gentilhomme ordinaire de sa chambre » (4).

Comme seigneur de la Roche-Talbot, il reçut en 1656, au regard de sa seigneurie de Varennes-sur-Sarthe, un aveu de Nicolas Thomas, s^r de Cogré, pour les quatre fiefs volants de la Boucquière, les Haltières, les Petits-Chevaliers, et la Greuslière. La même année il fut cité aux assises de la

(1) Voir la mention de ce service, à sa date, aux registres paroissiaux de Souvigné.

(2) *Hist. généalogique de la maison d'Aché*, déjà citée.

(3) *Ibidem*.

(4) Voir aux arch. de la Sarthe, (Insin. eccl.) la présentation faite à cette date par Charles d'Aché de Me Louis Baudry, clerc tonsuré, comme chapelain « de la chapelle vulgairement appelée des Besnardières desservie en la maison seigneuriale de la Courbe ». Dans cette acte, le présentateur est dit « baron dud. Aché, s^gr de Congé, Escures, Soulgé-le-Bruant, Souvigné, la Courbe et la Roche-Talbot ».

Vaisouzière dont relevait, comme on sait, la métairie de la Rigoulière, pour exhiber le titre en vertu duquel il possédait la terre de la Roche-Talbot. C'était également en sa qualité de seigneur de la terre qui nous intéresse qu'en 1664 il devait présenter à la collation de l'évêque du Mans Me Jehan Le Tourneur, p[tre], du diocèse d'Anjou, afin de faire obtenir à ce dernier la chapelle de Sainte-Marguerite de Vauvert, « vacante par la mort de Me Henry Gaston de Guillebert de Sicqueville » (1).

Devenu en 1653 propriétaire du manoir de la Roche-Talbot, Charles d'Aché y avait-il aussitôt transféré sa résidence ? Le fait suivant consigné par le curé de Souvigné, à la date du 4 avril 1656, au registre des baptêmes de cette paroisse, tendrait à le prouver. Il paraît que, ce jour-là, Alexandre d'Aché, un des fils du seigneur de la Roche-Talbot, ondoyé à Aché le 9 octobre 1642, avait été « amené » par son père « à l'église paroissiale dud. Souvigné » ; que le curé de la paroisse lui avait « administré le sacre cérémonial et prières », et lui avait « imposé le nom d'Alexandre » et ce « en présence de Me René Rabeau, p[re], sacriste dud. Souvigné, Me Nicolas Baudry, s[r] de la Vallée, de Soulgé-le-Bruant, et Marie Godebert de Souvigné ». Du reste, dans les années suivantes, surtout à partir de 1661, nous voyons assez souvent tantôt la femme de Charles d'Aché, tantôt l'un ou l'autre de ses deux fils, soit François, l'aîné, soit Alexandre, le cadet, dont nous venons de parler, tenir sur les fonts baptismaux des enfants de la paroisse. Remarquons aussi le rôle important joué en ces années là par les divers membres de la famille d'Aché à deux bénédictions successives des cloches de l'église de Souvigné. Le 24 mai 1662 « la petite cloche de Souvigné » ayant été « refaite par Me Daniel Lefebvre, normand de nation », le dimanche suivant, qui était « jour de Pentecôte » et « 28e dud. mois et an », la bénédiction « en fut faite avant vigiles par Me Olivier Gauthier, p[re], curé dud.

(1) Arch. de la Sarthe, Insin. eccl.

lieu » (1), et elle fut « nommée Louise par François d'Aché, escuyer, seig^{r} de la Courbe, et dame Louise de Baron, femme de Messire Charles d'Aché, ch^{r} b^{on} dud. lieu, seig^{r} de Congé, Escures, Sougé, Souvigné, la Courbe et la Roche-Talbot ». Cinq ans après, ce fut au tour de la grande cloche d'être refondue. « Le dimanche 18e jour de septembre 1667, la grosse cloche de Souvigné, ayant esté refaitte par Me Daniel Lefebvre, normand de nation, fut béniste après vespres par Me Olivier Gauthier curé dud. lieu, et a esté nommée Marguerite par Mre Alexandre d'Aché, ch^{r}, seig^{r} dud. lieu et Souvigné, et dam^{elle} Marguerite Jacquelot ».

Ainsi les deux fils du seigneur de la Roche-Talbot avaient assisté tour à tour en l'église de Souvigné comme parrains à ces deux importantes cérémonies célébrées à quelques années seulement de distance l'une de l'autre. Dans l'intervalle avait eu lieu dans notre paroisse une autre cérémonie à laquelle n'avait été présent, semble-t-il, aucún des nobles hôtes de la Roche-Talbot, et qui pourtant s'était passée tout près de ce manoir. « Le 4e jour d'aoust 1666 » lisons-nous en effet dans les registres paroissiaux, « fut faite la bénédiction de la chapelle de Nostre-Dame du Chêne proche la Roche-Talbot, par

(1) Me Olivier Gauthier, p^{re}, originaire du diocèse de Bayeux, avait été présenté à la nomination de l'évêque du Mans pour la cure de Souvigné par l'abbesse du Ronceray, présentatrice du prieuré de Souvigné, le 8 novembre 1647 et sa prise de possession avait dû avoir lieu dans les premiers mois de l'année 1648. (Arch. de Maine-et-Loire, fonds du Ronceray, présentations et collations, 4e reg.)

Ses prédécesseurs, aussi loin que nous avons pu remonter, avaient été : Me Pierre Veillon avant 1439; Me Jehan Turpin en 1439; Me Renault Macée en 1462; Me René Joussaume en 1465; Me André Beloce en 1468; Me Pierre de la Jaille au commencement du XVIe siècle; Me Guillaume Royer en 1565, Me Macé Chevreuil avant 1585; Me Jean du Gast à la fin du XVIe siècle; Me Pierre Lefebvre de 1600 à 1608; enfin autre Me Pierre Lefebvre de 1608 à 1647. (Voir Ins. eccl. du diocèse du Mans; présentations et collations, et registres par. de Souvigné.)

Me Olivier Gauthier mort avant l'année 1691, eut pour successeurs : Me Jacques Gauthier, puis Me René Landeau de 1711 à 1746; ensuite Me Robert Loyson de 1746 à 1773; Me Jean-Pierre Marchand de 1773 à 1788; Me François-Louis Pineau de 1789 à 1791; enfin, pendant la Révolution, l'A. Duclos, puis l'A. Mathieu Drouet (mêmes sources).

V. et D. Me François Théard, pre, curé de N.-D. de Sablé, en vertu d'une commission obtenue de Monsieur le Meusnier, grand vicaire de Mgr l'Evesque du Mans, en date du (mois de juillet dernier) en présence de Me Ambroise Géhéré, pre, curé de Varennes-sur-Sarthe, de Me Olivier Gauthier, pre, curé de Souvigné, et plusieurs autres prêtres et grand nombre de peuple » (1).

La même année où avait eu lieu dans le voisinage de la Roche-Talbot l'intéressante cérémonie que nous venons de rapporter, des recherches de noblesse avaient été faites, comme on le sait, dans toute la France. « Mre Charles d'Aché, chevr, seigneur dud. lieu, *demeurant paroisse de Souvigné*, élon de la Flèche, bailliage du Mans », eut, comme tous les gentilshommes du Maine, à présenter ses titres devant l'intendant Chamaillard ; est-il besoin d'ajouter qu'il n'eut pas de peine à justifier sa noblesse ? (2)

Veuf depuis le 4 septembre 1666 de Louise de Baron qui était décédée « à sa maison seigneuriale d'Aché » et avait été « inhumée dans le chœur de l'église de Congé » (3), Charles d'Aché ne survécut à sa femme que peu d'années.

(1) Le registre paroissial (1663-1669) où est consigné ce fait se trouve non pas aux archives de la mairie de Souvigné, mais à celles de la mairie de Louailles, ayant été relié par erreur avec quelques-uns des plus anciens registres de cette dernière commune. Quant à la chapelle en question, son emplacement se trouvait à égale distance entre Souvigné et la Roche-Talbot, tout près de la grande route actuelle, au haut du pré qui porte encore le nom de pré de la Chapelle, et c'est à elle que fait évidemment allusion le passage suivant du procès-verbal de saisie de la terre de la Roche-Talbot du 13 avril 1684 : « .... une chapelle *nouvellement édifiée...* estant au-dessous de *l'éminence dud. chasteau.* » Détruite aujourd'hui complètement, elle existait encore au moment de la Révolution, comme on le voit dans le procès-verbal de visite et montrée de la terre de la Roche-Talbot fait le 2 thermidor an IV au moment de la vente nationale de cette terre ; il y est dit, en effet, à propos du cloteau de la chapelle, que dans ce cloteau il existe encore une petite chapelle abandonnée. (Arch. de la Sarthe 9 11/53 n° 901.)

(2) Voir à la bibl. nat. cab. des titres, vol. 469, le *Catalogue des gentilshommes des provinces de Touraine, Anjou et Mayne*, etc. p. 52 v°.

(3) Voir aux registres paroissiaux de Souvigné, à sa date, la mention du décès de Louise de Baron.

Il mourut lui-même le 16 janvier à la Roche-Talbot, et fut enterré le lendemain en l'Eglise de Souvigné. Voici son acte mortuaire, tiré de nos registres paroissiaux : « Le 16e jour de Janvier, sur les 11 heures du soir, mourut Mre Charles d'Aché, chevr, seigr dud. lieu, Escures, Congé, la Courbe, Souvigné et la Roche-Talbot ; et le 17e dud. mois fut ensépulturé dans le chœur de l'église de Souvigné par Me Est. Buisson, pre. cy dev. curé de Bouessay, assisté de Me Gervais Pitard, prieur de Pincé, Jean Cohon, curé de St Denys d'Anjou, et nous Olivier Gauthier, curé dud. Souvigné, et plusieurs autres prêtres, en présence de Mre René du Gueselin, chr, seigr de Baucé, et de Mre Guillaume le Roy, seigr de la Roche, et de Mre Joseph de Martigny, chr, seigr dud. lieu » (1).

De son union avec Louise de Baron, Charles d'Aché laissait outre les deux fils, dont nous avons déjà parlé, François et Alexandre, deux filles, Renée et Geneviève. Ces deux dernières avaient épousé l'une, en 1659, Thomas Morel, écuyer, sieur de la Carbonnière, gentilhomme du pays de Bayeux, l'autre vers la même époque, Charles du Val Poutrel, chevr, seigr de Querville. Quant aux deux fils, seul le cadet était marié. L'aîné, François, étant sourd-muet, le seigneur d'Aché avait obtenu du Parlement en 1668 un arrêt déclarant son second fils Alexandre aîné de sa maison à cause des infirmités de son frère, puis il lui avait fait épouser « delle Marie de Montesson, fille de Ht et Pt Mre Charles de Montesson, chr cte dud. lieu seigr de la Ridelière, Champgeneteux, la Roche-Pichemer, Brée, la Courbe, la Bessière, etc., lieutenant général des armées du Roy et de l'artillerie de

(1) Joseph de Martigné, l'un des fils puinés de Honoré de Martigné seigr de Villenoble et de Péronelle Aubineau, marié avec delle Marie de Quatrebarbes ; il habitait dès octobre 1667 la paroisse, et probablement le bourg de Souvigné ; son premier enfant, Charles de Martigné, mort du reste en bas âge, avait été baptisé le 22 janvier 1668 en notre église paroissiale et avait eu pour parrain « Mre Charles d'Aché, seigr dud. lieu, Souvigné, la Roche-Talbot et la Courbe ». En janvier 1669 et en janvier 1670 ce même Mre Joseph de Martigné avait été parrain dans l'église de Souvigné avec Marie de Montesson, la belle-fille de Charles d'Aché.

marine, gouverneur de Bourg-sur-Mer, et de dame Marie Prévost de Saint-Cyr ». Le contrat, où le père du futur était qualifié « Ht et Pt Mre Charles d'Aché, chev. seigr d'Aché, Congé, Escures, la Roche-Talbot, la Courbe et autres lieux », et où il était dit « demt ordinairement en sa maison de la Roche-Talbot au Maine, parse de Souvigné, près Sablé », avait été passé le 15 juin 1668 au château de la Roche-Pichemer en présence d'un grand nombre de parents et d'amis des deux familles, appartenant tous à la meilleure noblesse du Maine, de l'Anjou et de la Normandie (1). Le 25 du même mois, Mgr. Louis Cazet de Vautorte, évêque de Lectoure, avait donné aux deux fiancés la bénédiction nuptiale dans la chapelle du château de la Roche-Pichemer, comme nous l'apprend la mention suivante insérée, au sujet de cette cérémonie, dans les registres paroissiaux de Souvigné :

« Le 25e jour de juin (1668) Mre Alexandre d'Aché, chr, seigr dud. lieu, Souvigné, la Courbe et la Roche-Talbot, fils de Mre Charles d'Aché, chr, seigr desd. lieux, et de déffe dame Louise de Baron, et delle Marie de Montesson, fille de Mre Charles, Cte de Montesson, seigr de la Roche-Pichemer, Brée, la Courbe, etc, et de dame Marie Prévost de St Cyr, furent espousés en la chapelle dud. lieu de la Roche-Pichemer par Mgr l'Illustrissime et Révérendissime Louis Cazet, évêque de Lectoure, en présence de grand nombre de personnes de condition ».

En intervenant au contrat de mariage de son fils, Charles d'Aché lui avait abandonné « la terre de la Courbe et dépces, ainsi qu'elle luy estoit eschue de la succession de déffe dame Renée du Bellay sa mère ; plus la terre, fief et seigrie de la Roche-Talbot dont il avait fait l'acquisition » etc. Ce fut donc comme seigneur propriétaire de ces deux terres que, le 24 mai 1669, Alexandre d'Aché présenta par acte passé dev. Me Urbain Rollet, notre à Sablé, « V. et D. Me Pierre

(1) Voir le contrat au cab. des titres de la bibl. nat., P. O., dossier d'Aché.

Nepveu, p[re], vicaire en l'église de Biernó, à la chapelle de St Gilles desservie à l'église dud. Bierné, pays d'Anjou, lad. chapelle à la présentation dud. seigr. à cause de sa terre de la Roche-Talbot » (1). De même, dans les années suivantes, notamment pendant les années 1671, 1672 et 1673, nous le voyons cité aux pleds et assises des seigneuries de Bellebranche et de St Brice. Dans ces diverses circonstances il est dit : « demeurant aud. lieu de la Roche-Talbot ». On le voit d'ailleurs ainsi que « dame Marie de Montesson » apparaitre pendant ces mêmes années à plusieurs reprises dans l'église de Souvigné à l'occasion de plusieurs baptêmes.

Cependant on était alors à l'époque de la guerre de Hollande, cette guerre qui, après quelques campagnes de moindre importance, ouvrait la série des longues et terribles luttes soutenues par Louis XIV contre l'Europe entière. Ce fut une bonne aubaine pour les nombreux gentilshommes qui ne demandaient que des occasions de signaler leur bravoure et d'acquérir de la gloire au service du Roi. Or le seigneur de la Roche-Talbot était un de ces vaillants gentilshommes. Pourvu récemment d'une commission de capitaine dans le régiment de Seyssac, un des régiments de chevaux légers de nouvelle création (2), il n'avait pas été un des derniers à réclamer sa part dans les rudes combats qui se livraient en ces années-là sur les bords du Rhin. Avait-il fait avec son régiment, dès l'année 1672, la campagne des Pays-Bas ? Nous ne saurions l'affirmer, tout en le supposant. Mais ce qui est certain, c'est que l'année suivante il s'était rendu avec sa compagnie sur le théâtre même de la guerre. En effet, à la date du 14 juin 1673, nous voyons « Me François Oger, sergent »,

(1) Arch. de Maine-et-Loire. Série E. titres de famille ; dossier d'Aché.

(2) Le régiment de Seyssac-Cavalerie, l'ancêtre direct du 14e dragons avait été créé le 3 mars 1672 ; composé d'abord de 3 compagnies formant un escadron, il devait être porté en 1674 à 3 escadrons. Voir pour plus de détails sur ce régim[illegible] à l'époque qui nous intéresse, le savant et intéressant historique [illegible] 14e dragon publié il y a quelques années par M. le capitaine Menuau.

chargé de comparaitre aux pleds et assises de St Brice pour « Mre Alexandre d'Aché, ch[r], seig[r], Mis dud. lieu, la Courbe, la Roche-Talbot et autres lieux » remontrer « qu'il y a environ de trois sepmaines que led. d'Aché est party de ce pays pour aller au service du Roy dans ses armées de Hollande ». Ainsi, cette année-là, nous avons tout lieu de penser que notre personnage dut se trouver au siège de Maestricht, le principal événement de la campagne de 1673 du côté des Pays-Bas. En 1674, il prit certainement d'abord en Franche-Comté, puis en Alsace, une part non moins importante aux glorieux faits d'armes qui eurent lieu dans ces deux provinces. Le régiment de Seyssac, nous le savons, s'était trouvé sous les ordres directs de Louis XIV, lorsque ce prince, pendant le printemps et le commencement de l'été, avait si brillamment et si rapidement conquis les places de Franche-Comté sur les Espagnols. Compris ensuite parmi les renforts envoyés en Alsace au secours de Turenne, le même régiment avait rejoint vers le milieu de septembre près de Wissembourg l'armée du Maréchal et avait pu ainsi assister le 4 octobre à la sanglante bataille d'Ensheim. Nous n'avons pas à refaire ici le récit détaillé de cette mémorable journée ; qu'il nous suffise de dire que le régiment de Seyssac, placé d'abord en réserve, mais en vue d'un ennemi retranché derrière des rideaux de bois et des fossés, eut à faire preuve pendant cinq heures d'une patience héroïque, sous la pluie de balles et de boulets qui le décimait, en attendant la charge finale, et qu'il mérita que Turenne dans son rapport sur la journée du 4 octobre (1), fit de lui cet éloge très significatif dans son laconisme : « Monsieur de Cessac et son régiment ont bien fait... » Quant au seigneur de la Roche-Talbot, il avait été grièvement blessé au fort de l'action: « étant de commande à la vue d'une batterie de canon, luy son lieutenant et son maré-

(1) Ce rapport se trouve dans le premier volume des *Lettres du Maréchal de Turenne* sur les événements de la guerre en 1674-1675, manuscrit conservé à la bibl. Mazarine sous la cote 1722.

chal des logis furent emportés par les boulets de canon » (1). Le coup de mitraille qui l'avait atteint personnellement lui avait « cassé les genoux » (2). Aussi, à la fin du rapport en question en donnant l'état des principaux officiers tués ou blessés, Turenne cite-t-il : « Le Marquis d'Aché, capitaine » parmi les blessés. Ajoutons, toujours d'après le rapport du maréchal, que tous les blessés furent aussitôt conduits à Saverne. Ce fut donc très probablement dans cette dernière ville qu'Alexandre d'Aché, dont la blessure n'avait pas tardé à empirer et qui ne devait survivre que six jours à la bataille d'Ensheim, rendit le dernier soupir (10 octobre 1674).

Il ne laissait de son union avec Marie de Montesson qu'un fils en bas âge, Charles-Alexandre d'Aché, dont celle-ci allait se voir confier par un conseil de parents et d'amis du défunt la tutelle et la garde noble en même temps que Louis du Bellay, sieur des Buards, devait être nommé tuteur et curateur de l'oncle du mineur, le sourd muet François d'Aché.

Cependant de nombreux créanciers disputaient à la veuve d'Alexandre d'Aché la succession de son mari. Aussi, pour faire prévaloir ses droits et ceux de son fils mineur sur cette succession, eut-elle à soutenir toute une série de procédures tant devant la juridiction du bailliage d'Alençon et le présidial du Mans que devant « les gens des requestes du Palais » à Paris et la cour de Parlement. Parmi ces nombreux créanciers, les principaux étaient Mre François de la Forest, ch[r], seig[r] d'Armaillé, et M[er] Jean Le Brun, conseiller de S. M. M. en ses con seils, maistre des requestes ordinaire de son hostel et président en son Grand Conseil. Tous deux avaient dès l'année 1673 fait saisir sur Alexandre d'Aché le premier les terres de la Roche-Talbot et de la Courbe (24 mai) (3); le second celles d'Aché, Congé, et le Grand Escures (10 septembre) (4). Est-il besoin d'ajouter qu'aussitôt le décès

(1) *Hist. généalogique de la maison d'Aché*, déjà citée.
(2) D'après la note consacrée à notre personnage dans l'*Impôt du sang*.
(3) Arch. nat. X 3/A 333 f° 621 et suivants.
(4) Arch. nat. X 3/A 333 f° 125 et suivants.

du Mis d'Aché connu ces divers créanciers, tant le seigneur d'Armaillé et Mre Jean Le Brun que les autres, avaient redoublé de rigueur dans leurs poursuites contre l'infortunée mère de Charles-Alexandre d'Aché? C'est ainsi qu'ils avaient fait apposer les scellés « aux coffres et fermoirs estant en la maison de la Roche-Talbot ». Il avait donc fallu que cette dernière, dans l'intérêt de la conservation de ses droits et de ceux de son fils, fit procéder le plus tôt possible au « descellé des sceaulx », et à la « description et inventaire des meubles et choses » se trouvant « sous lesd. sceaulx ». Mais elle avait été obligée auparavant de s'y faire autoriser par un jugement du lieutenant général de la sénéchaussée et siège présidial du Mans. Commis pour l'exécution de ce jugement, et « ce requérant lad. dame de Montesson », Me Jean Loyseau, « not[re] et tab[on] royal réservé au Mans y dem[t], par[e] de St Pavin la Cité », partit du Mans le 25 mars 1675 pour se « transporter à la terre seigneuriale de la Roche-Talbot, située par[e] dud. Souvigné, distant de 11 à 12 lieues dud. Mans », où il arriva le lendemain « sur les 11 heures du matin ». Là il trouva réunis, outre « lad. dame de Montesson », qui comparut devant lui « en personne », Me Olivier Gautier, « p[re] curé de Souvigné », qui offrit « à assister aud. descellé et inventaire pour la conservation de tous ses droits et actions, comme créancier dud. défunt », Me Jacques Gillet, « advocat, procureur au siège présidial du Mans, et dud. sieur de la Forest » député par les « créanciers dud. s[r] d'Aché » pour les représenter, Me Thimothé Nail, « not[re] roy. dem[t] par[e] de Ballée » (le notaire qui avait « apposé lesd. sceaulx »), enfin Pierre Bailly, « serviteur domestique de lad. dame en qualité de maistre d'hostel » qui avait été « estably à la garde desd. sceaulx et meubles ». Les formalités préliminaires accomplies, et accompagné de ces divers personages, Me Jean Loyseau se mit sur le champ à procéder à l'inventaire en commençant par « une chambre basse sur la main droite contre le portail et à l'entrée de lad. maison ».

Cet inventaire fait à la Roche-Talbot, à l'époque dont il s'agit, étant le seul document de ce genre que nous ayions pu retrouver relativement à la terre qui nous intéresse (1), nous ne croyons pas pouvoir nous dispenser d'en présenter ici au lecteur, sinon le texte complet, du moins une analyse très détaillée. Toutefois, avant de suivre Me Loyseau et ses compagnons dans les différentes chambres, salles ou autres pièces contenues à l'intérieur du vieux manoir habité par la veuve d'Alexandre d'Aché, il convient sans doute de chercher à nous représenter quel pouvait être alors l'aspect extérieur de ce même manoir. Or, d'après le procès-verbal d'une seconde saisie qui devait être faite le 8 janvier 1676, à la requête de Me Jean Le Brun, des terres de la Roche-Talbot et de la Courbe (2), voici en quoi consistait la maison seigneuriale de la première de ces deux terres: « lad. maison » était « composée de deux grands corps de logis où il y a deux grandes salles, l'une de plein pied et l'autre au-dessus, antichambre à costé, plusieurs autres chambres et cabinets tant haut que bas, portail qui fait la séparation des d. deux corps de logis, cuisine, office, celliers, boulangerie, escurie, grange, estable et pressoir, grenier et superficie, le tout couvert d'ardoise, cour, terrasses, avant-cour, jardins estant autour de lad. maison; le tout clos et enfermé de murailles, à l'entrée de laquelle avant cour il y a deux petits pavillons, couverts d'ardoise, au milieu d'icelle un puits dont le dessus est couvert d'un pavillon d'ardoise » (3).

(1) Nous devons la découverte en même temps que la communication de ce document si important à M. l'abbé Esnault, à qui nous nous empressons de renouveler ici l'expression de notre plus sincère reconnaissance.

(2) Arch. nat. X 3/a 393, f° 611 et suivants.

(3) Complétons dès maintenant cette description par celle que renferme un autre procès-verbal de saisie de la même terre faite quelques années après (13 avril 1681) et dont nous parlerons plus loin. « .... consistant led. chasteau dans un antien corps de logis où il y a plusieurs accompagnements de logement, salles basses et hautes, chambres, antichambres, cabinets, cuisine, offices, caves au-dessous, escuries, boulangerie,

Tel était, autant qu'on peut en juger par cette description, l'aspect extérieur du manoir de la Roche-Talbot pendant la seconde moitié du XVIIe siècle; nous allons maintenant, grâce à l'inventaire de 1675, en parcourant les salles, chambres et cabinets contenus à l'intérieur de ces deux grands corps de logis, juger de l'importance du mobilier qui s'y trouvait renfermé.

La première pièce dans laquelle on pénétra était, avons-nous dit, *une chambre basse* située à droite, « contre le portail et à l'entrée » de la maison seigneuriale. Cette chambre était évidemment celle de la châtelaine de la Roche-Talbot. En effet, une armoire qui était dans cette chambre ayant été ouverte après qu'on eut levé le sceau qui y avait été apposé, on y trouva « deux juppes de satin que lad. dame de Montesson a dit estre à son usage ».

On trouva aussi dans cette chambre « un lit de sarge couleur verte à bandes de broderie de point composées de cinq rideaux, un dossier et fond de lit de toille, le tout fort usé, un chaslit de bois de chesne, une paillasse, une couette de coutils, un travers (de) lit de toille remply de plume d'oye, un petit matelas de laine couvert de toille, de chascun 3 aulnes, et une couverture de sarge blanche; item 3 vieils fauteuils, l'un couvert de toille, et l'autre de vielle tapisserie à point; item une vieille table carrée de bois de noyer sur

pavillons, *tourelles* et autres bâtiments aux environs, une terrasse *où il y avait autrefois une chapelle*, une basse-cour close de murailles, à l'entrée de laquelle il y a deux pavillons, un puits couvert au milieu d'icelle » etc. Comme on le voit par cette dernière description qui contient quelques détails de plus que la première, l'antique chapelle construite au XIVe siècle par Macé d'Anjou dans son hébergement de la Roche-Talbot, et où Charles VIII avait fait célébrer un service solennel pour l'âme de son père le roi Louis XI, cette chapelle, tombée en ruines vers le commencement du XVIIe siècle, avait eu comme emplacement la *petite terrasse* actuelle. On sait aussi par l'arrêt du Parlement du 7 septembre 1615 (X1/[a] 2214) dont il a été question au chapitre précédent, qu'il y avait encore au commencement du XVIIe siècle « en la basse-cour » de la maison seigneuriale de la Roche-Talbot, une « fuye » qui avait été « dégradée » par Jean-Louis d'Estaing.

son chassis ; item 4 vieilles pièces de tapisserie de Bergame, un petit tapys de pareille estoffe ».

En sortant de cette chambre on passait par la menuiserie. L'inventaire y signale « 3 vieils establys servant au mestier de menuisier avec un chassis de tour pour tourner du bois à faire chaizes et quelques pièces de bois de charpente propres à mettre en ouvrage ».

De là, on monta dans « une *petite salle* » où on remarqua « une table sur chassis en bois de chesne — 16 chaizes couvertes de vieille étoffe fort usée — une autre table de bois de fresne et un chassis pliant — une vieille forme couverte de tapisserye — 2 chenetz de fer garnis de cuivre — une tente de tapysserye de Bergame composée de 6 pièces fort usées ».

Cette petite salle donnait sur *une petite chambre* dans laquelle il se trouva « un lit à housse composé de 4 rideaux de vieille sarge verte fort effacée, un bois de lit garny d'une paillasse, une couette de coutils, un travers lit remply de plume d'oye, une couverture de laine blanche ; item 4 pièces de vieille tapisserye à feuillage ; item un coffre carré sans fermoir... item une table de bois de noyer... ».

On passa ensuite dans *une autre chambre basse* qui avait peut-être été celle d'Alexandre d'Aché. En tous cas, on y rencontra les objets mobiliers suivants : « un bois de lit garny de paillasse, une couette, un travers de coulty remply de plume d'oye, un matelas de laine couvert d'un costé de de vatrin, l'autre de toille, une couverture de sorin blanche, 5 rideaux, 3 pièces de camelot gris à bandes à broderie doubles de fustaine verte et blanche avec d'espine de soye meslée, 4 pommes de lit, et une contrepointe en fustaine aussy verte et blanche, le fond estant de toille blanche ; item 4 fauteuils et 6 chaizes de bois de noyer à colonnes couvertes de mocade verte et orange ; — item une table de bois de noyer avec son tirouer. — Item un petit coffret enrichy de plaques de cuivre doré en sousbastan. — Item 2 petits chenets de fer... — Item 5 pièces de vieille tapisserye à personnages ».

De « lad. chambre » basse on monta dans un « *petit cabinet* servant à domestique » contenant quelques meubles sans intérêt pour nous, puis on arriva « dans *une chambre carrée* à costé du susd. cabinet ». Notre inventaire y relève d'abord « un lit à pente de sarge verte brunne garny d'un mollet et frange de faux or, contenant 3 pentes, 6 rideaux, un fond de lit, le chaslit de bois de noyer, une paillasse, une couette, un travers de couette remply de plume d'oye, un matelas, une courte-pointe aussy de serge verte avec de pareille frange, une mente blanche, et 4 poumelles. — Item un fauteuil, 5 sièges pliant et 6 chaizes de bois de chesne couverts de pareille estoffe que le lit avec frange de faux or, — Item une table sur un chassis de bois de noyer couverte d'un tapis de sarge verte avec frange pareille à la garniture dud. lit et sièges — Item 2 gros chenets garnis de cuivre ; — Item une tente de tapisserye de Bergame contenant 6 pièces trouées en beaucoup d'endroits ». Comme on le voit, cette chambre carrée semble avoir été avec les deux chambres basses dont nous avons décrit le mobilier plus haut, l'une des plus richement meublées du manoir ; aussi avons-nous tout lieu de croire que c'était là celle qu'on pouvait appeler la chambre d'honneur.

Cette chambre d'ailleurs que précédait, nous l'avons dit, un petit cabinet pour domestique, donnait encore sur un *autre petit cabinet* pourvu d'un mobilier un peu moins sommaire que celui de premier, mais sur lequel nous ne croyons pas devoir davantage arrêter l'attention du lecteur.

Tout à l'heure nous étions au premier étage du corps de logis s'étendant à droite du portail. Nous montons maintenant au dernier étage du même corps de logis, et nous voici « *dans une chambre de galetas* » c'est-à-dire sous les combles. On y aperçoit aussitôt deux grands coffres, l'un fermant à clef, l'autre sans serrure, « auxquels a esté appliqué à chascun deux sceaulx ». On les ouvre, et on y trouve « plusieurs pièces tant en parchemin que papier » qu'on n'inventorie pas autrement, car « ils ne concernent les droits de lad. terre ny la succession dud. défᵗ sʳ d'Aché ». C'étaient sans aucun doute les papiers personnels de la famille d'Aché que Ménage avait vus vers la même époque dans le trésor « de la Roche-Talbot » (1).

Nous passons ensuite successivement, toujours sous les combles et de plain pied, dans *une autre chambre*, au mobilier insignifiant, puis dans *un des greniers estant au-dessus de la grande salle*, par conséquent dans le corps de logis de gauche, enfin dans un *petit cabinet* dans lequel se trouvent deux grandes armoires renfermant les archives féodales. Celles-ci, auxquelles sont consacrées plusieurs pages de l'inventaire, consistaient pour la plus grande partie soit en vieux livres de remembrances reliés et couverts de parchemin, soit en cahiers de papier relatant les pleds et assises tenus à une époque plus moderne. Parmi ces livres ou cahiers, les uns concernaient la seigneurie de la Roche-Talbot avec ou sans le fief de Souvigné, d'autres ce dernier fief uniquement, d'autres encore la seigneurie de la Courbe avec ou sans les fiefs de Souvigné, de Bouessay et de la Chartrie. Au point de vue de l'ancienneté de ce chartrier, son titre le plus ancien, d'après l'inventaire, parait avoir été, un livre « relié et couvert de parchemin qui est un compte rendu à noble Monsʳ de la Jaille et de la Roche-Talbot par Jean du Boisbéranger son recepveur, contenant 56 feuillets ». Ce registre de recette remontait assurément au milieu du XVᵉ siècle, époque à laquelle, nous l'avons vu, Jean du Boisbéranger était en effet le receveur de Bertrand I de la Jaille, seigʳ de la Jaille en même temps de la Roche-Talbot.

Après avoir encore inventorié ce jour-là le mobilier peu important *d'une petite chambre* à côté du petit cabinet où étaient les archives dont nous venons de parler, on remit,

(1) Voir Ménage, *Histoire de Sablé*, 1ʳᵉ partie, page 171, note en marge à propos de la généalogie manuscrite de la maison d'Achey de Normandie.

La Courbe à Souvigné-sur-Sarthe

à cause de la nuit qui était survenue, la fin de l'inventaire au lendemain 27, à 7 heures du matin.

Le 27, à l'heure dite, toutes les parties étant présentes, on continua la visite du manoir, en commençant par le « bas d'un des degrés de lad. maison » où on trouva un « grand vieil coffre de bois de chesne », vide d'ailleurs ; ensuite on entra dans « *une petite antichambre* » dans laquelle on remarqua un « bois de lit de noyer » dont il est inutile de détailler la garniture. De là on passa dans « *une autre chambre* haute », (ce qui prouve bien qu'on était au premier étage du corps de logis de gauche) et voici les meubles qu'on y trouva ; « une vieille tante de tapisserye de Bergame cont^{t} 8 morceaux... item un chaslit de bois de chesne rompu garny, etc. ; — item une table pliante de bois de chesne, etc.

La visite de cette chambre haute terminée, on pénétra dans « *une grande salle haute* », très probablement la salle de réception, car on n'y voit point de lit. Elle contenait en revanche « 8 chaises de fouteau, 3 tabourets, un fauteuil », non garnis, « 3 autres chaizes, garnyes de vieille tayisserye ; — item 2 chenets garnys de cuivre, une table ronde sur son chassis de bois de chesne. — item une tente de vieille tapisserye composée de 9 pièces tant garnies que petites à personnages qui sont pièces de rapport et de peu de valleur attendu l'antiquité ».

Au bout « de lad. salle » il y avait encore une *autre chambre* possédant en fait d'ameublement « une vieille tente de tapisserye de Bergame composée de 6 pièces ; — item une table de bois de noyer sans son chassis ; — item 4 chaizes de bois de fousteau garnyes de grosse toille ; — item 2 chenets garnys de cuivre ; — item un bois de lit garny » etc. A cette chambre était attenant *un petit cabinet.*

Voilà pour le premier étage du second corps de logis. L'inventaire s'occupe ensuite du rez-de-chaussée de ce même corps de logis où le procès-verbal de saisie du 8 janvier 1676 semble indiquer une grande salle, mais où notre inventaire ne mentionne que deux chambres, l'une servant de lingerie. Il se trouvait en effet dans l'une de ces deux chambres deux coffres de bois de chesne dont l'un contenait « 11 draps de grosse toille de chacun 3 aulnes my usés, item 4 autres draps de toille de brin, » etc., et l'autre, « deux douzaines de grosses serviettes, item 14 autres serviettes de toille de brin, 5 nappes 3 de brin et 2 de grosse toille, led. linge plus que my usé. »

C'était sous ce corps de logis que s'étendaient deux caves en l'une desquelles il y avait « deux pippes et deux busses de vin blanc » plus « une pippe de rouge », et « une autre pippe de vin blanc. »

L'inventaire achevé dans la principale partie du château, il ne restait plus qu'à visiter les bâtiments de servitudes situés à droite et à gauche de l'avant-cour, du côté regardant à Souvigné. Le bâtiment de gauche (au nord) comprenait l'office, la cuisine avec petit cabinet à côté, un cellier, servant de cave, avec grenier au-dessus, la boulangerie avec chambres au-dessus et à côté. Ce fut par là qu'on continua la visite du mobilier. Du procès-verbal de Me Loyseau relatif à ces dépendances du manoir nous ne reproduirons que le passage où est décrite la batterie de cuisine ; on y voit figurer : « deux rotissoirs de fer, deux broches, une crémaillère, une cuiller, deux poilles à frire de fer, un poëlon de cuivre, un petit chaudron de fer, un autre d'airain, deux marmittes... de fer... etc. » De l'autre côté de la cour, dans un second bâtiment de servitude faisant face à celui dont nous venons de parler (au sud par conséquent), étaient les écuries. On y entra également, et on y trouva « deux chevaux hongres et deux cavalles sous poil gris pommelé servant d'attelage au carrosse de lad. dame ; et les harnais desd. chevaux » etc. Au-dessus de ces écuries étaient des greniers qui ne furent pas oubliés. Il n'y avait pas d'endroit clos servant à proprement parler de remise pour les voitures. C'était « soubs le portail servant d'entrée à lad. maison » qu'était abrité (l'inventaire en fait foi) le « carrosse coupé à haute portière, flèche et quatre roues » dont se servait Marie de Montesson.

Tel était, d'après le précieux document dont nous venons de présenter au lecteur une analyse abrégée autant que possible, le mobilier renfermé dans le manoir de la Roche-Talbot à l'époque où les d'Aché l'habitaient. Quant aux démêlés judiciaires pendant entre la veuve d'Alexandre d'Aché et les créanciers de la succession de ce dernier, ils étaient loin de toucher à leur terme (1). Saisies déjà, on l'a vu, en mai 1673 aux requêtes du Palais, sur l'instance du seigneur d'Armaillé, les terres de la Roche-Talbot et de la Courbe le furent une seconde fois devant la même juridiction le 8 janvier 1676, nous l'avons dit également, à la requête de Mre Jean Le Brun.

Enfin, plus que jamais « exposée aux poursuites rigoureuses » de ses créanciers, lesquels, sans considérer qu'il y avait « trois foys autant de biens que de debtes », ne laissaient « de la tourmenter journellement par une infinité de procédures », Marie de Montesson se décida à transiger avec eux (10 juin 1676) (2). Il fut convenu qu'après des prisées et estimations préalables, il serait fait des lots des biens composant la succession d'Alexandre d'Aché, lots qui seraient répartis entre les différents créanciers « en payement de leur deub », selon les offres et acceptation qu'ils en feraient. Et de fait ces lots et partages eurent lieu le 7 et 9 novembre de la

(1) Voir aux arch. nat. (V/6 619) les considérants d'un arrêt du conseil privé du Roi rendu le 15 mai 1675 entre Marie de Montesson d'une part, et Me René Lefebvre sieur de la Falluère et Me Jean Le Brun, d'autre, considérants parmi lesquels figure la mention d'une requête présentée au Roi par la veuve d'Alexandre d'Aché et exposant sa fâcheuse situation par rapport aux *poursuites rigoureuses* exercées contr'elles par les créanciers de la succession de son mari.

(2) Voir au sujet de cette transaction, des lots et partages qui eurent lieu en conséquence, et des nouvelles difficultés auxquels ces lots et partages donnerent lieu, les considérants de la sentence des requêtes du Palais du 25 mai 1677, (X 3/b 1568) ainsi que ceux de l'arrêt en plaidant du 9 juillet 1677 dont nous parlerons un peu plus loin.

même année : c'est alors que la métairie de la Monnerie échut à Catherine de Villarmois, veuve de Mre François de Saint Offange, esc. sr de la Jaille ; celle de la Tremblaye, à Mre Alphonse du Tertre, sieur du Petit-Bois ; celle du Boulay-Robinard, à Me Germain Artault, esleu en l'élection d'Angers, etc. Mais la dame de la Roche-Talbot n'était pas au bout de ses peines. Plusieurs d'entre les créanciers ayant fait des difficultés sur l'exécution de la transaction du 10 juin 1676, elle fut obligée de recourir contre eux à l'autorité de la cour de Parlement, et ce fut seulement le 9 juillet 1677 qu'un arrêt de cette cour ordonna l'homologation de la transaction en question « pour estre exécutée selon sa forme et teneur » et obligea les créanciers à « prendre les lots à eux escheus » (1).

Cependant la mère de Charles-Alexandre d'Aché n'avait pas cessé, en ces années-là, d'habiter le manoir qui du vivant de son mari avait été sa principale résidence, et elle continuait, comme garde noble et tutrice de son fils, à avoir la jouissance des terres de la Roche-Talbot et de la Courbe. C'est en cette qualité que le 28 mars 1675 elle avait cédé à Mre Urbain Gaudicher, chr sr d'Anduzé, une somme qui lui était due par Mre Louis-François de Servien, chr et Mis de Sablé, pour les ventes et issues des différentes terres que celui-ci possédait dans sa mouvance tant en Souvigné qu'en Varennes-sur-Sarthe et en St Denis d'Anjou (2). C'est en cette qualité encore que le 16 juin 1681 elle avait fait hommage pour partie de sa terre de la Roche-Talbot devant les trésoriers de Tours (3).

(1) Voir cet arrêt aux arch. nat. X/1a 6160. Ajoutons que ce fut en vertu de cet arrêt et conformément aux lots et partages de l'année précédente que les métairies de la Monnerie, de la Tremblaye et du Boulay-Rabinard furent définitivement délaissées dans les années suivantes aux créanciers à qui elles étaient déjà attribuées.

(2) Par acte passé devant Me Jacques Lambert notaire au marquisat de Sablé et conservé parmi d'autres minutes de ce même notaire dans l'étude de Parcé.

(3) Arch. nat. R/5 10) : liste des actes de foi et hommage et aveux

A cette dernière époque, tout étant réglé entre elle et les créanciers de la succession de son mari, la veuve d'Alexandre d'Aché, libre de tout souci d'affaires, n'avait plus qu'à s'occuper de l'éducation de son fils unique, le jeune Charles-Alexandre d'Aché, qu'elle prétendait « mettre à l'exemple de son père au service de S. M. aussy tost que l'aage le luy permettra » (1), Mais hélas, elle ne devait pas avoir la satisfaction de voir ce fils arriver à l'âge de porter les armes pour le service du Roi. Le 7 août 1682, elle se trouvait à Paris en son hôtel du parvis St Germain-des-Prés, rue St Dominique, par[sse] St Sulpice, où elle faisait tous les ans des séjours plus ou moins prolongés, quand l'enfant sur la tête duquel reposait l'espoir de la maison d'Aché, mourut à peine âgé de 9 ans. Il fut inhumé le lendemain en l'église St Sulpice, en présence de Jean de Loubes, ch[r] s[r] de Lambosch (2).

Une des conséquences de cet événement aussi triste qu'imprévu fut, en ce qui regardait la possession de la terre de la Roche-Talbot, un nouveau procès engagé par Marie de Montesson non plus cette fois contre les créanciers de son mari, mais contre le frère et les sœurs de ce dernier. En effet, la terre en question étant un propre d'Alexandre d'Aché revenait de droit à ses héritiers naturels, qui étaient, à défaut du jeune Charles-Alexandre d'Aché, son oncle François d'Aché, le sourd-muet, et ses tantes Geneviève d'Aché, femme de Charles de Valpoutrel, et Renée d'Aché mariée avec Thomas Morel, seig[r] de la Carbonnière (3).

rendus aux XVIIe et XVIIIe siècles pour le fief de la Roche-Talbot au comté du Maine.

(1) Voir les considérants de l'arrêt du Conseil Privé du 15 mai 1675.

(2) Bibl. nat. cab. des titres 1013. Extraits des registres paroissiaux de la paroisse de Saint-Sulpice.

(3) Voir aux Archives nationales (X 3/102 f° 293) le procès-verbal de la saisie des « fiefs terres et seigneuries de la Roche-Talbot, de la Courbe », etc. faite le 13 avril 1684 à la requête de « dame Hélène de Bezançon, veuve Mre Jean Le Brun, viv[t] M[e] des requestes », etc., « tutrice de

D'un autre côté, la veuve d'Alexandre d'Aché se trouvait créancière envers la succession de son mari d'une somme de 19,171 l. 15 sols, et elle avait dès le 15 mai 1683 présenté une requête au Parlement de Paris, pour se faire envoyer « en la propriété et possession et jouissance des terres de la Roche-Talbot et la Courbe » moyennant pour l'une la somme de 92,000 l. et pour l'autre celle de 24,000 l. « à déduire sur son deub, sans préjudice de ses autres droits deubs et actions ». Aussi, après une nouvelle série de procédures, finit-elle par obtenir, le 14 mai 1687, un arrêt du Parlement faisant droit à sa demande. Cet arrêt lui adjugeait la propriété des terres en question « pour la somme de 58,000 l. exempte de son droit d'habitation, verger et chauffage, impenses, améliorations, ensemble des droits de consignation, à la charge pour elle de payer lad. somme aux créanciers antérieurs à elle avec l'intérêt jusqu'au payement de l'ordre, et du tout donner bonne et suffisante caution.... autrement et à faute, en demeurerait déchue, en vertu dud. arrêt, etc... » (1).

Devenue ainsi par elle-même, et non plus seulement comme veuve d'Alexandre d'Aché ou comme tutrice de son fils, dame propriétaire des terres de la Roche-Talbot et de la Courbe, Marie de Montesson s'empressa de faire en cette nouvelle qualité à plusieurs des seigneuries dont relevaient ces terres les obéissances féodales requises. Parmi ces obéissances, il convient de remarquer celle qu'elle fit le

Guillaume Le Brun, esc., leur fils mineur », sur « Mre Charles de Valpoutrel, seig[r] dud. lieu, et dame Geneviève d'Aché son espouze, et Mre Thomas Morel, seig[r] de la Carbonnière, et dame Renée d'Aché, son espouze, (et encore) led. seig[r] Morel, comme curateur à la personne et biens de François d'Aché, escuier, sourd-muet et interdit, lesd. d'Aché héritiers de Charles (Alexandre d'Aché) escuyer, fils décédé mineur de déf[t] Mre Alexandre d'Aché seig[r] de la Roche-Talbot, et de dame Marie de Montesson ses père et mère. »

(1) Voir cet arrêt, aussi instructif par ses considérants qu'important en lui-même, aux arch. nat. X/1[a] 2015.

28 décembre 1688 devant les trésoriers de France à Tours pour la partie de sa terre de la Roche-Talbot qui relevait décidément du comté du Maine. Elle était alors, paraît-il, « incommodée de sa personne par maladie despendant de fluxions sur la poictrine » et ne pouvait « en aucune façon se transporter à Tours pour rendre foi et hommage à S. M. sans intéresser notablement sa santé ». Aussi après avoir fait constater par O. Larcher, « docteur en médecine dem[t] à Sablé », l'état de santé où elle se trouvait, elle fit venir le 16 novembre à la Roche-Talbot l'un des notaires de Sablé, Me Jean Pochard, et, pardevant lui, donna procuration à Me Pierre Coutance, procureur au bureau de la généralité de Tours, pour présenter en son nom son offre de foi et hommage au Roi « telle qu'elle est due au regard de son chasteau de la ville du Mans, aliàs la Tour Ribaudelle, à cause et pour raison de la terre fief et seigneurie de la Roche-Talbot aud. Souvigné, de tant et pour tant qu'il y en a de tenu en lad. foy et hommage, et à faire son serment de fidélité à S. M. par la reconnaissance des services et devoirs anciens et accoutumés, en tout conformément aux titres rendus et consentis par ses auteurs », etc. Muni de cette procuration, Me Pierre Coutance fit en effet le 28 décembre 1688 les foi et hommage dont il était chargé entre les mains des Présidents trésoriers de France généraux des finances..... en la généralité de Tours, et il y fut reçu (1).

L'indisposition qui avait empêché Marie de Montesson de porter elle-même à Tours dans les derniers mois de 1688 les foi et hommage qu'elle avait à y faire, n'avait sans doute été que passagère, car au printemps suivant elle avait pu faire le voyage de Paris, où elle avait pris logement rue du Sépulchre, paroisse St Sulpice. Mais là, elle retomba malade pour ne plus se relever. Elle mourut le 10 mai, à l'âge de 48 ans, et fut inhumée le surlendemain dans l'église

(1) Voir arch. nat. P. 321/1 cote 1231 et suivantes.

de St Sulpice, en présence de ce même Mre Jean de Loubes, chr sgr de Lamboch, qui avait déjà assisté à l'inhumation de son fils (1).

La marquise d'Aché n'avait pas d'autres héritiers que son frère Jean-Baptiste, comte de Montesson. C'est donc celui-ci qui allait recueillir son héritage sous bénéfice d'inventaire et devenir ainsi seigneur de la Roche-Talbot et de la Courbe.

CHAPITRE X

LES MONTESSON ; JEAN-BAPTISTE I COMTE DE MONTESSON ; CHARLES, CHEVALIER, PUIS COMTE DE MONTESSON ; JEAN-BAPTISTE II, MARQUIS DE MONTESSON.

Jean-Baptiste I du nom, comte de Montesson, le nouveau seigneur de la Roche-Talbot, était alors le chef du nom et des armes de sa maison (2), une des plus anciennes et des plus illustres, comme l'on sait, de la province du Maine (3). Ce n'était pas d'ailleurs par lui-même un personnage vulgaire. Dans sa jeunesse, il avait beaucoup voyagé. Simple cadet à cette époque, (car il avait eu un frère aîné, Guy de Montes-

(1) Bibl. nat. cab. des titres 1013. Extraits des reg. paroissiaux de la paroisse de Saint-Sulpice.

(2) Armes des Montesson : *d'argent à 3 quintefeuilles d'azur*.

(3) Voir au sujet du glorieux passé de cette maison deux excellentes notices publiées l'une dans le t. III, (1re partie) du *Musée des Croisades*, par A. Boudin ; l'autre dans l'*Annuaire de la noblesse française* (année 1863) par Borel d'Auterive. Divisée au XVe siècle en deux branches, (la branche aînée dont étaient issus les seigneurs de la Roche-Talbot, et la branche cadette à laquelle appartenaient les seigneurs de Saint-Aubin et de Douillet,) la maison de Montesson ne subsiste plus aujourd'hui que dans cette dernière branche, et a pour représentants le comte René de Montesson et ses deux frères, les comtes Robert et Charles de Montesson.

son), il avait été admis dans l'ordre de Malte en 1667 (1), et, d'abord comme page du « grand maitre » puis, après sa reception, en qualité de chevalier, il avait passé trois années à voyager à Malte, à Candie et en Italie (2). Mais en 1672, Guy, marié depuis 1668 avec Charlotte-Élisabeth de Châtillon d'Argenton, étant mort sans enfants, Jean-Baptiste était devenu à son tour aîné de sa maison, ce qui l'avait décidé à quitter l'ordre de Malte pour suivre la carrière des armes. Entré en 1676 avec le grade d'exempt dans les gardes du corps, compagnie de Luxembourg, il s'était fort distingué au combat de Kokesberg (1677), ainsi qu'aux sièges de Gand et d'Ypre (1678), et, en 1684, il s'était vu promu au grade d'enseigne dans cette même compagnie des gardes du corps à laquelle il appartenait déjà (3). Il avait épousé en 1685 Catherine de Cervon, veuve de Pierre de la Dufferie (4). Propriétaire, du chef de son père, des terres de Montesson, la Ridelière, la Hunelière, la Roche-Pichemer, la Courbe de Brée, et la Bessière, et, par acquêt, de celles de Sougé et d'Anthenaise, il n'allait pas tarder à devenir encore seigneur, à cause de sa femme, des terres des Arsis et de la Carrière au Bas-Maine ainsi que de celle de l'Arriaye en Bretagne (5).

Tel était ce Jean-Baptiste de Montesson qui, appelé tout-

(1) Voir ses preuves, à leur date, au dossier Montesson des Carrés d'Hozier.

(2) Voir au Cab. des Titres, au dossier Montesson, des pièces originales, la transaction du 13 juin 1673 entre Charles de Montesson et son fils Jean-Baptiste.

(3) Voir au Cab. des Titres, dossiers bleus, une notice très détaillée sur la vie militaire de Jean-Baptiste I de Montesson.

(4) Voir au Cab. des Titres, P. O., dossier Montesson, une analyse très détaillée de leur contrat de mariage.

(5) Voir aux man. de la bibl. nat. f. fr. 22098 une énumération faite par l'A. Dangeau, au comm[t] du XVIIIe siècle, de toutes les paroisses dont « M. le c[te] de Montesson est seigneur fondateur » à cause de ses différentes terres.

à-coup, en mai 1689, à hériter des biens de sa sœur la marquise d'Aché, va se trouver maintenant mêlé à notre récit comme seigneur propriétaire des terres de la Roche-Talbot et de la Courbe. Obligé par là même de faire sans tarder les obéissances féodales dues aux diverses seigneuries d'où relevaient ses nouvelles possessions territoriales, mais tenu en sa « qualité d'enseigne des gardes du corps du Roy d'être actuellement au service de S. M. au chasteau de Versailles, sans pouvoir s'en dispenser pour se transporter » ailleurs, nous le voyons dès le 20 juin 1689, passer procuration, par devant Me Mathurin Lamy, notaire à Versailles, à Me François Oger, « procureur fiscal de la terre et seigneurie de la Roche-Talbot, la Courbe, et autres lieux, province du Maine, demeurant en la ville de Sablé, paroisse Saint-Martin, pour et en son nom se transporter » aux chefs lieux des seigneuries dont ces terres étaient mouvantes, et y faire les offres de foy et hommage qu'il devait « pour le décès de défte dame Marie de Montesson, sa sœur » (1).

Avec le comte de Montesson comme seigneur propriétaire, commençait pour la terre dont nous faisons l'histoire une nouvelle période d'abandon. Avons-nous besoin de faire remarquer que la résidence la plus ordinaire du mari de Catherine de Cervon, quand ses fonctions militaires ne le retenaient pas soit aux armées, soit à la cour, était son château de Montesson (2), et que, en ce qui concerne la terre

(1) Voir aux arch. du château de Serrant, terrier du Plessis-Macé, la procuration annexée à l'acte de foy et hommage fait le 6 juillet 1689 à la porte du château dud. Plessis-Macé par Me François Oger au nom de Mre J.-B. cte de Montesson, pour la terre et fief des Vallées d'Ingrande, métairies de la Crucherie, de l'Eulardière, de la Cannerie, bois des Vallées d'Ingrandes, et partie du clos de vigne de Cosnillau, le tout situé parsse de Souvigné, etc.

(2) Un procès-verbal de saisie aux requêtes du Palais du 23 avril 1675 (arch. nat 3e 393 fo 9) nous donne la description suivante du château de Montesson et de ses dépendances pendant la seconde moitié du XVIIe siècle : le « chasteau de Montesson, parsse de Bays, composé d'un corps de

de la Roche-Talbot, il ne devait guère y faire que de rares et courtes apparitions ? Peut-être toutefois la comtesse de Montesson, que son mari chargeait en son absence de « régir, gouverner et administrer tous leurs biens, droits et affaires » (1), et qui passait plus de temps que lui dans leurs terres du Maine, peut-être la comtesse de Montesson faisait-elle de temps à autre quelques séjours plus prolongés dans la manoir qui nous intéresse ; elle s'y trouvait en tous cas dans le courant de l'été de l'année 1692, car les registres paroissiaux de Souvigné nous la montrent, à la date du 1er juillet de cette année-là, assistant en qualité de marraine à la bénédiction de la petite cloche ; elle est qualifiée en cette circonstance « Hte et Pte dame Catherine de Cervon, espouse de Ht et Pt seigr mre Jean-Baptiste comte de Montesson, lieutenant des gardes du corps de S. M., seigneur de Souvigné, et plusieurs autres lieux ».

logis, ou il y a cave, cuisine, office, salle basse, salle haute, cabinet ou pavillon et une chapelle ; une petite cour au derrière d'icelle, cour au devant en laquelle sont les escuries, un portail basti à dosme, deux petites cours à costé d'ycelles, pont-levis sous ledit portail, le tout couvert d'ardoise, jardin y tenant entouré de murailles à doubles fossés l'un plein d'eau vive, et l'autre à sec, une basse cour où est le logement du fermier... fuye et collombier, une allée pavée de pierre qui va dud. château au bourg de Bays, etc. » Quant à la terre de Montesson voici quelle était son importance au double point de vue domanial et féodal ; le domaine se composait de bois de haute futaie, d'étangs, de moulins, de landes, et de sept métairies et trois closeries ; les seigneurs de Montesson avaient en outre droit de seigneurie et de haute, basse et moyenne justice au bourg de Bais, et leur suzeraineté s'étendait tant sur lad. paroisse dud. Bais que sur celles de Hambers, Trans et Izé. Enfin de la terre de Montesson dépendaient les terres seigneuriales de la Hunelière en Champgeneteux, de la Ridelière en Loupfougères, et de Tissé en Saintes-James-le-Robert, sans parler de celles plus éloignées, telles que la Roche-Pichemer, la Courbe, Brée, et la Bessière dans le pays de Laval.

(1) Voir un acte du 3 mai 1690 passé devant Carnot, notaire au Châtelet de Paris, contenant procuration à cet effet consentie par le comte de Montesson « demeurant ordinairement en son château de Montesson, pays du Maine, estant à présent à Paris, logé rue de Vaugirard, parse St-Cosme » en faveur de Catherine de Cervon son épouse.

Comme on le voit, à cette dernière époque, le seigneur de la Roche-Talbot venait d'être promu au grade de lieutenant aux gardes du corps : cette promotion remontait à l'année précédente. Dans les annés suivantes, soit pendant la guerre de la ligue d'Augsbourg, soit pendant celle de la succession d'Espagne, il obtint successivement les grades de brigadier de cavalerie (1694), de maréchal-de-camp (1702) enfin de lieutenant-général (1704). Admis en outre l'un des premiers dans l'ordre royal et militaire de Saint-Louis, créé, comme l'on sait, par Louis XIV en 1693, il n'avait cessé depuis de recevoir des marques de la faveur du grand roi. Choisi en 1701 pour commander l'escorte du duc d'Anjou allant prendre possessession du trône d'Espagne, il avait eu l'honneur de voir sous ses ordres, dès la campagne de 1705, les quatre compagnies des gardes du corps, et, en 1709, il avait été investi de l'importante charge de gouverneur de Saint-Quentin. Ce brillant avancement, ces charges et ces honneurs n'avaient été d'ailleurs que la juste récompense de la bravoure peu ordinaire dont il avait fait preuve aux batailles de Fleurus, de Steinkerque, de Nerwinden, de Ramillies, d'Oudenarde et de Malplaquet (1). Et la loyauté de caractère de notre personnage était à la hauteur de ses exploits guerriers : n'était-ce pas lui qui, plus tard, pendant la minorité de Louis XV, refusera noblement, malgré l'ordre formel du Régent, d'arrêter le prince Jacques Stuart, en répondant « qu'il ne deshonorerait pas la noblesse de France dont il était membre et la croix de Saint-Louis que lui avait donnée Louis XIV ? » (2).

Ainsi parmi les différents seigneurs de la Roche-Talbot,

(1) Voir sur cette partie de la carrière militaire du comte de Montesson le dossier Montesson du cab. des titres, principalement la notice détaillée qui le concerne aux dossiers bleus.

(2) C'est par erreur que dans les différentes notices généalogiques sur la famille de Montesson on a attribué l'honneur de ce refus à Charles de Montesson. C'est en effet Jean-Baptiste I et non son fils qui avait reçu la croix de Saint-Louis sous Louis XIV.

dont, au cours de cette étude, nous aurons eu lieu de nous occuper successivement, celui dont il s'agit en ce moment est certainement un de ceux dont la figure mérite le plus d'attirer notre attention. Ajoutons que, s'il n'a pas fait de la terre qui nous occupe spécialement sa principale résidence, il l'a possédée pendant près d'un demi siècle. Aussi les documents qui nous le font apparaître en qualité de seigneur de la Roche-Talbot sont-ils assez abondants pour que nous n'ayions à leur égard que l'embarras du choix. Nous nous contenterons de citer ici les principaux. Nous signalerons tout d'abord, entr'autres documents de ce genre, l'hommage que le 7 mai 1716 il avait fait devant les trésoriers de Tours au jeune roi Louis XV, à cause de son comté du Maine, pour la partie de sa terre, fief et seigneurie de la Roche-Talbot située dans cette mouvance (1). De même nous croyons devoir reproduire le passage qui se rapporte à lui comme seigneur de la Courbe, dans l'aveu rendu au roi en 1726 par J.-B. Colbert pour son marquisat-pairie de Sablé : « Messire Jean-Baptiste, c[te] de Montesson lieutenant-général des armées de V. M., est mon homme de foy et hommage-lige pour raison de sa terre, fief et seigneurie de la Courbe en Souvigné au Maine ; scavoir l'ancien château de la Courbe, métairie et domaine en dépendant, le moulin et appartenances de Souvigné, les métairies de Fresnay, du Pré-Clos, le lieu des Besnardières, bois, prés et autres dépendances de lad. seigneurie, la maison de la sénéchallerie et ses dépenpendances, réunie et consolidée à lad. seigneurie par le fief de Souvigné, les terres et dépendances de la Mathouraye, en fief et en domaine, les féodalités des dites seigneuries, lesquelles s'étendent dans led. bourg et parroisse de Souvigné, pourquoy me doit 15 jours de garde dans mon château de Sablé, et 50 sols de taille quand il convient la lever, desq. terres fief et seig[ie] la foy et hommage m'a été faite et reçue

(1) Arch. nat. R/5 100, cote 94, chemise 6, mention.

en jugement par mes officiers de Sablé en leurs assises le 14 juin 1712 » (1).

Jean-Baptiste I de Montesson décéda à Paris, en son hôtel de la rue du Jardinet, le 25 avril 1731, âgé d'environ 85 ans, et il fut inhumé le jour suivant vis-à-vis la chapelle du Saint-Sacrement de l'église de saint Cosme et saint Damien, en présence de ses deux fils, Jean-Baptiste II dit le marquis de Montesson, et Charles, chevalier de Montesson (2). Sa mort est relatée dans le numéro de la *Gazette de France* du 5 mai, et le défunt y est qualifié « lieutenant-général des armées du roy, gouverneur de la ville de Saint-Quentin, et cy-devant premier lieutenant des gardes du corps ».

De son union avec Catherine de Cervon, morte dès l'année 1724, le comte de Montesson laissait pour héritiers, outre les deux fils dont nous avons parlé tout-à-l'heure, une fille, Marie. Dans les partages auxquels donna lieu entre ces trois ayant droit la succession de leur père, ce fut à Charles et à Marie de Montesson qu'échurent, pour leur part de puinés, les terres de la Roche-Talbot et de la Courbe ; mais sa sœur n'ayant pas tardé à lui abandonner ce qui lui appartenait par indivis dans ces mêmes terres, Charles de Montesson en resta seul seigneur propriétaire (3).

Comme son père et son frère aîné, le nouveau seigneur de la Roche-Talbot avait embrassé de bonne heure la carrière des armes où il devait lui aussi se distinguer. Né le 20 novembre 1688, il n'avait guère que seize ans quand, en 1704, il était entré dans la compagnie des mousquetaires gris. Deux ans après, il avait pris le commandement d'un

(1) Arch. nat. P. 429.

(2) Voir son extrait mortuaire au Cab. des Titres, P. O. dossier Montesson.

(3) Voir les deux actes relatifs au partage de la succession de J.-B. I de Montesson passés le 7 mars et le 29 avril 1732 devant Laideguive et son confrère, notaires au Châtelet de Paris.

régiment d'infanterie, ci-devant la Grise, auquel il avait donné son nom. Sa valeur, le jeune colonel l'avait prouvée presqu'aussitôt à Ramillies : en cette célèbre journée il avait eu un cheval tué sous lui et il avait été fait prisonnier. Il ne s'était pas moins distingué les années suivantes à l'affaire de Vire Saint-Éloi, au combat de Denain et à la prise de Marchiennes ; dans cette dernière circonstance il se trouvait aux côtés de Villars dont il était alors l'aide de camp. Son régiment ayant été réformé à la paix en 1714, il s'était fait admettre comme enseigne dans les gardes du corps (1717) et, peu après, avait été fait brigadier d'armée (1719). Promu en 1728 au grade de lieutenant des gardes du corps, il avait été en outre, dans les jours qui avaient suivi la mort de son père, nommé gouverneur de la ville d'Agde et du fort de Brescou le 1er mai 1731 (1).

Bien que plus que quadragénaire au moment où il commence à nous apparaître comme seigneur de la Roche-Talbot, Charles de Montesson était encore célibataire. Il devait pourtant, sur le point d'atteindre la cinquantaine, se décider à prendre femme. Par contrat du 12 août 1738 passé devant Junot, notaire au Châtelet de Paris, il épousa Anne-Émilie Rouillé « fille de feu Mre Pierre-Antoine Rouillé chr seigr de Thun et autre lieux, conseiller du Roy en ses conseils, président honoraire au grand conseil, et maistre des requestes honoraire, et de dame Anne Le Goulx ». Quelque tardive que fût cette union, — le futur avait alors cinquante ans ! — la comtesse de Montesson n'en devait pas moins apporter à son mari un bonheur sans nuage, comme celui-ci se plaira à le dire quinze ans après dans son testament.

Dans son contrat de mariage, Anne-Émilie Rouillé avait reçu en dot la somme de 204,260l 12 sols, 11 deniers. Quant à Charles de Montesson, voici, d'après ce même contrat de

(1) Cab. des Titres : notice aux dossiers bleus ; et Mercure de France, numéro de décembre 1731.

mariage, quel était alors l'état de sa fortune. Ses biens consistaient : 1° En « la terre de la Roche-Talbot, scize en la par^{e} de Souvigny pays du Maine, affermée 5,530^{l} par an »; 2° En « la métairie de la Poibellière, située en la par^{e} de Meslay, affermée 330^{l} par an »; 3° en « 73^{l} 14 sols de rente sur les tailles » ; plus « en 6,000^{l} de rente sur les particuliers » ; plus « en 81 actions de la compagnie des Indes » ; ..... plus « en la somme de 9,000^{l} à laquelle montaient les appoinctements de son gouvernement échus au 1er juillet dernier » ; plus « en la somme de 10,000^{l} à lui dus à cause de sa brigade », etc., etc.

Cependant le mari d'Anne-Émilie Rouillé continuait à suivre brillamment la carrière des armes et, digne fils de son père, il s'y élevait peu à peu lui aussi, grâce à son courage et à ses talents militaires, aux grades les plus élevés. Déjà, nous l'avons vu, brigadier en 1731, il avait été fait en octobre 1734 maréchal-de-camp (1) et avait pris part en cette qualité, l'année suivante, sous les ordres du maréchal de Coigny, à la campagne du Rhin et de la Moselle (2). Enfin en 1738, l'année même de son mariage, il avait été compris dans la promotion de lieutenants-généraulx déclarée le 20 février (3). Parvenu ainsi à une situation militaire des plus brillantes, Charles de Montesson allait, dans la guerre de la succession d'Autriche qui était sur le point de s'ouvrir, jouer, soit comme lieutenant-général, soit comme premier lieutenant des gardes du corps, un rôle des plus importants. S'il ne semble pas avoir pris part aux campagnes de 1741 et 1742, il est en tous cas certain que, dès le printemps de 1743, il avait été mis par le roi Louis XV sur la liste des officiers généraux qui devaient servir cette année-là en Bavière sous le M^{al} de Broglie (4). Si l'on en croit les mémoires du

(1) Voir la *Gazette de France*, à la date du 21 octobre.

(2) La *Gazette* le cite en effet, à la date du 5 mars 1735, parmi les maréchaux-de-camp désignés par le roi pour faire cette campagne.

(3) Voir la *Gazette de France*, à la date du 24 février.

(4) Voir la *Gazette de France*, numéro du 23 mars.

duc de Luynes, le maréchal, lors de la conférence qu'il eut avec l'empereur Charles VII dans les derniers jours de mai, n'aurait « mené avec lui que M. de Revel son 2e fils, M. de Vanolles, intendant de l'armée, et M. de Montesson, lieutenant-général (1) ». On voit aussi dans la correspondance entretenue par le maréchal de Broglie avec Charles VII, qu'à la date du 3 juin notre personnage partageait avec MM. de Lutteaux et de Rieux le commandement d'une des divisions de l'armée de Bavière, laquelle division, composée des régiments Royal, Bonnac, Guise, Angoumois, et Provence, avait son campement sur la rive gauche de l'Isère, vis-à-vis Landau (2). Enfin, lorsque l'armée française fut contrainte, vers la fin de juin, d'évacuer la Bavière, nous savons que le comte de Montesson se trouvait immédiatement sous les ordres du marquis de Clermont Gallerande, commandant la première division de cette armée (3). Revenu en France avec ses compagnons d'armes dans le courant de l'été, Charles de Montesson fut encore employé l'automne suivant en Alsace où le maréchal de Coigny, gouverneur de la province, était chargé, à la tête de forces imposantes, de repousser l'invasion imminente des troupes autrichiennes commandées par le prince Charles de Lorraine. Aussi deux lettres relatives à une affaire de féodalité (4) qu'il écrivit à cette époque, l'une

(1) Voir les mémoires en question, à la date du 26 mai.

(2) Voir à la Bibl. nat. manuscrits, le vol. 491 des nouveaux acquêts du f. fr., fol. 241.

(3) Voir dans la *Gazette de France*, (nº du 12 juillet), les nouvelles de « Donauwerth, le 30 juin ».

(4) Il s'agissait d'un droit de ventes que le procureur fiscal de la terre de la Roche-Talbot réclamait au curé de Morannes, comme administrateur de l'hopital de cette localité, à l'occasion du legs que Jean Quentin, dernier propriétaire de la métairie du Boulay-Rabinard en Souvigné, avait fait en mai 1736, dans son testament daté de la Martinique, de cette métairie à l'hopital en question. Ce droit qui, de toute évidence, appartenait au seigneur de la Roche-Talbot dont relevait le Boulay-Rabinard, était cependant disputé à ce dernier par le seigneur de Briollay, à cause de sa seigneurie de Juvardeil. De là tout un procès en matière féodale qui,

au curé de Morannes Mᵉ Viel, l'autre à son procureur, M. du Plessis, de Saint-Denis du Maine (1), nous le montrent-elles, le 11 septembre, de passage à Haguenau, et, le 21 octobre, commandant le camp d'Othmarsheim, sur la frontière, c'est-à-dire tout près du Rhin, en avant de Mulhouse.

La seconde de ces deux lettres est trop importante et trop intéressante à tous égards pour que nous puissions nous dispenser de la reproduire ici dans sa teneur intégrale. La voici :

« Au camp d'Othmarsheim, le 21 octobre 1743.

« Puisque monsieur du Halay vous a dit, monsieur, que, suivant la coutume du Maine, je ne pouvois exiger d'homme vivant et mourant pour la métairie du Boulay dont M. Querain a fait donation à l'hopital de Morannes par ce que c'est un héritage censif qui n'y est point sujet et qu'il n'y a que les héritages hommagés ou de nature noble pour lesquels on puisse l'exiger, il faudra terminer cette affaire avec le nouveau curé de Moranne (2), mais je ne souviens point du tout d'avoir mandé à M. du Halay de ne point recevoir d'argent

commencé dès l'année 1737, ne devait se terminer qu'avec l'année 1743. Le dossier relatif à ce procès est conservé aux archives de l'hospice de Morannes, parmi les titres du Boulay-Rabinard, et c'est là que se trouvent les originaux des deux lettres dont nous venons de parler.

(1) « N. H. Godefroy Thieslin sieur du Plessis, ancien officier du régiment Dauphin, demeurant au bourg et paroisse de Saint-Denis du Maine », avait été chargé par Charles de Montesson de s'occuper, en qualité de receveur, de l'administration des terres de la Roche-Talbot et de la Courbe en Souvigné en même temps que de celle de la Poibellière près Meslay. Il entretenait avec le comte de Montesson une correspondance des plus suivies où il lui rendait compte au fur et à mesure des faits relatifs à sa gestion.

(2) Mᵉ Viel venait d'être pourvu de la cure de Morannes en remplacement de Mᵉ Le Royer, à qui le comte de Montesson avait écrit « de Versailles, le 19 novembre 1741 », au sujet de « l'affaire de l'indemnité de la métairie du Boulay », une lettre qui fait également partie du dossier de cette affaire aux archives de l'hospice de Morannes.

que cette clause d'homme vivant et mourant n'y soit. Il me semble que la difficulté étoit sur la somme de 1,200l que l'ancien curé de Moranne ne vouloit pas donner en entier : quoiqu'il en soit, je seray fort aise que cette affaire finisse ; ainsy je vous prie de recevoir ces 1,200l et d'en donner quittance suivant le modèle qu'en aura fait M. du Halay.

N'y auroit-il point moyen de faire donner une assignation à Mr de Chement pour les Grignons (1) ? En jouira-t-il paisiblement sans qu'on luy fasse exhiber son tiltre ? Je ne puis me détacher de l'idée de ce retrait ; je ne risque rien en perdant ce procès que de rester comme je suis.

Je vous prie de presser les sieurs le Motheux (2) pour me donner de l'argent ; je ne puis plus m'en passer, étant obligé

(1) Située à l'extrémité méridionale de la paroisse de Souvigné, cette terre, tenue à foi et hommage de la seigneurie de la Roche-Talbot, et où l'on voit encore aujourd'hui une vieille gentilhommière servant de logis au métayer, était un des plus anciens arrière-fiefs de la paroisse. Au commencement du XIIe siècle un « Ildeus de Grinione » avait, nous l'avons vu au début de cette étude, assisté au don fait par Hugues de Juvardeil à l'abbaye du Ronceray du prieuré de Souvigné. Depuis lors les Grignons avaient été possédés successivement par les Bourreau, les Auvé, les de Saint-Denis, les Jacquelot, enfin par Mre Alexis de Chevrue, seigr de Chement. Ce dernier était mort sans héritiers directs en 1740. Deux ans auparavant, par contract du 4 septembre 1738, il avait vendu la terre des Grignons au sieur et à la demoiselle Riffault ; mais dès l'année suivante, Mre Pierre-Louis de Chevrue de Chement, neveu du vendeur, avait exercé contre eux le retrait lignager et, à la suite de deux sentences rendues en sa faveur l'une à Saint-Denis d'Anjou le 29 septembre, l'autre à Sablé le 5 octobre, s'était mis en possession « du fief, maison de maitre, cour, jardin, prairies, étang de Grignon, métie de la Monnerie, vignes qui en dépendent, closerie de Pt-Sautré, metie de la Ridellière et clos de vigne du Conillau ». C'est à ce retrait lignager exercé quelques années auparavant par le sieur de Chement que Charles de Montesson fait allusion dans la lettre du 21 octobre 1743 ; il songeait à son tour comme seigneur suzerain à exercer sur cette même terre le retrait féodal, et nous le verrons plus tard donner suite à son projet.

(2) Guy et Guillaume Le Motheux, fils de feu Guy Le Motheux, avaient succédé en 1741 à leur père comme fermiers des terres de la Roche-Talbot et de la Courbe ; Guy mourut en 1745, et son frère Guillaume devint alors seul fermier ; mais il décéda lui-même avant 1751, laissant sa veuve Marie Geré, continuer et achever son bail qui ne devait prendre fin qu'en 1758.

de faire une dépense considérable. Vous jugez bien qu'un gros équipage que j'ai envoyé en Bavière à mes despens m'a coûté considérablement. Je commande icy actuellement un camp qui exige une grande dépense. Vous enverrez une lettre de change à Madame de Montesson des 1,200[l] d'indemnité de la métairie du Boulay, d'abord que vous en aurez reçeu l'argent, pour qu'elle me le fasse toucher icy par la voie du thrésorier général. Vous luy enverrez aussy des lettres de change d'abord que les s[rs] le Motheux vous auront donné de l'argent. Je ne scay pas encore si je resteray sur la frontière ou si je retourneray à Paris ; cela sera décidé en peu de jours. En attendant, adressez-moi vos lettres rue de l'Université à Paris (1) d'où madame de Montesson me les enverra icy.

Je vous prie d'aller trouver M. Noel pour régler le 10e (2) de ma terre de la Roche-Talbot lorsqu'il vous aura mandé de le faire.

Bien des compliments pour moy à mademoiselle du Plessis, et soyez persuadé, monsieur, que je suis votre très humble serviteur.

MONTESSON.

Comme on le voit par cet important document, et ce n'en est pas le côté le moins intéressant pour nous, du fond de l'Alsace, au milieu de la vie des camps et malgré ses graves préoccupations patriotiques, le lieutenant-général de Montesson était loin d'oublier qu'il était dans le Maine seigneur propriétaire de la terre de la Roche-Talbot.

(1) Le principal domicile de Charles de Montesson était un hôtel qu'il s'était fait bâtir, dans les années qui avaient suivi son mariage, rue de l'Université au coin de la rue Bellechasse, non loin de l'hôtel de Broglie (Voir le plan de Paris, par Louis Bretes, 1734-1739).

(2) Pour subvenir aux frais des différentes guerres qu'il eut à soutenir, le gouvernement de Louis XV avait eu recours dès le commencement de celle de la succession de Pologne, en novembre 1733, à la levée du dixième du revenu des biens du royaume ; cet impôt, qui n'était exigé qu'en temps de guerre, avait été renouvelé en 1741 par ordonnance du conseil rendue le 29 août à Versailles. (Voir de Vidaillan, *Hist. des conseils du Roi.*)

Mais revenons à ce qui concerne sa vie militaire pendant la guerre de la succession d'Autriche. Pendant les cinq dernières campagnes de cette longue guerre, nous le retrouvons en Flandre ou en Hollande, toujours sur le principal théâtre des opérations que dirigeait pour Louis XV le célèbre Maurice comte de Saxe. C'est ainsi qu'à la fin de mai 1744, dans *Les Nouvelles du camp de Warwick* (25 mai) reproduites par le duc de Luynes dans ses mémoires, on lit relativement au seigneur de la Roche-Talbot : « M. de Montesson mène demain 40 escadrons de l'armée du Roi à celle de M. le comte de Saxe » etc. L'année suivante le comte de Montesson commandait, en sa qualité de plus ancien lieutenant, les quatre compagnies des gardes du corps à la glorieuse bataille de Fontenoy (1) où la maison militaire du Roi fut, comme l'on sait, sérieusement engagée. A cette époque, du reste, notre personnage avait su, grâce à ses brillants services militaires, s'attirer des marques flatteuses de la reconnaissance de Louis XV : d'Argenson, le ministre de la guerre, ne lui avait-il pas écrit une lettre datée de Versailles le 14 mars 1746, par laquelle il lui annonçait que le Roy, pour lui « donner des marques de sa satisfaction, à cause de ses services », voulait « bien le faire jouir d'une pension de 8,000[l] sur le trésor royal, en attendant que S. M. lui accorde un gouvernement » ? (2).

Au mois de mai de cette même année 1746, Charles de Montesson regagnait l'armée de Flandre où il allait être employé comme lieutenant-général (3), et l'année suivante,

(1) Voir d'Espagnac, *Hist. de Maurice comte de Saxe*, t. II, p. 77. Voir aussi Voltaire, siécle de Louis XV.

(2) Cette lettre dont nous ne possédons pas malheureusement l'original est mentionnée avec l'analyse que nous venons de reproduire dans l'inventaire des titres et papiers de Charles de Montesson fait en 1758 devant Laideguive après sa mort.

(3) Voir dans la *Gazette de France*, année 1746, f° 227, la liste des officiers généraux désignés pour servir en Flandre ; le comte de Montesson y figure.

également désigné dès le mois d'Avril parmi les lieutenants-généraux nommés par Louis XV « pour servir dans la campagne prochaine dans l'armée que S. M. fait assembler en Flandre » (1) il se trouvait au commencement de juin à Alost à la tête des gardes du corps qu'il commandait encore cette année-là, et dont il avait à réprimer une véritable sédition (2). Enfin, pendant la campagne du printemps de 1748 qui allait terminer la guerre par la prise de Maestricht, nous voyons au commencement d'Avril « le c[te] de Montesson lieutenant-général » commander en second sous le marquis de Maubourg une division de l'armée de Flandre (3) ; et à la fin du même mois, on écrivait, « du camp devant Maestricht », à la *Gazette de France* : « La tranchée fut relevée le 24 de ce mois à la droite par le c[te] de Montesson, lieutenant-général et par le s[r] de Tanus, maréchal-de-camp, avec deux bataillons du régiment des gardes suisses, le 2e bataillon du régiment de Rouergue, le régiment d'Angoumois, et ceux de Rochefort, du Vexin et de la Marche » etc. (4). Ainsi, tantôt comme lieutenant-général, tantôt comme lieutenant des gardes du corps, il n'y avait guère eu de campagne, pendant cette guerre de la succession d'Autriche, où Charles de Montesson ne se fût trouvé.

Nous avons dit comment, même dans la vie des camps, le seigneur de la Roche-Talbot ne cessait de s'intéresser à sa terre du Maine. Et, parmi les affaires relatives à cette terre, une de celles, on l'a vu, qui tenait le plus de place dans son esprit, était l'affaire du retrait des Grignons. Il ne pouvait, disait-il, dès octobre 1743, se détacher de l'idée de ce retrait. Aussi le 17 octobre 1747, « aux assises de la

(1) V. *Gazette de France*, 1747, f° 190.

(2) Cette sédition est racontée tout au long dans les mémoires du duc de Luynes.

(3) V. d'Espagnac, *Hist. de Maurice comte de Saxe.*

(4) V. *Gazette de France*, 1748. Nouvelles envoyées du camp devant Maestricht à la date du 29 avril.

seigneurie de la Roche-Talbot, Souvigné, et la Courbe, tenues en la maison seigneuriale de la Roche-Talbot », avait-il fait condamner le seigneur des Grignons, Pierre Louis de Cheverue de Chement, à représenter les titres en vertu desquels son prédécesseur « feu Alexis de Cheverue » était « entré en possession dud. lieu des Grignons, métairie de la Monnerie, », etc. Mais les préoccupations de la dernière campagne de la guerre de la succession d'Autriche avaient sans doute empêché pendant près d'un an le comte de Montesson de poursuivre la réalisation du retrait tant désiré. Ce ne fut qu'après la campagne de 1748, au moment où la paix d'Aix-la-Chapelle allait terminer définitivement la guerre, que, par deux sentences rendues les 16 et 17 septembre aux assises de la Roche-Talbot et à celles de Sautré, il fit condamner le sieur de Chement à le « reconnaitre » au retrait féodal de la terre des Grignons et de ses dépendances tant en Souvigné qu'en Saint-Denys d'Anjou. Puis deux autres sentences rendues quinze jours après, les 1 et 2 octobre, aux assises des mêmes seigneuries, en exécution des sentences précédentes, ordonnèrent qu'une somme de 3,180l, d'une part, et une autre de 1,226l, de l'autre, pour le prix du retrait total, demeureroient par forme de consignation entre les mains de Me Jacques Moiré, notre au mat de Sablé, et, au moyen de ce, déclarèrent le retrait féodal bien et duement exécuté au profit du seigneur de la Roche-Talbot. Comme on peut penser du reste, Mre Pierre Louis de Cheverue ne tarda pas à appeler de la juridiction seigneuriale qui l'avait ainsi condamné à la cour du Parlement ; mais ce fut en vain : après des procédures qui durèrent un peu plus d'une année, un arrêt rendu le 25 juin 1750 en la Grande Chambre ne fit que confirmer les sentences déjà rendues par les justices de la Roche-Talbot et de Sautré (1). Désormais la terre des Grignons était irrévocablement réunie à celle de la Roche-Talbot !

(1) Arch. nat. X 1/a 4088 ; arrêt de la cour du Parlement de Paris rendu le 25 juin 1750 entre Pierre-Louis de Cheverue et Charles de Montesson au sujet du retrait des Grignons.

Mais si le comte de Montesson se montrait ainsi désireux d'augmenter par des acquisitions opportunes le domaine de sa principale terre du Maine, il n'avait pas moins à cœur, en bon propriétaire qu'il était, d'entretenir ses métairies en suffisant état de bâtiments. C'est lui, nous le savons, qui avait fait construire en l'année 1752 les immenses étables que l'on voit encore aujourd'hui parmi les bâtiments de l'importante métairie de la Courbe, témoin l'inscription suivante que l'on peut lire sur l'une des pierres de taille formant le rebord extérieur de la fenêtre du pignon nord-est :

JE ETE POSEE PAR
MESSIRE CHARLE CONTE
DE MONTESSON SEIGNEUR
DE LA ROCHE TALBOT
ET DE LA COURBE, LIEU
TENANT GENERAL DES
ARMEES DU ROY
GOUVERNEUR D'AGDE ET
DU FORT DE BRESCOU
ANNÉE 1752.

Vers la même époque, nous voyons le comte de Montesson faire, en sa qualité de seigneur de la Roche-Talbot, un certain nombre d'actes de natures différentes, dont il n'est pas sans intérêt d'entretenir le lecteur.

En octobre 1752, la chapelle Sainte-Marguerite de Vauvert, *alias* de la Roche-Talbot, desservie en l'église de Souvigné, étant venue à vacquer, il avait présenté à l'évêque du Mans pour être pourvu de ce bénéfice, « Me René-François-Jacques Crosnier de la Marsollière, clerc tonsuré, estudiant au collège des Pères Jésuites de la Flèche, y demeurant paroisse Saint-Thomas » ; après avoir été agréé par l'autorité épiscopale, ce dernier prit possession de la chapelle en question le 4 juillet 1753 (1).

(1) V. arch. de la Sarthe, Ins. eccl. reg. 305, f° 285, v° et 306, f° 8 v°

Avant la fin de la même année 1753, le 15 décembre, Charles de Montesson dut, en vertu d'un arrêt de la Chambre des comptes rendu quatre jours auparavant, se rendre au bureau de lad. Chambre des comptes, et, là, y faire au roi Louis XV la foy et hommage qu'il lui devait et était tenu de lui faire « pour raison de la terre et seigneurie de la Roche-Talbot, ses app[ces] et dép[ces], scize dans l'étendue du ressort de la sénéchaussée et dans la province du Maine, mouvant et relevant » du Roi « à cause de » son « château du Mans » (1). Pourquoi avait-on attendu plus de vingt ans avant d'exiger de lui cette obéissance féodale que régulièrement il aurait dû faire dans l'année de son entrée en jouissance, c'est-à-dire en 1732 ? C'est là une anomalie que nous ne saurions expliquer.

Dans les derniers mois de l'année 1754 le comte de Montesson eut à chercher un nouveau fermier général pour sa terre de la Roche-Talbot, dont Marie Géré, veuve depuis quelques années déjà de Guillaume le Motheux, ne pouvait continuer à garder seule la ferme. Il fixa son choix sur un cousin germain de son ancien fermier, le sieur Christophe le Motheux, qui demeurait avec sa femme, demoiselle Françoise Blanchouin, à la terre de Heurtebise, paroisse de Montreuil-sur-Maine, et, dans une lettre datée de Paris le 12 novembre 1754, chargea M. Thieslin du Plessis, son procureur, de passer bail en son nom à ces derniers. Le bail fut passé le 2 décembre suivant devant Me Bonneau, l'un des notaires de Château-Gontier, et « n. h. Godefroy Thieslin, s[r] du Plessis... ancien officier du régiment dauphin, dem[t] au bourg et paroisse de Saint-Denis du Maine » y intervint comme bailleur « au nom et comme procureur de très haut et très puissant seigneur monseigneur Charles comte de Montesson, chevalier, lieutenant-général des armées du Roy, gouverneur de Brescou et de la ville d'Agde, seig[r] propriétaire des terres

(1) V. arch. nat. P. 838/3.

de la Roche-Talbot et de la Courbe et autres, dem[t] à Paris en son hôtel rue de l'Université, par[e] Saint-Sulpice ». D'après ce bail, « les terres seigneuriales de la Roche-Talbot et de la Courbe » furent affermées aud. Christophe Le Motheux et à sa femme pour 9 ans à compter de Pâques 1758 moyennant la somme de 6,500[l] par an. Les clauses accessoires étaient à peu près les mêmes que dans les baux précédents, mais, comme nous ne connaissons que celui dont il s'agit, le lecteur nous saura certainement gré d'en reproduire ici les passages les plus intéressants.

Le sieur Le Motheux et sa femme devaient, par exemple, « entretenir tous les jardins, allées et terrasses de la maison seigneurialle de la R.-T. et les arbres qui sont tant en espaliers qu'en buissons... entretenir et nettoyer les allées des bois de décoration, tailler d'année en année... les bois de charme appelés Briançon de 10 pieds de hauteur ou environ, faire nettoyer les allées et planter des arbres où il en manquera dans le bois de décoration qui est au-dessous de celuy de Briançon »... Ils devaient « tenir à leurs frais les assises desd. fiefs et seigneuries une fois l'an par les sieurs officiers desd. seigneuries, souffrir même qu'elles soient tenues plus souvent si bon semble aud. seig[r] de Montesson qui fera fournir aux preneurs un livre de recette des rentes dues aud. seigneur... » Ils devaient faire « garder les bois de haute futaye et tous les taillis... et, pour la garde des bois, ils auront un homme qu'ils gageront à leurs frais du consentement dud. seig[r] c[te] de Montesson par l'ordre duq. led. s[r] du Plessis accorde aux preneurs la permission de chasser sur lesd. terres et seigneuries... ». Ils ne devaient être « tenus à la poursuite d'aucuns crimes ou délits qui pourraient être commis sur lesd. terres pendant le présent bail ». Ils devaient faire « rendre tous les ans à Paris dans le temps de l'hiver dans l'hostel dud. seig[r] c[te] de Montesson 6 bourriches de 6 perdrix chascune par différents envois »; enfin « lorsque led. seig[r] c[te] de Montesson ira voir lesd.

terres, luy, sa com pagnie, leurs domestiques et chevaux seront nourris par les preneurs pendant 4 jours à chasque voyage » etc.

Charles de Montesson mourut le 26 juin 1758 en son hôtel de la rue de l'Université; il n'avait pas attendu les approches de la mort pour rédiger par écrit ses dernières volontés. Son testament, rédigé par lui de sa propre main, remontait au 13 janvier 1753 (1). Ce document, dont nous allons donner une analyse, fait le plus grand honneur à son auteur dont il laisse voir la singulière élévation de sentiments en même temps que l'extrême bonté de cœur. La première pensée du seigneur de la Roche-Talbot était pour les pauvres des deux paroisses dont il était seigneur : « je donne », disait-il, « aux pauvres de *ma paroisse de Souvigné* 200 boisseaux de bled, mes. de Laval, et en outre 200 francs en argent ; je donne aux pauvres de *ma parroisse de Varennes* 100 boisseaux de bled, mes. de Laval ». Puis comme ce grand seigneur, tout contemporain qu'il fût de Voltaire, n'était pas un de ces esprits forts comme malheureusement il y en avait alors tant dans la haute noblesse, il ajoutait : « Je veux qu'il soit dit dans chacune des dites paroisses cent messes pour le repos de mon âme ». Venaient ensuite un certain nombre de legs faits à « Barrois » son « ancien valet de chambre », au « nommé Lafond » qui lui avait « servi de maistre d'hostel », au « nommé Saint-Michel, premier laquais de madame de Montesson », à « Croison », son « valet de chambre » au « nommé Joseph » son « premier laquais », au « nommé Saint-Louis » son « cocher », au « nommé Saint-Pierre » son « postillon », enfin « au nommé Picart » qui lui avait « servy autrefois de palfrenier ».

Ainsi la première partie du testament de Charles de Montesson prouvait sa charité pour les pauvres, sa foi religieuse,

(1) Ce testament de Charles de Montesson fut immédiatement après sa mort déposé par sa veuve, comme son exécutrice testamentaire, chez Me Laideguive dont le successeur actuel a bien voulu nous en délivrer une copie.

et sa bonté pleine de reconnaissance et de sollicitude pour ceux qui l'avaient servi ou étaient encore à son service. Dans la seconde partie de ce même testament, il s'occupait tour à tour de son frère aîné Jean-Baptiste marquis de Montesson, à qui, en cas de mort sans enfants, il donnait « vingt actions de la compagnie des Indes et la métairie de la Pobelière » ; de sa sœur, Marie de Montesson, qu'il faisait « au susdit cas » sa « légatrice universelle », en lui donnant « tout ce que la coutume.... » lui permettait de lui donner » ; enfin de sa « chère femme » Anne-Émilie Rouillé, qu'il faisait son exécutrice testamentaire. « Je la prie », ajoutait-il, « de recevoir icy mes adieux, et de garder quelque souvenir d'un homme qui l'a tendrement aimée et qui connaissait toute sa vertu ; je luy souhaitte tous les bonheurs qu'elle mérite ; le plus grand qui pouvait m'arriver en ce monde était celuy de la posséder ». Lignes touchantes de la part de celui qui les avait tracées, et qui prouvaient que le comte et la comtesse de Montesson offraient dans leur intimité un heureux et consolant contraste avec la plupart de ces ménages aristocratiques d'alors où le relâchement du lien conjugal était si fort en honneur !

Mort, comme nous l'avons dit, le 26 juin 1758, Charles de Montesson fut inhumé le lendemain dans l'église de Saint-Sulpice, paroisse sur le territoire de laquelle se trouvait alors son hôtel de la rue de l'Université. Ses obsèques furent des plus simples, conformément à la volonté exprimée par lui dans son codicille fait le même jour que son testament, d' « être enterré à sept heures du matin sans aucune tenture ny cérémonie ny invitation ». Il fut seulement remis, toujours selon ce codicille, « à M. le curé de Saint-Sulpice, 500 fr. pour être distribués aux pauvres ».

La mort de notre personnage, avons-nous besoin de le dire, ne passa point inaperçue dans les gazettes et les mémoires du temps. La *Gazette de France*, dans son numéro du 15 juillet 1758, mentionne cet événement en ces termes : « Le comte de

Montesson, lieutenant-général des armées du Roy, mourut le 27 (lisez le 26) juin en cette ville ». Les mémoires du duc de Luynes en parlent également, mais avec un peu plus de détail. On y lit à la date du 18 juillet : « M. de Montesson, le cadet, qui avait été lieutenant des gardes du corps, et avoit en cette qualité commandé la maison du Roy, mourut il y a quelques jours à Paris ; il avoit environ 60 ans... (Il) avait le gouvernement de Brescou, fort dans la mer auprès d'Agde, où il y a des prisonniers d'État. Ce gouvernement vaut 7,000[l] ... ».

Charles de Montesson ne laissant point d'enfants de son union avec Anne-Émilie Rouillé, son frère aîné, le marquis de Montesson, comme principal héritier, et sa sœur Marie en qualité de légataire universelle, procédèrent, de concert avec sa veuve, à l'inventaire (13 juillet 1758) ainsi qu'au partage et à la liquidation (27 janvier et 13 février 1759) de ses biens (1). En ce qui concerne la terre de la Roche-Talbot, le domaine des Grignons avec ses dépendances en fut distrait et attribué à la comtesse de Montesson pour la part qui lui revenait dans les acquêts de communauté (2). Quant au reste de la terre, il fut convenu entre le marquis de Montesson et sa sœur qu'elle leur appartiendrait par indivis, c'est-à-dire à lui pour les deux tiers et à elle pour l'autre tiers.

Devenu ainsi conjointement avec Marie de Montesson seigneur propriétaire des terres et seigneuries de la Roche-Talbot, la Courbe, etc., Jean-Baptiste II de Montesson ne tarda pas à en faire en leur nom à tous deux les fois et hommages tant au roi Louis XV au regard de son comté du Maine pour ce qui en relevait (28 août 1760) (3) qu'au marquisat de

(1) Ces divers actes furent passés dev. Me Laideguive.

(2) Partages du 27 janvier 1759 devant Laideguive. Après la mort de la comtesse de Montesson, les Grignons passèrent à messire Antoine-Louis-Hector de Montesson qui en était propriétaire quand éclata la Révolution. Depuis la Révolution les Grignons ont été vendu deux fois ; ils appartiennent aujourd'hui à la famille Raffray qui habite Santré près Saint-Denis-d'Anjou.

(3) Arch. nat. P. 812.

Sablé, pour le reste de ces mêmes terres (18 juillet 1761) (1).

Déjà seigneur de Montesson, la Roche-Pichemer, Soulgé-le-Bruant, la Chapelle-Anthenaise, la Carrière, les Arcis, etc., le nouveau seigneur de la Roche-Talbot habitait tour-à-tour à Paris son hôtel de la rue des Rosiers, quartier Saint-Germain-des-Prés, par. Saint-Sulpice, et dans le Maine, le château des Arcis, près Meslay, dont il avait hérité de sa mère Catherine de Cervon en 1724 et dont il n'avait cessé depuis lors de faire sa principale résidence.

Comme son père et son frère, il avait embrassé de bonne heure la carrière des armes : il y avait débuté en 1706 avec le grade de cornette des chevaux-légers d'Anjou ; il était passé ensuite dans la compagnie des gendarmes dauphins dont il était sous-lieutenant en 1725 ; enfin, brigadier des armées du roi depuis 1729, il avait été fait chevalier de l'ordre royal et militaire de Saint-Louis.

Il avait été marié deux fois. Veuf en 1756 d'Iris de Poix qu'il avait épousée en 1719 (2), il s'était remarié en décembre 1757, à l'âge de 70 ans, avec une jeune personne de 18 ans « demoiselle Charlotte-Jeanne Béraud de la Haye de Riou fille de feu H[t] et P[t] s[gr] Louis Béraud, m[is] de la Haye, premier chambellan et premier veneur de feu m[gr] le duc de Berry, gentilhomme de la chambre du Roi, et de H[te] et P[te] dame Marie-Joseph Minard (3). C'était cette dernière qui plus tard, après la mort du m[is] de Montesson, devait épouser le duc d'Orléans, père du futur roi Louis-Philippe. Elle était aussi la tante de madame de Genlis, qui en parle dans plus d'un passage de ses mémoires, et a ainsi été amenée à esquisser les portraits des deux personnages qui, en ces années-là, nous intéressent comme seigneur et

(1) Inventaire des meubles et titres faisant partie de la succession du marquis de Montesson devant Me de Savigny, notaire au châtelet de Paris, le 12 août 1769.

(2) Cab. des Titres : dossiers Montesson (P. O. et dossiers bleus).

(3) Cab. des Titres : dossiers Montesson (P. O. et dossiers bleus).

dame de la Roche-Talbot, nous voulons parler de Jean-Baptiste II m[is] de Montesson et de sa sœur Marie. Voici d'abord ce qu'elle dit du mari de sa tante :

« Monsieur de Montesson.... était un homme de la plus monstrueuse grosseur qu'on ait jamais vue. Il m'a toujours paru un très bon homme ; ma tante en contait plaisamment mille traits d'avarice, entr'autres qu'à sa fète et au jour de l'an sa seule galanterie était de lui avancer un quartier de sa pension. Au reste il avait une fort bonne maison. Il n'y était pas gênant, car il n'y paraissait que pour se mettre à table, ne parlait presque pas, disparaissait après le repas. Il donnait à ma tante quatre chevaux, dont elle disposait uniquement, et il lui laissait une entière et parfaite liberté. Il avait 78 ans et 80,000 livres de rente, quand ma tante dans sa 19e année le préféra à tout autre.... » (1).

Après avoir ainsi tracé le portrait du frère, madame de Genlis nous donne également celui de la sœur. « Je vis... une femme qui n'avait jamais été sur la terre, et qui, dès sa première jeunesse, s'était véritablement placée dans le ciel ; c'était la sœur de monsieur de Montesson. Elle avait alors 72 ans ; elle avait dû avoir une jolie figure, elle était bien faite encore, ses dents étaient délicates, et elle avait une blancheur d'une pureté étonnante à cet âge. Elle n'avait jamais voulu se marier ; par une vocation sublime, elle avait, dès l'âge de 12 ans, consacré tout ce qu'elle possédait aux pauvres ; quand elle fut maitresse de sa fortune, elle se trouva avec 26,000 livres de rente ; elle se réserva 1,200 livres par an et donna constamment le reste. Elle avait pour logement deux chambres, au 3e étage, et, pour tout domestique, une servante ; elle ne sortait que pour aller à l'église, visiter des infortunés, des prisonniers et des malades ; elle allait

(1) *Mémoires de la comtesse de Genlis*, édition de 1825 (chez Ladvocat), t. II, p. 12.

communément à pied, et, quand il pleuvait, en chaise à porteur de louage... » (1).

Comme seigneur et dame de la Roche-Talbot, les deux personnages que la plume de madame de Genlis vient de nous dépeindre furent le 27 décembre 1764 parrain et marraine de la petite cloche de l'église de Souvigné. On lit en effet à cette date dans nos registres paroissiaux :

« Le 27e décembre de l'année 1764, le jour de Noël de lad. année échéant le mardi, la petite cloche de cette paroisse fondue par le sr Asselin résidant au Mans avec celle de Saint-Loup, lad. petite cloche de cette église pesante 638 (livres), a été bénite par moy curé de Souvigné avec les cérémonies prescrites par le rituel de ce diocèse. Elle a été nommée Jeanne-Baptiste-Marie par Ht et Pt seigr Jean-Baptiste de Montesson et Hte et Pte dame Marie de Montesson, seigr et dame de cette paroisse ; monsieur du Vivier, procureur du Roy, avocat en Parlement, demt à Sablé, a représenté led. seigneur, et mademoiselle de Montesson (a été représentée) par l'épouse dud. sieur du Vivier, seigr du Chastelet en cette parroisse » (2).

(1) *Mémoires de la comtesse de Genlis*, édition de 1825 (chez Ladvocat), t. II, p. 43.

(2) Il s'agit ici de Me Charles Simon du Vivier, et de sa femme dame Renée Lefebvre. La terre du Châtelet avait été adjugée en 1707, à la suite d'une sentence du décret rendue au siège de Sablé à Me Pierre du Vivier, conseiller et procureur du Roi au siège du grenier à sel de cette ville. C'est à la mort de celui-ci, arrivée en novembre 1744, que son fils, Me Charles Simon, était devenu seigneur du Châtelet. En mars 1746, il avait déclaré, devant l'inspecteur des francs fiefs dans la généralité de Tours qu'il était propriétaire, à titre de succession par le décès de Me Pierre du Vivier son père, des lieux nobles de Chastelet et de la Bretonnière, parse de Souvigné. Il mourut le 31 mai 1765, laissant de son union avec Renée Lefebvre trois fils, Charles-René, Pierre-Alexis, René-Yves, et deux filles. En 1778, Charles-René, alors avocat en Parlement, conseiller du Roi et son procureur au siége du grenier à sel de Sablé, devait tant pour lui que pour ses frères et sœurs puînés, rendre aveu pour le Châtelet à Jacques de Fanning, comme seigneur de la Roche-Talbot et de la Courbe, et, après sa mort, en janvier 1787, ces derniers devaient se décider à vendre la terre dont il s'agit à Jacques Bruneau seigneur de la Grassière.

Un peu plus d'un an après cette cérémonie faite dans l'église de Souvigné et où ils avaient figuré sinon en personne, du moins par leurs procureurs, Jean-Baptiste de Montesson et sa sœur eurent à présenter au roi Louis XV, au regard de son comté du Maine, un aveu et dénombrement de la partie de leur terre et seigneurie de la Roche-Talbot qui était mouvante du château du Mans. Cet aveu, qui porte la date du 9 janvier 1766, fut « controllé » à Paris en la Chambre des comptes le 14 du même mois et le 4 septembre suivant mis en la liasse des aveux et dénombrements de la Chambre d'Anjou (1). Bien que très moderne, le document en question mérite cependant d'attirer notre attention, car, ainsi qu'on le faisait remarquer dans les lignes qui le terminaient, il ne paraissait pas qu'il eût été jusqu'alors « rendu aud. seig^r roy aucun aveu et dénombrement de lad. terre et seigneurie de la Roche-Talbot par les précédents propriétaires d'icelle ». Il n'est pas d'ailleurs sans intérêt de le rapprocher de la description contenue dans le procès-verbal de saisie du 8 janvier 1676 ainsi que de ce qui est dit de l'état des jardins dans le bail du 2 décembre 1754.

Voici d'abord, dans l'aveu de 1766, ce qui regarde la maison seigneuriale : « le château composé d'une salle par bas, d'une autre salle à costé, une petite chambre ou cellier au bout, chambres dessus et sur le porche d'entrée, grenier sur le tout, trois chambres par bas pour les domestiques, une écurie entre, le porche entre lesd. chambres écurie et lad. maison ; a côté d'icelle maison un pressoir, cellier, boulangerie et fournil, le tout en un tenant et sous un même faite... ».

Puis, comme dépendances plus ou moins immédiates du manoir, l'aveu décrit successivement : « la cour de devant close de murs.... ; le jardin de dessus le verger.... ; le jardin du haut... ; la cour étant derrière lad. maison close de murs

(1) Arch. nat. P. 856 cote V.

ayant au milieu un puits et au bout deux petits pavillons et un colombier... ; la cour ou allée des ormeaux... en laquelle est une garenne... ; la pièce de Briançon... ; la charmille... ; le petit étang du château... ; le pâtis de la chapelle et une allée plantée de hêtres et autres arbres... ; le grand clos de la Roche contenant 54 quartiers... la pièce de la Cerisaye... ; la vallée de la Provence... ; le petit étang de la Croix... ; la métairie du domaine... » ; enfin les « deux cloteaux, l'un nommé la Provence et l'autre le Roquereau...» etc., etc.... Telles étaient les choses que « led. seig[r] de Montesson tant pour luy que pour lad. d[elle] de Montesson sa sœur » avouait tenir du roi « à foy et hommage simple, sans rachapt, à cause de son château du Mans », et il se qualifiait en cette occasion « brigadier des armées du Roy, chev. de l'O. R. et M. de Saint-Louis, seig[r] de lad. terre de la Roche-Talbot » etc.

De ces deux vieillards, le frère et la sœur, qui possédaient ainsi conjointement la terre de la Roche-Talbot, la sœur devait disparaître la première. Marie de Montesson mourut en effet à Paris dans les premiers jours de mai 1768, âgée de 74 ans ; elle fut inhumée le 9 dans l'église de Saint-Sulpice (1). Resté de la sorte seul propriétaire de la terre qui nous intéresse, Jean-Baptiste II de Montesson ne survécut, il est vrai, guère plus d'un an à sa sœur. Après une maladie qui avait duré huit jours, et pendant laquelle, si l'on en croit madame de Genlis, sa jeune femme lui aurait rendu les plus grands soins, il s'éteignit doucement et avec beaucoup de religion (2) à Paris dans son hôtel de la rue du Jardinet, la nuit du 30 au 31 juillet 1769 ; il avait alors près de 82 ans. Son corps, transporté aussitôt dans le Maine, arriva au château des Arcis le 3 août suivant, et fut déposé le 8, après un service solennel célébré en l'église de Meslay, dans la chapelle de Saint-

(1) D'après les « notes prises aux archives de l'état civil de Paris » par le comte de Chastellux. Paris, 1875.

(2) V. les *Mémoires de madame de Genlis*, t. II, p. 42.

Sébastien des Arcis, au tombeau de ses ancêtres maternels (1).

Le marquis de Montesson ne laissait point d'héritiers directs, n'ayant point eu d'enfants de ses deux mariages. Il ne laissait pas même de neveux ou de cousins-germains qui pussent prétendre à sa riche succession. On fut donc obligé, pour savoir à qui irait celle-ci, de chercher les ayant droit parmi des parents de diverses lignes mais tous d'un degré plus ou moins éloigné. Or ces ayant droit se trouvèrent être au nombre de trois, savoir : 1° Nicolas-Charles-Claude Prévost de Saint-Cyr, marquis de Saint-Cyr, conseiller du roy, maître des requêtes honoraire de son hôtel ; 2° Armand-Mathurin, marquis de Vassé, vidame du Mans ; 3° Marie des Nos comtesse d'Elva (2).

Ces divers héritiers ou leurs représentants jouirent par indivis (3) des nombreuses terres composant la succession du marquis de Montesson jusqu'au 9 juillet 1773, date des partages qui en furent faits entr'eux devant Me Le Pot d'Auteuil, notaire au Châtelet de Paris. C'est alors que les terres de la Roche-Talbot et de la Courbe furent attribuées aux trois fils du marquis de Saint-Cyr, car celui-ci était mort en décembre 1771.

(1) Extrait mortuaire du marquis de Montesson reproduit au Cab. des Titres, P. O. dossier Montesson.

(2) V. *Commentaires sur la coutume du Maine*, par Olivier de Saint-Vaast, chap. des successions, p. 429 et suiv. Comme l'explique ce commentateur, le marquis de Vassé représentait Françoise de Montesson fille de René de Montesson (bisayeul de Jean-Baptiste II) et de Charlotte Perrault, sa première femme, tandis que la comtesse d'Elva venait au droit de Renée des Rotours, seconde femme de ce même René de Montesson. Enfin le marquis de Saint-Cyr, celui des trois ayant droit dont la parenté était la moins éloignée, était le petit-neveu de Marie Prévost de Saint-Cyr, femme de Charles de Montesson, I du nom.

(3) D'après une procuration passée le 5 décembre 1771 devant Ferrey notaire à Azay-le-Rideau par les héritiers de Nicolas-Charles Prévost de Saint-Cyr, mort depuis peu, celui-ci se qualifiait dans les derniers temps de sa vie : « seigr de St-Cyr, la Roche-Talbot, Soulgé-le-Bruant, Anthenaise et autre lieux » ; d'un autre côté, un acte des archives du château

CHAPITRE XI

LES PRÉVOST DE SAINT-CYR ; DANIEL ANNE GAUTIER DE LA VILLAUDRAYE ; JACQUES DE FANNING ; LES PROPRIÉTAIRES DE LA ROCHE-TALBOT DEPUIS LA RÉVOLUTION.

Les Prévost de Saint-Cyr devenus en 1773, en leur qualité d'héritiers en partie du marquis de Montesson, seigneurs de la Roche-Talbot et de la Courbe, portaient pour armes : « *d'or au chevron renversé d'azur accompagné en chef d'une molette d'éperon de gueule, et en pointe d'une aiglette éployée de sable* ».

C'était une ancienne famille de noblesse de robe établie à Paris depuis de longues années (1), et sa filiation remontait jusqu'à Jean Prévost, seigneur de Saint-Cyr, conseiller à la Cour des aides à la fin du XVIe siècle, et époux de Madeleine du Refuge. Outre leur hôtel, « situé à Paris, rue des Postes, sur l'estrapade, paroisse de Saint-Etienne-du-Mont » (2), où était leur principale résidence, ils possédaient aussi en Touraine, près d'Azay-le-Rideau, la terre de Fouchault avec la seigneurie de Vallère (3).

En 1773, les héritiers du marquis de Saint-Cyr, héritier

des Chenets en Bouessay nous montre, à la date du 1er août 1772, « Armand Mathurin, m[is] de Vassé, vidame du Mans », agissant « au nom et comme héritier en partie de M. le m[is] de Montesson, et en cette qualité propriétaire pour partie par indivis de la terre de la Roche-Talbot, par[e] de Souvigné ».

(1) Voir dans la Chesnaye-des-Bois la généalogie des Prévost de Saint-Cyr.

(2) Voir dans l'étude de Me Boyer, à Azay-le-Rideau, la procuration passée le 5 décembre 1771 par les héritiers Prévost de Saint-Cyr, à l'occasion de l'inventaire qui devait être fait quelques jours après au château de Fouchault.

(3) *Ibidem.*

lui-même en partie du marquis de Montesson, étaient ses trois fils : 1° Messire Charles-Louis Prévost de Saint-Cyr, marquis dud. lieu, ancien colonel au régiment d'Angoumois, chevalier de l'Ordre R. et M. de Saint-Louis ; 2° Messire Bernard-Parfait Prévost de Saint-Cyr, chevalier de Saint-Louis comme son frère aîné, et demeurant ordinairement avec lui à Paris, rue de la Cerisaye, paroisse Saint-Paul ; 3° Messire Jean-Baptiste-Sébastien Prévost de Saint-Cyr, vicaire général de Châlons en Champagne, y demeurant. Ce fut donc à ces trois personnages qu'échut, lors des partages du 9 juillet 1773, la terre qui nous intéresse. Elle fut attribuée « pour la totalité de la propriété et la jouissance des deux tiers », y compris « les droits et prérogatives d'aînesse », à Charles-Louis, qui abandonna le dernier tiers à ses deux frères puînés pour leur tenir lieu de légitime (1).

Devenu ainsi seul seigneur de « Souvigné, Varannes, la Courbe et autres lieux », Charles-Louis Prévost, marquis de Saint-Cyr, s'empressa à ce titre de faire, dès le 11 octobre 1773, aux châtellenies de Bouère et la Vaisouzière les quatre fois et hommages qu'il devait à ces seigneuries tant pour la métairie de la Rigoulière et les bois taillis des Grignons que pour la rente de 48 boisseaux d'avoine due sur le village de la Bourelière (2). De même, lorsque, deux ans après, le comte de Provence, devenu, à l'avénement de Louis XVI, apanagiste du Maine, exigea les obéissances féodales de ses nouveaux vassaux, le chef de la maison de Saint-Cyr donna procuration (18 août 1775) à Me Pierre-François Aubin, avocat au Parlement, à l'effet de porter en son nom au frère du roi sa foi et hommage « pour raison de la terre fief et seigneurie

(1) Voir sur tout ce que nous venons de dire l'acte de vente de la Roche-Talbot fait en 1776 et dont nous parlerons plus loin.

(2) Terrier de la châtellenie de Bouère, aux archives du château de la Vaisouzière.

le la Roche-Talbot mouvant du comté du Maine » (1).

Résidant ainsi qu'ils le faisaient, le premier, en Touraine et, les deux autres, à Paris ou en Champagne, les trois frères de Saint-Cyr n'avaient guère de motif de tenir à la possession de la terre dont nous faisons l'histoire, et il était évident qu'ils allaient profiter de la première bonne occasion qui se présenterait pour s'en débarrasser. Or cette occasion ne tarda pas à s'offrir. Le 14 août 1776, par acte passé dev. Me Boutet, notaire au Châtelet de Paris, ils la vendaient, moyennant la somme principale de 337,200l, à « Mre Daniel Anne Gaultier de la Villaudraye, chr, seigr de Bouère, la Vaisouzière et autres lieux, et à dame Anne Hoisnard son épouse ». D'après cette acte de vente, la terre de la Roche-Talbot consistait alors dans les métairies et les fiefs dont l'énumération suit. C'étaient, outre le château de la Roche-Talbot avec le domaine du même nom, le domaine de la Courbe, les métairies du Tertre, de la Guenaudière et de la Blinière, la closerie de la Forêt, celle de la Bussonnière, les closerie et landes du Brossay, les moulins de Souvigné et de Talbot, la petite maison sise au bourg de Souvigné, la métairie de la Caunerie, la forêt de Souvigné, les bois taillis des Besnardières, de la Roche, de la Herverie, et de Juvardeil, la closerie des Gigoulières, les bois taillis de Belnoë et des Gigoulières, les fiefs de la Courbe, de Souvigné et de la Roche-Talbot. Tout cela, à l'exception du château et de la partie du domaine qui était dans la directe du château du Mans, ainsi que de l'autre partie du domaine dont la mouvance était inconnue, tout cela relevait du marquisat de Sablé. Puis l'acte de vente en question énumère encore les métairies de la Crucherie, de l'Eulardière, les bois taillis des Vallées, de l'Épinay et de la Fresnaye et le fief des Vallées, relevant de la seigneurie du

(1) Arch. nat. R/5 400 p. 91.

Plessis-Macé; la métairie du Plessis-Châtaigner et fief y annexé, relevant de la seigneurie de Juvardeil; le fief de la Motte-Allain relevant de l'abbaye de Bellebranche; le fief et seig[ie] de Sautré, relevant de la seign[ie] de Coulon; les fief et seign[ie] de Varenne (sur Sarthe) relevant de la seign[ie] de Briollay; le fief et seign[ie] de Champagné, par[e] de Moranne, relevant du fief du Genetay; les fiefs et seig[ie] de la Chartrie, par[e] de Saint-Denis-d'Anjou, relevant de la seig[ie] de Baïf; la métairie de la Rigoulière, les bois taillis du même nom et ceux des Grignons, deux rentes de 48 boisseaux d'avoine dues ch. an. l'une sur le village de la Bourrelière, et l'autre sur le lieu de la Sevaudière, le tout relevant de la seigneurie de la Vaisouzière; 5 quartiers de vigne, au clos des Mouchaliers paroisse de Saint-Denis-d'Anjou, mouvance inconnue; enfin les fief et seigneurie de Bouessay, paroisse du même nom, dont la mouvance était pareillement inconnue.

Telle était, d'après l'acte de vente du 14 août 1776, l'importance à la fois domaniale et féodale de la terre qui nous intéresse, au moment où, quelques années seulement avant la chute de l'ancien régime, elle allait passer entre les mains de son dernier seigneur, Jacques de Fanning.

C'était en effet le personnage que nous venons de nommer, qui, sous le nom de Daniel Anne Gauthier de la Villaudraye (1), était en réalité l'acquéreur de la Roche-Talbot. Déjà, en passant l'acte de vente, le seigneur de la Vaisouzière avait eu soin de stipuler qu'il se portait acquéreur non-seulement « pour lui, lad. dame son épouse, leurs héritiers ou ayant cause », mais encore pour « un ou plusieurs amis qu'ils pourront nommer dans l'année ». Or un an ne s'était pas

(1) Dans un acte conservé dans l'étude de Grez-en-Bouère et passé le 27 janvier 1777 devant Lefebvre-Maisonneuve, notaire royal du Maine et d'Anjou, résidant à Bouère, nous voyons Daniel Anne Gaultier de la Villaudraye qualifié « ch[r], seig[r] de Bouère, la Vaisouzière, la Roche-Talbot, la Courbe, Souvigné, Varennes et autres lieux ». Il est dit d'ailleurs dans cet acte « dem[t] ord[t] à son hôtel à Laval, par[e] de la Trinité, et actuellement en son château de la Vaisouzière, par[e] de Bouère ».

écoulé que, par un nouvel acte passé devant Me Alleaume, notaire au Châtelet de Paris, le 30 avril 1777, celui-ci reconnaissait « messire Jacques de Fanning, chevalier, et dame Françoise Butler son épouse », comme « véritables acquéreurs et propriétaires » des biens compris dans le contrat d'achat de l'année précédente.

Le nouveau seigneur de la Roche-Talbot portait pour armes : *d'or à un chevron de gueule acoté de 3 vanneaux de couleur naturelle posés 2 en chef, 1 en pointe.* Il appartenait d'ailleurs par son origine à une des plus anciennes familles de l'Irlande, établie successivement aux comtés de Tipperary, de Kilkenny, et de Waterford. Fils de Jacques Fanning de Waterford IIe du nom, écuyer, et de Élisabeth O'Neil de Ballineil (au comté de Tipperary), de la très illustre maison des O'Neil princes de Tirone, autrefois rois d'Altonie, il avait épousé lui-même, étant encore en Irlande, Françoise, fille de Richard Butler de Luffan, au comté de Kilkenny, écuyer, de la maison des ducs d'Ormond et des comtes de Gouvran, et de Marie Devereux. Il avait eu de cette union deux enfants : un fils, Jacques-Richard-Thibaud; et une fille, Françoise-Marie-Rose. Passé en France quelques années après son mariage et la naissance de ces deux enfants, il s'était d'abord établi dans la province de Flandres où il résidait dès l'année 1775. C'est alors qu'ayant sollicité du roi Louis XVI des lettres de naturalité avec reconnaissance et maintenue de noblesse d'extraction de nom et d'armes, il avait produit à cette occasion devant Chérin une généalogie en table et en langue latine dressée et certifiée à Dublin le 22 avril (1775) par Guillaume Hawkins, écuyer, roy d'armes et principal héraud d'Irlande, généalogie dont la filiation certaine et ininterrompue remontait à Jean Fanning de Ballingarry, (au comté de Tipperary) écuyer, qui vivait au commencement du XVe siècle. Après une enquête assez approfondie faite par le célèbre généalogiste, et sur son avis favorable, il avait été fait droit à la demande du futur seigneur de la Roche-

Talbot, et des lettres royaux données par le roi à Versailles au mois de février 1776 l'avaient autorisé à jouir des privilèges attachés en France à la noblesse (1).

Après l'obtention de ces lettres royaux, Jacques de Fanning et sa femme étaient venus, nous ne savons à quel titre, habiter le château de Saint-Germain-en-Laye où ils sont dits demeurants dans l'acte du 30 avril 1777. Comment, de là, avaient-ils été amenés à chercher, au moyen de l'acquisition de la terre de la Roche-Talbot, à s'établir définitivement dans cette partie du Maine ? Peut-être avaient-ils été guidés en cela par le désir de se rapprocher de l'Anjou dont la capitale donnait alors l'hospitalité à toute une colonie de familles nobles d'origine irlandaise, tels que les O'Maden, les O'Hare, les Marcdermoth, les Wogan Brown de Castlebrown, sans parler des Walsh de Serrant ! (2) Ce qui est certain, c'est que, à partir de cette même année où il était devenu seigneur de la Roche-Talbot, nous verrons le comte de Fanning passer à Angers, dans un hôtel à lui, les mois, généralement ceux d'hiver et de printemps, qu'il ne passait pas dans sa terre du Maine. Nous le verrons du reste uni par des liens d'amitié assez étroits avec un des membres de la colonie irlandaise d'Angers dont nous venons de parler pour le charger de porter son obéissance féodale au châtelain de Serrant.

Cependant, devenu le véritable seigneur de la Roche-Talbot grâce à l'acte de déclaration du 15 avril 1777, il n'avait pas tardé à venir prendre possession de sa terre du Maine. C'est ce que nous apprend une note insérée par le

(1) Voir Cab. des Titres, Chérin, vol. 76, n° 1566, et arch. des affaires étrangères, dossier Fanning.

(2) Voir l'inventaire analytique des anciens registres paroissiaux de la ville d'Angers, par M. C. Port, paroisses de Saint-Maurice, Saint-Maurille, Saint-Michel-de-la-Palud et Saint-Jean-Baptiste (vulgo Saint-Julien). Ajoutons que les Walsh étaient parents de Jacques de Fanning, celui-ci ayant eu pour ayeule paternelle Catherine Walsh de la même maison que les Walsh de Serrant.

curé de Souvigné, Me Jean Pierre Marchand, à la suite du baptême de Françoise-Renée fille de Pierre Deslandes, métayer à la Roche-Talbot, et de Louise Peigné (8 juillet 1777). Après avoir dit que l'enfant avait eu pour parrain et marraine « Ht et Pt seigr mre Jacques de Fanning, et dame Françoise de Butler, épouse dud. seigr », le curé prend soin d'ajouter que ceux-ci « firent leur entrée solennelle le dimanche 16e du mois de juin dernier en cette église dont, comme propriétaires de la Roche-Talbot, ils sont les seigneurs ».

Avant la fin de cette même année, le nouveau seigneur de la terre qui fait l'objet de cette étude avait dû songer à s'acquitter de son devoir de vassal envers son suzerain principal, le comte de Provence. Il avait donc chargé, au moyen d'une procuration passée le 11 décembre, Me Pierre François Aubin, avocat en Parlement, (le même qui avait déjà rempli cette mission deux ans auparavant pour le marquis de Saint-Cyr), de faire au futur Louis XVIII son offre de foi et hommage « pour raison de partie de la terre fief et seigneurie de la Roche-Talbot mouvante du comté du Maine », mission que celui-ci avait remplie le 25 décembre suivant (1). De même, dans le courant de l'année 1778, le comte de Fanning eut à comparaitre soit par lui-même, soit par procureur, devant les représentants des seigneurs de Juvardeil, de Saint-Brice, et du Plessis-Macé pour y faire les obéissances féodales dues à ces diverses seigneuries (2). Son procureur fondé, chargé de se présenter pour lui au château du Plessis-Macé, avait été un de ses compatriotes d'Angers « Mre Thomas Wogan, écuyer ».

(1) Arch. nat. R/5 460.

(2) Arch. de Maine-et-Loire, fonds Juvardeil, dossier du Plessis-Liziard : offre de foy et hommage de janvier 1778; chartrier de Saint-Brice : offre de foy et hommage du 2 mars (pour le fief et seigie de Bouessay); arch. du château de Serrant, terrier du Plessis-Macé : offre de foy et homm. du 25 juillet pour les métairies de la Crucherie, de l'Oulardière, de la Çaunerie et le fief des vallées d'Ingrande.

Dans les divers documents, féodaux ou autres, qui nous montrent en ces années-là Jacques de Fanning agissant en qualité de seigneur de la terre qu'il venait d'acquérir au Maine, celui-ci est dit avoir pour demeure ordinaire tantôt son hôtel en la ville d'Angers (d'abord rue du Cours, par[e] Saint-Michel-du-Tertre, puis rue Saint-Blaize, par[e] Saint-Maurille) tantôt « son chasteau de la Roche-Talbot, par[e] de Souvigné ». Ainsi le manoir dont il s'agit, après un abandon de près d'un siècle, allait de nouveau être habité par ses seigneurs. Mais, on le conçoit sans peine, il devait être alors dans un état de délabrement qui y avait nécessité de la part du comte de Fanning des réparations ou modifications assez importantes. Or ces changements récents survenus dans l'aspect du château sont très nettement indiqués dans l'aveu que Jacques de Fanning, « ch[r] seig[r] de la Roche-Talbot, la Courbe, Souvigné, Varennes et autres lieux », rendit le 16 août 1779 à « très excellent prince Louis-Stanislas Xavier, fils de France, frère du Roi, duc d'Anjou et d'Alençon, comte du Maine, du Perche et de Senonches » au regard de son « comté du Maine et château du Mans » pour raison « de sa terre et seigneurie de la Roche-Talbot (1) ». Cet aveu nous représente en effet le château comme « composé de deux corps de bâtiments se joignant dont partie a été reconstruite, la chapelle (dont il n'était point question dans l'aveu de 1766) tenant au château, le tout joignant d'un côté vers orient la cour de derrière, d'autre côté vers occident la cour de devant et la cuisine, d'un bout vers le midi, par l'endroit où était l'écurie qui a été démolie, la terrasse, d'autre bout vers septentrion les issues ou étraiges du domaine ». On voit aussi que la cuisine, « qui servait de logement pour le métayer lors de

(1) L'aveu en question est conservé aux arch. nat. carton Q/I 1023-1030, au milieu de quelques actes relatifs à Sablé et au pays environnant.

l'aveu de 1766 », avait été rendue à son ancienne destination; que le cellier servait « présentement d'écurie », et que la boulangerie servait dorénavant de logement pour le métayer du domaine. Il n'y avait pas, toujours d'après l'aveu de 1779, jusqu'aux dehors du château qui n'eussent été, semble-t-il, remaniés: par exemple « la terrasse, jadis le jardin du haut, contenant, avec ce qu'on a pris dans le cloteau du Roquereau, environ 3 boisselées, plantée de tilleuls et de charmilles » etc. Ajoutons que, sauf l'indication de ces changements, l'aveu présenté par Jacques de Fanning ne diffère pas beaucoup de celui de son prédécesseur Jean-Baptiste II de Montesson ; aussi n'entrerons-nous pas au sujet de ce document dans d'autres détails que ceux qu'on vient de lire.

Nous avons fait remarquer au commencement de cette étude combien était anormale, considérée dans son ensemble, la composition féodale de la terre de la Roche-Talbot dont le manoir avec une partie du domaine seulement relevait directement du comté du Maine, tandis que le reste de la même terre était comprise dans la mouvance de la baronie, depuis marquisat de Sablé.

Cette anomalie allait précisément, pendant les dernières années de l'ancien régime, être la cause d'un assez long procès en matière de féodalité entre le marquis de Sablé d'une part, et le comte de Provence, intervenant en garantie pour le comte de Fanning, de l'autre. Bien que le nouveau seigneur de la Roche-Talbot eût déjà, comme nous l'avons vu, fait foy et hommage et rendu son aveu et dénombrement pour la partie de sa terre qui depuis près de cent ans au moins n'avait pas cessé d'être regardée comme relevant du château du Mans, en octobre 1781 Jean-Baptiste-François de Colbert, qui venait de succéder, comme seigneur de Sablé, à son père le Mis de Croissy, ne s'était-il pas avisé d'assigner son vassal devant le juge de Sablé pour exhiber son contrat d'acquêt, et payer les ventes pour toute la terre de la Roche-Talbot, y compris le château et la partie du domaine jusque-là exceptés de la mouvance du marquisat? Dans cette situation critique, le comte de Fanning ne tarda pas à appeler en garantie féodale « Monsieur », qui, produisant les titres les plus sérieux à l'appui de ses droits, s'opposa ainsi aux prétentions du marquis de Sablé. De là entre ce dernier et ses adversaires au sujet de la mouvance de la terre qui nous intéresse un bel et bon procès qui n'était pas terminé en 1786 (1).

Cependant, ainsi qu'on l'a vu tout-à-l'heure, Jacques de Fanning avait reconstruit dès l'année 1779 une chapelle attenante à son manoir de la Roche-Talbot. Le chapelain chargé de desservir cette chapelle avait d'abord été Me René Crosnier de la Marsollière déjà titulaire depuis 1753 du bénéfice de la chapelle Sainte-Marguerite-de-Vauvert dans l'église de Souvigné et d'ailleurs en assez mauvais termes avec son châtelain, comme le prouve un différend qu'ils avaient eu ensemble en l'année 1780 devant le présidial du Mans (2). Cet ecclésiastique étant mort dans les premiers jours de juillet 1782, le comte de Fanning se hâta de lui faire donner comme successeur par l'évêque du Mans un de ses compatriotes, « Me Guillaume Crawford, p^tre^, du diocèse de Limerick en Irlande, bachelier en théologie de la faculté de Paris », qui demeurait alors à Saint-Gratien ; pourvu ainsi, grâce à la collation de Mgr Gaspard de Gonssans, du bénéfice en question, celui-ci, assisté du ministère de J.-B. Charles Josset, notaire royal apostolique du diocèse du Mans, demeurant à Laval, paroisse Saint-Vénérand, prit possession le 4 octobre 1782 de la chapelle du château de la Roche-Talbot en accomplissant toutes les cérémonies et formalités d'usage en pareil cas (3). Toutefois il se démit de son bénéfice dès les premiers jours de l'année 1784, et le seigneur de la Roche-

(1) Voir aux arch. nat., carton R/5 100, toute une série de documents relatifs à ce débat de mouvance.

(2) Voir Arch. de la Sarthe, B. 312.

(3) Arch. de la Sarthe, ins. eccl. reg. 75 f° 361 et suiv.

Talbot fit nommer à sa place un autre prêtre irlandais, « Me Nicolas Madjett, prêtre, du diocèse de Kelly en Irlande, docteur en théologie, et curé de l'église paroissiale de Saint-Pierre-de-Civrac et de Guirat son annexe, au diocèse de Bordeaux » : ce fut encore Me Charles Josset de Laval qui assista ce dernier pour la prise de possession le 10 mars suivant (1). Mais, pas plus que son prédécesseur, l'abbé Madjett ne devait garder longtemps le bénéfice dont il s'agit ; on voit par les registres paroissiaux de Souvigné que Me O'Kœffer, encore un compatriote de Jacques de Fanning, était devenu à son tour chapelain de la Roche-Talbot avant la fin de l'année 1788 ; ce dernier, qui nous apparait jusqu'en février 1792 faisant des baptêmes en l'église paroissiale avec la permission du curé, et qui demeurait au château, se qualifie tantôt « aumônier de Jacques de Fanning », tantôt « chapelain de la Roche-Talbot ».

Nous avons dit au début de ce chapitre que de l'union de Jacques de Fanning et de Françoise de Butler étaient nés deux enfants, un fils, Jacques-Richard-Thibaud, et une fille, Françoise-Marie-Rose. Comme tous les jeunes gentilshommes de l'ancien régime, le fils du seigneur de la Roche-Talbot avait embrassé de bonne heure la carrière des armes, et il s'était engagé, en sa qualité d'Irlandais, au régiment de Berwick. Cependant dans les derniers jours de novembre 1788, il se trouvait à la Roche-Talbot ; nous voyons en effet, à la date du 26, « messire Jacques de Fanning, garçon, officier au régiment de Berwick, fils de messire Jacques comte de Fanning, seigneur de la Roche-Talbot, de cette paroisse, et autres lieux » et « delle Élisabeth de Fanning, sœur-germaine dud. cte de Fanning, tous de cette paroisse » tenir sur les fonts baptismaux de l'église de Souvigné une fille, née de la veille, de Pierre Theulier « présent garde au château de la Roche-Talbot » et de Marie Le Sage.

(1) Arch. de la Sarthe, ins. eccl. reg. 76 f° 190 et suiv.

Vers le même temps, dans la nuit du 30 novembre, décédait « à Paris, dans l'hôtel de Nice, rue Jacob, par[e] Saint-Sulpice, H[te] et P[te] dame Françoise de Butler, fille de H[t] et P[t] seig[r] Richard de Butler, dernier descendant des comtes de Gouvran, païs d'Irlande, branche cadette de la maison des ducs d'Ormond, et de H[te] et P[te] dame Marie d'Évreux, fille de H[t] et P[t] seig[r] N..... d'Évreux, de Carigmenan, dans le comté de Wexford en Irlande, descendant des c[tes] d'Évreux, autrefois princes souverains en France, et femme de H[t] et P[t] seig[r] Jacques c[te] de Fanning, seig[r] de la Roche-Talbot, Varennes, Souvigné, etc. ». Elle était « inhumée le 3 décembre suivant dans l'église de Saint-Sulpice, en présence de monsieur l'abbé comte de Potocki, monsieur l'abbé comte de Villeneuve-Bargemont, messieurs les comtes de Clouard et O'Joole, tous deux colonels au service de S. M. ». Chose singulière ! L'extrait mortuaire qui nous donne ces détails figure non pas, comme on pourrait le croire, sur les registres paroissiaux de Souvigné, mais sur ceux de Varennes-sur-Sarthe, et il est précédé des quelques lignes suivantes : « Le 30 décembre 1788, Marchand, curé de Varennes-Bourreau, sur la réquisition qu'on nous a fait d'insérer sur notre registre un extrait de l'acte qui suit, pour servir de mémoire à la postérité, nous curé soussigné, l'avons accepté par respect et insérons sur ce registre » (1).

Ainsi la femme de Jacques de Fanning était morte à la veille même de la Révolution. Quelques mois après, en mars 1789, avaient lieu dans toute la France les élections en vue des États-généraux convoqués à Versailles pour le mois de mai suivant. Les trois ordres de la sénéchaussée du Maine se réunirent en assemblée générale au Mans, le 16 mars, afin de nommer leurs députés ; parmi les noms des gentilshommes de la province qui comparurent en cette solennelle circonstance, soit en personne, soit par procureurs duement

(1) Voir à cette date les anciens registres paroissiaux de Varennes-sur-Sarthe conservés à la mairie de Saint-Denis-d'Anjou.

fondés, nous trouvons celui de « Jacques comte de Fanning, seigneur de la Roche-Talbot » ; il figure de même parmi ceux des électeurs de la noblesse réunis le surlendemain 18 mars à Angers (1).

On sait quels furent les évènements qui, après l'ouverture des États-généraux, remplirent cette mémorable année : le serment du Jeu de Paume, la proclamation d'une assemblée nationale, la prise de la Bastille, la nuit du 4 août, etc. Tous ces évènements eurent un profond contre-coup dans les provinces, où l'abolition de la féodalité surtout surexcita au plus haut point les passions égalitaires des paysans contre leurs seigneurs. C'est alors que, sur plus d'un point du Maine, pour ne parler que de nos contrées, les châteaux furent pillés, et leurs chartriers brûlés. Dans ces jours néfastes, le château dont nous nous occupons vit-il lui aussi une population soulevée et en délire venir troubler tout-à-coup sa tranquillité accoutumée, et exiger avec menace la destruction de ses antiques archives féodales ? Tout nous porte à le croire, bien que nous n'ayions pas de documents positifs à cet égard. Ce qui est certain, c'est que son chartrier, qui n'existe plus aujourd'hui, a dû être détruit, sinon à cette époque, du moins peu d'années après, avant la fin de la période révolutionnaire.

Quant au comte de Fanning, sa situation personnelle, comme celle de presque tous les membres de sa caste, ne tarda pas à devenir assez inquiétante pour qu'il se décidât, lui aussi, à émigrer. De Paris, où il était d'abord allé chercher un refuge, il passa dans le courant de l'année 1792 en Angleterre (2) et vécut à Londres jusqu'à la fin de la Révolu-

(1) Voir Barthélémy et de la Roque, Catalogues de la noblesse du Maine et de celle d'Anjou pour les élections aux États-Généraux.

(2) V. la *Liste des émigrés du département de la Sarthe avec leurs noms, prénoms, surnoms, qualités ou états, et dernier domicile connu,* publiée à la fin de l'année 1817 dans la *Province du Maine.* On y voit figurer à leur ordre alphabétique, « Jacques Fanning père, Théobald et

tion. Rentré en France sous le Consulat, il parvint à se faire rayer comme émigré, mais ce fut en vain qu'il chercha à rentrer dans ses biens qui avaient été confisqués sur lui lors de son émigration.

Seul survivant de toute sa famille (car son fils et sa fille étaient morts tous les deux, à Londres, pendant leur exil, le premier le 29 mars 1794, et la seconde le 1er juin 1801), il décéda lui-même à Paris, en proie au dénuement le plus complet, le 2 août 1806. Avant de mourir, il avait testé et nommé pour exécuteur de ses dernières volontés M. Devereux, un de ses parents, qui habitait Londres. Celui-ci fut donc en cette qualité chargé de poursuivre la revendication des droits de l'ancien seigneur de la Roche-Talbot en faveur de deux héritières, qui représentaient les enfants de Fanning du côté maternel, Anna Lewis, mariée à Christophe Hill, demeurant à Prospect, près Waterford, en Irlande, et Marie Lewis, religieuse bénédictine du Saint-Sacrement à Paris. Et lorsque, sous la Restauration, le gouvernement des Bourbons songea à indemniser autant que possible les victimes de la Révolution, M. Devereux réclama pour ces héritières, auprès des commissaires mixtes chargés de la liquidation des créances anglaises, la liquidation de la valeur de la terre de Roche-Talbot, soit la somme de 882,476 fr. 30 c. Cette réclamation finit par être admise par le commissaire britannique, et nous savons qu'avant le 29 septembre 1820 une somme de 643,703 fr., représentant 90/100 de la liquidation totale, avait été versée entre ses mains pour être reportée à qui de droit. Aussi, à partir de cette époque, les héritiers de Jacques de Fanning durent se regarder comme entièrement désintéressés dans la question de l'indemnité relativement à la terre de la Roche-Talbot (1).

Françoise-Marie-Rose, ses enfants, hirlandais ». Leur dernier domicile connu est soit, comme municipalité, soit comme district, « Paris ». Enfin le district de la situation des biens est « Sablé ».

(1) Tous ces détails sur la famille de Fanning, pendant et après l'émigration, ainsi que sur les héritiers de l'ancien seigneur de la Roche-Talbot

Quant à la terre dont nous étudions l'histoire, quelle avait été sa destinée depuis que le c[te] de Fanning, partant pour l'émigration, l'avait quittée pour ne plus y revenir ? Confisquée, comme nous l'avons dit, sur son légitime propriétaire, et placée d'abord sous le séquestre, elle n'avait pas tardé à être vendue en divers lots à plusieurs particuliers par les administrateurs du département de la Sarthe. C'est ainsi qu'un de ces lots, contenant le château et le domaine, était à la date du 22 thermidor an IV (9 août 1796), devenu, moyennant le prix de 96,585[l] 16[s] 4[d], payé avec 84,000[l] en assignats et 14,970 en numéraire, la propriété du « citoyen François Lemierre, négociant, demeurant à Paris, section et faubourg Poissonnière, n° 5 » (1). Cet acquéreur de biens nationaux n'avait pas joui longtemps de son acquêt, car il était mort dès l'année 1802, le léguant à sa fille Clémentine-Henriette Lemierre, mariée avec M. Prosper-

sont tirés : 1° d'un factum faisant partie des titres de propriété qui se trouvent actuellement à la Roche-Talbot ; 2° du dossier Fanning des affaires étrangères déjà cité ; 3° du dossier n° 67 (succession de Fanning) de la liasse 25/12 dans la série Q aux arch. de la Sarthe.

(1) Cet acte de vente, assez curieux, fait partie des titres de propriété de la Roche-Talbot. Il se trouve également en double aux arch. de la Sarthe dans le dossier dont nous avons parlé dans la note précédente, et il y est accompagné d'un état de lieux fort détaillé fait concurremment, le 2 thermidor an IV, par J.-P.-L. Liberge not[re] à Précigné, expert nommé par délibération du département de la Sarthe, et Jullien Bodinier, de Lignières, commune de Ballée, expert nommé par le citoyen François Lemierre, etc. D'après cet état de lieux, le château qu'avait reconstruit en partie Jacques de Fanning, consistait alors « en une cuisine, une grande chambre à côté, nommée la Lingerie, corridor entre deux, une petite chambre nommée la Laiterie, la *vieille salle*, la *chapelle au bout*, la cave et le caveau, la salle et le salon, le vestibule au bout, un corridor en bas, un autre corridor dans le haut ; deux escaliers ; 5 chambres hautes et 6 cabinets ; *deux appartements par bas et deux par haut non achevés*, 6 planchers regnant sur lesd. chambres (*le tout dans le plus mauvais état, les portes.... croisées, vitres, ferrures et serrures brisées ou emportées*); l'écurie et la remise situées au bout de l'étable du domaine sous même faite et se tenant; la chambre du garde et deux pavillons à côté du portail au bout opposé de la cour, le puit au milieu d'icelle, les cours qui environnent le château, etc... le tout pareillement en mauvais état.

Julien-Gabriel Delaunay. Celle-ci, de concert avec son mari, vendit en 1810 le château et le domaine dont il s'agit à M. Jean le Motheux, propriétaire, demeurant à Sablé. Mais dès le mois de décembre 1812 ce dernier s'était empressé de les revendre à un autre propriétaire de Sablé, M. Charles-Nicolas Houdouin. Enfin le 12 juillet 1823, M. Étienne Le Monnier de Lorière, propriétaire, demeurant à Laval, se rendait à son tour acquéreur du château et du domaine de la Roche-Talbot tant en son nom qu'en celui de demoiselle Renée Leclerc de la Juberdière, sa femme. Toutefois l'acheteur que nous venons de nommer avait les sentiments trop élevés et trop délicats pour ne pas s'être préoccupé, avant de signer l'acte d'achat, de la question de savoir si l'indemnité due aux représentants du comte de Fanning avait été suffisamment réglée. Il s'était donc mis, par l'intermédiaire du ministère des affaires étrangères, en rapports avec M. Devereux, exécuteur testamentaire de l'ancien seigneur émigré, et ce ne fut que sur une lettre portant plein acquiescement de celui-ci, qu'il consentit à devenir propriétaire de la terre que lui cédait M. Houdouin.

C'est d'ailleurs M. de Lorière qui, par les travaux importants qu'il y fit aussitôt exécuter, donna à l'ancien château de la Roche-Talbot, ainsi qu'à ses dépendances et à ses dehors, l'aspect qu'ils ont encore actuellement. Il reconstruisit en grande partie, en s'inspirant du goût peut-être un peu trop bourgeois de son temps, la maison d'habitation, et prolongea les terrasses du côté de l'est. Il avait été maire de Souvigné et mourut avant 1848.

Aujourd'hui la terre de la Roche-Talbot appartient à la marquise de Beauchesne-Lassay, née Le Monnier de Lorière, petite-fille de l'acquéreur de 1823, et mère de celui qui écrit ces lignes.

Tel est le passé de la terre dont nous avons entrepris de suivre la destinée à travers les siècles, depuis le Moyen-Age jusqu'à nos jours. Assurément, dans son état actuel, cette terre est bien déchue de son ancienne splendeur ; toutefois elle a toujours pour elle la beauté de son site et la vue incomparable dont on jouit du haut de ses terrasses soit sur la vallée de la Sarthe, soit dans la direction du bourg de Souvigné. Ajouterons-nous pour notre part qu'élevé dans cette vieille demeure à laquelle se rattachent tous nos souvenirs d'enfance, nous avons conservé pour elle un culte presque filial, et que c'est ce culte qui nous a conduit peu à peu à en rechercher l'histoire ? Nous sommes-nous, par un excès de partialité qu'on nous pardonnera certainement, exagéré l'importance du rôle joué dans l'histoire de notre province par ce petit coin de terre ? Au lecteur qui a bien voulu nous suivre jusqu'au bout de cette étude de se prononcer à cet égard. En tous cas nous ne croyons pas nous être trompés en pensant qu'il était digne d'avoir enfin son historien, ce vieux manoir où René d'Alençon a été arrêté, où Charles VIII a séjourné deux fois, et où tant de hauts et puissants seigneurs ont fait à différentes époques, depuis le XIVe siècle jusqu'à la Révolution, leur demeure habituelle. Combien en est-il, parmi les anciens châteaux du Maine qui évoquent à notre esprit de plus grands souvenirs, et dont l'histoire particulière se soit trouvée à de certains moments mêlée plus véritablement à notre histoire nationale ?

TABLE ALPHABÉTIQUE

A

B

C

D

E

F

G

H

I

J

L

M

N

O

P

R

S

T

U

V

TABLE DES MATIÈRES

CHAPITRE VIII

CHAPITRE IX

CHAPITRE X

CHAPITRE XI

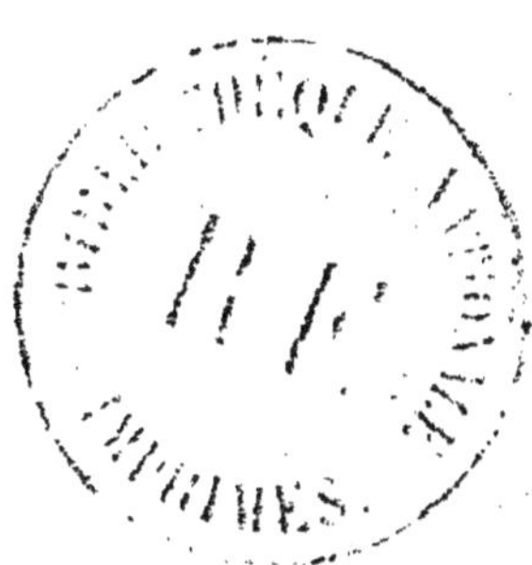

MAMERS. — TYP. G. FLEURY ET A. DANGIN. — 1893.

www.ingramcontent.com/pod-product-compliance
Lightning Source LLC
Chambersburg PA
CBHW060616170426
43201CB00009B/1033

* 9 7 8 2 0 1 2 5 6 7 4 9 8 *